Dietrich Ritschl, Konzepte

DIETRICH RITSCHL

KONZEPTE

Ökumene, Medizin, Ethik

Gesammelte Aufsätze

CHR. KAISER VERLAG

CIP-Kurztitelaufnahme der Deutschen Bibliothek
Ritschl, Dietrich:
Konzepte: Ökumene, Medizin u. Ethik;
ges. Aufsätze / Dietrich Ritschl.
– München: Kaiser 1986 – ISBN 3-459-01636-1

© 1986. Chr. Kaiser Verlag, München
Alle Rechte vorbehalten, auch die des auszugsweisen Nachdrucks,
der fotomechanischen Wiedergabe und der Übersetzung.
Fotokopieren nicht gestattet.
Umschlag: Ingeborg Geith. – Printed in Germany
Gesamtherstellung: Breklumer Druckerei Manfred Siegel KG

Dem Andenken
an meinen früheren Mitarbeiter, den neuseeländischen
Theologen und Mainzer Professor

HUGH OLDBURY JONES, M.A., PH.D.
1939–1985

gewidmet

Inhalt

Vorwort 11

I. ÖKUMENISCHE PROBLEME

Zur Geschichte der Kontroverse um das Filioque und ihrer
theologischen Implikationen 15
    Geist Gottes – Geist Christi, Ökumenische Überlegungen
    zur Filioque-Kontroverse, hg. L. Vischer, Frankfurt 1981
    (Beiheft Nr. 39 Ökum. Rundschau), 25–42.

Überlegungen zur gegenwärtigen Diskussion über Mariologie 40
    Ökum. Rundschau 4, 1982, 443–460.

Überlegungen zur gegenwärtigen Diskussion über
Heiligenverehrung 60
    In necesariis unitas, Mélanges offerts à Jean Louis Leuba,
    édités par Richard Stauffer, Paris 1984, 321–333.

Die vier Reiche der »drei göttlichen Subjekte«.
Bemerkungen zu Jürgen Moltmanns Trinitätslehre 72
    Evangelische Theologie 5, 1981, 463–472.

Warum wir Konzilien feiern – Konstantinopel 381 84
    Theol. Zeitschrift (Basel) Jg. 38, 1982, 213–225.

A Plea for the Maxim: Scripture and Tradition.
Reflections on Hope as a Permission to Remember 97
    Interpretation (Richmond) 1, 1971, 113–128.

»Wahre«, »reine« oder »neue« biblische Theologie? Einige
Anfragen zur neueren Diskussion um »Biblische Theologie« 111
    Bisher unveröffentlicht.

Some Comments on Imagination Versus Logical Stringency
in Theology 131
    Imagination and the Future, Essays on Christian Thought and
    Practice presented to J. Davis McCaughey, ed. John A. Henley,
    Melbourne 1980, 23-37.

Die Erfahrung der Wahrheit. Die Steuerung von Denken
und Handeln durch implizite Axiome 147
    Heidelberger Jahrbücher, Bd. XXIX, Heidelberg 1985, 35-49.

Theologie als Erkenntnis. Edmund Schlinks Verständnis von
Wahrheit vor dem Hintergrund der Theologen seiner Generation .. 167
    Ökum. Rundschau 3, 1985, 287-298.

Westliche Theologie im Licht der Kritik aus der Dritten Welt.
Kritisches zum Begriff »Indigenous Theology« 179
    Evangelische Theologie 5, 1979, 451-465.

II. MEDIZINISCHE ETHIK

Das »story«-Konzept in der medizinischen Ethik 201
    Zeitschrift für Allgemeinmedizin 3, 1982, 121-126.

Die Herausforderung von Kirche und Gesellschaft durch
medizinisch-ethische Probleme. Ein Exposé zu einer
Landkarte der medizinischen Ethik 213
    Evangelische Theologie 6, 1981, 483-507.

Menschenrechte und medizinische Ethik 244
    Wege zum Menschen 1, 1976, 16-33.

Gesundheit: Gnade oder Rechtsanspruch 266
    Diakonie 2, 1982, 77-80.

Notes on Mental Health and Mental Illness 272
    Bisher unveröffentlicht.

Nachdenken über das Sterben. Zur ethischen Frage der
Sterbebegleitung 282
    Ethische Probleme der modernen Medizin, hg. H. Piechowiak,
    Mainz 1985, 144–157.

III. POLITISCHE ETHIK

Der Beitrag des Calvinismus für die Entwicklung des
Menschenrechtsgedanken in Europa und Nordamerika 301
    Evangelische Theologie 4, 1980, 333–345.

Martin Luther King, Jr. 316
    Gestalten der Kirchengeschichte Bd. 10,2, Die neueste Zeit IV,
    hg. M. Greschat, Stuttgart 1986, 324–338.

Zur Logik der Friedenssicherung. Eine theologische Position 334
    Bisher unveröffentlicht.

Verzeichnis der Namen 353

Vorwort

Die in diesem Band gesammelten zwanzig Aufsätze zeigen an konkreten Themenstellungen, wie ich mir die Ausführung der theologischen Arbeitsweise vorstelle, die ich in dem Buch *Zur Logik der Theologie* (München 1984) beschrieben habe. Die Arbeiten bieten jedoch keine fertigen Ergebnisse. Das scheint mir in den heute weit offenen Situationen in der Ökumene, der herkömmlichen konfessionellen Theologie, der anthropologischen Grundlegung der Medizin und der medizinischen sowie der politischen Ethik unvermeidbar zu sein. »Konzepte« als Titel der Sammlung soll dies markieren. Ihr ging bereits ein Band mit gesammelten Aufsätzen, *Konzepte, Patristische Studien* (Bern 1976) voraus. Weitere Bände der *Konzepte* in Fortsetzung des Anliegens und der Methode des Buches *Zur Logik der Theologie* sind vorgesehen.

Die drei Themenbereiche der hier vorgelegten Arbeiten scheinen auf den ersten Blick hin weit auseinander zu liegen. Für mich bilden sie in ihren grundsätzlichen Problem- und Aufgabestellungen seit Jahren eine Einheit, wenn ich auch noch nicht in der Lage bin, die Zusammenhänge voll zu durchschauen und eindeutig zu erklären. Eine erste Skizze einer Synthese findet sich in der Heidelberger Antrittsrede »Die Erfahrung der Wahrheit«.

Ich widme diesen Band dem Andenken an den neuseeländischen Theologen Hugh O. Jones, meinen Mitarbeiter in Mainz von 1973 bis zu meinem Weggang nach Heidelberg 1983. Ich hatte ihn in Neuseeland kennengelernt und konnte ihn für eine Assistentenstelle in Mainz gewinnen. Er habilitierte sich dort und war als Lehrer und Kollege sehr geschätzt. Nach einer zunächst erfolgreichen Entfernung eines Gehirntumors im Jahr 1981 starb er an der Wiederkehr eines inoperablen Tumors im Februar dieses Jahres. Seine Habilitationsschrift *Die Logik theologischer Perspektiven: eine sprachanalytische Untersuchung,* wird Ende 1985 in Göttingen erscheinen.

Reigoldswil, BL
Oktober 1985   D.R.

I. ÖKUMENISCHE PROBLEME

Zur Geschichte der Kontroverse um das Filioque und ihrer theologischen Implikationen

Die Kirche des Westens hat in einem langen, keineswegs eindeutig geplanten theologischen Entwicklungsprozeß dem Nizäno-Konstantinopolitanischen Symbol (dem einzig wirklich ökumenischen Glaubensbekenntnis) das Wort »filioque« hinter dem Satzteil ». . . der Heilige Geist, . . . der ausgeht aus dem Vater« zugefügt; der Geist geht also aus dem Vater *und* vom Sohn aus, war die These. Man würde diesen Zusatz völlig mißverstehen, wollte man ihn als etwas anderes als eine inner-trinitätstheologische Aussage ansehen. »In« dem dreieinigen Gott, in der »immanenten Trinität« sei der Hervorgang des Geistes *(processio)* als ein Hervorgehen aus dem Vater sowie aus dem Sohn zu begreifen. Will man die Kontroverse um das Filioque[1] verstehen, so muß man sich ganz in die klassischen trinitarischen Argumentationsgänge eindenken. Dabei wird der Theologe dann entdecken – vielleicht zu seiner Überraschung –, daß dieses Thema unerhörte Relevanz hat in bezug auf unser heutiges Verständnis von Kirche, Ethik, verbindlichem Lehren und – nicht zuletzt – auf die Beurteilung der verschiedenen neuen charismatischen Bewegungen. Freilich erscheint es als kühn, in einer Zeit, in der viele von uns kaum theologisch zu rechtfertigen wissen, wie man überhaupt »von Gott reden« kann, eine so subtile Frage aus der immanenten Trinitätsspekulation ins Zentrum der Aufmerksamkeit zu rücken. Aber das Studium gerade dieser subtilen Frage könnte erweisen, daß die westliche Theologie von jeher die unglückliche Tendenz hatte, ein Reden von Gott »im allgemeinen«, also nicht konkret vom dreieinigen Gott, zu fördern. Die modalistische Tendenz (die Reduktion also von Vater, Sohn und Geist auf drei Aspekte der Gottheit, sozusagen), macht es tatsächlich schwer, »von Gott zu reden«.

Hinter der Kontroverse liegt eine im Osten und Westen verschieden konzipierte Trinitätslehre. Die Kontroverse selbst hatte zu ihrem Mittelpunkt stets die einseitige Entscheidung des Westens, dem ökumenischen Bekennt-

---

[1] Vgl. meine kürzere Darstellung »Geschichte der Kontroverse um das Filioque« in: *Concilium* 15, 1979, S. 499ff., aus der ich einige Passagen hier wieder verwendet habe.

nis eine wichtige trinitarische Klausel zuzufügen. Durch die ganze Geschichte der Kontroverse hindurch kann eine Trennungslinie zwischen theologischen und politischen Faktoren und Überzeugungen nur sehr schwer gezogen werden. Die unvollständige Kenntnis der Verwicklungen der östlichen Theologie bei den lateinischen Vätern, andererseits die Schwierigkeiten der östlichen Theologen, die westliche kirchengeschichtliche Situation zu verstehen, trugen viel zur Komplizierung der Kontroverse bei. Erschwerend kommt noch hinzu, daß die westliche Theologie in der Verteidigung des Filioque keine überzeugende Einheitlichkeit vorweist. Theologen des Mittelalters, besonders Anselm und Thomas Aquinus, haben Rechtfertigungen hervorgebracht, die sich wesentlich von der Lehre vom »doppelten Ausgang des Geistes« bei Augustin und im Athanasianum unterscheiden.

Die Zufügung des Filioque zum Nizänum durch die Kirchen des Westens[2] ist von den Theologen der Orthodoxen Kirchen in den verschiedenen Stadien der Kontroverse[3] aus mindestens drei Gründen zurückgewiesen worden: a) sie sei un-kanonisch, basiere also nicht auf ökumenischen Konzilsentscheidungen, b) sie stehe weder mit dem Neuen Testament noch mit der frühen Tradition im Einklang, c) sie sei dogmatisch unwahr und führe zu gefährlichen Konsequenzen. Die Orthodoxie kann auf eine beachtliche Reihe von Verteidigern des ursprünglichen Textes des Nizänums zurückblicken, die von Johannes von Damaskus bis zu Patriarch Anthimos' Antwort an Papst Leo XIII. im Jahr 1894 reicht.

Heute stellt sich das Problem des Umgangs mit der Kontroverse auf zwei Ebenen dar:

1. Ist das Filioque bloß ein Zusatz zum nizänischen Credo, der von orthodoxen Theologen unserer Zeit vielleicht als typisch ambrosianisch-augustinische Eigenart der westlichen Theologie historisch eingeordnet und schließ-

---

2 Die westliche Theologie hatte das Filioque lang, bevor es die Kirchen des Westens hatten. Die Konzilsentscheidungen von Toledo 446/7 und 589 (das Filioque im Text vom Jahr 400 ist höchstwahrscheinlich späterer Zusatz) sind nur Teil der Geschichte. Das Filioque wurde erst vom frühen 11. Jh. an offiziell in der Messe gesungen.
3 Vgl. das klassische Buch von *H. B. Swete*, On the History of the Doctrine of the Procession of the Holy Spirit from the Apostolic Age to Charlemagne, 1876, auch *M. Jugie*, »Origine de la controverse sur l'addition du Filioque au symbole« in: Revue des Sciences Phil. et Théol. 28, 1939, S. 369ff., sowie *François Dvornik,* Le schisme de Photius, histoire et légende, Paris 1950.

lich toleriert werden könnte? Oder ist das Filioque ein Symptom einer tiefen Differenz zwischen dem östlichen und dem westlichen Verständnis der Trinität, und folglich auch der Frömmigkeit, des Gottesdienstes und des dogmatischen Konzepts der Gegenwart Christi sowie der Art des Kontaktes des Geistes mit der Kirche und mit den Menschen überhaupt?

2. Das Filioque wird im Osten und im Westen ganz verschieden bewertet und genießt in den beiden Teilen der Kirche einen ganz unterschiedlichen Grad von Bedeutung. Dies ist nicht so sehr wegen differierender historischer Analysen der Fall, sondern einfach darum, weil der Westen dem Apostolischen Credo mindestens ebensoviel Gewicht beimißt wie dem Nizänum. Dazu kommt noch, daß fixierte Glaubensbekenntnisse im Westen und im Osten überhaupt eine verschiedene Funktion haben. (Ferner wird man die unterschiedlichen Bewertungen credo-hafter Formulierungen innerhalb der westlichen Tradition beachten müssen, z.B. zwischen der römisch-katholischen Kirche, der anglikanischen Gemeinschaft und den verschiedenen protestantischen Denominationen. Beispiel: Der Verfasser dieses Aufsatzes ist frei, sich die orthodoxe Kritik am Filioque zu eigen zu machen, ohne mit der reformierten Kirche, die ihn ordinierte, in Konflikt zu geraten.)

Diese zwei Ebenen der Probleme muß man im Auge behalten, wenn man nach einem möglichen Konsensus in der Filioque-Frage suchen will. Eine fruchtbare Behandlung des Themas hängt von der sinnvollen Unterscheidung zwischen den historischen und den systematischen Aspekten der Frage ab. In der folgenden Darstellung und Diskussion der Entwicklung der Kontroverse und ihrer theologischen Implikationen wollen wir mit einer summarischen Zusammenstellung der externen, kirchenhistorischen Ereignisse beginnen und von dort zu einer mehr dogmen- und theologiegeschichtlichen Analyse weitergehen und dann mit einer kurzen Diskussion der theologischen Faktoren der jüngeren Etappen der Kontroverse die Darstellung abschließen. Teile 2 und 3 sollen auch besonders den systematisch-theologischen Aspekten der Etappen der Kontroverse gerecht werden.

1. Kurze Darstellung der externen Ereignisse im Ablauf der Kontroverse

Die bloßen Fakten und Daten der Geschichte der Kontroverse geben ein außergewöhnlich unvollständiges Bild der eigentlichen Frage. Das verwundert nur den, der die Kontroverse als eine Sache von Konzilsentscheidungen ansieht. Es geht aber um viel mehr als das. Die Konzilien von Toledo[4] und die Synoden von Gentilly, Frankfurt, Friuli und Aachen haben Entscheidungen formuliert, die keineswegs repräsentativ für die offizielle Lehrmeinung des Papstes in Rom waren, obwohl das Filioque-Konzept fraglos eine theologische Tendenz bei den lateinischen Vätern, wenn nicht sogar die notwendige Folge der allgemeinen akzeptierten trinitarischen Begriffe von Tertullian[5], Novatian[6], Ambrosius[7] und Augustin[8] war. Zudem muß man die offiziellen Entscheidungen der Kirche im Osten, besonders in Konstantinopel, im Zusammenhang mit den Problemen der lateinischen Missionstätigkeit unter den Slawen (insbesondere Bulgarien) und anderen Spannungen mit Rom[9] sehen, von den Schwierigkeiten ganz zu schweigen, die die lateinischen Väter ihrerseits in bezug auf die östliche Trinitätslehre hatten, von der sie – etwa von den Kappadoziern – höchstens einen Teil verstanden hatten. Die klassischen, östlich orthodoxen Konzepte von der Trinität und vom Heiligen Geist waren dem Westen (besonders auch Augustin) nur in der Form summarischer Endergebnisse bekannt. Der Hintergrund der Ergebnisse war nicht wirklich verstanden.[10] Aber auch die östlichen Theologen verstanden zur Zeit der Kontroverse nicht die schwierige Situation der Kirche in Spanien in bezug auf neue Formen des Arianismus noch die besonderen Interessen der fränkischen Kirche zur Zeit Karls des Großen. Mit anderen Worten: Das Problem der Zufügung des Filioque ist in kirchengeschichtliche und langsam sich entfaltende theologische Positionen eingebettet, und die Möglichkeiten für eine Einigung schwanden mit dem zunehmenden Fehlen der Kenntnis der gegenseitigen Traditionen und gegenwärtigen Probleme.

---

4 Die vielen Konzilien von Toledo (von 400 bis zum 16. Jh., vgl. *Migne*, PL 84, 327–562) spiegeln über die Jahrhunderte die speziellen Probleme der Kirche in Spanien wider: Arianismus (Priscillianismus), die moslemische Okkupation, die Zurückeroberung, die Ersetzung des Mozarabischen Ritus usw.
5 Adv. Praxean (nach 213).
6 De trinitate (vor 250).
7 Die drei Bücher De Spiritu Sancto.
8 De trinitate (399–419) und ep. 11 und 120.
9 Vgl. *François Dvornik*, Byzance et la primauté Romaine, Paris 1964.
10 Vgl. *B. Altaners* Summierung seiner Forschungen über die westliche Rezeption östlicher Theologie in: Rev. Bénédictine 62, 1952, S. 201ff.

Die folgende Aufstellung von Ereignissen und Daten, in der die wichtigsten Stufen der Entwicklung der Kontroverse sichtbar werden, ist aus all diesen Gründen nichts mehr als die externe Manifestation eines in Wirklichkeit viel breiteren Problems.

Westen:

Frühes 5. Jh.: Das Filioque ist in Spanien in liturgischem Gebrauch (gegen Priscillianismus?). Toledo 446/47 *Athanasianum*[11] (»Spiritus s. a Patre et Filio ... procedens«, 22)

589 3. Konzil von Toledo[12]
633 4. Konzil von Toledo[13]

767 Synode von Gentilly
794 Synode von Frankfurt
796 Synode von Friuli: Paulinus von Aquileia († 802) verteidigt Filioque (vgl. *Migne PL* 99, 9–683)

Osten:

nach 742: Johannes von Damaskus (*Expos. fid. orth.* I, 8, 12) bringt die erste Zurückweisung des Filioque

Streit zwischen fränkischen und östlichen Mönchen im St. Saba-Kloster, Jerusalem, über den liturgischen Gebrauch des Filioque

---

11 Vgl. *J. N. D. Kelly*, The Athanasian Creed, New York 1964, bes. S. 86–90.
12 Texte bei *A. Hahn*, Bibliothek der Symbole und Glaubensregeln, Breslau 1897 (3. Aufl.), S. 232ff.
13 *Hahn*, S. 235ff.

808 Leo III. schreibt Karl dem
 Großen, er halte das Filioque
 für korrekt, wolle es aber nicht
 ins Credo einfügen
809 Karl d. Gr. bittet Theodulf
 von Orléans († 821) um Stellungnahme, s. sein *De Spiritu
 Sancto*[14]
 Synode von Aachen:
 Das Filioque wird ins Nizänum eingefügt
810 Synode in Rom: Leo III. erklärt das Filioque für orthodox,
 will es aber nicht ins Credo
 einfügen; er läßt zwei Silber-
 tafeln mit dem unveränderten
 Text des Nizänum gravieren
 und in St. Peter aufstellen
 Alcuins *De processione Spiritus sancti*

	858 Photius folgt Ignatius als Patriarch
863 Nikolaus I. bestätigt Ignatius als Patriarch	
	Kaiser Michael III. überre-det den Papst zur Überprü-fung der Bestätigung
Die lateinische Kirche bean-sprucht Bulgarien	867 Photius (Patriarch) verurteilt Roms missionarische Aktivi-tät in Bulgarien und lehnt das Filioque ab
	Konzil von Konstantinopel exkommuniziert Papst Niko-laus

14 *Migne* PL 105, S. 187ff.

	Ebenfalls 867: Ignatius wird wieder Patriarch
869 Rom verurteilt Photius	869 Konzil von Konstantinopel bestätigt Roms Verurteilung des Photius
870 Rom verurteilt Ignatius' Anspruch auf Bulgarien	
Päpstliche Legaten in Konstantinopel unterzeichnen das Nizänum ohne Filioque und bestätigen Photius' Wiedereinsetzung (so F. Dvornik gegen ältere Forschung)	
	877 Ignatius stirbt; Photius wird wieder Patriarch
	879/80 Konzil von Konstantinopel widerruft Entscheidung von 869
	886 Kaiser Leo VI. setzt Photius ab
982 Rom exkommuniziert Photius? (F. Dvornik hält dies für eine spätere Fälschung)	*Photius' Liber de Spiritus S. mystagogia*[15]
1009 Papst Sergius IV. verwendet das Filioque in dem nach Konstantinopel gesandten Glaubensbekenntnis	Papst Sergius' Namensvetter, Patriarch Sergius, läßt den Namen des Papstes in den offiziellen Diptychen aus (allerdings schon früher versehentlich ähnliche Auslassungen)

---

15 *Migne* PG 102; vgl. außer Dvornik den älteren Aufsatz »Photius« von F. Kattenbusch, in: RE (3. Aufl.), S. 374–393.

1014 Papst Benedikt VIII.[16] fügt offiziell das Filioque ins Nizänum ein (Druck von Kaiser Heinrich II.); es wird in der Messe gesungen

1274 Konzil von Lyon[17], Versuch der Wiedervereinigung Die Delegierten der Ostkirche akzeptieren das Filioque (und päpstlichen Primat)

Kaiser Michael VIII. (1259 bis 1282) ersucht Rom um Hilfe gegen die Türken Die Zustimmung der Delegierten in Lyon wird widerrufen

1438/39 Konzil von Florenz, der Patriarch und alle orthodoxen Delegierten (außer Markus von Ephesus) unterzeichnen das Filioque sowie andere Lehrpunkte

Keine Veröffentlichung der Entscheidung von Florenz in Byzanz bis 1452

1453 29. Mai: Zerstörung von Konstantinopel (am Morgen des 29. Mai: gemeinsam gefeierte Messe der Orthodoxen und Lateiner in der Hagia Sophia)

Es mag sinnvoll sein, das bloße Aufzählen der äußeren Ereignisse hier zu unterbrechen und einige Kommentare und Bemerkungen anzubringen. Die eigentliche »Filioque-Kontroverse«, wie sie in Geschichtsbüchern abgehandelt wird, ist mit dem Namen des Patriarchen Photius verbunden, einem gelehrten Theologen und einer problematischen Persönlichkeit. Seine Lehre – der Ausgang des Geistes »vom Vater allein« – war theologisch begründet und wurde politisch verteidigt. Aber weil Photius im Westen keinen ihm ge-

---

16 *Migne* PL 142, S. 1060f.
17 *Denz.* 460–63.

wachsenen Gegenspieler hatte, konzentrierte sich Rom fast ausschließlich auf politische Manöver im Kampf gegen seine Position. Diese Taktik blieb typisch für die westliche Kirche bis zu und einschließlich Papst Benedikts offizieller Einfügung des Filioque in den Text des Nizänums. Benedikt VIII. selbst war zweifellos mehr an den Kriegen gegen Sarazenen und Griechen als an der Theologie interessiert. Ein seiner Potenz nach echter theologischer Streit hat sich jämmerlich in kirchenpolitische Zänkereien und Erpressungen verdünnt. Die Scharfsichtigkeit von Augustins trinitätstheologischen Gedanken und auch die sinnvollen Versuche von Maxismus dem Confessor im 7. Jahrhundert, die Unterschiede zwischen Ost und West zu erklären, schienen völlig aus dem Gedächtnis der Teilnehmer am Streit verschwunden. Die Konzile von Lyon und Florenz mit ihren Versuchen, dem Osten das Filioque aufzudrängen, brachten keine Lösung, sondern verursachten viel Bitterkeit auf der Seite der östlichen Christen. Die letzte Messe, die die Griechen und Lateiner gemeinsam am Morgen des 29. Mai 1453 vor ihrem Ende in Konstantinopel feierten – vierzehn Jahre nach dem demütigenden Konzil von Florenz –, mutet wie ein Requiem auf den konstruktiven theologischen Austausch zwischen dem Osten und dem Westen an.

Die dünnen Kontakte zwischen den Kirchen der Reformation und der Orthodoxie führten zu keiner Wiederaufnahme der Filioque-Frage. Die Bekenntnisschriften der Reformation behielten das Filioque, teilweise wohl schon wegen der relativen Hochschätzung des Athanasianums. Und einer der wenigen Experten westlicher Theologie im Osten, Kyrill Lukaris (ermordet 1638), hat die Diskussion auch nicht neu eröffnet. Dagegen hat Petrus Mogila, der den Westen auch sehr gut kannte, in seinem »Orthodoxen Bekenntnis« das Filioque sowie den päpstlichen Primat angegriffen.

Die Entwicklung seit dem 17. Jahrhundert kann wieder nach wichtigen Ereignissen aufgezählt werden, wobei die theologischen Positionen der Anglikaner und der Altkatholiken zum Filioque zunehmend relevant werden.

Westen:	*Osten:*
17. Jh.: Verschiedene Autoren in England nehmen die Filioque-Frage im Interesse des Kontakts mit der östlichen Orthodoxie auf	Petrus Mogilas »Orthodoxes Bekenntnis« (1642/43) lehnt das Filioque (und den päpstlichen Primat) als trennende Faktoren ab

1742 Papst Benedikt XIV. erachtet das Filioque nicht als conditio sine qua non für eine Union mit der Orthodoxie[18]

19. Jh.: Verschiedene englische Theologen vertreten die evtl. Streichung des Filioque

1874/75 Konsultationen zwischen Altkatholiken und Orthodoxen Kirchen in Bonn (anglikanische Vertreter)
Die Altkatholiken beginnen mit dem Prozeß der Streichung des Filioque aus dem Nizänum

1894 Papst Leo XIII. appelliert an die othodoxen Kirchen und lädt zur Union ein

Patriarch Anthimos von Konstantinopel antwortet, daß Union mit Rom nur möglich, wenn gezeigt werden kann, daß bis zum 9. Jh. Konsensus in der Lehre bestanden habe und das Filioque von den frühen Vätern gelehrt worden sei

1912 Anglikanisch-orthodoxe Konsultationen in St. Petersburg, fortgesetzt

1931 von der »Joint doctrinal Commission«[19], die sich

1973 in Oxford und

1976 in Moskau wieder traf

---

18 Vgl. aber die Professio fidei Orientalibus (Maronitis) praescripta, *Denz.* 1459–1473.
19 Vgl. *H. M. Waddams (Hg.)*, Anglo-Russian Theological Conference, London 1955, sowie die Aufsätze von *N. Zernov* und *G. Florovsky* in: A History of the Ecumenical Movement, hg. R. Rouse und S. C. Neill, London 1954.

1978 Die Lambeth-Conference von
1978 empfiehlt den Kirchen
der anglikanischen Gemeinschaft die Streichung des
Filioque[20]

Es ist offensichtlich, daß von Anfang an die Entwicklung der Kontroverse mit politischen Interessen und Konflikten verbunden war. Aber diese Beobachtung erlaubt nicht den Schluß, daß die Sache an sich politischer Natur war. Das war sie nicht. Es geht um eine trinitarische Frage, nämlich um die sehr verschiedenen Entwicklungen der theologischen Konzepte und Erwartungen in bezug auf die Trinität im Osten und im Westen. Besser als der Hinweis auf politische und kirchenpolitische Interessen wäre die Beobachtung, daß der Osten und der Westen wirklich mit »irreducibly diverse forms of thought« operieren, wie Avery Dulles in Anlehnung an Walter Kasper formuliert.[21] Aber nach solchen allgemeinen Überlegungen, wie man die oft diskutierte Kontroverse angehen könnte, muß man doch zu einer Analyse auf tieferer Ebene gelangen. Erst recht wäre es ungenügend, die wenigen Stellen in den griechischen Vätern anzuführen, die offensichtlich ein Filioque-Konzept ausdrücken[22], oder auch die Äußerungen aufzuzählen, die neuere Autoren der Orthodoxie in Richtung auf ein Tolerieren oder auf ein Herunterspielen der eigentlichen Filioque-Problematik gemacht haben.[23]

Die Spannung, die in der Filioque-Kontroverse aufbrach, hat ihre Wurzeln in den verschiedenen trinitarischen Konzepten der lateinischen und der griechischen Kirchen. Diese Unterschiede hängen ihrerseits mit verschiedenen Formen der Frömmigkeit und der Erwartungen in bezug auf den erkenntnismäßigen Zugang zu Gott und zum Heiligen Geist zusammen. Ohne hier in eine volle Analyse dieser wichtigen Thematik eintreten zu können, wird es doch nötig sein, im folgenden einige der wichtigen trinitarischen Konzepte, die an der Wurzel dieser Unterschiede liegen, aufzuzeigen.

20 Report of the Lambeth Conference 1978, S. 51f., sowie Anglican-Orthodox Dialogue. The Moscow Statement... Joint Doctrinal Commission 1976, hg. v. *K. Ware* und *C. Davey*, S. 97ff., mit einer Geschichte des Dialogs S. 4–37.
21 *Avery Dulles*, The Survival of Dogma, Garden City 1973, S. 167.
22 Eine Stelle in Cyrill v. Alex. (Thesaurus de... trinitate, 34), eine in Epiphanius, bei Ephraem dem Syrer, und bei einigen anderen.
23 Vermittelnd: der russische Theologe V. Bolotov; radikal: Pavel Svetlov.

2. Die theologische Problematik im Hintergrund der Kontroverse

Die Entscheidung, wo man bei der Beschreibung der Entwicklung patristisch-trinitarischer Gedanken beginnen soll, ist im Grunde willkürlich. Wenn man nach den philosophischen und systematischen Bedingungen fragt, die den frühen Vätern für die Artikulation trinitarischer Konzepte zur Verfügung standen, so wird man am besten auf die Einzelheiten des aristotelischen Einflusses auf die griechische Theologie des vierten Jahrhunderts, besonders seiner zweiten Hälfte, achten. Und im Hinblick auf die lateinische Theologie würde man sich besonders der Rezeption des Plotin (nebst aristotelischer und stoischer Kosmologie) durch Ambrosius und Augustin zuwenden wollen. Wenn man aber die Geschichte der Theologie im engeren Sinne ins Auge faßt, so wäre ein geeigneter Ausgangspunkt im Osten Athanasius[24] und die weitere Gestaltung seiner Gedanken bei den Kappadoziern[25] und Didymus dem Blinden sowie Evagrius; im Westen wäre es zweifellos Tertullian[26]. In bezug auf die Wurzeln des Filioque-Problems müßte man an frühe Konzilsentscheidungen denken, etwa an die Synode von Alexandria 362, die ausdrücklich 381 in Konstantinopel bestätigt wurde. Zudem wird man bei allem im Auge behalten müssen, daß der gesamte Erkenntnisapparat – im Osten sowie im Westen – ohne die philosophischen Kategorien des Neuplatonismus gar nicht bestanden hätte.

Solche Analysen können hier freilich nicht durchgeführt werden. Der Zweck der im folgenden zusammengestellten Beobachtungen ist bloß die Bereitstellung von einigem Material für das Verständnis der Tatsache, daß die Theologie der Ostkirche unmöglich das Filioque hätte produzieren können, während die Kirche des Westens es vielleicht gar nicht vermeiden konnte.

---

24 Vgl. *D. Ritschl*, Athanasius, Zürich 1964; *Theodore C. Campbell,* »The Doctrine of the Holy Spirit in the Theology of Athanasius«, in: Scott. Journ. of Theol., Nov. 1974, S. 408–440, sowie *T. F. Torrance*, »Athanasius: A Study in the Foundations of Classical Theology«, in: Theology in Reconciliation, London 1975, S. 215–266.
25 Immer noch wichtig ist *Karl Holl*, Amphylochius von Ikonium in seinem Verhältnis zu den großen Kappadoziern, Tübingen 1904.
26 Vgl. *John Burleigh,* »The Doctrine of the Holy Spirit in the Latin Fathers«, in: Scott. Journ. of Theol., Juni 1954, S. 113–132.

a) Athanasius und die Kappadozier

Die Theologie des Ostens lernte es erst allmählich, zwischen *ousia* und *energeiai*, zwischen *ousia* und *hypostasis* oder zwischen *hypostatis* und *prosopon* scharf zu unterscheiden. Es ist aber eindeutig, daß nach dem theologischen Werk der Kappadozier die Unterscheidung zwischen *ousia* und *energeiai* entscheidend wichtig für die griechische Theologie wurde. Obwohl in Gott die »Energien« nicht von seiner *ousia* unterschieden werden können, ist es für die Gläubigen unmöglich, Gott in seiner eigenen *ousia*, die alles Sein, alle Namen und Konzepte übersteigt, zu erreichen. Jedes Sein hat sein Dasein nur in den *energeiai* Gottes, und die Gläubigen können nur durch Partizipation an Gottes Energien überhaupt in Gemeinschaft mit Gott treten. Diese Sicht, das Herzstück orthodoxer Theologie, voll entwickelt bei Gregor Palamas, ist grundsätzlich schon bei Athanasius vorhanden. Die Termini waren freilich bei ihm noch nicht eindeutig, und es ist darum nicht erstaunlich, daß sich die westliche Kirche ebenso auf Athanasius berufen hat. Der Substanz nach findet sich die spätere Theologie des Ostens aber schon bei Athanasius, und der Anspruch der Kappadozier, sie seien die legitime Fortsetzung des Athanasius, ist weitgehend gerechtfertigt. (Allerdings hat die neuere Forschung gezeigt, daß auch andere Theologen die Kappadozier beeinflußt haben, deren Bedeutung aber später wegen mangelnder Orthodoxie heruntergespielt wurde; ein Beispiel ist Apollinaris von Laodicea[27], den Harnack den »großen Lehrer der Kappadozier« nennt[28].)

Athanasius lehrte in *Contra Arianos* und später in *Ad Serapionem*, daß Vater, Sohn und Heiliger Geist ineinander ruhen, daß man über den Geist nicht geringer als über die zweite Person der Trinität denken dürfe und vor allem daß die Partizipation der Gläubigen an Gott selbst eine Teilhabe im Heiligen Geist sei. Das Wort ist die Brücke dieser Teilhabe. Weil das Wort im Vater ist und weil Wort und Geist voll am Vater partizipieren und weil das Wort bei den Gläubigen (und in ihnen) ist, darum sind die Gläubigen *im* Geist *in* Gott. In dieser Konstruktion von beidem, der Trinität sowie der Teilhabe der

---

27 Vgl. *E. Mühlenberg*, Apollinaris v. Laodicea, Göttingen 1969, und *T. F. Torrance*, »The Mind of Christ in Worship: The Problem of Apollinarianism in Worship«, in: Theology in Reconciliation, S. 139–214.
28 *A. v. Harnack*, Dogmengeschichte II (4. Aufl.), S. 295.

Gläubigen an Gott, ist die Wendung »durch den Sohn« völlig angemessen. In der Tat war (und ist) *dia tou hyiou* eine korrekte Formel in der östlichen Orthodoxie, obgleich ihre Ähnlichkeit mit dem westlichen »vom Sohn« durch die Jahrhunderte zu einem Mißtrauen der Theologen des Ostens gegenüber dieser ursprünglich korrekten Formel führte. Athanasius lehrte deutlich, Gott sei »über allem« und auch »durch alles und in allem«, der Sohn »durch alles« und der Geist »in allen« (oder allem). Dies ist die Basis für das Verständnis vom vikariatsmäßigen Werk[29] des Geistes anstelle derer, die »im Geist« sind. Es besteht eine Communio des Geistes mit den Gläubigen, die ihren Grund in der Communio des Sohnes hat, der im Geist ist, wie der Geist im Sohn. Die Inkarnation des Wortes ist, andersherum gesehen, der Grund für die Aufnahme des Geistes durch die Gläubigen. Der Geist hat so vollständig Anteil am Vater und am *logos,* und zwar wegen der vollen Einheit der Aktivität *(energeia)* und des Wesens Gottes, daß man sich fragen kann, ob die späteren östlich orthodoxen Theologen mit ihrem Anspruch recht hatten, Athanasius sei ein Kronzeuge der Unterscheidung zwischen *ousia* und *energeiai* im dreieinigen Gott. Man könnte argumentieren, daß Athanasius' Konzept von Gott, der sich *durch* das Wort *im* Geist selbst präsentiert, auf eine Identifikation von Gottes »Sein in sich selbst« mit dem von den Gläubigen erkannten Gott hinausläuft. Diese letztliche Auflösung der Unterscheidung zwischen immanenter und ökonomischer Trinität steht natürlich der westlichen Theologie nahe (sie ist z.B. die theologisch-erkenntnistheoretische Basis von Karl Barths Dogmatik). Man könnte weiter argumentieren, daß der Westen an diesem Punkt Athanasius besser verstanden hat als die spätere byzantinische Theologie. Weil unser Interesse hier nicht Athanasius' Theologie als solche betrifft, sondern die trinitarischen Konzepte des Ostens, die eine Verneinung des Filioque nötig machten, können wir das eben erwähnte Problem unentschieden stehen lassen. (Ohne Zweifel haben die Kappadozier und mit ihnen die ganze spätere östliche Tradition gedacht, sie setzten das theologische Anliegen des großen Athanasius legitim fort.)

---

29 S. *D. Ritschl,* »Die Einheit mit Christus im Denken der griechischen Väter«, in: Konzepte, Ges. Aufsätze I, Bern 1976, S. 78-101, sowie Kap. II in: Memory and Hope, An Inquiry Concerning the Presence of Christ, New York 1967.

Das Bestreben der Kappadozier ist durch ihre Bemühung um die Einheit der drei Personen der Trinität (gegen Neo-Arianer) sowie um Unterscheidung der drei *hypostaseis* innerhalb der Einheit der drei (gegen den Vorwurf, sie lehrten »zwei Söhne«) gekennzeichnet. Während Basilius als erster den Begriff *hypostasis* durchdachte – allerdings ohne klar den ewigen Ausgang des Geistes zu definieren –, führte Gregor von Nazianz den Begriff der *ekporeusis* ein, über den Gregor von Nyssa im Zusammenhang mit seinem »durch den Sohn«-Konzept weiter reflektierte. Alle drei akzeptierten natürlich die *homousia* des Geistes. Die Gründe, die sie dafür vorbringen, sind immer mit der Einsicht verbunden, daß die Gotteserkenntnis der Gläubigen unvollständig oder unmöglich würde, wenn der Geist ein *ktisma*, ein Geschöpf wäre. So ist also ein soteriologisches Argument und ein direkter Bezug zu Liturgie und Gottesdienst von Anfang an Teil der gesamten theologischen Reflexion.

Basilius befaßt sich ernsthaft mit dem Problem, daß der Geist weder *agenneton* noch *genneton* noch eine *ktisis* ist[30], und in *De Spiritu Sancto* scheint er ein Ausgehen des Geistes vom Sohn zu lehren. Allerdings verneint K. Holl[31], daß er dies so gemeint hat: vielmehr habe Basilius, der hier auf die innere *taxis* der Trinität Bezug nahm, tatsächlich unterschieden zwischen einer *inneren* Ordnung und der *äußeren* Wirkung der *prosopa*. Im Hinblick auf die erkennbaren *prosopa* besteht die Ordnung – wie schon bei Athanasius – *vom Vater durch den Sohn im Geist*. Im Hinblick auf die innertrinitarischen Relationen hat allerdings Basilius keinen Begriff für den Heiligen Geist zur Hand, der ein Äquivalent für die *gennesia* des Sohnes wäre.

Bei Gregor von Nazianz ist die Situation etwas anders, weil er – trotz grundsätzlicher Übereinstimmung mit seinem Lehrer Basilius – die Frage der Herkunft des Geistes stark in den Mittelpunkt stellt. Ein wichtiger Text für ihn ist Joh 15,26. Der Begriff der *ekporeusis* erlaubt ihm, die *idiotes* des Geistes zu definieren, ein Begriff, der nun zur *gennesia* des Sohnes in Parallele steht. Gregors trinitarisches Interesse – wie schon das von Basilius – ist eng verbunden mit der Frage der geistlichen Situation der Gläubigen, bei denen er deren *psyche* und *nous* unterscheidet. Der Gläubige erreicht im *nous* die Ähnlichkeit mit Gott *(teleiosis)*. Diese Konstruktion operiert nun mit den

---

30 Contra Eunom. III, *Migne* PG 29, 668 B.
31 K. Holl, a.a.O., S. 141.

Begriffen von *agennesia, gennesia* und *ekporeusis*. Gregor hält dies für eine ausreichende Sicherung gegen den Vorwurf, er lehre *dyo hyioi* in Gott. Es ist wichtig festzustellen, daß Gregor von Nazianz nicht die Formel *ekporeusis dia tou hyiou,* oder etwas Ähnliches, lehrt. Er geht also über Basilius hinaus, indem er eine klare und hilfreiche Terminologie anbietet. Trotzdem kann man nicht sagen, daß seine fünf *theologischen Reden* vollständige Klarheit über die Frage nach dem Ursprung des Geistes schaffen.

Gregor von Nyssa gründet freilich seine Gedanken über die Trinität auch auf Basilius, aber er fügt einen Komplex von Reflexionen über das absolut Gute, über das Böse und über den Urstand des Menschen hinzu. Der Einfluß von Origenes und im allgemeinen des Neuplatonismus ist auffälliger als bei Basilius und Gregor von Nazianz. Ein Interesse an einer Art von Heilsgeschichte, d.h. die Vorstellung vom graduellen Zugang der Seele zu Gott wird nun mit dem Konzept der Trinität verbunden. Gregors Lehre setzt ein immanentes Konzept voraus: Gott ist *he zoopoios dynamis*. Diese *dynamis* operiert immanent in dreifacher Weise: »Die Quelle der Kraft ist der Vater, die Kraft des Vaters der Sohn, der Geist der Kraft der Heilige Geist« *(pege men dynameos estin ho pater, dynamis de tou patros ho hyios, dynameos de pneuma to pneuma hagion)*[32]. Die so gefaßte immanente Trinität wirkt nach außen, dies aber in solcher Weise, daß immer unzweideutig der Vater die *pege* ist, die Quelle, so daß die *energeia* beim Sohn ist und die *teileiosis beim Geist.* Der Vater ist *agennetos,* der Sohn ist *monogenes.* Wiederum: Es gibt nur *einen* Sohn in der Trinität. Man könnte argumentieren, daß Gregor von Nyssa alle Betonung auf die ökonomische Trinität legt. Es ist aber plausibler zu sagen, daß dies nicht so sei. Der Vater ist *aition,* der Sohn und der Geist sind *ek tou aitiou.* Es folgt deutlich: Hier wird kein Filioque gelehrt. Die *aitia* des Sohnes ist im Vater, und der Sohn vermittelt die Werke der Trinität *ad extra.* Der Heilige Geist ist *dia tou hyiou* und nicht *vom* Sohn. Diese Unterscheidung zwischen ewigem Ursprung und »heils-ökonomischer« Vermittlung ist von großer Wichtigkeit.

Die Kappadozier, wie alle orthodoxen Theologen des Ostens, lassen keinen Zweifel daran, daß die innere oder immanente Trinität ein Mysterium

---

32 *Migne* PG 45, 1317 (Adv. Maced.).

ist, in das kein menschlicher Gedanke eindringen kann.[33] Von um so größerer Bedeutung ist das Werk des Geistes, dessen theologisches Verständnis Gregor von Nyssa in mystisch-asketische Gedanken übersetzt hat, die ihrerseits Pseudo-Dionysios Areopagita beeinflußt haben und durch ihn fast die ganze östliche Tradition. Diese Kombination von praktischer Frömmigkeit und Gottesdienst mit den allerkompliziertesten trinitarischen Gedanken ist die charakteristische Eigenart der Orthodoxie. Für unser Interesse an der Filioque-Frage ist die bedeutendste dogmatische Aussage der klassischen östlichen Orthodoxie die Einsicht, daß Gott der Vater die *pege*, die Quelle, und die *riza*, die Wurzel, der Gottheit mit ihren dynamischen »Energien« ist, die die Gläubigen im Geist erreichen und transformieren (oder »verklären«), im Geist, der seinerseits im Sohn ist, so wie der Sohn in ihm ist. Es ist darum korrekt zu sagen, daß der Geist die Gläubigen *dia tou hyiou* erreicht, aber es ist sinnlos zu sagen, daß der Heilige Geist in seinem ewigen Ursprung vom Vater *und vom* Sohn ausgeht, so, als gäbe es zwei Quellen oder zwei Wurzeln.

Der Unterschied zwischen dem Osten und dem Westen in bezug auf die Zufügung des Filioque zum Nizänum ist Ausdruck des Unterschieds in der erkenntnistheoretischen Relation zwischen ökonomischer und immanenter Trinität.

b) Frühe westliche Trinitätskonzepte

Obgleich eine Synode in Rom im Jahr 382 das trinitarische Dogma von Konstantinopel von 381 akzeptierte, kann man nicht sagen, der Westen habe die trinitarische Theologie des Ostens voll verstanden. Auch Augustin, dessen Trinitätskonzept praktisch die westliche Trinitätslehre wurde, hat die Entscheidung des zweiten ökumenischen Konzils von Konstantinopel im Jahr 381 und die kappadozische Lehre nicht in ihrer Tiefe verstanden. Es gab Sprachbarrieren, aber noch mehr als das. Augustin stand tief in der Tradition von Tertullian und von Ambrosius und – wie Harnack vielleicht etwas über-

---

33 Vgl. *Vladimir Lossky*, Schau Gottes, Zürich 1963, und *ders.*, The Mystical Theology of the Eastern Church, London 1957, mit seiner Betonung des Unterschiedes zwischen westlicher und östlicher Spiritualität in Beziehung auf die singuläre processio des Geistes, die allein eine Transfiguration oder Deifikation der Gläubigen ermögliche.

trieben sagt[34] – wäre nicht auf die Trinität gekommen, wenn er nicht an die Überlieferung gebunden gewesen wäre.

Ambrosius, an den Kappadoziern interessiert und Athanasius bewundernd, betonte die Einheit und Einzigkeit Gottes neben dem unerforschlichen Geheimnis der Trinität und neigte dazu, den Geist praktisch mit dem Vater zu identifizieren. Das ist historisch verständlich, aber es ist gewiß keine gültige Repräsentation von Athanasius und seinen Schülern. Allerdings wurde Athanasius wohl schon korrekt wiedergegeben in Ambrosius' und Augustins Abneigung gegen eine Unterscheidung zwischen der ökonomischen und der immanenten Trinität. Die Lehre des Ambrosius selbst bietet ähnlich schwierige Aporien wie die, die bei Augustin zu finden sind, nämlich die Schwierigkeit der Harmonisierung der Konzepte von Einheit und Dreiheit. Wenn dieses *begriffliche* Paradox das Mysterium der Trinität ist, so feiert die Kirche des Westens sicherlich ein anderes Mysterium als die des Ostens!

Das Werk des Marcellus von Ancyra[35] muß hier auch erwähnt werden, teilweise schon darum, weil er Rufinus' Trinitätslehre (die ihrerseits dem Cyrill von Jerusalem verpflichtet war) beeinflußt hat und mit ihr das Konzept vom Ausgang des Geistes in der späteren westlichen Theologie. Marcellus hat einen »heilsökonomischen« Modalismus gelehrt, d.h. der Sohn und der Geist erschienen nur, um bestimmte Funktionen zu erfüllen. Es ist bemerkenswert, daß Marcellus 340 in Rom und 343 in Sardica als orthodox bestätigt wurde.

J. Pelikan[36] behauptet (gegen A. Schindler), daß Augustin in seinen trinitarischen Gedanken stark von der Sorge des Hilarius von Poitiers beeinflußt war, keine Differenzierung zwischen ökonomischer und immanenter Trinität zuzulassen. Hilarius hätte das Filioque gelehrt. Wenn dies der Fall ist, und ebenso der Einfluß von Marcellus und Rufinus auf späteres westliches Denken, dann gäbe es Gründe für die Annahme, daß das Filioque der späteren westlichen Theologie aus dem Unwillen zur Unterscheidung zwischen öko-

---

34 *A. v. Harnack*, Grundriß der Dogmengeschichte, 7. Aufl. Tübingen 1931, S. 237.
35 Vgl. *T. Even Pollard*, »Marcellus of Ancyra, A Neglected Father«, in: Epektasis (für Jean Daniélou), Paris 1972, S. 187–196.
36 *J. Pelikan*, »Hilary on Filioque«, in: *ders.*, Development of Christian Doctrine, Yale Univ. Press 1969, S. 120–141.

nomischer und immanenter Trinität erwachsen sei. Wenn dieser Schluß richtig ist, würde folgen, daß Tertullian kein Zeuge für das spätere Filioque wäre. Dies kann kurz in folgender Weise demonstriert werden.

Tertullians *Adversus Praxean* war veranlaßt durch die monarchianischen Gedanken des Praxeas, der sich aber nicht für den Geist interessierte, sondern für die Beziehung zwischen der Monarchie Gottes und dem Leben Jesu. Auch Tertullians Trinitätslehre war nicht durch ein besonderes Interesse am Geist bestimmt, obwohl man dies wegen seiner Beziehung zum Montanismus vermuten könnte. Sein Anliegen war vielmehr das Verständnis der ökonomischen *distributio* und *distinctio* der drei *personae* innerhalb der einen *substantia, potestas* und *virtus* von Gott, eine *differentia per distinctionem*, die auf der einen Seite die Einheit der göttlichen Substanz garantiert, auf der anderen die Tatsache, daß Gott nicht *unicus et singularis* ist. Dies konnte er aber nur um den Preis haben, den Sohn und den Geist als *portiones* der göttlichen Substanz zu erklären, die allerdings voll und ganz Teil dieser Substanz seien. Bei der Wahl zwischen einer Dreiteilung Gottes und einer Inferiorität des Sohnes und des Geistes in Beziehung zum Vater entscheidet sich Tertullian bekanntlich für letzteres. Dieser Subordinationismus ist allerdings hier nicht unser Interesse. Uns geht es um das Verständnis der *processio* aus dem Vater. Tertullian lehrt in *Adversus Praxean* (4), daß Sohn und Geist einzig zum Zweck von Schöpfung und Offenbarung aus Gott dem Vater hervorgehen, und zwar beide *ex unitate patri* (19). In dieser fundamentalen Aussage unterscheidet sich Tertullian nicht von späteren griechischen Konzepten; in seinem Verständnis der Gründe für die *processio* weicht er allerdings von späteren Vätern, z.B. den Kappadoziern, ab. Der Geist, der *a patre per filium* ausgeht, nimmt die Stellung im »dritten Grad« innerhalb der Majestät Gottes ein: der Sohn »*interim acceptum a patre munus effudit Spiritum Sanctum, tertium nomen divinitatis et tertium gradum majestatis...*« (30,5). Allerdings bedeutet diese Aussage immer noch, daß der Geist vom *Vater* ausgeht. Tertullian lehrt die Mittlerschaft des Sohnes im Ausgang des Geistes vom Vater, was also bedeutet, daß er zwischen Ursprung und Ausgang unterscheidet.
»*Tertius enim est Spiritus a Deo et Filio sicut tertius a radice fructus ex fructice et tertius a fonte rivus ex flumine et tertius a sole apex ex radio*« (8,7). Der Geist, sowie der Sohn, ist (nur) *portio* der göttlichen Substanz, der sie allerdings direkt empfängt, während der Geist sie indirekt vom Vater empfängt. Dieses Empfangen – das muß man beachten – geschah vor der Schöpfung,

denn bei der Schöpfung kooperierte der Geist als dritte Person der Trinität (vgl. 12,3). Aus diesen Gründen trägt es nicht viel aus, Tertullian als einen Kronzeugen für das klassische westliche Verständnis des Filioque anzuführen, wie man es oft getan hat. Allerdings ist er ein Zeuge für den Modalismus.

Die bedeutende Neuerung bei Augustin ist die (philosophische) Entscheidung, die Reflexion über die Trinität nicht mit dem Vater zu beginnen, sondern eben mit ihr selbst – der Trinität. Die *relationes* der drei Personen bedingen sich in gegenseitiger Abhängigkeit, so sehr sogar, daß Augustin die aktive Partizipation des Sohnes an seiner eigenen Sendung (d.h. der Inkarnation) lehrt. Die Kombination der neuplatonischen Idee von Einfachheit mit dem biblischen Verständnis der Personhaftigkeit Gottes ist die Hauptthese. Alle drei Personen der Trinität haben Anteil an diesen Qualitäten, was zusammen ein *principium* ergibt. Augustin *muß* darum das Filioque lehren. Die Gründe, die er dafür in *De Trinitate* und den *Tractatus in Joannis evangelium* gibt, sind ausführlich und überzeugend, vorausgesetzt, daß man seine quasi-modalistische Konzeption der innertrinitarischen *relationes* teilt. Allerdings bleibt das Problem ungelöst, weshalb man nicht etwa über den Sohn lehren könne, er sei vom Geist ausgegangen, es sei denn, man interpretierte »empfangen vom Heiligen Geist« gerade in dieser Weise. Mit anderen Worten: Sobald historische Hinweise auf Israel, auf das Kommen von Jesus oder auf die Kirche gemacht werden (d.h. also auf »ökonomische« Dimensionen), bleibt Augustins innertrinitarisches Konzept eigentlich irrelevant.[37] Die Trinität wird fast ein perfektes Dreieck, das »in seinem Werk« ad extra sozusagen sich auf einen einzigen Punkt zu reduzieren scheint. In Augustins Lehre ist es bloß die Einwirkung des Inhalts der Bibel, die den logischen Schluß verhindert, der Vater und der Sohn seien vom Geist ausgegangen. Und es ist auch diese Einwirkung, die Augustin dazu bringt, zu lehren, daß der Geist, obwohl er das symmetrische Band der Liebe *(vinculum caritatis)* zwischen Vater und Sohn ist und von beiden ausgeht, eben doch *principaliter* vom Vater ausgehe *(de Trin.* 15, 17, 29). So ist also Augustins Lehre vom »doppelten Ausgang«, die typisch für die spätere Theologie einschließlich des Athanasianums wurde, durch diese Aussage etwas balanciert. Dies führte in späteren Stufen der Entwicklung (z.B. dem Konzil von Lyon) zum Konzept einer

---

37 Vgl. meine Diskussion dieser kritischen Interpretation von Augustins implizitem Modalismus in Konzepte I (s. Anm. 29), S. 102ff. und S. 123–140.

einzigen Hauchung, *spiratio*, durch die der Geist aus den zwei Quellen wie aus einer einzigen hervorgegangen sei.

3. Theologische Faktoren in den jüngeren Etappen der Kontroverse

Nach diesem Überblick über die Entwicklung der Aspekte patristisch-trinitarischer Gedanken, die einen Einfluß auf die spätere Filioque-Kontroverse hatten, ist der Schluß erlaubt, daß die wichtigen trinitarischen Entscheidungen zum Filioque-Thema lange vor der Kontroverse getroffen wurden. Darum ist die Kontroverse selbst mehr von kirchenhistorischer als von theologischer Bedeutung.

Im Hinblick auf die östliche Theologie muß man natürlich sagen, daß Patriarch Photius' Beharren auf dem Ausgang »vom Vater allein« (»Photismus«), das von Gregor dem Zyprioten[38] und Gregor Palamas (der das »durch den Sohn«-Konzept durch Spekulationen über den Unterschied zwischen »Ausgang« und »Manifestation« neu analysiert hat) weiterentwickelt wurde, einige neue theologische Konzepte gebracht hat.[39] Verschiedene östliche Autoren machten auf die Nachteile der traditionellen westlichen Identifikation von ökonomischer und immanenter Trinität aufmerksam, z.B. der bulgarische Erzbischof Theophylakt von Achrida (Ochrid) im 11. Jahrhundert. Hier liegen tatsächlich die Wurzeln der ganzen Auseinandersetzung. Aber entscheidend neue theologische Gedanken über die Trinität und über den Ausgang des Geistes sind von der späteren östlichen Orthodoxie nicht hervorgebracht worden, abgesehen davon, daß solche Neuerungen nicht im Einklang mit dem Selbstverständnis der östlichen Orthodoxie stehen. Die Betonung der philosophischen *Begriffe*, die die Kappadozier einführten, um das Mysterium der Trinität zu bezeichnen, blieb typisch für alle spätere Theologie des Ostens. Die Frage der Beziehung zwischen dem Sohn und dem Geist blieb grundsätzlich ungelöst.

---

38 Vgl. *O. Clément*, »Grégoire de Chypre, De l'ekporèse du Saint Esprit«, in: Istina, 1972, Nr. 3–4, S. 443–456.
39 Vgl. *V. Lossky*, »The Procession of the Holy Spirit in Orthodox Triadology«, in: Eastern Church Quarterly 7, 1948, S. 31ff. S. auch *U. Küry*, »Die Bedeutung des Filioque-Streites für den Gottesdienst der abendländischen und der morgenländischen Kirche«, in: JKZ 33, 1943, S. 1ff.

Im Hinblick auf die westliche Theologie aber muß man zugeben, daß Anselms und Thomas Aquinus' Rechtfertigungen des Filioque doch neue Elemente in die Diskussion eingeführt haben. Alasdair Heron[40] betont den Unterschied zwischen Augustins und Anselms Position stark. Er macht darauf aufmerksam, daß Augustins Zugeständnis eines Ausgangs des Geistes *principaliter* vom Vater dann bei Anselm[41] und bei Thomas Aquinus[42] zugunsten eines vollständigen trinitarischen Dreiecks geopfert sei. Anselms Position, sagt Heron, sei durch Vladimir Losskys Kritiken verwundbar, während dies Augustin nicht sei, der nach Herons Meinung einem Verständnis der *processio* »durch den Sohn« näher stünde. Diese Interpretationsfrage kann hier nicht gelöst werden. Es könnten wohl doch gute Gründe dafür angeführt werden, daß die barsche Kritik Losskys am impliziten westlichen Modalismus auch Augustin trifft. Wie dem auch sei, die Konzile von Lyon und Florenz zeigen deutlich den Einfluß von beidem, den augustinischen und den anselmisch-thomasischen Gedanken. Die späteren Etappen in der Geschichte der Theologie, z.B. zur Reformationszeit, bieten kein neues gedankliches Material zum Thema. Die Frage trägt wenig aus, ob Luther in seiner Abwehr gegen Karlstadt und Müntzer bewußt den Filioquismus benützt für den Kampf gegen den Anspruch der »Schwärmer«, der Geist wehe auch »außerhalb« des Bereichs des geschriebenen Wortes, oder, wenn »Wort« für die zweite Person der Trinität steht, ließe sich auch sagen: »außerhalb« der Sendung des Sohnes. *De facto* hat er das Filioque gelehrt, und seine Position steht durchaus im Einklang mit den klassisch-westlichen anti-montanistischen Gedanken. Die Betonung des päpstlichen Primats und der Institution der Kirche im römischen Katholizismus hat ihre perfekte Parallele im Beharren der Reformationskirchen auf dem Primat des geschriebenen Wortes in seiner Funktion als Kriterium zur Beurteilung der Aktivitäten des Geistes – eine Parallele wenigstens im Hinblick auf die ekklesiologische Anwendung trinitarischer Gedanken.

Protestantische Autoren in England, die sich mit dem Filioque beschäftigten, z.B. William Sherlock (1690), John Pearson und E. Stillingfleet (1664),

---

40 *A. I. C. Heron*, »Who Proceedeth from the Father and the Son«, in: Scott. Journ. of Theol. 4, 1971, S. 149ff., sowie auch einige von Dr. Herons Studienpapieren für die zweite Klingenthal-Konferenz der Filioque-Konsultation, Mai 1979.
41 De processione Spiritus Sancti, z.B. 9.
42 Summa theologiae, I, q. 36, art. 2–4.

haben entweder das Gewicht der Frage nicht verstanden (wie etwa Sherlock), oder sie haben letztlich eine filioquistische Position vertreten. Im 19. Jahrhundert kam der gelehrte Schriftsteller und Liederdichter J. M. Neale einer Ablehnung des Filioque am nächsten. Aber insgesamt wurden keine neuen Gedanken gedacht, höchstens wurde wieder an die Bedeutung der Unterscheidung zwischen »ewigem Ausgang« und »zeitlicher Sendung« des Heiligen Geistes erinnert, eine Unterscheidung, ohne die viel unnötige Mißverständnisse entstehen.

Wenn es die Theologie des Ostens versäumt hat, eine befriedigende Erklärung der Beziehung zwischen Sohn und Geist zu geben, und wenn der westliche Verdacht richtig ist, die östliche Orthodoxie habe die *monarchia* des Vaters überbetont und die (aristotelischen) philosophischen Konzepte, mit denen das Mysterium der Trinität angegangen wird, überschätzt, so hat sicher die westliche Theologie ihre Nachteile in ihrer Tendenz, Vater, Sohn und Geist in eine monotheistisch verstandene »Gottheit« zusammenzupressen und voreilig die ökonomischen mit den immanenten trinitarischen Strukturen zu identifizieren. Nikos Nissiotis[43] hätte dann recht, wenn er sagt, daß weder der Osten noch der Westen eine angemessene Theologie des Heiligen Geistes geliefert hätten und daß der westliche »Christomonismus« und »Filioquismus« kein ökonomischer Ersatz für eine innertrinitarische Struktur sein können.

Karl Barth[44] hat eine der umfangreichsten Verteidigungen des Filioque im 20. Jahrhundert geliefert. Nach A. Herons Urteil folgt Barth ganz der Linie der Gedanken Anselms. Das mag tatsächlich zutreffen. Aber fast noch wichtiger ist die offensichtliche Tendenz bei Barth, eine Sicherung gegen freischwebenden Spiritualismus, die er in bezug auf die »ökonomischen« Dimensionen mit Recht haben möchte, in der immanenten Trinität verankert haben zu wollen. Während Barth im Hinblick auf die *relationes* in der Trinität deduktiv argumentiert, geht er im Hinblick auf die Verteidigung des Filioque induktiv vor: Die in der ökonomischen Dimension erwünschte Klärung, daß zu allen Zeiten der Geist Gottes der Geist Christi ist, wird als in der im-

---

43 *N. A. Nissiotis*, Die Theologie der Ostkirche im ökumenischen Dialog, Stuttgart 1968, S. 26. Vgl. auch *J. N. Karmiris*, »Abriß der dogmatischen Lehre der orthodoxen katholischen Kirche«, in: *P. Bratsiotis (Hg.)*, Die Orthodoxe Kirche in griechischer Sicht, I, Stuttgart 1959, S. 15–120, bes. S. 30–34.
44 *K. Barth*, Kirchl. Dogmatik, I/1, S. 496–514.

manenten Trinität verwurzelt gesehen. Der Ausdruck dieser erwünschten Klärung ist voll verständlich, es bleibt allerdings die Frage, ob der Preis dafür nicht zu hoch ist, nämlich eine modalistische Tendenz und folglich das Fehlen einer dynamischen Lehre von Geist. – George Hendry[45] kritisiert Barths und letztlich Augustins Verteidigung des Filioque. Er liefert allerdings auch keine Alternative, die für westliche und östliche Theologie akzeptabel wäre.

Die Entscheidung der Altkatholiken, das Filioque vom Nizänum zu streichen, sowie die jüngsten anglikanischen Empfehlungen, waren von etlichen gelehrten historischen Studien begleitet und getragen, aber neue theologische Gedanken sind aus diesen Bemühungen nicht erwachsen, es sei denn, man wollte die teilweise verbesserten Kontakte mit der östlichen Orthodoxie als neues theologisches Ergebnis werten. Die eigentliche Frage aber, deren Lösung allein ökumenisch verheißungsvoll wäre, ist die nach einem neuen Zugang zu der endlos bearbeiteten Beziehung zwischen ökonomischer und immanenter Trinität, d.h. zu einer neuen trinitarischen Artikulation. Die alten Modelle sind allesamt intellektuell analysierbar und ihre Verwicklungen verstehbar[46], vorausgesetzt, daß man genügend Zeit und Geduld investiert, aber die Analysen als solche liefern nicht, was wir heute brauchen.

Wenn man die Frage der Trinität angeht, ist es wichtig zu bedenken, daß trinitarische Aussagen ursprünglich doxologischer Art waren. Dies ist besonders wichtig in unserer Zeit, wo das Reden von Gott so ernsthaft in Frage gestellt und trinitarisches Denken so offensichtlich vernachlässigt wird. Doxologische Äußerungen sind primär keine Definition und sind nicht deskriptiv, vielmehr sind sie askriptive Ketten von Gedanken, Sprache und Handlung, die Gott zugeeignet werden. Trinitarisches Denken in der Alten Kirche hatte seinen Ursprung im doxologischen Kontext, und es ist nur innerhalb dieses Kontextes möglich, vom »inneren Leben« des dreieinigen Gottes zu sprechen. Aber alle solchen doxologischen Aussagen über dieses »innere Leben« müssen, wie die frühen Väter unmißverständlich sagten, gegenüber der biblischen Botschaft von der Geschichte der Aktivität und Gegenwart Got-

---

45 *George Hendry,* The Holy Spirit in Christian Theology, Philadelphia 1956 (London 1965), S. 30–52. – Vgl. auch *Donald L. Berry,* »Filioque and the Church«, in: Journ. of Ecum. Stud., Sommer 1968, S. 535–554.
46 S. das dieser Aufgabe gewidmete Heft Nr. 3-4, 1972, von Istina, S. 257–467. Vgl. auch *Paul Henry,* S.J., »Contre le ›Filioque‹«, in: Irénikon, Bd. XLVIII, 1975, S. 170–177.

tes bei seinem Volk geprüft werden. Dieser Rückbezug auf das biblische Bekenntnis zeigt, daß hier der Geist als instrumental für das Kommen von Christus gesehen wird (»empfangen vom Heiligen Geist«) und daß er die lebensgebende Kraft Gottes in seiner Auferweckung war. Jesus versprach die Sendung des Geistes, und die ersten Christen verstanden Pfingsten als die Erfüllung dieser Verheißung. Folglich geht der Geist dem Kommen Christi voraus, ist während seines Lebens aktiv und wird von ihm den Gläubigen gesandt. Diese Reihe von Beobachtungen legt es nahe, daß es ungenügend und wohl auch illegitim wäre, in die Trinität nur solche neutestamentlichen Stellen »hineinzulesen«, die von der Sendung des Geistes durch Jesus handeln.

Der Versuch einer erneuten trinitarischen Artikulation wird die Erfahrung der frühen Christen ebenso ernst nehmen müssen wie unsere heutige christliche Existenz und die »synthetischen« Gedanken – meist im doxologischen Gewand – über Gottes Gegenwart in Israel, im Kommen von Jesus sowie in der Kirche (wie sie von den frühesten Zeugen trinitarischer Konzepte ausgedrückt wurden), ebenso wie die logischen und liguistischen Bedingungen des Denkens unserer Zeit.

Man darf nicht vergessen, daß die Trinitätslehre von ihren Anfängen im zweiten und dritten Jahrhundert an als eine Hilfe für die christlichen Gläubigen gemeint war, und nicht als ein Hindernis oder als eine abstrakte, intellektuelle Verschlüsselung des »einfachen Glaubens«. Denn gerade im einfachen Glauben erfuhren die frühen Christen die Gegenwart des dreieinigen Gottes. Ihre theologischen Schlüsse waren nicht von einem vorher gefaßten trinitarischen Konzept deduziert worden. So sollten auch wir für die Neufassung trinitarischer Konzepte dem kognitiven Prozeß der Alten Kirche folgen und die Ekklesiologie als den angemessenen Ausgangspunkt für die Überprüfung der Funktion trinitarischer Gedanken im Glauben, Leben und Tun der Kirche wählen.

Überlegungen zur gegenwärtigen Diskussion über Mariologie

Heiko A. Oberman hatte schon 1964 in der damals neugegründeten Zeitschrift »Journal of Ecumenical Studies« die delikate Frage einer evangelischen Beurteilung der katholischen Mariologie in der ihm eigenen souveränen Verbindung von umfassender historischer Kenntnis und theologischer Analyse behandelt.[1] Das war in der Aufbruchstimmung nach dem Zweiten Vaticanum, in deren Schwung auch die für amerikanische Theologie und Kirche so wichtige Zeitschrift entstand, ein wesentlicherer ökumenischer Beitrag als die mehr oder minder wohlmeinenden Pflichtabschnitte zur Mariologie in den gängigen evangelischen Gesamtdarstellungen der Theologie oder Dogmatik der Jahre vor oder nach dem Vatikanischen Konzil.[2] Inzwischen ist die Zahl der Publikationen zur Marienverehrung[3] und zur Mariologie[4], wenigstens im Hinblick auf römisch-katholische und auf reformatorische Positionen, stark angestiegen. Bei uns hat die »Arbeitsgemeinschaft

---

1 *Heiko A. Oberman*, »The Virgin Mary in Evangelical Perspective«, in: Journ. of Ecum. Studies, Vol. I, Nr. 2, 1964, 271-298.

2 Vgl. die eingehenderen Diskussionen über Mariologie in *K. Barth*, KD I/2, 151-60 sowie in *J. Macquarrie*, Principles of Christian Theology, New York 1966, 351-57, z.T. auch *W. Pannenberg*, Grundzüge der Christologie, Gütersloh 1964, 140-50. Andere Gesamtdarstellungen beschränken sich meist auf die Diskussion der Vorstellung von der Jungfrauengeburt, u.a.: *P. Althaus*, Die christliche Wahrheit, Gütersloh 1948, § 43; *E. Brunner*, Dogmatik Bd. 2, Zürich 1960, 377ff.; *O. Weber*, Grundlagen der Dogmatik Bd. 2, Neukirchen 1962, 119ff., 132ff.; *W. Trillhaas*, Dogmatik, Berlin 1962, 262ff. – S. auch das kath./evang. Werk: *J. Feiner / L. Vischer*, Neues Glaubensbuch, Freiburg u.ä. 1973, 609-19.

3 Vgl. u.a.: *A. Brandenburg*, Maria in der ev. Theologie der Gegenwart, Paderborn 1965; *R. Schimmelpfennig*, Die Geschichte der Marienverehrung im dt. Protestantismus, Paderborn 1952; *W. Delius*, Geschichte der Marienverehrung, Basel 1963; *G. Wainwright*, Doxology. The Praise of God in Worship, Doctrine, and Life, London 1980, 237ff., 259f.; *M. Thurian*, Maria, Mainz/Kassel 1965.

4 Vgl. u.a. die prot. Untersuchungen: *G. Ebeling*, »Zur Frage nach dem Sinn des mariologischen Dogmas«, in: ZThK 47, 1950, 383-91; *E. Schlink / G. Bornkamm / P. Brunner / H. v. Campenhausen*, Ev. Gutachten zur Dogmatisierung der leiblichen Himmelfahrt

christlicher Kirchen« in den vergangenen beiden Jahren sich auch diesem Thema zugewandt und dabei von Anfang an die Geschichte der Frömmigkeit sowie die dogmatische Position auch der Orthodoxie mit im Auge gehabt. Unabhängig davon hat ein Arbeitskreis der VELKD eine beachtliche Stellungnahme zur Gestalt von Maria und zur katholischen Mariologie erarbeitet.[5] Die Gründe für dieses neuerwachte Interesse sollte man vielleicht nicht zu schnell definieren wollen, jedenfalls können sie kaum auf einen Nenner gebracht werden. Nicht unwichtig ist aber die Beobachtung, daß auch im Gespräch zwischen der Russischen Orthodoxen Kirche und der EKD[6] vor wenigen Jahren die Frage der »Heiligenverehrung« eigens zum Thema geworden ist. Vielleicht sollte die Marienverehrung, und aus ihr erwachsen die Mariologie – überhaupt im Zusammenhang mit dieser übergeordneten Tradition gesehen und behandelt werden.

Im folgenden Text liegt die Überarbeitung eines Referates vor der »Arbeitsgemeinschaft christlicher Kirchen« vom 7. 10. 1981 vor. Vorangegangen war eine katholische Stellungnahme von Bischof P.-W. Scheele, Würzburg; am 5. 2. 1982 folgte das Referat von Dr. A. Basdekis.[7] Noch am 1. 7. 1982 war die Mariologie Thema der Sitzung der ACK, wozu die Ökumeni-

---

Mariens, München 1950; *J. Lell,* »25 Jahre Marien-Dogma«, Materialdienst des Konfessionskundl. Instituts Bensheim 26, 1975, 115ff.; *A. Rössler,* »Zeichen der Barmherzigkeit Gottes«, Luth. MH 20, 1981, 487–490. Außerdem u.a. die kath. Publikationen: *L. Scheffczyk,* »Die Mariologie im Gesamtgefüge der kath. Theologie«, in: Münchener Theol. Zeitschr. 29, 1978, 71ff.; *A. Müller,* »Die Mutter Jesu als Thema der Theologie«, in: Theol.-Prakt. Quartalschrift 127, 1979, 330ff.; ders., Glaubensrede über die Mutter Jesu, Mainz 1980. Zur feministischen Interpretation der Mariologie insbes. in der kath. Theologie vgl. u.a.: *R. R. Ruether,* Maria, Kirche in weibl. Gestalt, München 1980; *E. Wurz,* »Das Mütterliche in Gott«, in: Una Sancta 32, 1977, 261ff.; *C. J. M. Halkes,* »Eine ›andere‹ Maria«, in: Una Sancta 32, 1977, 323ff.; *J. Arnold,* »Maria – Gottesmutter und Frau«, in: Concilium 12, 1976, 24ff. – Zum Gesamtthema: *W. Völker,* »Mariendogma u. Marienverehrung im Dialog der Kirchen seit 1950«, in: ÖR 30, 1981, 1–20.
5 Vgl. *Catholica-Arbeitskreis der VELKD und des DNK* (Hg.), Maria, ev. Fragen und Gesichtspunkte, Hannover 1982, 35 Seiten (vervielfältigt).
6 Dokumentation über das 8. theol. Gespräch mit der Russ. Orth. Kirche in Odessa 1979 (= Beiheft 41 zur ÖR), 96–136. S. auch *H. J. Held,* »Im Dialog mit der Russ. Orth. Kirche«, in: ÖR 29, 1980, 350–58.
7 *A. Basdekis,* »Gottesmutter – Marienverehrung und Marienfrömmigkeit in der orthodoxen Theologie und Kirche« in: ÖR 4, 1982, S. 424ff.

sche Zentrale eine Thesenreihe und eine längere »Pastorale Überlegung« erarbeitet hatte. Ich nehme im folgenden auf diese Texte direkt oder indirekt Bezug, auch wenn sie für den Leser zum Teil nicht greifbar sind. Meine Überlegungen wollen als systematisch-theologischer Diskussionsbeitrag ohne Anspruch auf eine vollständige Aufzählung der anstehenden Probleme und neueröffneten Möglichkeiten verstanden sein. Vollends ausgelassen sind alle Aspekte religionsgeschichtlicher oder psychologischer Deutungen der Marienverehrung oder Mariologie, so wichtig sie auch sein mögen.[8] Auch Hinweise auf Maria und Marienverehrung in der Kunst sind fast ganz ausgeklammert worden.[9]

1. Die Uneinheitlichkeit der »evangelischen Sicht«

Überlegungen eines Theologen aus der reformatorischen Tradition zu einem klassisch katholischen Thema wie der Mariologie haben von vornherein einen ungleich mehr privaten Charakter als die seiner katholischen oder orthodoxen Gesprächspartner. Diese Unsymmetrie ist im Dialog über fundamentale theologische Themen gemeinsamer ökumenischer Tradition wesentlich weniger auffällig und störend. Marienverehrung aber ist keine den beiden katholischen und den reformatorischen Kirchen gemeinsame Tradition. Reformatorisch orientierte Theologie muß nach ihr eigenen Parametern sowie nach gemeinsamen Themenfeldern suchen, um die Marienverehrung der orthodoxen und katholischen Mitchristen und um katholische Mariologie sinnvoll überdenken zu können. Damit entfällt im Grunde der einfache Rekurs auf die drei oder vier wesentlichen Reformatoren des 16. Jahrhunderts oder auf eine Reihe von evangelischen Stellungnahmen in heutigen Gesamtdarstellungen der Theologie. Nicht nur würde sich bei den Reformatoren und den heutigen Theologen ein sehr vielfältiges Bild darbieten, sondern – wichtiger noch – es bliebe die Frage offen, inwieweit durch solche Zitate das heutige Denken und die Frömmigkeit der verschiedenen reformatorischen

---

8 Vgl. z.B. *Th. Reick,* Der eigene und der fremde Gott, (1923), Frankfurt 1972.
9 Vgl. z.B. *K. Algermissen* (Hg.), Lexikon der Marienkunde, 1957ff.

Kirchen, einschließlich der Methodisten und Baptisten, auch der neueren Kirchen in der Dritten Welt, wirklich abgedeckt wäre.[10]

Ein allen aus reformatorischer Tradition erwachsenen Kirchen eigener Parameter und zugleich wohl auch ein allen Kirchen der Ökumene gemeinsames Anliegen ist die Bemühung um die Rückbeziehung aller Lehraussagen sowie auch Frömmigkeitsinhalte auf die Bibel. Das Spezifische der evangelischen Theologie im indirekten Bezug auf Marienverehrung und Mariologie oder in direkter Reaktion auf die Phänomene in den Schwesterkirchen wird also zunächst im Feld dieser Rückfrage an die Bibel zu suchen sein. Laden die biblischen Schriften zu einer besonderen Sicht der Gestalt von Maria ein? Und wenn sie besonders verehrt werden soll, welche Erlaubnisse zur Verehrung besonderer Menschen bieten die biblischen Bücher, besonders die des Neuen Testamentes? Das sind typische Fragen, die evangelischerseits zunächst gestellt werden. Danach erst folgen auf einem komplexeren Reflexionsniveau die Fragen nach dem Verhältnis zwischen Marienverehrung und Christusglauben, und wiederum danach erst die Frage nach der Kompatibilität von Christologie und Mariologie. Diese komplexeren Fragen münden meist in theologische Überlegungen nach der Notwendigkeit der Funktion von Marienverehrung oder gar Mariologie. Wenn die Notwendigkeit, besonders vom römisch-katholischen Gesprächspartner, mit einiger Sicherheit gegenüber der bloßen Möglichkeit behauptet wird und wenn diese Behauptung auch noch unter Verweis auf die tatsächliche Marienverehrung in der Frömmigkeit der Gläubigen begründet wird, dann stellt sich evangelischerseits die Frage nach der Beziehung der Frömmigkeitsformen und -inhalte in den verschiedenen Teilen der Kirche und letztlich die Frage nach der Beziehung zwischen Frömmigkeit und Lehre. Vergangene Generationen evangelischer Theologen mußten in diesen Fragen intoleranter sein, als dies heute allgemein für nötig gehalten wird. Das liegt an der mächtigen Wirkung nicht nur moderner Psychologie, sondern vor allem der neueren Sprachphilosophien auf das theologische Denken. Was früher dem evangelischen Theologen schwerfiel und eine Übertretung seiner bibelbezogenen Prinzipien zu sein schien, ist heute viel eher möglich: Weshalb soll nicht Mariologie ein mo-

---

10 Zu den Reformatoren vgl. u.a.: *W. Tappolet*, Das Marienlob der Reformatoren, Tübingen 1962; *H. Düfel*, Luthers Stellung zur Marienverehrung (Kirche und Konfession, Bd. 13), Göttingen 1968.

dus loquendi für einen anderen theologischen Inhalt sein, etwa für Ekklesiologie? Und warum sollte man einem Mitchristen die Verehrung der Maria verwehren, wenn damit die dankbare Anbetung der grundlosen Güte und Zuwendung Gottes zu den Menschen gemeint ist, die in der Sendung und im Kommen von Jesus für Juden und Heiden Wirklichkeit wurde? Solch »neue Toleranz« muß keinen Abstrich an der eigenen Tradition bedeuten. Sie stellt eine Erweiterung der Sprachgrenzen dar, ein legitimes Ausdehnen der theologisch für möglich gehaltenen Artikulationen. Man wäre blind, wollte man nicht einen ganz erheblichen Teil der ökumenischen Arbeit der letzten Jahrzehnte mit dieser »neuen Sprachtoleranz« in Verbindung bringen. Aber es bleibt beim inklusiven Tolerieren natürlich die Frage nach impliziter exklusiver Intention des Gesprächspartners. Gewiß, wir sprechen überhaupt in Metaphern, weshalb soll nicht Maria die Metapher für den gläubigen Menschen, für die Kirche, für das göttliche Kommen von Jesus (*theotokos* – was sollte dies anders heißen als eben dieses?) sein? Gewiß, ihr Gehorsam und ihr Gebet waren vorbildlich, verehrungswürdig. Aber ist dies exklusiv zu verstehen? War und ist es nur sie, ist nur sie die Himmelskönigin unter Ausschluß von anderen verstorbenen, gläubigen, vorbildlichen Frauen? Hier liegen die Grenzen der »neuen Sprachtoleranz«. Die bibelbezogenen Anfragen reformatorischer Theologie sowie auch die mehr komplexen Testfragen aus dem Feld der Christologie sind also nicht obsolet geworden. Sie haben sich an die Grenzen des theologisch Möglichen und Sagbaren verschoben. Aber sie bestehen hier mit unvermindertem Gewicht und Ernst weiterhin.

Für den Vollzug des Dialogs mit Mitchristen, die Marienverehrung praktizieren und Mariologie dozieren, bleibt zudem noch die Frage nach der Motivation für diesen Dialog offen. Weshalb soll ich über etwas diskutieren, das mir selbst nicht wichtig ist? Das wäre die Summierung einer extrem protestantischen Haltung in bezug auf Maria und Mariologie. Dazu möchte ich zunächst hypothetisch sagen, daß ein Dialog überhaupt nur dann sinnvoll ist, wenn man für die Erkenntnis völlig neuer Einsichten offen ist. Es könnte ja sein, daß mir ein Thema zu Unrecht unwichtig ist. Das Eintreten in den Dialog selbst ist aber zunächst nichts anderes als ein Akt der Liebe: der Liebe zum Mitmenschen und Ausdruck des Credos in die Einheit der Kirche Christi. Mir kann das wichtig werden, was dem anderen lieb ist, weil mir der andere lieb ist.

2. Analytisches gegenüber synthetischem Verständnis der Bibel

Vielleicht könnte man – nun besonders im Hinblick auf das Thema der Mariologie – sagen, daß ein »analytischer Typus« von Vorgehen für die verschiedenen reformatorischen theologischen Traditionen charakteristisch ist. Das Ziel des Vorgehens ist, aus den biblischen Texten sein Thema zu erheben. Es soll dann weiter in seiner patristischen und späteren Entfaltung studiert und jeweils am biblischen Text, der es als Thema ursprünglich sichtbar machte, überprüft werden. Demgegenüber kann man vielleicht den Gegenbegriff des »synthetischen Typus« verwenden, um die traditionelle katholische (und auch orthodoxe) Theologie zu charakterisieren, weil man dort versucht, aus dem, was in jahrhundertelanger Auslegungstradition der Kirche gestaltet worden ist, rückwärts eine sinnvolle und verantwortbare Beziehung zur Bibel herzustellen. Diese Charakterisierung mag trivial und schematisch wirken: sie ist so nicht gemeint. In der Diskussion mit Bischof Scheele[11] stieß sie auch auf Widerstand. Und doch ist an einem Punkt diese Unterscheidung ganz unwiderlegbar und jedem neutralen Beobachter völlig erkennbar: Die katholische (und orthodoxe) Lehre von der immerwährenden Jungfräulichkeit von Maria verbietet es, im Neuen Testament zu lesen, Jesus habe leibliche Geschwister gehabt. Das spätere Dogma bestimmt hier also das Verständnis der früheren Bibeltexte. Ökumenische Dialoge über Mariologie, die dies vertuschen, sind von Anfang an unehrlich. Freilich soll offenbleiben, ob damit eine allgemeine und durchgängige Unterscheidung zwischen einem evangelischen und einem katholischen Bibelverständnis bezeichnet ist. In bezug auf diesen mariologischen Lehrsatz jedenfalls gilt diese Unterscheidung ohne jeden Zweifel. Im Themenkreis der Mariologie zeigt sich darum in vielen katholischen Publikationen eine apologetische Grundstimmung. Die Bibel soll bewahrheiten oder mindestens soll sie nicht verneinen, was spätere Tradition in Frömmigkeit und Theologie als wahr erkannt hat.[12]

Die bekannten Stellen Mk 3,31ff., Mk 6,3, Mt 13,55f., Joh 2,12, Joh 7,2ff., Apg 1,14, 1Kor 9,5 bezeugen, daß Jesus leibliche Brüder und Schwestern hatte. In nichts legen sie nahe, daß die Verfasser dieser Stellen an eine andere

---

11 Protokoll der ACK-Sitzung 7–8. 10. 1981, 9 (vervielfältigt).
12 Vgl. z.B. *L. Ott*, Grundriß der kath. Dogmatik, Freiburg 1961[5], wo in den mariologischen Abschnitten regelmäßig nach »Beweisen« oder »Begründungen« aus der Schrift gesucht wird, auch wenn es lakonisch heißt, »ausdrückliche Schriftzeugnisse fehlen«, u.ä.

Mutter oder an Vettern und Cousinen statt an Geschwister gedacht haben könnten. Die Lehre, Maria sei *semper virgo,* kann mit diesen Stellen nur harmonisiert werden, wenn man sie uminterpretiert, es sei denn, die Rede von der immerwährenden Jungfräulichkeit sei metaphorisch gemeint im Sinn einer Hervorhebung der Besonderheit von Maria im Vergleich zu anderen Müttern. Das ist aber nicht die Intention der katholischen Lehre; sie wäre auch nicht frei vom Makel des Doketismus.

Ähnlich steht es mit der Interpretation der Stellen, die die Vorstellung von der jungfräulichen Geburt möglich machen. Evangelische Autoren suchen nicht nach einer *semper virgo* in dem Sinn, daß die Jungfrauengeburt einen bestätigenden Charakter für die Stellung Marias hat. Freilich werden die Passagen über Maria, auch die Stelle Jes 7,14 sowie die Parallelisierungen mit Sara und Hanna, nicht als unwichtig auf die Seite geschoben, aber sofern sie keine autonomen Charakterisierungen von Maria ermöglichen, werden sie als Aussagen über Jesus und das durch ihn gekommene Heil verstanden, nicht als wunderbare Qualifikationen von Maria. Das liegt einfach daran, daß die evangelischen Gelehrten nicht durch die Suche nach einer Bestätigung eines in der Kirche später entstandenen Dogmas bestimmt sind.

Schließlich bleibt noch zu erwähnen, daß ein vornehmlich »analytischer« Umgang mit den neutestamentlichen Stellen über Maria zu keinen Einsichten über eine besonders intime Glaubensbeziehung zwischen Maria und Jesus führt. Der evangelische Exeget sucht auch nicht danach herauszufinden, daß Maria eine »Königin« sei (wie Pius XII. lehrte) und daß sie an Würde alle Geschöpfe überrage. (Heutige katholische Exegeten allerdings trennen ihre sachliche exegetische Arbeit von der Lehre der Kirche insofern ab, als auch sie häufig nicht mehr nach einer direkten exegetischen Begründung fragen.) Das Neue Testament beschreibt Maria als eine niedrige Magd Gottes, die als Mutter Jesu ihrem Sohn nicht durch ein spezifisches Glaubensverhältnis verbunden war. Evangelische Ansätze zur Marienverehrung – von Luther und Tillich zu hochkirchlichen oder auch fundamentalistischen Theologen – weichen nie von diesem recht unköniglichen Bild Marias ab. Ihre Niedrigkeit bildet in jedem Fall die Grundlage auch einer möglichen evangelischen Marienverehrung.

Nun könnte man freilich gegenüber diesem »analytischen« Vorgehen vornehmlich evangelischer Exegeten die Beobachtung anmelden, daß auch in bezug auf Jesus ein »Sprachgewinn« geschehen sei, daß also nach seinem

Tod viel »mehr« über ihn gesagt worden ist als von ihm selbst oder von anderen während seiner Lebenszeit. Das ist gewiß richtig: in Jesus waren erinnerte Hoffnungen Israels als erfüllt verstanden worden, so daß nun neben den christologischen Titeln ganze Aussagekomplexe auf ihn zugewandt werden konnten, die er selbst offenbar so nie verwendete. Sollte in bezug auf Maria nicht Ähnliches möglich sein? Die Frage verdient sorgfältige Beachtung. Um zweierlei wird man aber nicht herumkommen können: Einmal haben die Schriften des Neuen Testaments selbst diese »Spracherweiterung« im Hinblick auf Maria in keiner Weise vollzogen, zum andern wäre eine solche Erweiterung (während oder nach der Zeit, in der die neutestamentlichen Schriften entstanden) nur möglich, wenn Maria eine klar definierbare Funktion im Heilsplan Gottes mit der Menschheit hätte. Dies ist nun in der Tat seit der Mitte des 2. Jahrhunderts die allmählich sich entfaltende Lehre der Kirche. Justin sagt in Dial. 100, was Irenäus wenig später vertieft[13], daß sich Jesus zu Adam (Röm 5) verhält wie Maria zu Eva. Mit dieser Parallelisierung hat Maria zweifellos einen unverwechselbaren Platz in der Heilsgeschichte zuerkannt bekommen.

Wir müssen diese Überlegungen über »analytisches« und »synthetisch«-bestätigendes Vorgehen im Umgang mit den Bibeltexten mit der Erwägung abschließen, daß vielleicht die protestantische Exegese nur ihrem Programm nach, nicht aber in Wirklichkeit »analytisch«-erhebend vorgeht, wenn sie die genuinen Themen der Theologie bedenkt und bearbeitet, und daß vielleicht die »synthetische« Methode ohnehin die wirklichkeitsnähere, ökumenischere und verheißungsvollere theologische Vorgehensweise ist. Jedenfalls müssen wir für diesen Gedanken offen sein. Der Purismus der protestantischen Methode läßt sich in Wahrheit vielleicht nicht durchführen, und die historisch-philologisch geurteilt nachteilige Methode der retroaktiven Suche nach textlicher Bestätigung später entstandener Dogmen ist vielleicht Ausdruck der Einsicht in die weitergehende Aktivität des Geistes in der Kirche. Sollte dies so sein, dann würde sich die Frage der Verifikation mariologischer Dogmen nicht an ihrer möglichen exegetischen Begründung entscheiden, sie würde vielmehr direkt auf die Frage der Funktion und Definition von Dogmen drängen. Vielleicht liegen hier die entscheidenden Unterschiede zwischen heutiger reformatorisch orientierter und katholischer Theologie.

---

13 *Irenäus*, Adv. Haer., III, 22,4; V, 19,1.

3. Dogmenverständnis und Frömmigkeitstradition

In der ökumenischen Arbeit kommt mir die Frage nach Funktion und Definition von Dogmen immer wichtiger vor. Es ist vielleicht gut, wenn man sie am konkreten Beispiel und nicht bloß allgemein diskutiert. Letztlich sind für reformatorisches Verständnis Dogmen nicht mehr und nicht weniger als regulative Sätze, mittels derer eine kommunikationsfähige Artikulation des Glaubens möglich wird; sie sind – hebt man nur auf eine Funktion ab – Dialogregeln. Dieses Verständnis wird von den Theologen der Orthodoxie sowie von klassisch-katholischer Theologie nicht geteilt; mit bestimmten Qualifikationen wird es hingegen von etlichen neueren Autoren in der katholischen Theologie auch vertreten.

Ist für die Orthodoxie und für klassisch-katholische Theologie dieses Dogmenverständnis zu »weich«, so bietet es immerhin noch die bemerkenswerte Gemeinsamkeit aller denkbaren Dogmenverständnisse, daß in ihm Frömmigkeit und Dogma verkoppelt sind. »Artikulation des Glaubens«, gerade im Hinblick auf die Ermöglichung von maximaler Kommunikation zwischen den Gläubigen, ist ja zweifellos ein Anliegen orthodoxer, katholischer sowie reformatorischer Theologie. In bezug auf Mariologie müßte man also ausprobieren, wie weit man mit diesem »weichen« Dogmenverständnis im ökumenischen Dialog kommt, auch wenn es katholischerseits von vornherein als zu minimalistisch und stark ergänzungsbedürftig empfunden würde. Vor einer prinzipiellen Einigung über diese Frage (die man sprachphilosophisch angehen müßte), muß ja eine ökumenisch konsensfähige Verhältnisbestimmung von Frömmigkeit und Lehre, von der *lex orandi* und der *lex credendi* geleistet werden. Die Aussichten für einen Konsens in dieser Frage sind nicht schlecht. In den genannten Diskussionen der ACK[14] wehrten sich die katholischen Teilnehmer gegen eine zu harte Trennung von Marienverehrung und Mariologie. Auch reine Elemente der Frömmigkeit müßten theologisch verantwortet werden und biblischer Überprüfung standhalten können. Die von Dr. Basdekis verwendete Unterscheidung zwischen liturgischer und dogmatischer Sprache[15] wurde auch nur mit Skepsis aufgenommen, gerade weil doch der Gottesdienst der Ort sei, an dem die tiefen dog-

---

14 Protokoll der ACK-Sitzung 7.–8. 10. 1981, 13 (vervielfältigt).
15 Protokoll der ACK-Sitzung 30. 6.–1. 7. 1982, 7 (vervielfältigt).

matischen Inhalte in doxologischer Sprache zum Ausdruck kämen. Mit diesen Einwänden wurde die Zurückhaltung gegenüber der These laut, Maria gehöre »weniger in die Theologie als in die Meditation«[16]. Wenn das so ist, dann kommt dem Ausdruck von Frömmigkeitsinhalten nicht automatisch eine Priorität vor der Frage nach der Wahrheit zu. Oder, vereinfacht gesagt: Wildwuchs der Frömmigkeit könnte oder sollte nicht auf das Entstehen neuer Dogmen drängen dürfen. Sollte die Geschichte der Frömmigkeit und der Theologie aber trotzdem solche Entwicklungen aufzeigen, dann wären Traditions- und Dogmenkritik am Platz. Hierüber einen Konsens zu erreichen wäre ein wichtiges Ziel ökumenischen Austausches, wenn auch nur ein Fernziel.

Welche wichtigen Entwicklungen der Marienfrömmigkeit und -dogmen gilt es nun besonders zu beachten, wenn man evangelischerseits mit dem »weichen« Dogmenverständnis operiert und die orthodoxen und katholischen Gesprächspartner bittet, wenigstens hypothetisch dieses Minimalkonzept von Dogma zu akzeptieren, um auszuprobieren, wie weit wir im Dialog kommen könnten? Auch wenn für orthodoxe und katholische Theologen ein Dogma wesentlich mehr ist als ein regulativer Satz oder eine Dialogregel, so müßten sie im ökumenischen Kontakt die Mariendogmen mindestens *auch* als Dialogregeln und Klarifikationsregulative demonstrieren können.

Kurz und vereinfacht gesagt geht es um vier Mariendogmen, von denen die drei großen kirchlichen Traditionen das erste *(theotokos)* gemeinsam vertreten (die protestantischen Kirchen jedenfalls theoretisch und implizit), die Orthodoxie auch das zweite (Maria als *aeiparthenos, semper virgo*), die römisch-katholische Kirche allein aber das dritte (*immaculata conceptio*, 1854) und vierte (*assumptio*, 1950). Die Entwicklung dahin soll im Folgenden in ihren systematisch-theologischen Konsequenzen ganz kurz skizziert und kommentiert werden, immer im Hinblick auf die umfassendere Frage, inwieweit diese Dogmen einerseits der Frömmigkeit Ausdruck geben und andererseits in ihrer Beziehung zu anderen theologischen Grundaussagen verifiziert oder wenigstens toleriert werden können.

---

16 *L. Vischer,* Ökumenische Skizzen, Frankfurt 1972, 111.

4. Die Mariendogmen als christologische und ekklesiologische Lehren

Wenn die unmittelbare Rückfrage nach biblischer Begründung der Mariendogmen – das klassisch protestantische Anliegen – sich als sprödes und ergebnisloses Unternehmen erweist, so liegt das letztlich daran, daß diese Dogmen nur scheinbar eine Überhöhung von biblischen Aussagen über Maria sind. In Wahrheit sind sie ein anderer modus loquendi, eine »Alloiosis« sozusagen, für christologische sowie für ekklesiologische Anliegen. Damit haben sie letztlich eine Art Hilfsfunktion, denn sie wollen etwas transparent machen, was im Prinzip auch anders gesagt werden kann. Ein äußeres Anzeichen für diese Hilfs- oder Sekundärfunktion der Mariendogmen ist schon die Tatsache, daß viele katholische Dogmatiker im eigentlichen Vollzug ihrer Arbeit ohne Mariendogmen auskommen.[17] Noch deutlicher ist dies in der Orthodoxie, wo außer dem unmittelbar christologisch interpretierten *theotokos*-Dogma die anderen möglichen Aussagen über Maria in Frömmigkeit und Liturgie verweilen dürfen; wie immer man die Beziehung zwischen dogmatischer und doxologischer Sprache faßt, sie haben in der Dogmatik keine direkte Funktion.[18]

Trotzdem muß man natürlich die Entstehung der Mariendogmen mit der Entwicklung der Marienfrömmigkeit in eins sehen. Ohne sie wäre die Möglichkeit der »Alloisis«, der Rede von der einen Sache in der Sprache einer anderen, gar nicht geboten gewesen. Der entscheidende Sprung liegt in der altkirchlichen Parallelisierung von Jesus und Maria (bei Justin und Irenäus also), d.h. in der heilsgeschichtlichen Funktion, die Maria zugeschrieben wurde. Danach verging noch eine geraume Zeit, bis christologische Überlegungen bleibende mariologische Konzepte hervorgebracht haben. Das ist bekanntlich erst im nestorianischen Streit geschehen, als es 431 in Ephesus zur Bestätigung des schon vorher in Alexandria gelehrten *theotokos* kam. Nun werden auch mehr und mehr Überzeugungen, die sich in der Marienverehrung bereits praktisch niedergeschlagen hatten, zu Aussagen über Christus bzw. über Maria selbst herangezogen. Die Betonung der Einzigartigkeit Marias ist ihrer Intention nach als Unterstreichung der Einzigartigkeit von Jesus

---

17 Vgl. auch *J. Feiner / L. Vischer*, Neues Glaubensbuch, Freiburg u.a. 1973, 617.
18 S. A. Basdekis (s.o. Anm. 6): Unterscheidung zwischen poetischer und dogmatischer Sprache, 439.

Christus zu verstehen, daran sollten auch protestantische Kritiker nicht zweifeln, wenn es auch wahr ist, daß eben diese Betonung zugleich theologisch inakzeptable Ergebnisse zeitigen kann und tatsächlich auch hervorgebracht hat. Die Geschichte der Marienfrömmigkeit, nicht nur die der Mariendogmen, zeigt immer wieder die Auflösung dieser ursprünglichen Verbindung und tendiert zum Gedanken einer autonomen, heilsbringenden und göttlichen Funktion Marias. In der heutigen ökumenischen Arbeit darf diese Gefahr nicht heruntergespielt werden. Erst recht darf die Tendenz zur Erhebung Marias als Göttin nicht durch den – an sich völlig berechtigten – Ruf nach der »weiblichen Dimension in Gott« legitimiert oder in begrifflicher Unschärfe romantisiert werden. (Die Mütterlichkeit Gottes muß anhand von Texten aus den Psalmen, aus Dt. Jes., Hosea usw., auch aus der Trinitätslehre, neu verstanden und nicht durch die Apotheose einer historischen Frau konstruiert werden.)

Neben der christologischen Funktion der Mariologie besteht von Anfang an auch eine ekklesiologische Funktion. Schon Hippolyt vergleicht in seinem Daniel-Kommentar[19] die Susanna mit der Frau aus der Apokalypse und hängt daran eine mariologische Reflexion mit der Tendenz, daß Maria das Kind gebiert, welches das Haupt der Kirche ist. Hiermit wird eine Doppelvorstellung möglich: die Kirche ist aus Jesus Christus im Heiligen Geist geboren; Jesus aber ist aus Maria geboren, und also ist Maria die Mutter der Kirche. Ja, sie gebiert ständig neu das Kind, das das Haupt der Kirche ist. Dies ist Marias tätige Funktion, die von der empfangenden zu unterscheiden ist. Sie ist sowohl Mutter der Kirche als auch die erste demütige, gehorsame Empfängerin und Gläubige. In der ersten Funktion ist sie Mutter der Kirche, in der zweiten Typus der Kirche. Beide Konzepte sind ähnlich problemgeladen. Im ersten wird ihre Sonderstellung gegenüber anderen Menschen bis zur Vorstellung der *immaculata conceptio* ihrer Mutter Anna getrieben, in der zweiten wird ihre vorbildhafte Glaubensgestaltung vom Typus zum Archetypus, zum Urbild der Kirche, in das die Kirche ihre eigene Idealvorstellung projizieren kann. Beides könnte man als metaphorische Sprachfiguren verstehen, sofern wirklich eine eins-zu-eins Korrespondenz deutlich wird zwischen der marianischen (bzw. marianisch-christologischen) und der ekklesiologischen Aussage. Diese Korrespondenz wird aber zerstört, wenn dann

---

19 *Hippolyt*, De Antichr. 61, Comm. Daniel 1,14–15, 20.

in mittelalterlicher Frömmigkeit und Theologie ein Keil zwischen Jesus und Maria getrieben wird, indem Jesus als der strenge Richter, Maria aber als *mater misericordiae* gesehen und gepriesen wird, unter deren Schutzmantel die Gläubigen flüchten können.[20] Damit wird Maria zur Versöhnerin des Zornes ihres Sohnes. Sofern sie Typus der Kirche ist, repräsentiert sie eine die Gläubigen vor dem Zorn des Richters beschützende Kirche. Das ist eine folgenschwerere marianische Lehre als die mit ihr verbundene Vorstellung von der Mitwirkung Marias am Heil[21] (*mediatrix*, Vermittlerin aller Gnaden »*in speciali*« durch ihre Fürbitte), die man zur Not noch als metaphorische, abgeleitete Rede verständlich machen könnte, sofern in Erinnerung bleibt, daß diese Aussagen ursprünglich auf Christus bezogen sind. Man müßte dann den im *theotokos* schon notwendig mitgedachten eigentümlichen Zeitbegriff so dehnen, daß Maria schon vor der Geburt Jesu und auch nach ihrem eigenen Tod mit Qualitäten (sog. »Privilegien«) ausgestattet war und ist, die ursprünglich und einzig Jesus Christus zukommen bzw. von ihm kommen. Diese Interpretation ist aber in bezug auf die vorhin genannte Kluft zwischen Jesus dem Richter und Maria der barmherzigen Mutter unmöglich. Die heutige ökumenische Frage ist, inwieweit diese mittelalterliche Lehre, die man auch mit bestem Willen nicht als eine »Alloiosis« oder ein Transparent für eine christologische Aussage deuten kann, noch aufrechterhalten wird. Man wird diese heutige Frage auch mit Hilfe historischer Analysen angehen müssen, denn es ist nicht unwesentlich zu wissen, inwieweit Marienfrömmigkeit theologische Neuformulierungen gefordert hat oder in welcher Weise eine innertheologische Konsequenz in der Entfaltung der Lehren vorliegt.

In den vier entscheidenden mariologischen Dogmen liegt eine gewisse Konsequenz der logischen Entfaltung, mindestens im Übergang vom ersten *(theotokos)* zum zweiten *(semper virgo)* und dann vom dritten *(immaculata conceptio)* zum vierten *(assumptio)*. Der harte Übergang vom zweiten zum dritten markiert auch den Dissens mit der Orthodoxie, indem sie das dritte und vierte Dogma nicht mehr akzeptiert hat.

---

20 Vgl. Luthers Kritik am Begriff »mater misericordiae«: WA 41, 199, (1535), sowie Apol. zur CA, Art. 21. Die klass. kath. Lehre von der Mittlerschaft Mariens ist die Fortsetzung dieses Konzepts.
21 Der Titel »mediatrix« für Maria wird von der Alten Kirche bis heute ungehindert in der kath. Theologie gebraucht, während »corredemptrix« nur mit Vorsicht und sorgfältigen Qualifikationen, im II. Vat. überhaupt nicht, verwendet wird.

Theotokos. Mit Recht hat man dieses schon zu Anfang des 4. Jahrhunderts in Ägypten gelehrte und 431 in Ephesus bestätigte Konzept als Gemeingut aller christlicher Kirchen bezeichnet. Es ist richtig, daß auch die Kirchen reformatorischer Tradition (es gibt interessante Ausnahmen) die vier ökumenischen Konzilien bis Chalcedon anerkennen und respektieren, damit also auch das *Theotokos.* Es ist darum auch sinnvoll, wenn hier die Basisaussage für heutige ökumenische Dialoge über Mariologie und Marienverehrung gesehen wird. Es ist aber keineswegs ausgemacht, daß auch solche reformatorischen Kirchen bzw. Theologen, die bewußt die ökumenischen Konzilien ernst nehmen und damit auch das *theotokos,* dies nun in derselben Weise verstehen wie die orthodoxen und römisch-katholischen Theologen. Das Mariologie-Papier der VELKD[22] sowie A. Rössler[23] (einer der Mitverfasser) fragen darum auch ganz unverhohlen, ob man nicht die Formulierung des Nestorius *(christotokos)* ebenso akzeptieren könnte wie das Cyrillische *theotokos*; mindestens will man sich die Verurteilung des Nestorius nicht unbedingt zu eigen machen. Hier zeigen sich möglicherweise fundamentale Differenzen zwischen den drei großen Traditionen der Kirche im Verständnis nicht nur von Konzilien, sondern eben viel spezifischer noch: von Verbindlichkeit und Direktheit von Dogmen aus vergangenen Konzilien.[24] Mindestens Nestorius' Intention, nicht durch theologische Logik genötigt zu sein, von »der Geburt Gottes« und dann vom »Tod Gottes« sprechen zu müssen, verdient Beachtung. Wie können wir einerseits die vorsichtige Wortwahl in trinitarischen und christologischen Fragen von der Alten Kirche bis zu den wichtigen Theologen des 19. und 20. Jahrhunderts ernst nehmen, gerade im Interesse der Vermeidung von theologischen Kurzschlüssen, zugleich aber ungeniert das *theotokos* gegenüber dem *christotokos* verteidigen? Es ist eben die Frage, ob die gängigen Beurteilungen des Nestorius in den Lehrbüchern der Dogmengeschichte, er hätte eine mäßig scharfsinnige Kompromißformel verwendet, wirklich stimmen. Zudem müßte noch viel genauer als bisher in ökumenischen Diskussionen erwogen werden, inwiefern die zentralen

---

22 Vgl. VELKD- und DNK-Papier, s.o. Anm. 5, 12.
23 *A. Rössler,* »Zeichen der Barmherzigkeit Gottes«, in: Luth. MH 20, 1981, 487–90.
24 Vgl. zu dieser Frage die differenzierten Ergebnisse in: Verbindliches Lehren der Kirche heute, hg. Deutscher Ökumen. Studienausschuß, Beiheft zur ÖR 33, Frankfurt 1978, sowie die Anfragen von A. Basdekis in: ÖR 4, 1982, S. 429f.

Aussagen der klassischen ökumenischen Konzilien aus damals notwendigen Gegenpositionen heraus zu verstehen sind. Erst dann können wir uns mit Hilfe von sprachphilosophischen Mitteln daranmachen, solche zentralen Aussagen aus der Antike, Maria sei als »Gottesgebärerin« zu verstehen und zu verehren, zu analysieren und auf ihre direkte, heutige Verwendung hin zu prüfen. Die einfache Aussage, alle Großkirchen seien sich ja über das *theotokos* von 431 ohnehin einig, ist naiv. Sinnvoll ist freilich die Annahme, diese großen Traditionen seien sich in ihren christologischen Anliegen und Aussagen viel näher, als man früher dachte, und daß diese Anliegen im damaligen *theotokos* – vielleicht neben anderen Inhalten – ausgedrückt werden sollten. Wenigstens dies – und es ist etwas sehr Zentrales – kann uns mit Hoffnung erfüllen.

Semper virgo. Diese in Konstantinopel 553 dogmatisierte Lehre, die schon früher vertreten worden war, ist – über die ursprüngliche Rede von der Jungfrauengeburt Jesu hinausgehend – eine Aussage über Maria. Sie wurde übrigens von Luther und von Zwingli geteilt.[25] Die Frage der Interpretation bietet große Schwierigkeiten. Wenn die biblische Rede von der jungfräulichen Geburt eine Aussage über Jesus, seine Herkunft, die göttliche Sendung und zugleich über seine wahre Menschheit war, so ist dieser direkte Rückbezug auf ihn in diesem Dogma nicht mehr erkennbar oder mindestens nicht mehr notwendig. Es geht nun um Marias eigene Würde, ihr eheloses Leben und damit – anders kann man das Gewicht des Dogmas nicht verstehen – doch um eine der Bibel fremde Ablehnung von Sexualität. Sollte diese buchstäbliche Interpretation nicht stimmen, sollte sie zu stark vom kritischen Standpunkt des Außenstehenden her geprägt sein, so müßten die Vertreter dieses Dogmas heute deutlich erklären können, inwiefern auch hier eine »*Alloiosis*« vorliegt, ob und wie also dieses Dogma für etwas anderes steht, das sich nicht mit der wörtlichen, d.h. mit dem medizinischen Verständnis von Jungfräulichkeit *(virginitas in partu)* deckt. Zudem ist die anfangs genannte Frage nach den biblischen Stellen über die Geschwister Jesu nicht leichtfertig an den Rand zu schieben.

Immaculata conceptio. Während die ersten beiden Dogmen auch von der

---

25 Vgl. W. Tappolet (Hg.), a.a.O. (s.o. Anm. 10): 41f. (Luther); u. *G. Locher,* »Inhalt und Absicht von Zwinglis Marienlehre«, Huldrych Zwingli in neuer Sicht, Zürich 1969, 127–35, dort Stellenangaben und Literatur.

Orthodoxie vertreten werden (teils als Interpretation christologischer Aussagen, teils generell als Geheimnis der Menschwerdung Christi und der Gottesmutterschaft Marias verstanden), wird nun dieses dritte Dogma nur von der römisch-katholischen Kirche gelehrt. Das erst 1854 von Pius IX. verkündete Dogma erlaubt nicht nur durch Rückschluß, sondern bestätigt ganz ausdrücklich die Behauptung der Sündlosigkeit Marias, genauer: ihre Reinheit »von jedem Makel der Erbschuld«, und zwar »durch ein einzigartiges Gnadengeschenk und Vorrecht des allmächtigen Gottes im Hinblick auf die Verdienste Christi Jesu«.[26] Die Geschichte dieser Dogmenentwicklung ist äußerst bizarr. Es erstaunt nicht, daß die Lehre zuerst von Pelagianern (Julian v. Eklanum) vertreten, von der Ostkirche nicht akzeptiert und auch von bedeutenden mittelalterlichen Theologen abgelehnt wurde. Auch hier wieder war ein besonderes Zeitverständnis nötig, um den franziskanischen Theologen, vor allem Duns Scotus, eine dieses Dogma ermöglichende Sequenz von Beseelung, Heiligung und »Vorerlösung« vorstellbar zu machen, durch die die schwer zu vereinbarenden Gedanken, Maria sei einerseits erlösungsbedürftig, andererseits aber ohne Erbsünde gewesen, doch verknüpfbar wurden. Unsere heutige Frage muß lauten, inwieweit diese Begründungen und komplexen Argumentationsketten irgendetwas anderes hergeben oder transparent werden lassen können als die angeblich gar nicht beabsichtigte und für theologische Kritik äußerst verwundbare Vorstellung, Maria sei in wesentlichen Hinsichten gar kein eigentlicher Mensch gewesen. Wenn man auch von einem aus anderen Jahrhunderten stammenden Dogma nicht immer direkt verlangen kann, es müsse Schwierigkeiten mildern, anstatt sie zu schaffen, so wird man doch von *jedem* Dogma erwarten müssen, daß es nach angemessener Interpretation doch als Klarifikationsregulativ, wie ich es oben nannte, oder zumindest als Dialogregel für einen Dialog über gemeinsame Glaubensfragen und -anliegen wirksam und nützlich werden kann. Im Hinblick auf diese Testfrage scheint das Dogma von der unbefleckten Empfängnis das problematischste der Mariendogmen zu sein.

Assumptio. Das Dogma von der leiblichen Aufnahme Marias in den Himmel ist eine Konsequenz aus den andern drei, vor allem aus dem dritten marianischen Dogma. Es stellt vielleicht keine so entscheidende Neuerung dar, wie die Kritiker innerhalb und außerhalb der katholischen Kirche behauptet

---

26 *Denz.* 1641.

haben. Wenn die Lehre auch bis spät ins 16. Jahrhundert stark abgelehnt wurde[27], so waren ihre Grundelemente schon in der Vorstellung gegeben, Maria sei *homo purus* so wie Jesus Christus *homo deus* ist, d.h. ihre leibliche Verbundenheit mit ihm macht auch den Gedanken möglich und nötig, daß sie (und sie allein) den Weg ihres Sohnes nach seinem Tod teilt: auch ihr Leib soll nicht die Verwesung sehen. Mit dieser Logik ist die ursprüngliche Übertragung in der *»Alloiosis«* richtungsvertauscht: Wurde ursprünglich, z.B. in der Rede von der jungfräulichen Geburt, etwas dadurch über Jesus gesagt, daß in bestimmter Weise über Maria gesprochen wurde, so wird hier nun eine mögliche Aussage über die Verdienste von Jesus gemacht, um damit etwas über Maria sagen zu können. So ist dieses Dogma von 1950 auch zu Recht als Einladung zu der Vorstellung verstanden worden. Maria sei *corredemptrix* (ein schon im 15. Jahrhundert gebrauchter Titel), sei sei in vieler Hinsicht die (weibliche) Parallele zu Jesus Christus; sie als Königin, er als König; sie als Fürbittende, er als Hoherpriester; sie als Opfernde, er als Opfer; sie als von Erbsünde Befreite, er als Sündloser; sie als Leidende, er als Leidender; sie als in Leib und Seele in den Himmel Aufgenommene so wie er auch. Sie ist *coadjutrix*, sie erwirbt *de congruo*, was Jesus *de condigno* für uns geleistet und erworben hat. Dabei wird nie aus den Augen gelassen, was schon mittelalterliche Bilder und Skulpturen so deutlich im Gleichnis zeigten: sie ist schon dadurch Mittlerin, daß sie ihre Brust zu Gott, dem Gottessohn, wendet, ihre reine und menschliche Natur aber zu den erlösungsbedürftigen Menschen. In der Farbsymbolik des Mittelalters gesprochen treffen sich in ihr die himmlischen und die irdischen Farben. Sie ist nicht nur, wie Luther sagte, die *»fabrica«*, in der Gott das Werk der Erlösung vollbrachte, sondern sie ist selbst *regina*, Gnadenmutter, »Vermittlerin aller Gnaden«, in die die Gläubigen *fiducia* haben können, auf deren Fürbitte sie hoffen dürfen. All dies – und es ist sehr altes christliches Traditionsgut – wird im Dogma von 1950 summiert und durch es legitimiert.

5. Ökumenische Möglichkeiten

Bei der Sichtung der Fragen um Marienverehrung und Mariologie in den letzten beiden Jahren sind mir vor allem zwei Probleme wichtig geworden,

---

27 Vgl. RGG³, IV, Sp. 654/55, u. L. Ott, a.a.O. 253: dogmengesch. Entwicklung.

die in den genannten Gremien, Konferenzen und Stellungnahmen kaum angesprochen worden sind. Erstens müssen wir, meine ich, die große und umfassende Frage gemeinsam angehen, ob und inwieweit die Mariologie nur »die Spitze eines Eisbergs« ist, in ihr also sichtbar wird, was sonst noch an völlig unaufgearbeiteten Differenzen zwischen den drei großen kirchlichen Traditionen besteht. Im tatsächlichen Vollzug ökumenischer Arbeit – und jetzt also im Hinblick auf Mariologie – irritiert mich oft, daß wir im Bannkreis eines konkreten Kontroversthemas uns so verhalten, als seien wir uns über die anderen, gerade jetzt nicht diskutierten Grundaussagen der Theologie einig, etwa über die Relevanz der vier ersten ökumenischen Konzilien, über Sünde/Erbsünde, Gnade, Gottes »Zorn«, über Gebet und Fürbitte, über Erlösung und »Heilsgeschichte« usw. Es ist ja nicht sicher, ob das wirklich der Fall ist. Ich meine damit nicht nur die möglichen Differenzen zwischen Theologen reformatorischer Tradition und der katholischen bzw. der orthodoxen Theologie. Ich bin auch keineswegs sicher, ob verbale Konsenshaltungen innerhalb dieser drei Traditionen auf letztlichen Konsens hinweisen.

Das zweite Problem sehe ich in der noch nicht abschätzbaren Einwirkung neuerer Sprachphilosophien auf die Arbeit der Theologen. Zur Zeit besteht ein ungemein belastendes und verwirrendes Ungleichgewicht in der Einschätzung von Sprache in den verschiedenen Teilen der Kirche und ihrer Theologenschaft. Ich könnte mir vorstellen – und ich möchte das natürlich erhoffen –, daß in den kommenden Jahrzehnten eine sinnvolle Rezeption sprachphilosophischer Einsichten die wesentlichen Teile der Theologenschaft so stark geprägt und vielleicht sogar vereinheitlicht haben wird, daß wir uns über Grundfiguren wie Metapher, figuratives Reden, deskriptive gegenüber askriptiver (doxologischer) Sprache, Kontrollsätze, regulative Sätze, Theorien, Hypothesen, Begründungen, Ableitungen und dergl. mehr mühelos werden einig sein können! Wir würden dann nicht in die alten kontroverstheologischen Argumente, z.B. gegen die mariologischen Dogmen, zurückfallen müssen. Die Vertreter dieser Dogmen ihrerseits würden ihre Aussagen nicht als photographische, d.h. deskriptive Sätze verstehen müssen, deren Annahme oder Ablehnung über die Rechtgläubigkeit der Diskussionspartner entscheidet. Das ist doch auch im Grunde ein unwürdiges Vorgehen, das weder den Bestreitern noch den Vertretern dieser alten (und wohl auch neuen) Dogmen irgendwie Ehre macht und den legitimen Aufenthalt in unseren heutigen Kirchen, Akademien und Universitäten gestattet.

Die abschließende These dieser Überlegungen zielt also darauf ab, eine umfassende Prüfung der Interrelationen theologischer Themen und Grudaussagen anläßlich der Mariologie-Diskussion nicht zu scheuen. Inwieweit erlauben mögliche Konsenssätze über Christologie und Ekklesiologie die freie, unbefangene und Neues erwartende Diskussion über mariologische Dogmen? Welche Korrekturen sind (in den drei genannten Traditionen der Kirche Christi) an Grundvorstellungen und Zentralaussagen und ihrer Interpretation vorzunehmen? Und zweitens – aber im selben Vollzug dieser Prüfung und Sichtung – welche Offenheit werden wir uns als Theologen im neuen Umgang und Verstehen von Sprache leisten können, welche neuen Einsichten (von Philosophen und durchaus auch von Theologen in den vergangenen Jahren erarbeitet) werden wir nutzbar machen können?

Abschließend möchte ich aus meiner eigenen reformatorischen (genauer: reformierten) Tradition sprechend einige thetische Sätze formulieren, die besonders meine Tradition betreffen. Ich möchte voraussagen (und als meine eigene Präferenz statuieren), daß konsensfähige Sätze über die bereits promulgierten Mariendogmen nur möglich werden, wenn die eben skizzierten zwei Aufgaben ernsthaft angegangen werden. Kommt es nicht zu dieser Prüfung der Interrelation theologischer Zentralthemen in Relation zur Mariologie und wird sprachanalytisches Überlegen weiterhin in der Theologie und in ökumenischer Arbeit als nebensächliches, intellektuelles Spiel ausgeklammert, so wird es evangelischerseits zu einer harten Ablehnung jeglicher Mariologie kommen und die bisherigen Ablehnungen werden einfach – ohne jeglichen Erkenntnisgewinn – repetiert werden.

Ganz anders aber steht es mit der Frage nach der Marienverehrung. Auch unabhängig von der so sehr wünschbaren und verheißungsvollen Analyse der Interrelation theologischer Grundthemen und der Nutzbarkeit von Sprachphilosophien, kann und muß es in den Kirchen reformatorischer Tradition zu einer neuen Freiheit der Verehrung Marias und überhaupt zu einer Öffnung für den Gedanken und die Praxis der Heiligenverehrung kommen. Über dieses Thema äußere ich mich z.Z. ausführlich an anderer Stelle.[28] Gerade die kontinentalen Protestanten haben einen ungebührlichen Abstand

---

28 Überlegungen zur gegenwärtigen Diskussion über Heiligenverehrung, in: FS für Jean Louis Leuba, In necessariis unitas, hg. Richard Stauffer, Paris 1984, s. S. 60–71 in diesem Band.

vom Kontakt mit den Männern und Frauen genommen, die in der unmittelbaren Umgebung von Jesus gelebt haben. In den englischsprachigen Kirchen (auch den bewußt lutherischen und reformierten, von den anglikanischen nicht zu reden) sind diese Personen viel direkter und persönlicher im Wissen und in den Gefühlen der Gläubigen gegenwärtig. Es ist ja auch nicht ganz unwichtig, daß der Begriff des Heiligen in den dortigen Kirchen aller Konfessionen viel eher und viel natürlicher akzeptiert wird als bei uns auf dem Kontinent. Nur in akademischen Kreisen spricht man von »Paulus«, in nahezu allen Kirchen würde man immer »St. Paul« sagen. Heißen doch auch die Kirchengebäude tausendfach »St. Andrew's«, »St. John's«, »St. Philip's« und bei den Anglikanern »St. Mary's«.

Nun sind die »Heiligen« aber gewiß nicht nur die besonderen Personen der apostolischen Zeit, nicht einmal nur die Verstorbenen. Auch jetzt lebende Mitchristen dürfen – wie schon in der Alten Kirche – besonderer Verehrung gewiß sein, wenn ihr Glaube und ihr Leben für andere den Charakter des Vorbildes hat. Der protestantische Purismus – man mag ihn auch Feigheit nennen –, keine einzelnen Menschen als »Heilige« benennen zu wollen, weil schon Paulus die Korinther insgesamt als »Heilige« angesprochen hätte, ist gewiß revisionsbedürftig. Sollte man sich dazu theologisch noch nicht befreit haben, so könnte man es an der Situation der heutigen Jugend endlich merken, daß wir in einer Vorbild-losen, Heiligen-freien Welt auch auf eine zutiefst unchristliche Weise Ideal-los und leer zu leben beginnen – alles im Namen einer puristischen Ablehnung des Herausstellens besonderer und verehrungswürdiger Menschen.

Diese psychologischen und soziologischen Bemerkungen lösen freilich nicht die anstehenden ökumenischen Probleme. Es ist aber gewiß, daß die Kirchen reformatorischer Tradition ein großes Defizit zu erkennen haben und daß in ihren Reihen vielleicht größere Offenheit für die in diesen Ausführungen skizzierten komplexeren Überlegungen und Analysen zur Mariologie entstünde, wäre der Weg frei für fröhliche und undogmatische Heiligenverehrung und für einen neuen Zugang zur Hochschätzung dieser besonderen, von Gott erwählten Frau, Maria, der Mutter des Herrn.

Überlegungen zur gegenwärtigen Diskussion über Heiligenverehrung

Die Verknüpfung von ernster theologischer Argumentation, ökumenischem Streben und doxologischer Freude, die für den Jubilar, Professor Jean-Louis Leuba, seit so vielen Jahrzehnten kennzeichnend ist, lädt an diesem Ort zur kurzen Darlegung einer Reflexion über ein Thema ein, das neben theologischer Strenge und ökumenischer Geduld auch Einsicht in die Eigenart doxologischer Sprache verlangt. Es geht um die Frage der Heiligenverehrung, die teilweise als selbständiges Thema, teilweise im Zusammenhang mit einer erneuten Analyse der Marienverehrung und der Mariologie in ökumenischen Gremien Aufmerksamkeit gefunden hat. Gemeinsame ökumenische Arbeitsthemen zerfallen bekanntlich ein zwei Gruppen: in Fragen der Theologie und Frömmigkeit, die allen am Gespräch beteiligten Traditionen gemeinsam vertraut oder ähnlich wichtig sind, und in solche, die nur dem einen, aber nicht dem andern Partner am Herzen liegen. Marien- und Heiligenverehrung gehören zweifellos zur zweiten Gruppe. Damit ist von vorneherein eine Unsymmetrie gegeben, die von den dem Thema gegenüber neutralen oder gar ablehnenden Gesprächspartnern besondere Geduld und echte ökumenische Neugierde verlangt. Geduld ist nötig, um die alten Kontroversfragen aufs neue zu sichten, die Kritiken zu überprüfen, und echte Neugierde ist eine unverzichtbare Grundhaltung für jeden ehrlichen Dialog, denn es könnte doch sein, daß meine Neutralität oder Ablehnung irrig war und es Einsichten zu gewinnen gilt, die ich bislang nicht hatte. Es ist ein Zeichen ökumenischer Liebe, eine mir fremde Frage und mit Skepsis betrachtete Position doch zu meinem theologischen Thema zu machen, wobei sozusagen die neugierige Liebe als Vorschuß das leisten muß, was meine eigene theologische Tradition nicht oder noch nicht ermöglicht.

Moderne Sprachphilosophie, besonders aus dem Bereich analytischer Philosophie im englischen Sprachbereich, ermöglicht dem Theologen die Verwendung eines neuen Organons, das vielleicht zu tieferer Analyse und breiterer Toleranz befähigen kann als das bisher verwendete philosophische Rüstzeug. Wenigstens können die Grenzen der Sprache sowie auch wichtige

Unterscheidungen, etwa zwischen deskriptiver und askriptiver (referierender und doxologischer) Sprache, klarer erkannt werden. Jüngste Diskussionen über Marienverehrung und Mariologie[1] haben schon gezeigt, welche neuen Einblicke durch differenzierte Handhabung der Analyse der Sprachgestalt gewonnen werden können. Manche mariologische Formulierung kann wie eine »Alloiosis« für eine andere Aussage aufgefaßt werden, die aus irgendwelchen Gründen (vielleicht auch kritisierbaren und verwerflichen Gründen) nicht gemacht wird. So sind bekanntlich viele mariologische Aussagen ein »modus loquendi« für ekklesiologische Sachverhalte. Sollte dies bei der Verehrung von Heiligen auch der Fall sein? Die Einsicht als solche würde freilich frühere Kritik nicht automatisch auslöschen, sie würde die Gewichte aber anders setzen und vielleicht auch protestantischer Theologie und Kirche einen neuen Zugang zu Traditionen eröffnen, die nur teilweise zu recht abgelehnt worden waren. Im Fall der Mariologie bzw. der von ihr scharf zu unterscheidenden Marienverehrung hat es sich in jüngsten Diskussionen gezeigt, daß vielleicht über das erste Dogma (*theotokos*, 431) ökumenischer Konsens erreicht werden könnte, daß vielleicht das zweite (*semper virgo* 553) als modus loquendi für eine konsensfähige theologische Einsicht aufgefaßt werden kann, daß hingegen das dritte (*immaculata conceptio,* 1854) sowie das vierte Dogma (*assumptio,* 1950) auch einer geduldigen Analyse als einer möglichen »Alloiosis« für etwas anderes, oder als eines Rückschlusses aus einer Anzahl von theologisch möglichen Rückschlüssen, eines Umkehrschlusses also, kaum standhalten können. Dabei ist es historisch interessant, daß die Orthodoxie des Ostens gerade diese beiden Mariendogmen des Westens nicht akzeptiert hat.

Nun ist das Phänomen der Heiligenverehrung ungleich weniger durch altkirchliche und dann durch römisch-katholische Dogmenbildung inhaltlich bestimmt und exklusiv definiert als die Verehrung Marias und die aus ihr hervorgegangene Mariologie als einer – logisch gesprochen – autonomen Paratheologie. Aber es gibt in der Orthodoxie eine tief verwurzelte und unauf-

---

[1] Vgl. *Heiko A. Oberman,* »The Virgin Mary in Evangelical Perspective«, in: Journal of Ecum. Studies, Vol. I, Nr. 2, 1964, 271-298. S. auch »Maria, Evangelische Fragen und Gesichtspunkte«, hg. Catholica-Arbeitskreis der VELKD, Hannover 1982, dort Lit. Vgl. auch *D. Ritschl,* »Überlegungen zur gegenwärtigen Diskussion über Mariologie«, in diesem Band S. 40-59.

gebbare Tradition der Heiligenverehrung und in der katholischen Theologie und Kirche besteht eine Fülle von dogmatischen Deduktionen aus ekklesiologischen Obersätzen, die eine auf Autonomie hinstrebende Theologie der Heiligen in deskriptiver Sprache erlaubt. Sie rechtfertigt nicht nur in der Frömmigkeit langsam gewachsene Verehrung von Heiligen, sie stimuliert und reguliert sie auch inhaltlich. Welche Positionen kann Theologie und Kirche reformatorischer Tradition durch ein neues Überdenken dieser Sachverhalte anstreben und zu entfalten hoffen? Das soll im folgenden in rein systematischer Weise skizziert werden. Die historische Arbeit ist bereits geleistet worden und muß hier nicht wiederholt werden[2].

1. Die Hochschätzung der Heiligen in der östlichen Orthodoxie

Um es vorweg zu sagen: die Möglichkeit eines Konsenses zwischen der östlichen Orthodoxie und reformatorischer Tradition hängt in der Frage der Heiligenverehrung – und nicht nur hier – an der Entscheidung, ob die altkirchliche[3] und orthodoxe[4] Rede von der *theiosis,* der Vergöttlichung, letztlich dasselbe besagen will wie die westliche Lehre von der Rechtfertigung. Wenn dies nicht der Fall ist, wie Harnack und die ihm folgenden Autoren urteilten, dann wird westliche reformatorische (vielleicht auch katholische) Theologie vor der Heiligentradition der Orthodoxie weiterhin als vor einem vielleicht ästhetisch interessanten aber inhaltlich fremden Phänomen stehen. Wenn aber tiefere theologische Analyse und inhaltliche Übersetzungarbeit zur Erkenntnis eines bereits vorhandenen, wenn auch verborgenen Konsenses führen könnte, so wäre der Weg für einen Lernprozeß auch in protestantischen Kirchen offen. Gerade das Gepräch mit der Orthodoxie könnte diese Befreiung herbeiführen, weil hier die meisten der protestantischen Vorbehalte und

---

2 Vgl. in: Die Hoffnung auf die Zukunft der Menschheit unter der Verheißung Gottes, hg. Kirchl. Außenamt der EDK, Frankfurt 1981 (= Beiheft Nr. 41 zur ÖR), die Aufsätze von A. I. Osipov (96–113) und G. Kretschmar (114–136), dort Lit.
3 Vgl. *D. Ritschl,* »Die Einheit mit Christus im Denken der griechischen Väter«, in: *ders.,* Konzepte, Ges. Aufsätze, Patrist. Studien, Bd. I, Bern 1976, 78–101.
4 S. z.B. *A. I. Osipov,* »Die Heiligen als Zeichen der Erfüllung von Gottes Verheißung für den Menschen«, in der in Anm. 2 gen. Publikation, 96–113.

Kritiken gegenüber westlich-katholischer Heiligenverehrung nicht verfangen. Wir mögen Reserven gegenüber der orthodoxen Lehre haben, das Christsein sei als ein »Prozeß« vom Alten zum Neuen hin, vom sakramentalen zum geheiligten Status hin zu verstehen. Wir dürfen dann aber nicht über angeblich »statische« Elemente in der orthodoxen Theologie und Anthropologie klagen. Die »Stufen«, die es auch nach einem modernen Autor wie A. I. Osipov zu »erklimmen«[5] gilt, sollten nicht zu eilig als via salutis nach der Art des klassischen Methodismus oder auch des kontinentalen Pietismus interpretiert werden. Gerade der von Harnack der Orthodoxie vorgeworfene Automatismus der Erlösung wird durch den ständigen Hinweis auf das dynamische Wirken des Heiligen Geistes im Leben der Gläubigen widerlegt. Die altkirchliche Formulierung, daß die Gläubigen »durch den Sohn« und »im Geist« vom Vater adoptiert werden, d.h. in der Sprache der Kappadozier und ihrer Nachfolger, daß sie an den *energeiai*, den göttlichen Energien, die nicht von dieser Welt sind, teilhaben, birgt eine so differenzierte und reiche Theologie in sich, daß ein direktes Vergleichen ihrer sprachlichen Endergebnisse mit westlich-reformatorischen Standardthesen kaum sinnvoll sein kann. Dem Westen (freilich auch der röm.-katholischen Tradition) fehlt das Konzept der »Energien«. Das ist schon oft als Nachteil beklagt worden. In der Frage der Heiligen, ihres Vorbildes und ihrer Verehrung, wirkt sich diese theologische Differenz aus der Gotteslehre besonders stark aus. Mindestens die apophatische Seite theologischen Vorgehens muß dem Westen weitgehend verborgen und fremd bleiben und in seiner Beurteilung der Orthodoxie immer wieder zu dem Verdikt führen, dort sei Entweltlichung und damit auch das Fehlen von Sozialethik ein typisches Merkmal oder eine Folge der Rede von der »Vergöttlichung«. An dieser Stelle muß zukünftige ökumenische Arbeit Wichtiges leisten. Dabei wird es besonders schwierig sein, die unterschiedlichen Zeitbegriffe in Ost und West der Kirche zu analysieren und in die Sprache der jeweiligen Gegentradition zu übersetzen. Daran wird sich dann auch entscheiden, ob westliche (reformatorische) Theologie mit der für die Orthodoxie so zentralen Vorstellung der Transfiguration etwas anfangen kann: ist sie ein zeitlicher Vorläufer oder ein Zeichen der Auferstehung? Soll sie von der Transfiguration von Jesus her als Vorwegnahme verstanden wer-

---

5 A. I. Osipov, a.a.O., 97.

den, und wenn ja, ist sie von der Verklärung Christi her auf die Gläubigen übertragbar? Dieser Gedankengang ist – als Analogie sowie als Deduktion – reformatorischer und letztlich auch katholischer Denkweise fremd. Er ist aber ein durchaus möglicher Gedankengang, der an westliche Voraussetzungen anknüpfen könnte.

Das wesentliche an der ostkirchlichen Lehre – sie ist ja eigentlich keine Lehre sondern eine Frömmigkeitstradition – von den Heiligen und der ihnen gebührenden Verehrung ist nicht einfach aus der Historie zu erklären. Freilich ist es historisch richtig, auf die doppelte Wurzel zu verweisen, auf die Märtyrerverehrung und die damit verbundenen Feste einerseits, sowie auf die Bedeutung der Askese und des vorbildhaften, geheiligten Lebens andererseits. Zentraler ist die Feststellung, daß es beim ganzen Phänomen der Heiligen um nichts weniger als um die sichtbare Manifestation der Wirkung des Heiligen Geistes geht. Mir ist die Klage, die westliche, besonders die protestantische Theologie, habe keine »Lehre vom Heiligen Geist« entfaltet, immer als übertrieben erschienen; die Gründe sowie die geheimen Anliegen für diese Klage erscheinen mir sogar als suspekt. Aber es ist sicher richtig, daß unsere theologische Tradition vor der Bezeichnung konkreter »Manifestationen« der Wirkung des Heiligen Geistes zurückgeschreckt ist. Hier aber liegt ein wesentliches Moment ostkirchlicher, orthodoxer Betonung der tröstlichen, zeichenhaften Funktion der Heiligen. Es ist fast unnötig hier zu betonen, daß natürlich auch ostkirchliche Theologie vom paulinischen Sprachgebrauch weiß, nach dem alle Gläubigen als »Heilige« bezeichnet werden können. Nein, es geht um die besondere Manifestation! Sie zeigt sich weniger im Moralischen als im Himmlischen, weniger in der Qualität als in der vom Geist gewirkten Zeichenhaftigkeit, weniger im Faßbaren als im Erhofften. Was wir in gängiger protestantischer Sprache als Einbruch des Neuen in das Alte, als Liebe in einer Welt von Haß, als Demut inmitten von Hochmut bezeichnen, das genau meinen orthodoxe Christen, wenn sie in ihren Heiligen den »neuen Menschen«, Heiligkeit der Demut und Liebe, Askese, und im individuellen Leben »eine Stille, ... ungemeine Süße, ... ungeheure Freude, ... unbeschreibliche Wärme, ... und Wohlgeruch«[6] zu erkennen meinen. Die protestantische Gegenfrage wird schnell darauf gerichtet sein, ob man überhaupt in einem individuellen Menschen die *kaine ktisis* zu

---

6 Serafim v. Sarov, zitiert bei A. I. Osipov, a.a.O., 112.

erkennen hoffen könnte. Unsere Theologie hat uns streng angewiesen, das Neue nur in Jesus Christus sehen und feiern zu wollen. Es ist die Frage, ob wir in dieser theologischen Richtigkeit nicht die Konkretion zu verlieren in Gefahr waren.

Die Heiligen der Ostkirche sind nicht wie die der römisch-katholischen Frömmigkeit Gefäße gesammelter und gar überschüssiger Gnade oder Verdienste. Dieses Denken ist der Orthodoxie fremd. Vielmehr sind sie Zeichen der wirklichen Gegenwart des Geistes Gottes unter den Menschen, und sie können darum als Paradigmen ethischer Haltungen oder Entscheidungen verehrt werden. Das ist aber nur eine sekundäre Funktion. Primär ist ihr Zeichencharakter als Manifestationen der Wirklichkeit göttlicher Gegenwart, d.h. der Partizipation geschichtlicher Menschen an den »Energien« der Trinität im Heiligen Geist. Ihre Spiritualität – ein bei uns wieder häufig gebrauchter und gewiß nicht unproblematischer Terminus – ist nicht eine in ihnen ruhende Qualität, vielmehr ist sie ein Transparent für das den Menschen zugewandte Wirken der Trinität. Die Heiligen wirkten im Leben so wie die Ikonen im Bildhaften.

2. Die Verdienste der Heiligen in klassisch römisch-katholischer Tradition

Es genügt, wenn ich hier ganz kurz rekapituliere, was klassisch römisch-katholische Tradition über die Heiligen lehrt[7]. Es soll damit freilich nicht behauptet sein, alle heute einflußreichen katholischen Theologen – oder die Gläubigen insgesamt – machten sich die klassische Lehre zu eigen. Ähnlich fundamental wie für die Orthodoxie die *theiosis* für das Verständnis und die Verehrung der Heiligen, ist für unsere katholischen Mitchristen das quantitative Verständnis von Gnade. Es ist fast peinlich, sich so auszudrücken, denn an dieser Stelle ist wohl klassisch-katholische Theologie am ehesten verwundbar und protestantischer Hochmut kann hier die leichtesten Siege feiern. Und mehr noch: viele katholische Exegeten und Dogmatiker stimmen mit den klassisch-protestantischen Kritiken weitgehend überein. Um die

---

7 *L. Ott*, Grundriß der kath. Dogmatik, Freiburg 1961[5], dient mir hier mit der Summierung der dogmatischen Sätze sowie der Belegstellen aus der Tradition als typisches Lehrbuch.

Tradition aber sozusagen in ihrer Mitte greifen zu können, muß doch auf klassische Definitionen zurückgegriffen werden. Und um Definitionen handelt es sich hier in der Tat.

Voraussetzung theologischer Argumente zum Thema der Heiligen ist die Umdefinierung der Worte »communio sacramentorum« im Sinn des gemeinsamen Besitzes heiliger Güter[8]. Auch wer diese Interpretation konkret ablehnt, muß doch, um der katholischen Besonderheit des Verständnisses der Heiligen gerecht zu werden, lehren, daß die Heiligen als Glieder des mystischen Leibes Christi an »etwas« teilhaben, daß sie sich selbst, anderen (Lebenden oder Verstorbenen), sowie Gott zuwenden können. Eine der ersten Feststellungen in der dogmatischen Reflexion über Heilige ist aber die These, lebende Gläubige könnten sinnvoll für Verstorbene beten. Dies wiederum basiert auf der These, Lebende könnten »durch die im Gnadenstand verrichteten guten Werke füreinander Gaben von Gott de congruo verdienen«[9]. Stellvertretende »Genugtuung« durch »die im Gnadenstand verrichteten Bußwerke«[10] ist, auch von reformatorischer Theologie her, wohl eine verständliche Vorstellung. Sehr viel schwieriger ist die weitergehende Lehre, die Heiligen im Himmel zu verehren »und sie um ihre Fürbitte anzurufen«[11], darum schwierig, weil damit doch ein »Weiterleben«, also eine Fortsetzung subjektiven Bewußtseins statuiert wird. Man könnte diesen Gedanken natürlich leicht dadurch relativieren, daß man auf mittelalterliches Weltbild und seine möglichen Folgevorstellungen verweist. Theologisch wichtiger aber ist die grundsätzliche Frage, ob wir heute wirklich von einer spirituellen Aktivität verstorbener Gläubiger sinnvoll sprechen können und wollen. Wie unterschiede sich diese christliche Rede von den verschiedenen aus der Religionsgeschichte bekannten (und noch heute geübten) Formen des Ahnenkultes? Wie ernst wird hier noch der Tod als wirklicher Tod eines Menschen, eines Gläubigen, genommen? Ich habe in afrikanischen Ländern erfahren, wie lebendig die Vorstellung ist, die verstorbenen Ahnen wirkten heute in Zorn und Behütung noch auf die Lebenden ein – inwiefern wollen wir Christen uns von diesen Ängsten und Hoffnungen unterscheiden?

---

8 L. Ott, a.a.O., 378f.
9 L. Ott, a.a.O., 381.
10 L. Ott, ebd.
11 L. Ott, a.a.O., 383.

Noch wichtiger aber als die Frage nach der Ernsthaftigkeit des Todes ist die eingangs erwähnte Problematik der Quantifizierbarkeit der Gnade. L. Ott lehrt noch unmißverständlich, daß die Suffragien als satisfaktorischer Wert der guten Werke Gott »als Ersatz für die zeitlichen Sündenstrafen angeboten« werden können[12], und daß die »Heiligen des Himmels« ihrerseits lebenden Menschen sowie »den armen Seelen im Fegfeuer durch ihre Fürbitte zu Hilfe kommen« können[13]. Bei all diesen vikariatsmäßigen Handlungen ist ein Überschuß an gnadenwirkenden Gehorsamstaten entscheidend wichtig; diese Grundthese wird durch etliche päpstliche Verlautbarungen belegt und bestätigt. Die Frage der Verehrung der Heiligen tritt gegenüber diesen Überlegungen weit in den Hintergrund. Sie ist, historisch geurteilt, ein Ergebnis der westlichen Position in der ikonoklassischen Kontroverse, als solche kein echtes theologisches Problem für den westlichen Theologen, schon darum nicht, weil die damaligen Voraussetzungen des Streites – neuplatonisches gegenüber pragmatischem, sprich aristotelischem Verständnis – gewiß nicht mehr die unsrigen sind.

Was »nützen die Heiligen« in unserer Stellung gegenüber Gott? Solche Fragestellung ist der östlichen Orthodoxie völlig fremd, sie ist aber ein wesentlicher Teil römisch-katholischer Frömmigkeit und Theologie. Die Argumentation besteht aus einer langen Serie von Deduktionen aus Obersätzen, genauer, aus Deduktionen von Deduktionen. Sprache, die eigentlich askriptiv, doxologisch sein sollte, wird in katholischer Dogmatik zur Deskription: die Heiligen, sofern sie verstorben sind, sind bewußte Individuen, sie »haben« Gnadenquantitäten, die andere Gläubige nicht haben oder hatten, sie können angerufen werden, bewirken etwas Gott und Menschen gegenüber, kein Wunder, daß den Gläubigen empfohlen wird, sie zu verehren. (Die von Protestanten – und in der Alten Kirche bereits von Vigilantius – verurteilte Reliquienverehrung ist so schlimm ja nicht, wenn man an die psychologische Wirkung eines Fetisch denkt; theologisch »schlimm« ist die Vorstellung einer Gnaden-»wirkung«. Ich persönlich freue mich über eine Krawatte von Dietrich Bonhoeffer und eine kupferne Teekanne, von ihm in Barcelona gekauft, die mir seine Schwester geschenkt hat, was würde mich dazu treiben, diese Objekte je als gnadenwirkend zu verstehen?)

---

12 L. Ott, a.a.O., 387.
13 L. Ott, a.a.O., 388.

Aber auch hier wirkt ein spezifisches Zeitverständnis. In einer Diskussion in der »Arbeitsgemeinschaft christlicher Kirchen« in Deutschland und Berlin-West entgegnete mir ein geschätzter katholischer Kollege auf die Behauptung, katholische Heiligenverehrung müsse sich gegen den Vorwurf des »christlichen Ahnenkultes« zu wehren wissen, hier sei ein anderes Zeitverständnis anzuwenden: das Leben von Maximilian Kolbe oder von Dietrich Bonhoeffer sei als ein »Gebet« zu verstehen, das in der Zeitlosigkeit Gottes (hier liegt natürlich ein Problem!) heute noch als Gebet zu verstehen sei, in dessen Kraft und Demut ich mich aufgehoben fühlen kann. Dieser Gedankengang ist völlig nachvollziehbar. Anders aber steht es mit der in katholischer Dogmatik gerechtfertigten und von Papst Johannes Paul II. beanspruchten Behütung durch die Gottesmutter Maria bei dem Attentat auf ihn am 13. Mai 1981. Es ist eine Sache, ob die Heiligen (und Maria) für uns betend gedacht werden – eine nachvollziehbare Vorstellung in Grenzen –, eine andere Sache aber, ob die Heiligen (und Maria) als Agenten unserer Behütung tätig gedacht werden können. Welche »Alloiosis« oder welcher »modus loquendi« wäre wirksam und verständlich, wenn es sich um letzteres handeln sollte? Es müßten schon Maria und die Heiligen als »Alloiosis« für »Gott in Jesus Christus« statuiert werden, was erhebliche Schwierigkeiten bedeuten wird. Mindestens wird man fragen müssen, welche regulatorische Funktion eine solche dogmatische These haben würde, denn dogmatische Thesen sollen doch – neben vielleicht anderen Funktionen – regulative, d.h. den Dialog zwischen den Gläubigen steuernde Funktion haben. Was würde hier gesteuert? Würde nicht viel eher Neues, Steiles behauptet, das aus anderen Quellen nicht abgeleitet werden kann? Auch hier wird in Zukunft in ökumenischer Arbeit entscheidend Wichtiges neu bedacht werden müssen. Eine Schwierigkeit, die bereits vorauszusehen ist, wird in diesem Dialog darin bestehen, die genuin theologischen von den weltanschaulichen und allgemein kosmologischen Fragen abzutrennen, also die im Evangelium der Bibel enthaltenen Aussagen vom Rahmenwerk der Vorstellung, verstorbene Menschen seien »im Himmel« weiterhin als Agenten für dies oder jenes tätig, loszulösen. Das ist nur in sekundärer Weise eine theologische Frage, primär handelt es sich hier um die unkritische Übernahme oder um die kritische Umformung antiker und mittelalterlicher Welt- und Himmelsvorstellungen. Katholische Theologen verweisen hier auf die Diskrepanz zwischen offizieller Theologie und tatsächlicher Frömmigkeit. Protestantische Theologie müßte dasselbe tun, wäre nicht durch ihren Rigorismus offiziell der Himmel »entleert« worden, d.h., wäre nicht seit Jahrhunderten den Gläubigen gesagt worden, ihre Vorstellungen vom Weiterleben ihrer geliebten Verstorbenen seien theologisch höchst fragwürdig, in Wahrheit sei »der Himmel« nur von der Trinität bevölkert, die Verstorbenen seien alle »im Gedächtnis Gottes« aufgehoben. Ich selbst bekenne mich an diesem Punkt für schuldig: auch ich habe so gelehrt und gepredigt, weil mir andere – konkretere – Vorstellungen suspekt sind.

3. Die klassisch protestantische Kritik

Noch weniger als eine Summierung der katholischen Lehre von den Heiligen ist hier eine Zusammenfassung der klassisch protestantischen Kritik vonnöten. In ihr geht es einzig um ein Prinzip: um die Wahrung der Einzigkeit Christi bei allem, der Demonstration des wirklich Neuen, der wahren Heiligkeit, Fürbitte und Fürsorge. Er allein ist der Hohepriester genannt, der ständig für die Gläubigen, ja für die ganze Welt, Fürbitte leistet und einsteht. Zugleich aber hat protestantische Theologie – wohl zu recht – den Gläubigen immer wieder den Weg verwehrt, in Jesus von Nazareth das direkte »Vorbild« christlichen Lebens zu sehen. Die verschiedenen Modelle einer »Imitatio Christi-Ethik« sind immer wieder unter dem Hinweis, wir Christen seien nicht Christus, kritisiert worden. Damit bleibt freilich die Frage unbeantwortet, an wem wir uns orientieren sollen. Und hier setzen natürlich auch die Probleme ein. Wer ist denn dann unser Vorbild? Wollte man die ganze Frage der Heiligenverehrung auf das Phänomen des Vorbildes reduzieren, so würde es sich schon lohnen, die protestantische Position zu verlassen.

Georg Kretschmar hat in einem souveränen Artikel die historischen sowie die theologischen Bedenken, Offenheiten und Möglichkeiten reformatorischer Theologie gegenüber dem Phänomen der Heiligenverehrung aufgezeigt[14]. Unter Verweis auf Conf. Augustana XXI und ausgiebige Literatur zum Thema antwortet er in für ihn typischer Verbindung von historischer Gründlichkeit und theologischer Demut auf Professor A. I. Osipovs Referat

---

14 *G. Kretschmar*, »Die Heiligen als Zeichen der Erfüllung von Gottes Verheißung für den Menschen«, in: Beiheft zur ÖR, Nr. 41, 114-136.

über die orthodoxe Stellung zur Frage der Heiligenverehrung. Auch er denkt, – er spricht für Lutheraner, aber wohl auch für uns Reformierte – ein neues Erlernen der Verehrung von Heiligen sei sinnvoll und notwendig. H.-J. Held, der Präsident des Kirchlichen Außenamtes der EKD, vertritt einen ähnlichen Standpunkt[15]. Aber wo belassen uns diese Einladungen und Ermahnungen? Sollen wir uns eher der orthodoxen oder der römisch-katholischen Fassung der Heiligenverehrung positiv zuwenden?

4. Neue Offenheit gegenüber Heiligenverehrung

Psychologische Überlegungen scheinen – sehr zu unrecht – nicht in theologische Argumentationen zu passen. Die Angst der Theologen, vor allem protestantischer Theologen, vor psychologischen Argumenten, hat erklärbare theologiegeschichtliche Gründe, sie wird sich aber in den kommenden Jahren bitter rächen, sollte nicht eine Änderung eintreten. Wir leben in einer Zeit, in der viele Menschen, besonders die Jugend, nach Vorbildern suchen und sie nicht finden. Ich habe dies in der Kirche sowie in meinem anderen Beruf, in psychotherapeutischer Praxis, in erschreckendem Maße erfahren. Kein Wunder, daß viele Jugendliche nach »Gurus« und anderen Vorbildern suchen, wenn wir Theologen in den Kirchen, wenigstens den protestantischen, ihnen die Vorbilder vorenthalten. Aber sind Heilige – G. Kretschmar nennt in ausführlicher Darlegung als Beispiele Antonius in Ägypten, Franz von Assisi und Dietrich Bonhoeffer[16] – nur »Vorbilder«? Östliche Orthodoxie mag uns hier unterstützen, wiewohl ihr Verständnis von Heiligen nur sekundär sich mit der Vorstellung von Vorbildern deckt. Könnte nicht das Gott dargebrachte Gebet der Heiligen in katholischer Vorstellung auch eine Lehre und Anregung für uns sein, sofern wir uns weiterhin an die Kritik reformatorischer Tradition halten, keine Konzepte von einem *thesaurus ecclesiae,* einer quantitativen Vorstellung von Gnade, zu akzeptieren? In diesem Zusammenhang möchte ich erwähnen, daß der deutschsprachige Protestantismus

---

15 *H.-J. Held,* »Im Dialog mit der Russischen Orthodoxen Kirche. Zum VIII. Gespräch zwischen der russischen Orthodoxie und der Evang. Kirche in Deutschland, Odessa, Oktober 1979«, in: ÖR 29, 1980, 350–358.
16 G. Kretschmar, »Die Heiligen . . .«, 122–130.

besonders spröde gegenüber der Vorstellung von Heiligen überhaupt zu sein scheint. In der englischsprachigen Welt, in der ich zwanzig und mehr Jahre gelebt habe, ist auch dem evangelischen Kirchenmitglied – von den Anglikanern nicht zu reden – das Interesse an den Gestalten des Neuen Testamentes viel mehr vertraut als uns. Das mag mit einer gewissen Naivität in neutestamentlicher Exegese im Hinblick auf den historischen Jesus und seine Umwelt zu tun haben. Das Ergebnis ist jedenfalls, daß unter den Gemeindegliedern unproblematisch von »St. James«, »St. Paul«, »St. Philip«, »St. John« gesprochen wird und die Kirchengebäude in England, dem reformierten Schottland und in Amerika sowie in Australien – und ich schreibe diese Zeilen in Australien – tausendfach nach diesen »Heiligen« benannt sind, in der anglikanischen Kirche nach »St. Mary«. Das ist keine unwichtige Beobachtung. Unter diesen Protestanten (mit einigem Risiko beziehe ich hier die Anglikaner mit ein) ist die Vorstellung, die Mit-Personen von Jesus seien »Heilige«, und es gäbe seither auch »Heilige«, nicht ungewöhnlich. Wir täten gut daran, diese Vorstellungen neu zu bedenken und unsern protestantischen Purismus, alle seien »Heilige« oder niemand, einer gründlichen Revision zu unterziehen. Allerdings sehe ich keinen Weg, auch keinen noch so raffinierten sprachphilosophischen, die Rede von den akkumulierten Verdiensten der »Heiligen im Himmel« aus der klassisch-katholischen Dogmatik interpretativ als »modus loquendi« für dies oder jenes zu rechtfertigen. Ich denke – so lieblos das tönt – dies sei im klassischen Katholizismus nichts anderes als ein Überbleibsel aus den psychologisch erklärbaren Urgründen religionshistorischer Ahnenverehrung. Aber dafür möchte ich offen sein: daß die Verstorbenen mit Gott in besonderer Beziehung stehen und daß ihr Leben, ihr Opfer und ihr Gebet uns Vorbild und Zeichen der Wirksamkeit des Heiligen Geistes bleiben, wirklich mehr als moralische Vorbilder. Sie sind Zeichen des Neuen. Kein Grund, daß nicht auch reformatorische Christen neu lernen, von Heiligen zu sprechen und sie zu verehren. Freilich, wenn wir von Verstorbenen als den Heiligen sprechen, so bedienen wir uns nicht deskriptiver sondern eher doxologischer Sprache, weil wir letztlich nicht über diese Verstorbenen, sondern über die Herrlichkeit des verklärten und auferweckten Christus sprechen. Dieses Reden ist am Rande der Sprache, die wir gemeinhin benützen. Deduktionen von ihr sind höchst riskant und im Endergebnis meist eine Einladung zum Aberglauben.

Die vier Reiche der »drei göttlichen Subjekte«

Bemerkungen zu Jürgen Moltmanns Trinitätslehre

Das spielerisch Radikale neben dem ernsthaft Ermahnenden, das selektiv Kritische neben dem spekulativ Konstruierenden, das wir bei J. Moltmann kennen und über die Jahre verstehen gelernt haben, bestimmt auch das neue Buch zur Trinitätslehre[1]. Es ist – bei allen schönen homiletischen Passagen – ein hoch dogmatisches Buch. Es ist das erste in einer neuen Reihe systematischer »Beiträge zur Theologie«, mit der Moltmann nach den drei bekannten monothematischen Büchern nun zentrale Lehren christlicher Theologie behandeln will. Er hatte schon in seinem Schlußwort zum Diskussionband um den »gekreuzigten Gott«[2] als Ziel seiner bisherigen Arbeit »eine Neuordnung des theologischen Systems zu einer messianischen Dogmatik, in der unter dem leitenden Gesichtspunkt der Trinität und des Reiches Gottes der Weg von der Geschichte zur Freiheit eingeschlagen wird«, angekündigt. Aber gleich zu Beginn des neuen Bandes wendet er sich mit wichtigen Hieben gegen »jedes« System, auch gegen ein »offenes System« (11). Ein System erspare dem Leser das eigene, kritische Denken. Auch zu »dogmatischen Thesen« will er sich und andere nicht nötigen, weil sie »den Hörer auf ihre, nicht auf seine eigenen Gedanken« bringen (12). Und doch ist es ein zutiefst dogmatisches Buch voll feiner Unterscheidungen und vieler Warnungen und Verbote, die dem Leser vielleicht noch weniger die eigenen Gedanken belassen als Barths »Kirchliche Dogmatik«, ja es ist – es sei mit allen Bitten um Entschuldigung und im Wissen, daß Moltmann es so gewiß nicht meint, gesagt – ein magistrales und eigentlich ein autoritäres Buch.

Die folgenden Bemerkungen wollen auf dem Hintergrund meiner Sympathie nicht nur mit der Grundtendenz, sondern auch mit der Hauptthese des Buches verstanden sein. In unserer gemeinsamen Arbeit an der Filioque-

---

1 *J. Moltmann,* Trinität und Reich Gottes. Zur Gotteslehre, München 1980.
2 *M. Welker (Hg.),* Diskussion über Jürgen Moltmanns Buch »Der gekreuzigte Gott«, München 1979, 168.

Problematik bei den Konsultationen[3] in Klingenthal im Oktober 1978 und im Mai 1979 bestand weitgehende Übereinstimmung unter den Teilnehmern in der Klage um den Modalismus in den westlichen Trinitätslehren sowie in der kritischen Beurteilung der leb- und geschichtslosen Konzepte des Monotheismus und der daraus ableitbaren monarchischen bzw. hierarchischen Ideale in Kirche und Staat. Man war sich einig darin, daß wir neu lernen müssen, trinitarisch zu denken, zu beten und zu hoffen. Die Heimat der Trinitätslehre in der Doxologie, aber auch die sozialethischen Konsequenzen einer neu artikulierten, biblisch und systematisch verantwortbaren Trinitätslehre waren ständige Themen der Diskussion und teilweise auch der vorbereitenden Papiere. Leider findet diese Zusammenarbeit der kleinen *Faith and Order* Konsultation in Moltmanns Buch nur in einer Fußnote (197) Erwähnung. Immerhin kann mit einem relativ breiten Konsens über die eben genannten hauptsächlichen Themen gerechnet werden, hoffentlich auch über den Kreis der Mitglieder der Filioque-Konsultation hinaus.

1. Zur Methode des Buches

Es finden sich dichte und schwere neben leichten und an Wiederholungen reichen Passagen. Moltmann zwingt den Leser – liebevoller gesagt: er lädt ihn ein – einen Sprung in seine Sprachwelt hinein zu machen: wer nicht mitschwingt, ist verloren. Wenn man mitgeht, tun sich einem erstaunliche Dinge auf, Bibelstellen erscheinen in neuem Licht, verstaubte und längst ins Regal zurückgeschobene Theologen fangen wieder zu sprechen an, mit dem Verdacht der Häresie etikettierten Vätern und späteren Autoren wird Neues abgewonnen Sprachlich kreative Formulierungen, verblüffende Umkehrungen, erstaunliche Zitate, warmherzige und tröstliche Homilien sowie höhnisch-kritische und karikaturenhaft überzeichnete Analysen erfreuen, verwundern oder ärgern den Leser in lebendigem Wechsel. Aber man wird in

---

3 *L. Vischer (Hg.)*, Geist Gottes – Geist Christi. Ökumenische Überlegungen zur Filioque-Kontroverse (= Beiheft zur ÖR, Nr. 39), Frankfurt 1981, mit Beiträgen von den Konsultationsmitgliedern D. Ritschl, M. A. Orphanos, A. de Halleux, A. M. Allchin, K. Stalder, A. Heron, B. Bobrinskoy, J.-M. Garrigues, H. Aldenhoven, J. Moltmann und D. Staniloae. – Die Filioque-Studie geht auf die Anregung von L. Vischer und J. Moltmann zurück.

dogmatische Höhen geschleudert, die man nie zu erklimmen plante, man wird durch Detail-Logik zu Ergebnissen geführt, bei denen man nie ankommen wollte. Man soll Sätze nachsprechen, die einem nicht über die Lippen gehen wollen, z.B. den philosophisch sinnlosen Satz »Ein Individuum kann sich nicht mitteilen« (73) oder den theologisch erst später einigermaßen gedeuteten (125) Satz »Die Schöpfung ist ein Werk der göttlichen Demut« (113), von Einzelaussagen über inner-trinitarische Geheimnisse ganz zu schweigen. Dadurch erhält das Buch bei allem bewundernswerten und konsequent durchgeführten Plädoyer für die Freiheit und die herrschaftsfreie, liebevolle Gemeinschaft der freien Brüder und Schwestern doch einen Hauch von Zwang. Ich werde in eine Denkweise hineingeredet, die mir bei nachheriger Betrachtung nicht mehr recht ist, mir werden gewisse Gedanken verboten, andere madig gemacht, wieder andere durch schlimme Vergleiche verleidet, nur damit ich bei einer Sicht anlange, die der Verfasser unbedingt für richtig hält, z.B. der These, man müsse die Gottesherrschaft von der Trinität her und nicht (wie Barth) die Trinität von der Gottesherrschaft her verstehen. Die These mag ja stimmen, aber sie wird mit solcher Wucht vorgetragen, daß einem alles Abwägen – »pondering«, wie man auf Englisch so schön und so fair sagt – genierlich vorkommt.

Immer wieder fallen die kleinen logischen Verbindungen auf: »daher«, »es folgt«, »also«, während die großen Themenbögen oft ohne Stützen frei zu schweben scheinen. So ist auch die Aufeinanderfolge der sechs Kapitel und ihrer Unterkapitel zwar verständlich, aber nicht eigentlich zwingend. Darin liegt also gewiß kein »System«, wenn auch im ganzen ein großer theologischer oder dogmatischer Wunsch vorherrscht. In der Logik im einzelnen – dem »System im Kleinen«, wenn man so will – ist auffällig, daß Moltmann mit der Einführung (oder der Zerstörung) von Unterscheidungen operiert, z.B. zwischen »Sohn« und »Sohn Gottes« (81), zwischen »Liebe zum Gleichen« und »Liebe zum Anderen«, zwischen »Liebe Gottes« und dem »Willen Gottes« (127), zwischen »hypostasis« und »prosopon« (also für den Hl. Geist in der innertrinitarischen processio: er empfängt vom Vater die göttliche Existenz – hypostasis – und vom Sohn die relationale Gestalt – prosopon –; 202), und am wichtigsten: die Unterscheidung der Reiche des Vaters, des Sohnes und des Geistes vom »Reich der Herrlichkeit« (226–239). In entsprechender Weise werden andere Unterscheidungen aufgelöst oder unterlaufen, etwa zwischen »ad intra« und »ad extra« (124f.), zwischen »Zeugung« und »Geburt« des Sohnes (181), zwischen »Auferweckung« und Transfiguration (100ff.), und – allerdings ausführlicher begründet – zwischen »Heilslehre« und »Doxologie« bzw. zwischen ökonomischer und immanenter Trinitätslehre.

Moltmann hat am Ende eines Aufsatzes zur Trinitätslehre schon 1975 selbst die Frage aufgeworfen, ob seine Gedanken zur »Geschichte der Trinität« »spekulativ und damit abstrakt« seien[4]. Abgesehen davon, daß er das Wort »abstrakt« anders verwendet als heutige Philosophie und Wissenschaftstheorie, so ist es interessant, daß er sich nicht gegen den Vorwurf des Spekulativen zur Wehr setzt. Wie sollte er auch, und warum sollte er es? Wenig überzeugend ist nur, wenn er in einer unzweideutig spekulativen Passage (in der u.a. das Erstaunliche gesagt wird, der Begriff »Person« sei für den Geist und den Sohn und für beide im Verhältnis zum Vater »nicht univok« zu verstehen) viermal die Ermahnung ausspricht, man müsse »konkret bleiben« und alles in Ruhe nacheinander »erzählen« (204–206).

Ich verstehe gut, daß Moltmann sich gegen einen riesigen methodischen Vorspann oder eine nachträgliche Einordnung wehrt. Aber tut er in seiner Absage an eine Methodenreflexion nicht zu viel des Guten? Spricht er nicht in vielem noch die theologische Sprache der fünfziger Jahre, als analytische Philosophie und Wissenschaftstheorie die deutsche Theologie noch nicht zu größerer Vorsicht, Klarheit, Selbstkritik oder wenigstens zur Bereitschaft, von der direkten Aussage nicht alles zu erwarten, ermahnt hatte? Aber gewiß, man kann auch umgekehrt argumentieren: die Wissenschaftstheorie habe die Klarheit, die sie versprochen hat, noch gar nicht gebracht.

2. Das Ziel des Buches

Das Ziel ist nicht eine Neubelebung oder Verbesserung der Trinitätslehre in dieser oder jener annehmbaren oder verbesserungsfähigen Form. Vielmehr soll aus der paulinischen und markinischen Theologie der Hingabe Christi und des Leidens Gottes der dreieinige Gott selbst, soll die Geschichte des Zusammenwirkens der »drei göttlichen Subjekte« (111 u.ö.) neu entdeckt

---

4 *J. Moltmann*, »Die trinitarische Geschichte Gottes«, in: Zukunft der Schöpfung. Gesammelte Aufsätze, München 1977, 103.

werden und die Struktur für ein theologisches Gesamtverständnis von Schöpfung, Leben und Sterben, Gut und Böse, Liebe, Gemeinschaft, Zeit und Ewigkeit abgeben. Darum verknüpft Moltmann seine Trinitätslehre, besser: die lehrhafte Ausformung der Entdeckung, daß es in Gott um drei handelnde und Handlungen empfangende »Subjekte« geht, mit dem Reich Gottes, besser: mit dem je von einem der göttlichen Subjekte heraufgeführten Reich, d.h. mit dem Reich des Vaters (dem Reich der Schöpfung, Vorsehung und Geduld), dem Reich des Sohnes (dem Reich der Befreiung), dem Reich des Geistes (dem Reich der Einwohnung des Geistes), die alle drei auf das »Reich der Herrlichkeit« zueilen, in dem sie universal durchsetzt und vollendet werden. Diese Verknüpfung ist bei Moltmann stärker als in der theologischen Tradition im allgemeinen; kein Wunder, daß Aspekte von Joachim v. Fiores Reichslehre positiv aufgenommen worden sind (221ff.). Aber das Anliegen als solches, die Trinitätslehre nicht nur als einen Interpretationsapparat an das Kapitel De Deo uno anzuhängen, machte freilich schon die Theologie Karl Barths aus und fand sich auch früher schon in der Tradition. Die Unterscheidung der drei oder gar vier Reiche allerdings ist eine relativ neue Sicht (sieht man von Joachim v. Fiore ab), es sei denn, man interpretierte die altkirchlichen Milleniums-Konzepte (die Hippolytus in ihrer groben Form abtat und die Augustin ekklesiologisch umdeutete) und ihre neueren Auswirkungen in der Richtung auf mehrere »Reiche« hin.

Der Vorteil der inneren Verkoppelung von Trinität und Geschichte der Reiche ist zweifellos die Notwendigkeit, die Geschichte Jesu und damit die ganze Christologie als Teil der Trinitätslehre zu sehen und nicht als Vorspann oder Zusatz zu einer trinitarischen Lehre eines unveränderlichen und leidensunfähigen Gottes. Die Passion von Jesus (und damit auch die der leidenden Menschheit) ist nicht ein geschichtsbedingter Sonderfall. Moltmann will, daß die »trinitarische Hermeneutik« nicht nur Gott, sondern *alles* verstehen lehrt. Das bedingt allerdings eine deduktive Denkrichtung, deren Anfang doch wieder aus der Interpretation der Geschichte gewonnen wurde. Zweierlei scheint mir in Moltmanns Ausführungen noch ungeklärt zu sein: erstens, inwiefern er nun wirklich mehr als Harnack (85ff.) sagt, dem auch die herrschaftsfreie Erlösung wichtig ist, und zweitens, daß es in der Hermeneutik des Sohnes (die freilich Harnack so nicht lehren wollte) nun doch um »herrschen« und »Herrschaft« geht (108, 111, u.ö.).

Zunächst meint man in dieser konstruktiven Verknüpfung außer K.

Barths allgemein trinitarischem Anliegen den Geist des Origenes und vor allem Hegels wiederzuerkennen. Beide werden auch hier oder dort als Zeugen genannt. Aber die Sorge vor einer umfassenden Geschichtsphilosophie – oder die Neugierde nach ihrer möglichen Gestalt – wird einem auf den letzten Seiten wieder genommen, wo Moltmann sagt, Joachims chronologische Sequenz der Reiche sei »irreführend«, man sollte eher von »Schichten im Begriff der Freiheit« sprechen (238). Das soll wohl so viel heißen, daß die vier Reiche simultan bestehen, oder wenigstens die drei Reiche, die auf die Verherrlichung hineilen. Es gebe »Übergänge in jeder Freiheitserfahrung«, so daß wir uns als Knechte, als Kinder und gar als Freunde und Mitarbeiter Gottes erfahren könnten, das eine über das andere hinausgehend, es aber nicht aufhebend. Jedoch bestünde eine »Tendenz« von der Knechtschaft auf die Freundschaft hin (238), sie sei die geschichtlich »beste aller möglichen Freiheiten im Gottesverhältnis. Aber auch sie weist über sich hinaus auf jene Freiheit, die erst im Reich der Herrlichkeit zu ihrer vollständigen Seligkeit in Gott gelangt« (239). Diese Gleichzeitigkeit hat schon in der Geschichte Jesu ihr Urbild. Die Erscheinung des Gekreuzigten nach seinem Tod ist der »Vorschein seiner Zukunft in der kommenden Herrlichkeit Gottes« (101). In diesem Sinn sind auch die Sätze zu verstehen: »Jesus ist in das kommende Reich Gottes auferstanden« (105), oder: »Ist Jesus durch den Geist auferweckt, dann ist er offenbar *in* den Geist auferstanden«, und: »Christus wird vom Tod in das ewige Leben Gottes auferweckt. Das ist mit dem Wort ›Auferweckung‹ gemeint. Das bedeutet aber zugleich die *Transfiguration* des Erniedrigten und Gekreuzigten in die Herrlichkeit Gottes« (138). Wenn auch Moltmann in den letzten Partien des Buches, in denen die Freiheitslehre in bezug auf die vier Reiche entwickelt wird, den Rückverweis auf diese Thesen über die Auferweckung nicht selbst vollzieht, so ist die innere Beziehung doch ganz zweifellos in seinem Sinn: am Sohn des Vaters ist durch den Geist geschehen, was an den Menschen auch geschieht, die durch den Geist den »eingeborenen Sohn« als »erstgeborenen Bruder« erhalten, dadurch Brüder und Schwestern werden und den Vater des Sohnes als ihren Vater anbeten dürfen (135f.). So verknüpft Moltmann nicht nur die Trinitätslehre mit den Reichen der drei Subjekte in Gott, sondern auch die Geschichte des Sohnes mit der unserer Freiheit. Das ist das Ziel der »weltoffenen« und »sozialen« Trinitätslehre. Dieses Veständnis könnte sich auf Athanasius *(Contra Arianos* und *Ad Serapionem)* stützen, dem auch die *Adoption* der Menschen als Kinder

Gottes *durch* den Sohn des Vaters *im* Geist so wichtig ist. Auch Gregor v. Nazianz verknüpft die Trinitätslehre mit der Neuwerdung und Erlösung der Menschen, lehrt also auch eine »offene Trinität«. Auch er geht, bei aller Betonung der Einheit der Trinität – ähnlich wie nun Moltmann – in der Herausarbeitung der biblisch vertretbaren Unterscheidung der drei »Personen« bis an die Grenze des Möglichen.

Ist dies die Vision eines Götterdramas? Erlösen sich hier drei Götter selbst im Hinblick auf ihren Ursprung, den »Vater des Sohnes«, der dann verherrlicht wird und der die befreite Welt, die er »in Demut« geschaffen hat, als seine »Heimat« bewohnen kann? Mich würden solche Einwände, deren Kategorien aus der allgemeinen Religionswissenschaft kommen, nicht sonderlich stören. Gewiß könnte man Stellen nennen, die diese Interpretation nahelegen (140ff., 184f., 226–239), aber was wäre damit gewonnen? Entscheidend ist, ob das, was er sagt, wahr ist – und wenn es auch um drei göttliche Subjekte und vier Reiche ginge. Aber was heißt »wahr«? Mindestens heißt es, daß es ökumenisch verantwortet werden muß, im gemeinsamen Gespräch über die heutige Situation, über die Väter und Mütter der Kirche und schließlich über das Neue und Alte Testament – aber eben auch im Gespräch mit den Juden. Was werden sie denn über die »drei göttlichen Subjekte« sagen? Moltmann ist das ja seit jeher wichtig. Wie soll es nun gerade im Gespräch mit Israel weiter gehen?

3. Kritiken und Begründungen

Die »Feinde« in Moltmanns Argumentation – sie sind sehr wichtig – haben sich seit dem genannten Aufsatz von 1975 und der Antwort im Diskussionsband um den »gekreuzigten Gott«, der schon so etwas wie eine Skizze des Trinitätsbuches enthält, an Zahl verringert und an Gestalt vergrößert. Es ist ein ungutes Erbe Barths, durch überspitzte Polemik die eigene Position um so profilierter klarstellen zu wollen. Moltmann steht in diesem Erbe. Gekoppelt mit dieser vielleicht etwas unglücklichen Tradition ist die Gewohnheit, mit positiven Vermerken über ähnlich denkende Autoren sparsam zu sein und das Abgrenzende vorherrschen zu lassen. In Moltmanns Trinitätsbuch werden kaum Stimmen genannt, die auch schon ausdrückten, was ihm wichtig ist: die Ablehnung einer untrinitarischen Gotteslehre; die Hervorhebung der Entsprechung zwischen Trinität und personaler Gemeinschaft unter Menschen; die Betonung der Geschichte Gottes gegenüber einem zeitlosen und unbeeinflußbaren oder statischen Gott; die Bedeutung der doxologischen Sprache für das Reden vom und zum dreieinigen Gott; die Kritik an einem patriarchalischen Konzept von »Herrschaft« Gottes; und schließlich auch die Kritik am westlichen Modalismus und überhaupt am Augustinismus. Diese und manche andere Schwerpunkte in Moltmanns Buch – er wird das freilich nicht bestreiten wollen – sind von anderen neben und vor ihm ausführlich begründet und vertreten worden. Es hätte sein Buch im guten Sinn des Wortes »verwissenschaftlicht«, wenn er hier und dort solche Hinweise gegeben hätte. So hat es eher den Charakter einer imposanten, einfallsreichen, ernsten, polemischen und auch tröstlichen Vision einer künftigen Theologie. Ich will dem Verfasser wirklich in keiner Weise Vorwürfe machen oder gar Unrecht tun, zumal ich weiß, wieviel ihm am ökumenischen Dialog und am kollegialen Austausch im Grunde liegt, aber ich kann nicht verbergen, daß ich sein neues Werk für ein einsames Buch halte, das sich letztlich mit niemandem als vielleicht mit der Bibel im Dialog befindet. Und auch im Hinblick auf die Bibel überwiegt in diesem Buch die Bedeutung des Neuen Testamentes ganz eindeutig die des Alten. Der Dialog mit der Bibel macht sicher den Wert dieses Buches aus. Man muß aber gerade wegen der Konzentration auf das Neue Testament – bei diesem Thema völlig verständlich – die Frage des theologischen Dialogs mit Juden unter keinen Umständen vorbelasten oder versperren.

Die »Substanztrinität« der klassischen und die »Subjekttrinität« der idealistischen, der neueren Theologie sind zunächst die Hauptfeinde. Das ist verständlich, denn Moltmanns Ziel, eine die ganze Schöpfung umfassende (und in und aus sich gebärende, 119ff., 181f.) Trinität zu denken, in der drei göttliche Subjekte in je eigener Weise, aber doch in Gemeinschaft miteinander wirken, leiden und zur Verherrlichung und Seligkeit hin leben, läßt sich nicht leicht mit den klassischen Trinitätslehren vereinbaren. Durch die Einordnung der meisten theologischen Autoren in die Feindpositionen »Substanz-« bzw. »Subjekttrinität« verschwinden nun Thomas, Schleiermacher, auch Barth und Rahner als wirkliche Dialogpartner (Tillich kommt gar nicht vor). Und die Kappadozier, denen Moltmanns Trinitätslehre zweifellos am nächsten steht, werden nur im Vorbeigehen genannt. Stattdessen werden zahllose interessante Hinweise auf verschiedene Autoren gegeben, denen er in dieser oder jener Frage eine Unterstützung verdanken kann: der Dichter Miguel de Unamuno denkt »unausweichlich trinitarisch« (55); Abraham Heschel (40ff.), Berdjajew und einige englische Autoren stützen die christologische These, andere wieder die Einsicht in die »Selbstdifferenzierung« Gottes (H. Martensen, M. Kähler, der aber kritisiert wird, 172), oder die nicht-herrschaftliche Natur Gottes (A. N. Whitehead, 214) bzw. das machtfreie trinitarische Prinzip (G. Hasenhüttl, 220). Dies ist nur eine schmale Auswahl. Sie alle sind nicht Diskussionspartner, sondern geben hier und dort Schützenhilfe. Wenn man etwas Neues sagen will, muß man vielleicht in dieser Weise vorgehen. Das schließt aber nicht aus, daß man sich kritisch fragen lassen muß, ob die interpretativen Teile in bezug auf mögliche, wichtige Partner fair und ausgewogen sind. Im Hinblick auf die praktische Gleichsetzung von Schleiermachers und Barths Trinitätslehren (»nur die Kehrseiten derselben Sache«, 80, vgl. 152-161) möchte man doch eine solche Nachfrage stellen, auch wenn man den Vorwurf des Modalismus voll mit Moltmann teilt. Ähnlich müßte man über die Beurteilung von Rahners Trinitätslehre neu nachdenken, in der sich Moltmann weitgehend auf einen Aufsatz von F. X. Bantle stützt (163ff.) statt auf das große internationale Symposium über Rahners Trinitätslehre vom März 1975[5]. Rahners Trinitätslehre ist zum Teil von K. Barth abhängig. Daß er die Gefahr des Modalismus nicht sähe, kann man ebensowenig sagen, wie daß er sie gebannt hätte.

Die Begründungen für seine Thesen sucht Moltmann zunächst in den biblischen Schriften – in diesem Buch, wie gesagt, vor allem im Neuen Testament –, dann ganz allgemein im logischen Denken (»wenn ... dann«) und in der Testfrage nach der praktischen Brauchbarkeit. Dabei fällt auf, daß er mehr als andere Autoren trinitarische Strukturen in den neutestamentlichen Schriften entdecken will. Auch wenn ihm dies gelegentlich verwehrt scheint, wie etwa durch F. Hahns Hinweis, daß »bei Paulus jeder Ansatz zu einer Personalisierung des Geistes fehlt« (140), so setzt er sich unter Verweis auf johanneische Schriften sowie dogmatische Schlüsse über den exegetischen Befund hinweg. Ich finde dieses Vorgehen übrigens im Prinzip berechtigt. Schwieriger schon ist es mit der Verwendung der »nackten« Logik, wenn ei-

---

5 *T. F. Torrance*, »Toward an Ecumenical Consensus on the Trinity«, in: Theol. Zeitschrift (Basel), 31. 337-350. Die Konsultation der »Académie Internationale des Sciences Religieuses« fand im März 1975 in St. Niklausen, OW, Schweiz, statt.

nerseits mit ihr etwas Theologisches erwiesen werden soll, etwa die Nutzlosigkeit der Unterscheidung ad extra/ad intra oder die Gefahr des Gedankens an den Einen Gott unter Hinweis auf den Artikel »das Eine« im »Historischen Wörterbuch der Philosophie« (146), wenn auf der anderen Seite aber logisch schwer faßbare Aussagen als theologische Ergebnisse stehen gelassen werden, z.B.: »trotz des ›Ursprungs‹ des Sohnes und des Geistes in dem Vater muß eine ›*Gleichursprünglichkeit*‹ der trinitarischen Personen festgehalten werden« (182). Wie stellt man fest, ob eine Aussage nun logischer Kritik unterzogen werden soll, eine andere aber nicht? Wenn es ums Ganze geht, dann müssen die logischen Kriterien zurückgestellt werden, so scheint es. Es bleiben dann spannungsreich nebeneinander stehen Ausdrücke wie »die gute Schöpfung« und die »versklavte Schöpfung« (136).

Die Spannung zwischen Logik und »Theologik« wird besonders in den zahlreichen Äußerungen über die Beziehung zwischen ökonomischer und immanenter Trinität sichtbar (etwa 168, 171, 175ff.). Einerseits versichert Moltmann, man könne nicht der traditionellen Methode des Schlusses »von der Tat auf den Täter und vom Werk auf den Meister« (113) folgen, andererseits tut er genau dies mit seinem Ansatz bei der Geschichte von Jesus. Wie könnte man auch anders verfahren? Ohne »Rückschluß« könnte man nie von einer immanenten Trinität wissen (das sagt er auch selbst, 170). Verwirrlich ist nur, daß der »Grundsatz der Widerspruchsfreiheit« zwischen Heilslehre und Doxologie mit der Widerspruchsfreiheit zwischen ökonomischer und immanenter Trinitäts*lehre* identifiziert und das eine durch das andere begründet wird. Es ist ja eines, ob der dreieinige Gott »immanent« und in der Geschichte derselbe sei, eine andere Sache aber, ob die Lehren dieselben seien. Diesen Unterschied will aber Moltmann nicht machen, sonst könnte er den eigentümlichen Satz nicht schreiben, die ökonomische Trinität offenbare nicht nur die immanente, »sondern wirkt auch auf diese zurück« (177). Freilich besteht ein »Wechselverhältnis« (113, 177), aber doch zwischen dem dreieinigen Gott hier und dort, und nicht zwischen den Lehren. Dies zu übersehen ist nach meiner Meinung (und schon in den Klingenthal-Konsultationen diskutiert), ein »category mistake«, wie Gilbert Ryle das nennt. Erkenntniskategorien werden mit Wirkungen gleichgesetzt, damit wird dann das zu Beweisende zur Prämisse. Historisch schlägt sich diese logisch nicht zu fassende Doppelrichtung in Moltmanns Vorstellung darin nieder, daß er sagt (144), das trinitarische Dogma in der Alten Kirche sei aus der Chistologie entwickelt, daß aber die Trinitätslehre die theologische Voraussetzung der Christologie sei. Am wenigsten hilft hier der Verweis auf 2Tim 2,13: Gott »kann sich selbst nicht verleugnen«. Damit kann man ja nun kaum beweisen, daß die immanente Trinitätslehre mit der ökonomischen identisch sein muß (170)!

4. Der Aufruf des Buches

Am besten versteht man Moltmanns Trinitätsband als einen Aufruf zur gemeinsamen, ökumenischen Erarbeitung eines neuen Zugangs zum trinitarischen Reden von Gott mit allen Konsequenzen, die darin beschlossen liegen. Das ist gewiß auch sein Anliegen. Die Periode der religionsphilosophischen Analysen der Möglichkeit der »Rede von Gott« muß durch die Exploration der trinitarischen Denk- und Redeweise abgelöst werden, ohne allerdings die gewonnenen Ergebnisse und Warnungen leichtfertig in den Wind zu schlagen[6]. In diesem Sinn wünscht man Moltmann viele Parteigänger und möchte sich selbst dazu zählen. Es wird dann sicher auch gut sein, mit der kappadokischen Tradition bei den »drei Personen« und nicht mit dem Augustinismus bei »Gott« oder bei der Trinität selbst einzusetzen. (Allerdings ist die Frage des »Anfangs«, Einstiegs oder »Ansatzes« in der Theologie vielleicht weniger wichtig, als man jahrzehntelang gemeint hat; man kann »falsch« anfangen und sinnvolle Ergebnisse erreichen und umgekehrt.) Bei der zukünftigen Arbeit werden vielleicht Moltmanns ethische Thesen aus Kap. VI zeitweise in den Hintergrund treten. Ich selbst habe keine Schwierigkeiten mit ihnen, wenn ich auch nicht so überzeugt bin wie er, daß sie sich so gradlinig und notwendig aus seiner Trinitätslehre herleiten lassen[7]. Fraglich scheint mir auch das zukünftige Schicksal seines Vier-Reiche-Vorschlages zu sein. Die exegetische Basis dafür ist doch nicht sehr breit. Es handelt sich um eine »Konsequenz von Konsequenzen« oder um eine Ableitung von Ableitungen. Ich gebe ihr ökumenisch nicht viele Chancen, obgleich ich die Vision

---

6 Vgl. etwa *J. Track*, Sprachkritische Untersuchungen zum christlichen Reden von Gott, Göttingen 1977.
7 Vgl. zur politischen Ethik die Ausführung ähnlicher Gedanken bei *P. Lehmann*, The Transfiguration of Politics, New York/London 1975.

als solche sehr ansprechend finde. Anregend sind auch die Gedanken über Schöpfung »in« der Trinität, d.h. über die »mütterliche« Schöpfung im Vater, spekulativ gesprochen den »*mütterlichen Vater* seines *eingeborenen Sohnes*«, der »zugleich die *väterliche Mutter* seines *einziggezeugten Sohnes*« ist (181), der eben nicht einfach als »Weltenvater« und Schöpfer aus dem Nichts zu verstehen ist. Wenn man sich schon auf spekulative Sprache einläßt, so sind auch diese Metaphern nicht vorschnell auf die Seite zu schieben. Aber auch hier ist wieder die Frage nach der ökumenischen Rezeption, also der Praktikabilität zu stellen. Sie muß gemeinsam und nicht einsam, irenisch und nicht polemisch, umfassend und nicht visionär bearbeitet werden.

Warum wir Konzilien feiern
Konstantinopel 381*

»Wir wollen, daß alle Völker, über die das Maß unserer Milde regiert, in der Religion leben, welche vom göttlichen Apostel Paulus selbst geoffenbart ist und als solche erklärt, daß er sie bis heute den Römern überliefert habe; welcher, wie offenkundig ist, Papst Damasus anhängt, und Petrus, der Bischof von Alexandria, ein Mann von apostolischer Heiligkeit; nämlich, daß wir gemäß der apostolischen Unterweisung und der evangelischen Lehre an des Vaters und des Sohnes und des Heiligen Geistes eine Gottheit in gleicher Majestät und heiliger Dreieinigkeit glauben. Wir befehlen, daß diejenigen, welche dies Gesetz befolgen, katholische Christen heißen sollen. Die übrigen aber, welche wir für toll und wahnsinnig erklären, haben die Schande zu tragen, Ketzer zu heißen. Ihre Zusammenkünfte dürfen sich nicht als Kirchen bezeichnen. Sie müssen zuerst von der göttlichen Rache getroffen werden, sodann auch von der Strafe unseres Zornes, die uns durch himmlisches Urteil übertragen ist.«[1]

So verfügte es der 33jährige Spanier aus Cauca, Theodosius I., der ein Jahr zuvor neben Gratian und Valentinian II. Kaiser geworden, kurz danach in Thessalonike schwer erkrankt und nach der Genesung vom dortigen Bischof getauft worden war und sich auf dem Wege zur Machtübernahme in das Rom des Ostens befand. Das steile Religionsgesetz – das sich nicht nur im Codex Theodosianus, sondern auch anderthalb Jahrhunderte später in der Gesetzessammlung Kaiser Justinians wiederfindet – ist vom 28. 2. 380 datiert. Das war knapp anderthalb Jahre vor dem Konzil, dessen Gedenkjahr wir heute feiern.

---

* Vortrag beim Festakt zur 1600-Jahres-Feier des Konzils von Konstantinopel durch die Arbeitsgemeinschaft christlicher Kirchen in der Bundesrepublik Deutschland und Berlin (West) und die Evangelische Akademie Tutzing, am 30. November 1981 in Tutzing. Dem Festakt war ein ökumenischer Gottesdienst vorausgegangen, und es folgte am 1. und 2. Dezember ein wissenschaftliches Kolloquium über das Bekenntnis von Nicäa-Konstantinopel mit Vorträgen von M. Farantos, H. Pottmeyer, W. Pannenberg, F. v. Lilienfeld, Metropolit Damaskinos u.a.

1 Codex Theodos. XVI 1,2 (380), hg. v. Th. Mommsen, Berlin ²1954.

Es war die Zeit der Völkerwanderung. Schreckliches war schon geschehen. Die Grenze an der Donau war durchbrochen. Die Pufferfunktion der Goten an den Grenzen verwandelte sich in offene Feindschaft. Reiche Provinzen wurden besetzt und geplündert. Vom Rhein bis zur Grenze nach Persien schien alles zu wanken. Im August 378 war Kaiser Valens in der Schlacht von Nike bei Adrianopel gefallen. Konnten Gratian im Westen und der neue Augustus des Ostens, Theodosius der Große, die Einheit noch retten und die Grenzen schützen? Das Reich begann sich aufzulösen, nach innen – rechtlich zuerst im Jahr 395 – sowie auch nach außen. Theodosius wird »der Große« genannt, weil er das Unabwendbare noch um einige Jahre aufhalten konnte.

Vielleicht sehen wir Theologen die Kontraste nicht scharf genug: für uns ist das 4. und das frühe 5. Jahrhundert die große Zeit patristischer Theologie, das »Golden Age«[2], wie Johannes Quasten es nannte: nach dem großen Athanasius die umfassend gebildeten und sensiblen Kappadokier; Kyrill von Jerusalem, der fromme Lehrer, und die ernsten Exegeten aus der antiochenischen Schule, Diodor und Theodor und ihr großer Prediger und Seelsorger Johannes Chrysostomos; und später der leidenschaftliche und nicht ungefährliche Kyrill von Alexandria, der mächtige Kirchenfürst, unbarmherzige Feind des Nestorius und Respekt gebietende Dogmatiker ... und in diesem »Golden Age« auch noch gleichzeitig im Westen die überragenden Gestalten des Ambrosius und des Augustin – man könnte fast vergessen, daß es die Epoche war, in der der Anfang der Teilung des Reiches, des wirtschaftlichen und militärischen Zerfalls, der Anfang vom Ende des Römischen Reiches Gestalt gewann. Kein Wunder, daß die Historiker, die beides im Blick haben wollen, die geistige sowie die politische Entwicklung, oft dazu neigten, den Einigungsbestrebungen der Kaiser und ihrer rücksichtslosen Einmischung in das theologische Gedankengut der Kirche im Interesse der verzweifelten Bemühung um die Einigkeit des Ganzen sehr viel Gewicht beizumessen. Der eingangs zitierte Text des Religionsgesetzes von 380 könnte kurzerhand als Beleg für die These verwendet werden, die Kaiser hätten aus machtpolitischen Interessen – oder, positiver gesagt: aus politischer Verantwortung – die Kirche zu einer dogmatischen Einigung genötigt, die sie selbst mit theologischem Werkzeug gar nicht zustande gebracht hätte. Hat nicht Theodosius

---

2 Johannes Quasten, im Titel des 3. Buches seiner »Patrology«: »The Golden Age of Greek Patristic Literature«, Utrecht/Antwerpen [1]1960, [4]1975.

schon anderthalb Jahre vor dem Konzil von Konstantinopel das entscheidende Ergebnis vorweggenommen, wenn er die »eine Gottheit in gleicher Majestät und heiliger Dreieinigkeit von Vater, Sohn und Heiligem Geist« zu glauben befiehlt? Hätten wir nicht letztes Jahr sein Edikt, statt dieses Jahr das Konzil vom Sommer 381 feiern sollen?

1. Nun dürfen wir nicht vergessen, daß die Theologen selten oder nie ihrem Geschäft in politischer und kultureller Isolation nachgehen konnten. Pure Theologie, »rein theologische« Aussagen, gibt es nur als Grenzfall, man denke zum Beispiel an Deutero-Jesaja, an das Konzil von Nicäa oder an die Barmer Erklärung. In jedem dieser Beispiele – so grundverschieden sie untereinander auch sind – wird sogleich deutlich, wie mächtig die politischen Kräfte als Anfrage, Druck, Stütze oder Drohung wirksam waren. Und doch zielt das theologische Geschäft inmitten dieser kontextuellen Gebundenheit auf den Grenzfall hin, auf die Erstellung von solchen Sätzen, die ökumenische Breite innerhalb, aber auch jenseits konkreter Krisensituationen haben.

Wir können uns heute – mindestens im Westen, in der römisch-katholischen und der reformatorischen Tradition – solche bleibend wichtigen Sätze kaum anders als in der Form von regulativen Sätzen, also Aussagesätzen in der Form von *Ist*-Sätzen, vorstellen. Wir müssen uns aber daran erinnern lassen, daß sich die Väter der Alten Kirche so nicht einschränken lassen wollten. Für sie waren regulative Sätze auch als doxologische Sätze möglich. Viele ihrer Sätze hatten eine Doppelfunktion: sie testeten – was nur Aussagesätze in der *Ist*-Form tun können – die Wahrheit anderer Sätze oder der Sätze anderer; man konnte Häresien mit ihnen abwenden oder Zweifel beseitigen. Zugleich waren sie aber auch – und sogar primär – Sätze im Vollzug der Anbetung, sozusagen Sätze mit »offenem Ende«, Gott dargebracht, ihm geschenkt. Doxologische Aussagen sind in erster Linie nicht Deskriptionen oder Definitionen. Sie haben eher den Charakter einer Sprechhandlung, sie wenden sich Gott zu, sie sind Linien des Denkens, Redens und Handelns, die zur lebendigen Gemeinschaft mit Gott führen. Gerade die trinitarischen und die christologischen Regulativ-Sätze der Alten Kirche sind aus diesem doxologischen Zusammenhang askriptiven Sprechens erwachsen. Die Frage, inwieweit und in welcher Direktheit die primär askriptiven regulativen Sätze der Väter der Alten Kirche und besonders der Konzilien in anderen Zeiten und an anderen Orten *auch* als deskriptive Sätze gehört und verwendet werden können, macht das Problem der Interpretation patristischer Texte oder – ekklesiologisch ausgedrückt – der Verbindlichkeit der alten Sätze für unsere heutige Kirche aus.

Dabei nützt uns die Arbeit des Historikers, der danach fragt, inwieweit schon die Väter die Umsetzung vom Doxologischen zum scholastisch Behaupteten vollzogen hätten, relativ wenig. Die Umsetzung ist natürlich schon in der Alten Kirche erfolgt.[3] Man könnte sogar sagen, die Kaiser hätten in ihrer Religionspolitik wohl vor allem oder ausschließlich diese Dimension theologischen Redens im Auge gehabt. Aber die historische Analyse des Gewesenen schenkt uns noch nicht die Antwort auf unsere eigene Frage: warum feiern wir Konzilien und wie und weshalb ist das dort Gesagte und Gebetete für uns verbindlich?

2. Zur Erhellung des Inhaltes der alten Bekenntnisse – seien sie nun primär doxologisch und sekundär auch regulativ verstanden – ist aber die historische Analyse als solche unverzichtbar. Würde sie unterlassen, so entstünden dieselben Nachteile, die aus einem auf die historische Exegese verzichtenden Umgang mit der Bibel erwachsen. Wir wollen hier die Arbeit der Historiker zum Konzil von Konstantinopel anhand von drei Unterthemen skizzieren und erwägen: a) der Frage nach der kaiserlichen Politik, b) der Erforschung des Ursprungs des Nicäno-Constantinopolitanischen Credos, und c) der Wirkung von Konstantinopel als ökumenischem Konzil.

Zunächst also zu a), der Frage nach der kaiserlichen Politik: daß der Kaiser Theodosius sowohl mit dem Edikt vom Februar 380 als auch mit seiner Personalpolitik und direkten Einmischung im Sommer des folgenden Jahres beim Konzil selbst massive Einigungs- und Festigungsinteressen verfolgte, steht völlig außer Zweifel. Die nicänische Orthodoxie sollte die Basis sein, wenn man auch aus dem Edikt von 380 noch ablesen kann, daß er die Schwierigkeiten und die Feinheiten der kirchlichen und theologischen Situation im Osten noch nicht durchschaut hatte. Er hätte sich sonst nicht so direkt

---

3 Vgl. zur Beziehung doxologischer Rede zu regulativen Sätzen: *D. Ritschl*, Memory and Hope. An Inquiry Concerning the Presence of Christ, New York/London 1967, besonders Kap. II und IV, sowie *ders.*, Die Einheit mit Christus im Denken der griechischen Väter, in: Konzepte, Gesammelte Aufsätze, Bd. I, Patristische Studien, Bern/Frankfurt 1976, 78–101.

und ungeschützt außer auf Papst Damasus in Rom auf den Patriarchen Petrus von Alexandria als den anderen Garanten der wahren, gottgewollten und vom Kaiser befohlenen Religion berufen. Daß er, vom Westen kommend, allerdings Rom mit Alexandria im Bunde sah, ist nicht überraschend. Daß er überhaupt die anti-arianische Linie mit solcher Verve verfolgt, mag außer mit seiner geographischen Herkunft auch mit seiner realistischen Einschätzung der Gesamtlage zu tun gehabt haben. Daß er nach genauerer Belehrung über die Situation im Osten aber auf die Linie des Meletius einschwenkte, also unter den möglichen Präferenzen gerade diese wählte, bedeutete für Gregor von Nazianz eine ungemeine Steigerung seines möglichen theologischen Einflusses. Für das Amt in der Hauptstadt war Gregor selber zwar denkbar ungeeignet, aber seine Theologie und die seines zwei Jahre zuvor verstorbenen Freundes und verehrten Lehrers Basilius bot eine einzigartig breite und an Tiefe den damaligen Alexandrinern überlegene Basis für einen möglichen Konsens zwischen dem Osten und dem Westen. Das hat Gregor auch selbst gesehen und seine Bedenken, das Amt anzunehmen, zurückgestellt. Theodosius seinerseits begrüßte diese durch Gregor gewährleistete Stärkung seiner Interessen, die schon sechs Wochen nach seinem Einzug in die Hauptstadt in einem neuen Gesetz vom 10. Januar 381 Ausdruck gefunden hatten: allen Kirchen hätten orthodox-nicänische Bischöfe vorzustehen, und die Andeutungen über das, was als nicänisch zu gelten habe, kommen den Meletianern ganz entgegen.

Es ist nun unter den Historikern teilweise strittig, inwieweit sich der Kaiser einfach zum Diktieren des rechten Glaubens hinreißen ließ, oder ob er auf die Ergebnisse der Synode vom Sommer ehrlich einzugehen bereit gewesen wäre. A. M. Ritter[4] rät zu einer gemäßigten Sicht: dem Kaiser sei es nicht einfach um die Durchsetzung der Staatsreligion mit staatlichen Zwangsmitteln gegangen. Trotzdem verwundert den heutigen Beobachter die stark restriktive Auswahl der zu dieser Synode – im Grunde war sie zunächst nicht mehr als das – eingeladenen Bischöfe. Auch Ritter urteilt so: »Durch die Art seiner

---

4 Vgl. *A. M. Ritter*, Das Konzil von Konstantinopel und sein Symbol. Studien zur Geschichte und Theologie des II. Ökumenischen Konzils, Göttingen 1965, FKDG 15; sowie *ders.*, Zum Homousius von Nicäa und Konstantinopel. Kritische Nachlese zu einigen neueren Diskussionen, in: *ders.* (Hg.), Kerygma und Logos, FS für Carl Andresen zum 70. Geb., Göttingen 1979, 404-423.

Berufung ist das Konzil von Konstantinopel nicht nur als rein orientalische Synode, sondern – anfänglich wenigstens – auch als Angelegenheit fast nur einer einzigen kirchlichen Partei des Ostens charakterisiert.«[5]

Und nun zu b), der Erforschung des Ursprungs des Credos. Es gibt, wenn ich recht sehe, drei Hypothesen, deren Verifikation wegen des Fehlens von Konzilsprotokollen schwierig ist. Bei genauerem Zusehen wird man vielleicht urteilen können, daß es theologisch nicht viel austragen würde, wenn eine dieser Möglichkeiten zuungunsten der beiden andern voll und eindeutig bewiesen wäre. Will man mit F. J. A. Hort[6] und A. von Harnack[7] (und teilweise D. L. Holland)[8] das Credo als lokales Taufsymbol ansehen, das zwischen 362 und 381 entstanden und nicänisch redigiert wurde und sozusagen ungeplant von den Vätern des Konzils von 381 verwendet worden ist, so ist damit die Frage der ökumenischen Geltung gar nicht präjudiziert. Urteilt man aber mit Ed. Schwartz[9], das Credo sei 381 »wirklich von dieser Synode amtlich aufgestellt« worden, wie sich H. Lietzmann[10] ausdrückt, der diese Meinung teilt, so bleibt vielleicht die Frage nach dem Verbleib von früheren nicänischen Credotexten unbeantwortet hängen. Modifiziert man hingegen mit A. M. Ritter und J. N. D. Kelly[11] die Hort/Harnacksche Hypothese durch die Betonung der Verwendung eines nicänisch redigierten Credos als Kompromißformel für die Verhandlung mit den Pneumatomachen auf dem Konzil, so gewinnt die Frage nach der verhältnismäßig schwachen Ausprägung der Stellen über den Heiligen Geist im 3. Artikel ein erhebliches Gewicht. Hier liegt auch die Stärke des Arguments von Ritter, was allerdings

---

5 A. M. Ritter, 1965 (A. 4), 40.
6 *F. J. A. Hort*, Two Dissertations. Cambridge 1876. Vgl. dazu Ritter, 1965 (A. 4), 135-141, 147-173.
7 *A. v. Harnack*, Konstantinopolitanisches Symbol, in: RE XI, 12-28. Vgl. dazu Ritter, 1965 (A. 4), 135-141, 147-173.
8 *D. L. Holland*, The Creeds of Nicea and Constantinopel reexamined, in: Church and History 38, 1969, 1-14.
9 *Ed. Schwartz*, Das Nicaenum und das Constantinopolitanum auf der Synode von Chalcedon, in: ZNW 25, 1926, 38-88. Vgl. dazu auch Ritter, 1965 (A. 4), 141-147, 173-182.
10 *H. Lietzmann*, Geschichte der alten Kirche, Bd. IV, Berlin ²1953, 36.
11 *J. N. D. Kelly*, Early Christian Creeds. London ³1972; deutsch u.d.T.: Altchristl. Glaubensbekenntnisse, Göttingen 1972.

W.-D. Hauschild[12] gerade in Frage stellt. R. Staats[13] erklärt die Zurückhaltung in den Stellen über den Heiligen Geist mit dem direkten Einfluß der Trinitätslehre des Basilius. Keine dieser drei Lösungsvorschläge – zufällig verwendetes lokales Taufsymbol, direktes Produkt des Konzils von 381 und eigens für Verhandlungen mit Pneumatomachen redigierter Kompromißtext – trägt mehr oder weniger als der andere zur theologischen Frage nach der ökumenischen Relevanz dieses Credos bei. Die Beantwortung dieser Frage scheint mir nur von zweierlei abzuhängen: erstens von der theologischen Beurteilung der Rezeption des Credos durch spätere Konzilien und die Kirche überhaupt, und zweitens von der Überprüfung der Wahrheit ihres Inhaltes.

Diese Überlegung führt uns zu c), zur Frage nach der Wirkung von Konstantinopel als ökumenischem Konzil. Vorab eine Beobachtung: es hat Konzilien gegeben, die als ökumenische Reichskonzilien geplant waren, die aber nicht als solche rezipiert wurden; als Beispiel wird öfter Serdika vom Jahr 343 genannt. Und es hat umgekehrt Synoden gegeben, die auf einen beschränkten geographischen Raum konzentriert waren und nur von Bischöfen einer oder zwei benachbarter Richtungen besucht waren, die aber ihre ökumenische Geltung durchsetzen konnten. Konstantinopel von 381 gehört eindeutig in diese zweite Kategorie. (Es sei auch daran erinnert, daß das Konzil von Nicäa nur von fünf westlichen Bischöfen beschickt war!) Neben die geographische Katholizität und die allgemeine kaiserliche Einladung an alle Bischöfe des Reiches gehörte offenbar auch – und wohl schließlich mit mehr Gewicht – die Rezeption durch die spätere Kirche. Als weiteres, konstituierendes Element waren aber auch die kaiserliche Einladung, Leitung und besonders die Bestätigung zur Eigenart eines »ökumenischen« Konzils notwendig. Konstantinopel war nun von überhaupt keinen westlichen Bischöfen besucht, und mehr noch, der Osten war nur bruchstückhaft repräsentiert. Und doch sind die Beschlüsse von 381 sogleich im Westen akzeptiert worden. Eine besondere Aufwertung erhielt Konstantinopel auch durch die volle Anerkennung in Chalcedon im Jahr 451. Allerdings besteht hier auch ein historisches Problem, das kurz erwähnt sein will. Man hat nämlich auf die ei-

---

12 *W.-D. Hauschild*, Besprechung von Christoph Jungcks »Gregor von Nazianz: De vita sua«, in: Annuarium Historiae Conciliorum 9, 1977, 213–216.
13 *R. Staats*, Die Basilianische Verherrlichung des Heiligen Geistes auf dem Konzil zu Konstantinopel 381, in: KuD 25, 232–253.

genartige Stille aufmerksam gemacht, die zwischen 381 und 451 über dem Credo von Konstantinopel gelegen zu haben scheint. Wir müssen die gelehrten Diskussionen zwischen Holland und Ritter über die Möglichkeit oder die Nachteile einer Unterscheidung zwischen dem »Dogma« und den wirklichen Credo-Texten von Nicäa und auch Konstantinopel hier nicht nachzeichnen. Historisch bleibt aber manches ungeklärt bis hin zur Diskussion um die Möglichkeit, die Verbindung des Konzils mit dem Credo sei nicht letztlich befriedigend erwiesen.

Das Eigentümliche an der komplizierten historischen Diskussion um die Entstehung des Credos sowie um seine Rezeption ist die ganz auffällige Tatsache, daß die Endergebnisse der verschiedenen Diskussionspartner die traditionelle und konventionelle Sicht der Dinge gutzuheißen scheint: der »nicänische Glaube«, dessen Formulierung das Werk der »318 Väter« von Nicäa war, ist 381 in Konstantinopel rezipiert, bestätigt und auf die Homousie des Heiligen Geistes hin präzisiert worden, und im 4. Ökumenischen Konzil von Chalcedon ist diese Traditionsreihe als über jeden Zweifel erhaben orthodox anerkannt worden. Ohne hier mit traditionsgeschichtlichen Generalperspektiven die historische Detail-Arbeit schmälern zu wollen, muß man einfach feststellen, daß die theologische Aufgabe in bezug auf unser Thema wenig Direktes von der Historie profitieren kann, wenn sie nur nach Ursprung und Rezeption der Credoformel fragt.

3. Wir müssen uns daher der Trinitätslehre selbst zuwenden, auch wenn manche Fragen im Hinblick auf das Credo offenbleiben. Tatsächlich sind ja die Stimmen der Kappadokier – und vor ihnen die des Athanasius – jeweils im Verbund mit dem Nicäno-Constantinopolitanum gehört worden. Wenn wir heute Konstantinopel feiern, so feiern wir auch sie. Aber letztlich feiern wir ja nicht die feinsinnig-konstruktive theologische Arbeit des Basilius, seines Freundes Gregor von Nazianz und seines jüngeren Bruders Gregor von Nyssa, auch nicht die des Athanasius (der spätestens in den Briefen an Bischof Serapion schon in der Substanz diese spätere Trinitätslehre artikuliert hatte). Auch feiern wir nicht eigentlich das Werk der »150 Väter« vom Konzil von Konstantinopel, dessen Protokolle ohnehin verloren sind. Letztlich feiern wir gar nicht eine Lehre oder eine Gruppe von deskriptiven Aussagen, denn über Aussagen dieser Art ist das letzte Wort nie gesprochen; sie sind alle interpretations- und vielleicht revisionsbedürftig. Vielmehr feiern wir die

ökumenisch verbindliche Einladung des Credo – des einzig wirklich ökumenischen Glaubensbekenntnisses –, den lebendigen Gott eben so, als Vater, Sohn und Heiligen Geist, anzubeten. Was heißt das? In demselben Geist, der durch die Propheten geredet hat, die Adoption durch den Sohn an sich geschehen lassen, und in diesem lebendigmachenden Geist in das Gebet des Menschgewordenen, der wahren menschlichen Natur des Christus, einstimmen, dem Vater sozusagen sein eigenes Werk entgegenzuhalten, dankbar und lobend zurückzugeben – das ist das eigentliche Herzstück der trinitarischen Liturgie, des Geheimnisses der Trinität. Wer hier Gott erkennen will, wie er in sich selbst ist, sieht sich enttäuscht und weiß sich eingeladen, Teil dessen zu sein, was er erkennen will. Die in sich isolierte, beobachtbare und lehrbare Trinität gibt es gar nicht: wer hier mitredet, ist »durch den Sohn im Geist« – so lautet ja die alte Formel – schon ein Teil dessen, worüber er redet. Darum ist auch ein Gottesdienst die angemessene Form der Feier zum Jubiläum des Konzils von Konstantinopel.

Es ist darum völlig richtig, als das Entscheidende an Konstantinopel die Einsicht in die zentrale Funktion des Heiligen Geistes in der Trinität – und das heißt eben zugleich in der Kirche und in der ganzen Menschheit – zu sehen und entsprechend zu gewichten. Die terminologische Klärung bezüglich der einen *ousia* und den drei *hypostaseis* ist nicht das Wichtigste an diesem Konzil, sie ist ein damals nötiges und wohl auch später hilfreiches Konstrukt, deren philosophischen Hintergrund wir auch weitgehend überblicken. Und gerade diese aus der Arbeit der Kappadokier erwachsende terminologische Klärung kommt ja im Text des Credos gar nicht vor, was immer die Gründe dafür gewesen sein mögen: Rücksicht auf die Pneumatomachen in der Hoffnung, sie doch noch zu gewinnen? Oder Ausdruck der Stimmung einer wenig entschiedenen Mittelpartei? Oder einfach die Übernahme eines älteren Textes aus der Zeit vor dem Gewahrwerden der begrifflichen Unklarheit? Entscheidend ist das nicht. Der entscheidende Satz steht vielmehr im Credo selbst: »Ich glaube an den Heiligen Geist, der Herr ist und lebendig macht, der von dem Vater ausgeht, der mit dem Vater und dem Sohn zugleich angebetet und verehrt wird, der durch die Propheten geredet hat.«

Freilich werfen die Ergebnisse gelehrter Analysen des theologischen Milieus dieses ökumenischen Glaubensbekenntnisses ein Licht auf die – wenn man so will – trans-doxologische Funktion der Trinitätslehre von Konstantinopel, nämlich ihrer Verwendung als regulative dogmatische Sätze. Hier nun ist es theologisch nicht unwichtig zu wissen, ob die Kappadokier wirklich so einhellig lehrten, wie es kürzlich noch F. Dinsen[14] im Unterschied zu R. Hübner[15] nagelegte, ob ihre Begriffe, etwa *ousia,* mehr platonisch oder bei Gregor von Nyssa eher aristotelisch zu verstehen seien und etwa *hypostasis* im Sinn der Kosmologie der Stoa, wie es A. Grillmeier[16] vorschlug. Das ist darum nicht unwichtig, weil die Grundlage der doxologischen Sätze des Credos – das, was ich eben etwas salopp das »theologische Milieu« nannte – nur dann in der Dogmatik der ganzen Ökumene regulativ wirken kann, wenn wir voll verstehen, was damals gesagt wurde. Nur dann ist ein kritischer und im guten Sinn des Wortes neugieriger Vergleich mit den westlichen Trinitätslehren möglich und sinnvoll. Und nur dann können wir auch eventuelle Nachteile der kappadokischen Lehre am Glauben der Väter und an den biblischen Schriften messen und erkennen sowie in ihrer weiteren Entwicklung in der Theologie der Kirchen des Ostens verfolgen. Dies ist nicht nur darum nötig, weil – wie ich von meiner reformatorischen Tradition her sagen möchte – alle Aussagen der Kirche sich wieder und wieder dieser Prüfung unterziehen lassen müssen, sondern besonders auch deshalb, weil zwischen dem Osten und dem Westen, und auch innerhalb des Westens, keine letztliche Einigkeit über die Trinitätslehre besteht. Und an dieser Einigkeit muß uns viel gelegen sein – nicht alles zwar, aber viel. Darum nicht alles, weil die theologischen Sätze in ihrer regulativen Funktion nicht das ein und alles, nicht das Letzte und Höchste sind, nicht die tiefste Verbindung zwischen uns. Die tiefste und bleibende Verbindung zwischen uns, die verläßlichste Garantie dafür, daß es sinnvoll ist, wenn wir uns ökumenisch als den einen Leib Christi verstehen, ist die Gegenwart Gottes im Geist, in dem wir ihn anbeten. Also ist das Entscheidende am Konzil von Konstantinopel zugleich überhaupt das Entscheidende, das die wahre Ökumene ermöglicht und erhält. Es ist der Heilige Geist.

Aber gerade an der lehrmäßigen Ausformung der Grundlagen dieser ökumenischen Doxologie scheiden sich eben die Geister, haben sich auch die

---

14 *F. Dinsen,* Homousios. Die Geschichte des Begriffs bis zum Konzil von Konstantinopel (381), theol. Diss. Kiel 1976.
15 *R. Hübner,* Gregor von Nyssa als Verfasser der sog. ep. 38 des Basilius, in: J. Fontaine / Ch. Kannengiesser (Hg.), Epectasis, Mélanges patristiques offerts au card. Jean Daniélou, Paris 1972, 463–490.
16 *A. Grillmeier,* Das Scandalum oecumenicum des Nestorius in kirchl.-dogmat. und theologiegeschichtlicher Sicht, in: Schol 3, 1961, 321–356.

trinitarischen Traditionen des Westens von denen des Ostens mehr und mehr entfernt. Nicht nur hat der Westen mit Augustin eine Trinitätslehre entfaltet, die unweigerlich zum Modalismus tendierte – darin hat J. Moltmann[17] mit seinem provokativen Buch zur Trinitätslehre sicher recht –, sondern die westliche Kirche hat auch über die *processio* des Heiligen Geistes anders zu lehren begonnen, als es die Väter des Ostens taten und noch tun. Die Gründe für diese Entwicklung sind sehr komplex. Wir haben sie in einer Studiengruppe der Kommission für Faith and Order versucht zu verstehen und aufzuarbeiten und haben die Ergebnisse Anfang 1981 veröffentlicht.[18] Dies ist aber nur der Anfang einer viel umfassenderen Aufarbeitung, die zwischen Vertretern der Kirche im Osten und Westen nötig ist. Freilich wäre mit der einfachen Streichung des Filioque aus den westlichen Liturgicbüchern nicht viel gewonnen, obwohl ich die schon lange zurückliegende Entscheidung der altkatholischen Kirche und die Empfehlung der Lambeth-Konferenz von 1978 sowie bedingt auch der Church of Scotland, dies doch zu tun, schon wegen der Ökumenizität des Nicäno-Constantinopolitanums für richtig halte. Ich selbst möchte auch noch eine Stufe weitergehen und die Gründe der Theologen der Ostkirchen gegen die westliche Einfügung inhaltlich akzeptieren, solange deutlicher als bisher in der östlichen Orthodoxie gewährleistet ist, daß der Heilige Geist kein anderer als der Geist Christi ist.

Hier stoßen wir auf das theologisch – und auch philosophisch-logisch – noch unbefriedigend gelöste Problem der Beziehung zwischen ökonomisch-historischer und immanenter Trinität. Ökonomisch-historisch ist freilich der Heilige Geist der vom Sohn verheißene Tröster; andererseits ist der Geist auch instrumental im Kommen des Chistus (»empfangen vom Heiligen Geist«) und der Geist ist die lebensgebende Kraft in seiner Auferweckung. An der Nahtstelle zwischen der »historischen« und der sog. »immanenten« Trinitätskonzeption umrahmt sozusagen der Geist den Sohn; aber doch nicht so, daß der Sohn vom Geist ausgeht, vielmehr ist er instrumental in der Sendung des Sohnes, und er wird vom Sohn gesandt. Neigt man nun – wie

---

17 *J. Moltmann,* Trinität und Reich Gottes. Zur Gottesehre, München 1980. Vgl. dazu meine Besprechung »Die vier Reiche der ›drei göttlichen Subjekte‹«, in diesem Band S. 72–83.
18 *L. Vischer (Hg.),* Geist Gottes – Geist Christi, Ökumenische Überlegungen zur Filioque-Kontroverse (= Beiheft zur ÖR Nr. 39), Frankfurt 1981; vgl. daraus meinen Beitrag zur Geschichte der Filioque-Kontroverse S. 15–39 in diesem Band.

das im Westen immer geschah – zur Ineinssetzung von historisch-ökonomischer mit der immanenten Trinitätslehre, so ist das Filioque, das Ausgehen des Geistes auch vom Sohn, konsequent. Aber gerade diese Ineinssetzung ist problematisch, indem sie ein Rückschlußverfahren vornimmt vom Historischen auf Gottes eigenes, innertrinitarisches Wesen hin, jedoch zugleich und ohne Bedenken von dort aus wieder zurück zu argumentieren bereit ist. Die Filioque-Problematik kann nur durch die Klärung dieses sehr schwierigen Fragenkomplexes gelöst werden. Daß dabei Konstantinopel und das Werk der dieses Konzil vorbereitenden und ihm nachfolgenden Theologen im Zentrum der Aufmerksamkeit stehen muß, ist gar nicht zu bestreiten.

4. Die abschließenden, thesenhaften Überlegungen möchte ich – wollte ich ihnen einen Titel geben – unter der Frage zusammenfassen: Konstantinopel – summarische oder ökumenische Wahrheit? In welchem Sinn sind die Ergebnisse des Konzils, ist das Credo, wahrer Glaube? Wie kommt man zu einem solchen Urteil, einem Wahrheitsurteil, das über die Feststellung der ökumenischen Rezeption hinausgeht?

Wir leben in einer Zeit, in der es den meisten Menschen unmöglich oder unsinnig vorkommt, von Gott zu sprechen. Was heißt es nun, wenn wir uns auf ein altes Konzil beziehen, das von der Trinitätslehre handelt?

Dazu nun fünf Thesen:

1. Konstantinopel 381 – wie auch die anderen Konzilien – war kein Parlament, das es auf Konsens-Wahrheit per Abstimmung abgesehen hatte. (Auch die Konsens-Wahrheit, die Habermas in Weiterentwicklung von Charles Sanders Peirce befürwortet, verlangt letztlich nach der Korrespondenz-Frage oder – was dasselbe ist – nach der Beantwortung der Frage, wie denn die den Konsens bildenden Experten als Experten ausgewiesen seien. Für ein ökumenisches Konzil heißt dies: auf welche Wahrheitskriterien beriefen sich denn die Väter, und nach welchen wollen und müssen sie gemessen werden?)
2. Die Wahrheit des Bekenntnisses liegt nicht im Konsens, nicht in der Rezeption der durchschnittlich von der Mehrheit akzeptierten Tradition, sondern der Konsens ist ein Konsens *über* die Wahrheit.
3. Letztlich leben wir in Kirche und Theologie von der Hoffnung – soll ich sie ein Axiom nennen? –, daß es der Geist Gottes ist, der Heilige Geist, der kirchlich-theologische Artikulationen bewahrheitet. Die Kirche nach 381

hat diese Hoffnung konkret auf das Bekenntnis von Konstantinopel angewandt – ebenso wie die »150 Väter« sie auf den »Glauben von Nicäa« anwandten. Das ist die damalige sowie die heutige ökumenische Feier – ich meine wirklich eine Celebration, nicht einfach die historische Feststellung, daß sich dieses Credo ökumenisch durchgesetzt hat.

4. Ob das Bekenntnis darum nun die »gegenwärtigen Kirchen« unmittelbar verpflichtet als »unüberholbaren Ausdruck des Glaubens der ganzen Kirche«, wie Pannenberg[19] sich ausdrückt, verlangt mindestens nach der Klärung, ob es hier um den Text oder den Sinn des Credos geht. Texte kann ich schwerlich als unüberholbar ansehen. (Hingegen verlangt der Respekt vor dem Text – außer den oben erwähnten inhaltlichen Gründen – die Streichung des Filioque.)

5. Unüberholbar ist aber – so wollen wir die Verifikationsfunktion des Heiligen Geistes feiern – die Einladung zur Doxologie, die Gott als ungeschaffenen Vater, als den vor aller Zeit gezeugten Sohn und den vom Vater ausgehenden lebendigmachenden Geist bekennt.

Ich will hier eine autobiographische Bemerkung einfügen: Ich habe über 20 Jahre lang in der angelsächsischen Welt Theologie getrieben, in Schottland, in den USA und Australien; ich habe dort überall in den Kirchen mehr Offenheit für den trinitarischen Glauben und in der Theologie eine größere Bereitschaft für die umfassende Bedeutung der Trinitätslehre gefunden als im deutschen Sprachbereich, wo man – wohl in der Folge des westlichen Modalismus – eher abstrakt-epistemologisch als historisch-trinitarisch über Gott zu denken geneigt ist. Eine starke Konzentration auf die Trinitätslehre und ein neues Einüben in trinitarisches Denken und Beten ist die Einladung, die an uns aus der heutigen Feier erwächst. Am trinitarischen Denken und Beten hängen nicht nur die echten und verbindlichen Ansätze zur Sozialethik in unserer gefährdeten Welt, sondern auch die tiefsten Gründe und Verheißungen für unsere ökumenische Sehnsucht und unseren Mut. Daran wird sich auch die Glaubwürdigkeit der immer noch getrennten Teile der einen Kirche messen lassen und erweisen.

---

19 W. *Pannenberg*, In der Einheit des Glaubens. Ökumenisches Bekenntnis nach 1600 Jahren, in: Ev. Kommentare 7/1981, 380–383.

A Plea for the Maxim: Scripture and Tradition

Reflections on Hope as a Permission to Remember

The thinking of Christians concerning their worship, their task and commission, God and man, the past and the future, is, broadly speaking, theological thinking. At least it is a reflection, or a series of reflections, interwoven with memories of one's experiences and of reflections and utterances of others, tending toward a crystallization which we may rightly call theological reflection. Supposing that there is agreement on the broadly defined task of theological reflection as being exclusively concerned neither with explaining God nor with interpreting the world; we must, nevertheless, face the question: Where does the church's, and more specifically theology's, »material« come from? Surely this material does not come solely from the Bible, as though nothing had happened since the writing of the biblical books and as though the many facts and facets of human life, including our own lives, were of no significance for theological reflection. Nor does the material for theological reflection come solely from the world in which we live. Assuming then that theology's or the Christian's thinking material comes at least from the two sources (the biblical books and the perception of historical and contemporary occurrences, problems and statements), we must ask a further question: Where does theological reflection begin? Where is the place and what is the situation within which someone begins to ask meaningful questions concerning our creeds, faith, positions, actions, and expectations, and those of our fathers? It seems obcious that this is the overarching question concerning the relation between the two main areas of traditional theological activity: biblical exegesis and systematic theology, including ethics.

These two areas of inquiry have been »enemies« at least since the end of the eighteenth century when historical-critical work began to shape exegetical endeavors, and when traditional as well as modern systematic theology no longer paid much attention to exegetical research. There is no doubt that we today are still suffering from this unfortunate partition within theological work and church thought in general. With regard to this tension between exegetical and systematic-theological work, there is little difference between the American, the British, or the Continental theological situation. Numerous attempts have been made to overcome the dilemma. It seems that most of them can be subsumed under one of two general attitudes: (a) the attempt to unify theological work by a »return to the Bible«, assuming that exegetical work could, if only it were done properly and thoroughly, reshape the whole of theology and provide systematic theological answers; or (b) the attempt to work out an appropriate systematic-theological apparatus, providing proper hermeneutical insights and categories, suitable to gain a unifield approach to both exegesis and systematic-theological work.

While it should not be denied that proper and thorough exegesis is extremely necessary and can indeed reshape theology, and that the search for suitable hermeneutical categories is a useful enterprise, I should like to suggest that the real solution to the dilemma does not lie with either of these approaches. Granting that the material with which theology and the church's thinking in general is dealing comes from two sources, the biblical books and the perception of historical and contemporary occurrences, texts, and problems, one has yet to say anything at all about the beginning of proper theological reflection. The question concerning the origin of theological reflection is not identical with the quest for its beginning. And it is this quest alone which can help overcome the dilemma of the tension between exegetical and systematic-theological work. The search for a beginning is an inquiry concerning the invitation, or better, the permission to recognize the material of theology and to deal with it. My thesis is that such inquiry may permit a new understanding of the false juxtaposition of *Scripture* over against *Tradition*, and also of the problems concerning the relation between systematic theology and ethics. Such a new understanding may help bridge the gap between the traditional Protestant, Roman Catholic, and Eastern Orthodox positions in this matter.

1. Theological reflection occurs at first »intra-murally«, that is, within the church, but it is also needed for dialogue with non-Christians and it can partly be shared by them. The church, that is the geographically and sociologically describable community to which one belongs, is foremost, although not exclusively, the place where theological reflection begins. If it were not for what I have heard there, what I have seen, what I have missed, what I have heard others remember and expect, what has disappointed and what has delighted

me, I would never have developed an interest in understanding theological issues, in reading theological books, or in exegeting the Bible. If it were not for worship, including the disappointment over the emptiness and irrelevance of much of it (which often makes me stay away from it), I would perhaps be able to think theological thoughts but I would not be eager to live with them. I would think and speak as an observer, not as a lover however disillusioned and angry, and as a lover I must think and speak if what is thought and said is to be appropriate to the material of theology. Moreover, if I were uncertain that what is thought and said in the church today about the ongoing faithfulness of God to his promises will have to be said again in the future, in whatever modified form and time-bound language, how could I be interested in what the church is doing, thinking, and saying today? In other words, it is only because of what I expect that I can risk being selective in what I remember. And Christians are selective in their remembering issues, occurrences, persons, texts, and creeds of the past. Their hope permits them to remember, or, more precisely, the content of their expectations obliges them to examine the ground of such expectations by studying the voices of their fathers, including the biblical writers. This general observation applies to both educated and uneducated, reflective and nonreflective Christians. The mere description of the significance and inner logic of the relation between the past, the future, and the present existence in the church is complicated and requires some sophisticated thinking. But the fact that it is *in the Church* that hearing, understanding, and the asking of questions occurs is »simple« and self-evident. It is there that theological reflection in the broadest sense of the world originates, both for the scholar and for the »simple-minded« Christian whose reflection stopped at a point where he decided to reflect no more. No doubt, the latter is more directly dependent upon the church's traditional articulations of the material and conventional understanding of behavior than is the former, but the difference is one of degree only.

It is in the church again, however loosely one is connected with it or critically disposed to it, that one's consciousness as a Christian is shaped. It should be added at this point that when referring to Christians in the church we should in fact always bear in mind that the Jews are in no different situation with regard to their understanding of the beginning of theological reflection or of the »shaping of their consciousness« as members of the people of God. The parallel between the Christians' and the Jews' shaping of consciousness and beginning of reflection is not merely a sociologically describable phenomenon. The link exists for theological reasons, as we shall explain later. But there is also a sociologically describable dimension of the shaping of a community's and an individual believer's consciousness. The description would be along the following lines: The church is the place where, out of the corporate activity of its members and because of their referring to various traditions and expectations, an *interest* is created. This interest resides in an individual or in a group of individuals (normally one would suppose in both) and this in a complex and multifaceted manner, too complicated to be described fully and adequately. Theoretically speaking the interest resides in more than one individual, although it is possible that only one person is aware of it or able to articulate it. But this person will know that what he knows, thinks, and desires, in short what he is interested in, only exists because there are other people with him and before him whose thoughts and actions have shaped his own. This interest is directed toward the examination of the usefulness, gravity, truth, and future significance of what is being said and heard in the churches. We may call such focusing of interest the stimulation of a *curiosity*; that is, the growth of the interest into a persistent and lasting pointedness toward concrete questions pertaining to the validity, truth, and usefulness of the original interest's material. Such curiosity, without which an interest would be no more than a passing and momentary attitude, can form concrete *dispositions*. The term »disposition« may serve to indicate the ongoing awareness and readiness to pursue the same or related questions, to stay with the church and her legacy as well as her future task, to pay attention to new insights, additional information, correctives to one's traditional views. It is out of such a general disposition and willing identification, that is, out of or within the solidarity of belonging to a certain group which has a certain tradition or sets of traditions, that certain *intentions* will crystallize. These intentions are directed toward actions or further thoughts and reflections.

Such development from a general interest to clearly definable intentions is but one way of describing what happens in the church. It is a particular view of the church, a set of answers corresponding to a certain way of asking. And it is this certain way of asking which is appropriate to our inquiry concerning the material of theology and the church's thinking, the beginning of such thinking, and ultimately the Scripture and tradition problem. To state our question once again: What am I primarily concerned with in my life as a

Christian, prior to deeds and actions? What is it that provides orientation and permission to speak of and take part in the mission of the church? And where do I find access to this material; where and how do I begin to recognize that it is indeed this material which provides orientation and permission to speak of the church's commission (material which deserves to be taken seriously and which, in turn, will modify my thoughts, renew my understanding of God, the world and myself, and which will stimulate and oblige me to *do* something which I would not have done without this material)? Our description of a development of an initial *interest* to a *curiosity,* from there to the formation of a lasting *disposition* which will crystallize in concrete *intentions* is, of course, merely an attempt to understand in sociological terms and quasi-psychological categories the actual occurrence of what is called the »reception of tradition« and the transformation of appropriated material into the church's or an individual's willingness to assume responsibility for future thoughts, creeds, and actions. The occurrence of such reception and transformation is, however, not only subject to descriptive analysis. The church and Israel confess that the development from a general interest to concrete intentions is not accidental or arbitrary. The protection of the people of God and the ultimate unity of the many ways in which interests are articulated and intentions shaped is confessed to be the work of God. The reflection-in-retrospect on the historical nexus and the systematic examination of the implications of what is heard and done in the church, past and present, are performed in as many ways as there are *charismata* in a given part of the church. A richness in grace gifts will also mean a multitude of interests and intentions, and it goes without saying that this may also give reason for tensions and disagreement in the church. Nevertheless, Christian confess and hope that their many activities, although they are sociologically describable, are ultimately related to the work of the risen and present Christ. They are to be tested over against the worshipful understanding of the work of the present Christ. This testing is the task of what we called »theological reflection«. It is performed in the light of whatever is made known now and in the future as the will and work of God in Christ and claimed to be recognized as such. The »work of the present Christ«, however, cannot be recognized, analyzed, or understood apart from the grace gifts which are operative in and outside the church. In other words, that which permits a testing is part of what is tested! One cannot »have« God (or God in Christ) apart from his presence in the church, or, more precisely, apart from the functions and results of the *charismata*. In order to test whether certain interests and intensions are really expressions of grace gifts, and thus a manifestation of God's plan and will for mankind, one can not have recourse to the »historical Jesus« or to the Bible. To both we have access only through expressions of grace gifts.

We have said that the historical *origin* of the material with which the church and theology is dealing is not identical with the place in which theological reflection *begins*. And we have sketched an analysis of the occurrence of the growth of an interest, the formation of intentions within the church, the proper place for the beginning of theological reflection. We have added the creedal affirmation that such occurrence is related to the grace gifts provided for the performance of the church's various task. But having asserted this, one has not yet solved the ancient theological question concerning the *norm* over against which theological reflections, ethical intentions, can be tested. That which should operate as a norm, the present Christ (in and outside the church, the proper starting point), is itself part of what should be tested.

2. A review of the history of the search for and the discussions about *norms* in traditional theology would show that the church and in fact Israel in its later history, shared with classical cultures an attitude of past-centeredness. Just as in Greek culture the ideas of true virtue, of truth and righteousness, of the moral good, were supposed to reside in the past, if not in the absolute realm of eternal ideas, so also the church has sought the criteria for her thoughts and actions in the past. Josephus reports the opinion, held by many after the successful restoration to Israel of its temple, worship, and priesthood, that there is »No revelation after Esra«. And the early church, at the latest toward the end of the second century, began to look at the middle of the first century as *the* special period in history when God had made himself known in a unique and unrepeatable way. We need not discuss at this point the question whether this emphasis was related to the church's contact with Gnosticism, whose concepts were fundamentally concerned with revelation of hitherto unknown bits of knowledge. In any case, it is historically obvious that the early church tended more and more to the idea that »What is true lies in the past«; that is to say, the criteria for testing present actions, utterances, interests, intentions, are to be sought in the past. Reformation theology did not depart from this approach; rather it deepened it by adhering to the ideals and to the

spirit of humanism which encouraged the study of ancient languages, faithful to the maxim »back to the sources«. The earliest forms of worship were considered the most valid ones, the earliest texts the most important ones, the first conciliar decisions the ecumenically binding expressions of the true faith. Later material was considered to be less authoritative, hence the Reformers' strong emphasis on the biblical canon, the *sola scriptura* principle. The Council of Trent, to be sure, was not that different in its theological presuppositions, at least much less so than conventional textbooks would have us believe.

Faithful to this past-centered approach, Reformation and post-Reformation theology, including Roman Catholic theology, dealt with the norm question almost exclusively in the terms of the »Scripture and tradition« problem. The emphasis of the »left-wing Reformation« on the »free work of the Holy Spirit« was criticized and ultimately denied by both the Lutherans and the Reformed who declared that the Spirit's work is tied to the written word, but also by Catholic theologians who referred to the necessary presence of biblical and conciliar pronouncements without which the »free work« of the Spirit could neither be recognized nor could occur. We need not, at this point, discuss the historical reasons and perhaps justifications for such pedantic insistence on written words of the past, biblical or postbiblical. It suffices to mention that the early church had dealt in very similar terms with Montanism and its emphasis on the Spirit. The net result was the same in the early church, in classical Reformation theology, and in Roman Catholic dogmatics: no recognition of what is normative without *direct reference* to written texts of times past. It is quite clear that such insistence on the authoritative significance of written texts of the past implied or presupposed that it is possible to have something like *direct access* to the content of such texts. If our consideration in Part 1 concerning the inaccessibility of the content of a contemporary or ancient utterance regarding the presence of Christ is correct, we must conclude that today we no longer share a presupposition which was absolutely basic to both classical Protestant and Catholic dogmatics. We know today that the texts of centuries past are not different from contemporary utterances with regard to the *indirectness* in which the present Christ expresses himself in these texts, or better, in which an understanding of his presence is expressed. If this is so, a major part of Protestant/Catholic *Kontroverstheologie,* as the Continentals called it, seems to be out of date. The traditional controversy over Scripture and tradition invariably resulted in debates over one versus two sources of revelation, that is, one versus two origins or locations of criteria for the examination of the validity of present theological statements. If we were to decide that the historical origin of the material for theology's and the church's reflection *is* identical with the *beginning* of such reflection, we would indeed be thrown back into the traditional set of alternatives, that is, the classical Protestant/Catholic dilemma. But this controversy is outdated if the following approaches are recognized as untenable:

(a) the idea of a »direct access« to the Bible, ignoring two thousand and more years of history of interpretation;

(b) the claim that the biblical books are written in a »special period« of human history, necessitating a merely historical approach to extrabiblical material and allowing a merely »theological« approach to biblical texts (this is Daniélou's criticism of O. Cullmann);

(c) the claim that fixed confessional standards of a given denomination (Trent, Westminster Standards, Augsburg Confession, for example) serve as hermeneutical keys and unlock the secrets of the Bible;

(d) the attempt to lift »eternally true« concepts from the otherwise timebound books of the Bible, thus dropping whole parts of it;

(e) the search for an intrabiblical hermeneutical concept such as Luther's impressive *» Was Christum treib(e)t «*, applicable to *all* biblical books; or Bultmann's *(et al.)* emphasis on justification.

These approaches are indeed untenable, at least in the exaggerated versions in which they are stated here. No reasons can be shown that the above listed evaluations of biblical books could not also apply for example to Ignatius, Athanasius, Augustine, or Thomas. And conversely, no reasons can be advanced to demonstrate that these or other authors are *not,* by the help of the Spirit, expressing issues of lasting importance which are normative for later theological reflection. Moreover, the above listed evaluations all presuppose, with the possible exception of the last, that there was a time when God's presence in Christ with his people was *more directly* expressible than it is today. Such understanding permits the thought that God has since retired or withdrawn and that the theologians' task is now confined to the interpretation of what has always been true. Or to put it more tolerantly, the ongoing work of God in the Holy Spirit is, according to these views, restricted to God's self-confirmation, repetition and reiteration of what he always meant and willed and said; that is, the Spirit's task is merely a confirming one.

All of these considerations properly understood relativize the traditional canon concepts. They also suggest that genuine theological statements do not »become true« because they are exegetically footnoted. Every student of the Bible knows that very many theological statements, even contradicting statements for that matter, can be »footnoted« exegetically. An exegetical result is not, as such, a systematical-theological conclusion. Let the following list of abbreviated exegetical results illustrate this point: First Thessalonians expresses a rather critical attitude toward the Jews; Galatians a much less critical and more detailed and considered evaluation, while Romans (9-11) a still more detailed and certainly more positive attitude. And if Ephesians is considered Pauline or at least a continuation of authentic Pauline thoughts, we certainly find in it a very constructive and positive attitude toward Israel no longer operating with the distinction between »Israel according to the flesh« over against »Israel according to the spirit«. Which of these texts are we to accept as binding? It is carrying coals to Newcastle to tell the theologically oriented reader that here is visible the whole problem of modern academic theological work. Even our best and most helpful New Testament scholars lead us with the results of their research only to the borderline beyond which the really theological decisions will have to be made! But they do not enable us to carry out these decisions. The burden is on the shoulders of the systematic theologian, not the exegete. All the well-intentioned and balanced assurances concerning the richness and varieties of witnesses contained in the various biblical books, so eloquently referred to by exegetes for good reasons, merely state but certainly do not solve the problem concerning the norm for testing the validity of theological insights and reflections.

3. All of this is not to say, of course, that the biblical books do not have a special place, a special dignity, and certainly a chronological priority over later texts dealing with the same material. Certainly it is important to bear this priority in mind, even if it is only a »formal« definition of the importance of the biblical books and of their superiority over later material. No doubt, later writers who deal with the same subject matter, the same material, deserve our attention more than authors whose subject matter is only indirectly related to this subject matter. Christians, because of their peculiar interests and their understanding of the catalytic function of all sorts of literature and works of art, may be keenly interested in certain authors: Kafka, Camus, or one of the

contemporary Marxist philosophers for example, and they may even claim to hear »the Gospel« out of these texts; but they will not claim them to be part of the church's tradition. The church's tradition of the voices of those whom the Spirit may have caused to articulate their *interests* and *intentions* is, strictly speaking, only that stream of language or consciousness which consciously has taken or takes issue with the material that was first of all confessed by Israel and again articulated by the apostolic church. It is important to bear in mind this difference between *de facto* or catalytic utterances of the Gospel, and obviously intended interpretations of it anticipating firther manifestations of God's faithfulness. In other words, it is one thing to admire Gandhi for having called the outcasts in India »children of God«, or even to recognize the work of Christ in this marvelous occurrence, but it is quite another thing to claim him as one of our church fathers. This in fact should not be done, lest one perpetuate the traditional Christian »imperialism« which claims all moral goodness and admirable insights for the church. Only those who confessed to have had an interest which grew into a disposition and finally was shaped into concrete intentions can be »claimed« by later Christian to be their fathers.

This formal observation concerning the chronological priority of the biblical books over later material, and in turn the statement that later material belongs to »church tradition« only if it consciously interprets this earlier material, does not mean that what is earlier is therefore better. The observation merely pertains to what we have called the reception of traditions. The pattern for such reception is found in the Old Testament. The story of the formation of the Old Testament, and likewise the New although less obviously so, is in fact the story of the reception of traditions. Ever new occasions for reinterpretation and for new insights and utterances presented themselves and promoted the ongoing process of new formulations, the articulation of new expectations, and the reshaping of Israel's memory. The history of the formation of the Old Testament clearly indicates that the canon of the biblical books does not lend itself to a systematic treatment as though it were a collection of doctrines. The old type of »theology of the Old Testament« books presented a highly systematic outline with chapters on the doctrine of God, of Man, Creation, Sacrifices, Atonement. Modern Biblical scholarship has departed from this approach, especially with regard to the Old Testament. Nevertheless, one should be able to appreciate the early church's decision to observe not only the chronological priority of most biblical books over other material, but also to have stated that there was to be a *de jure* canon of biblical books with reference to the content of these books. This decision is understandable and was necessary, and one can only marvel at the result of the process of the formation of the canon. But what was necessary in the early church is not therefore necessary today. The classical debates concerning the canon and the emphasis on a *de jure* canon are overshadowed by the *de facto* formulation or emergence of canons in the actual process of exegesis. This process includes theological reflection which is informed by later tradition which, in turn, was itself shaped by material contained in the *de jure* canon. For example, it would not occur to anyone today to consider the Shepherd of Hermas or the Acts of John as the primary source of the church's tradition, that is, the most significant material for theological reflection, and to interpret Romans, Matthew, Jeremiah, in the light of these texts. At a time, however, when this was possible, it was also necessary to define a *de jure* canon. But today our *interest*, as we have called it, is directed toward the examination of the validity of the utterance which are constitutive of the whole church and this means ultimately toward the reliability of God's promises.

Our questions are already shaped by two thousand years of tradition, even if we are unaware of the details of this tradition. The less one knows about it the more he is vulnerable to be influenced unduly by it. Moreover, the shape of our interests and our inquiries is such that it never encompasses all of the biblical books. He who reads the Bible always merely reads *in* the Bible; he operates with a set of canons which have emerged from his interests. He is reading only part of it and what he reads is necessarily shaped by the tradition to which he belongs, that is, not merely by what has been *said* in the church but also by his awareness *that* the church continued to exist since the time of the writing of the text he reads. If it were not for this awareness and for the hope that the same God spoken of and praised in ancient texts will be present tomorrow, one would either not read these texts or would study them for entirely different reasons.

The shaping of one's interests, or the occurrence of the reception of traditions in the church is not different qualitatively from the reception which led to the formation of the Old Testament or the Synoptic Gospels. What »happened« in the mind of the writer of Deutero-Isaiah when he interpreted a political situation in the light of the exodus tradition is not really different structurally from what Matthew did when he interpreted the coming of Jesus in the light of numerous Old Testament passages. Nor is our reception of traditions and the shaping of our *interests* really different from theirs. In all cases reception is based on remembering or recalling the articulations of memories *and* anticipations of certain periods or groups of people in the history of Israel or the church. And such remembering would not occur without a concrete *occasion* which releases or stimulates such recollection as well as the interest to explore it. The perception of a concrete situation which releases and focuses the recollection of certain parts of tradition may be called an »occasion of the word of God«, for example, Deutero-Isaiah's political situation, the death and resurrection of Jesus, a war in our country, or an event of seemingly minor importance today. Different as all of these occurrence indeed are, they challenge him who attempts to understand them to see them in the light of his own past and future. The understanding of any occurrence or event in the present, to be sure, is dependent upon the context of this event as well as one's own awareness of the past and future dimensions of the significance of such an event. The same is true with regard to one's existence as a Christian. An event or occurrence will become an »occasion of the word of God« only if it creates an interest in one's memories of the past and if it challenges and renews the creedal affirmation that Yahweh continues to be faithful to his promises. If the hope in Yahweh's ongoing activity is the Christian's »disposition« (in other words, if the church is the community of those who hope in the establishing of God's right and righteousness rather than in the victory of hatred, lovelessness, and inhumanity), Christians can recognize many »occasions« which invite them to remember the witness and creeds of their fathers. Hope gives permission and provides encouragement for the recollection of the past. Hope not merely invites openess regarding »facts« of history or encouragement to trust promises expressed in the past; hope also permits the confidence that the elements of which past history consists can be »changed« or rearranged so as not to prevent or destroy the future. The elements of which the past consists may be compared with the pieces of glass in a kaleidoscope which by a turn are rearranged, thus providing a totally new picture and a new relationship of the individual pieces to the whole.

In the light of these considerations concerning the appropriation of the church's tradition occasioned by events in the »present«, permitted by the hope in Yahweh's ongoing work, the traditional emphasis on the distinction between Scripture and tradition indeed becomes relatively unimportant. Moreover, the traditional interest in »making relevant« the ancient words of the Bible or the church fathers to a present situation is not applicable. It is not the ancient words which are artificially transported into the present in order to become relevant, but it is the present occasion, the situation, which besomes transparent and relevant both to the ancient message and to the hope which permits the interest and concern for ancient texts. The starting point or place of beginning of meaningful theological reflection is in the present; more precisely, in the church at present where in worship and teaching the members prepare themselves to understand the occasions by strengthening one another in their hope, permitting them to be selective in their recollection of the past. But what is it, we must ask in conclusion, that they are encouraged to *select?*

4. The community of believers is not only the place of perception and understanding of the memories of past creeds and promises, but such creeds also shape the community. Or, to put it another way, the proper place to begin theological reflection is indeed the church, but the church also becomes the church by functioning in this manner. The church has an active as well as a passive-receiving relation to the material with which theology and church thought in general are dealing. Although each period in the history of the church as well as each situation in different parts of the church will be exposed to certain occasions which create particular types of questions directed toward the tradition, the very material which is under question affects and shapes the church. The questioner, we might say, is not only characterized and influenced by his questions or interests but by the subject matter of his quest; the material, as we have described it, exercises influence and power over him. The creedal or theological expression of this general observation is the statement that he who is in the church cannot escape certain creedal affirmations. He cannot pretend to be able to ask *de novo:* Can I speak of God? or Does it make sense to speak of the election of Israel? He finds himself *within* the stream of confessions, creeds, traditions, all of which already speak of God and celebrate him as the one who elected Israel and who, in raising Jesus from the dead, endorsed his own promises and Jesus' trust in them. In short: The only legitimate platform on which to do theology is one on which he who reflects finds himself already involved prior to his questioning whether he should be.

The church certainly has some freedom to select certain material and to reject or neglect other parts of what once was part of her tradition. But with regard to that which »makes« the church be the church, which keeps her going in worship and action, the church seems to rely on certain central aspects of Israel's and the church's story (aspects without which the identity of the church would be lost). Such loss would also mean that all references to God's faithfulness would become meaningless. To use crude examples: If the church were to forget Abraham, Isaac and Jacob, the exodus, the apostolic witness, there would be no rationale in referring to God as the God of our fathers and the hope of our children. But we know of no other God than the one whose name is tied to these stories. Now, after having said all this, one fundamental theological question seems to remain: Is the selection of what we called the material ultimately God's doing? Is it God in the last analysis who »verifies« and endorses Israel's and the church's creedal affirmations? This would be the theological question *par excellence,* not at all a fashionable way of referring to the problem of »verification« in the eyes of one's theological contemporaries on both sides of the Atlantic! But could it not be that it is ultimately not *man,* the theologian, who interprets texts and situations or who searches for norms and who provides verifications, but that the »burden of proof« is on God who is confessed to have begun Israel's and the church's history with his electing love? God, in sharing the history of his people in his concern for all mankind, can not be conceived of as abstractly loving and justifying man as though man's words, thoughts, texts, and problems were no part of that with which God is confessed to have connected himself. If this is true, the statement that the church not only tries to understand but also is shaped by the creeds of the patriarchs and fathers would become more meaningful. Scripture would be understood as the beginning of the ongoing tradition toward the fulfillment of Yahweh's promises.

»Wahre«, »reine« oder »neue« biblische Theologie?

Einige Anfragen zur neueren Diskussion um »Biblische Theologie«

Die neueren Arbeiten von James Barr[1], Brevard Childs[2], Hartmut Gese[3] und Peter Stuhlmacher[4] – um nur einige Namen zu nennen – haben die seit 200 Jahren zwischen »wahrer« und »reiner« Zielsetzung und Methode kämpfende oder oszillierende »Biblische Theologie« durch Problemstellungen bereichert, die zur Überhöhung des alten Methodendilemmas führen könnten. Die alte Zweiteilung, bei Joh. Salomo Semler[5] und anderen sich anbahnend, wurde bekanntlich 1787 von Joh. Philipp Gabler[6] durch das Nebeneinanderstellen von »wahrer« (exegetisch-historischer) und »reiner« (die einheitlichen theologischen Grundideen betreffender) »Biblischer Theologie« programmatisch und folgenschwer eingeleitet. Dabei war diese Unterscheidung nicht deckungsgleich mit Semlers Trennung von biblisch-historischer Forschung und Dogmatik. Die »Reine Biblische Theologie« ist trotz ihrer Konzentration auf durchgängige, biblische Begriffe (sacrae notiones) nach Gablers Ansicht nicht aus sich selbst heraus Dogmatik. Zudem ist es freilich in der Folgezeit selten zu einer klaren Durchführung des Programms

---

1 *J. Barr*, Old and New in Interpretation, New York/London 1966 (dt. Alt u. Neu in d. bibl. Überlieferung, München 1967); The Bible in the Modern World, New York/London 1973; Trends and Prospects in Biblical Theology, in: Journ. of Theol. Studies, 1974, 265–82; The Scope and Authority of the Bible, London 1980 (= Explorations in Theology 7; ges. Aufsätze zur bibl. Theologie); Holy Scripture, Canon, Authority, Criticism, Philadelphia 1983.
2 *B. Childs*, Biblical Theology in Crisis, Philadelphia 1970; Introduction to the Old Testament as Scripture, London 1979.
3 *H. Gese*, Vom Sinai zum Zion, München 1974 (^{2}1984); Zur biblischen Theologie, Alttestamentl. Vorträge, München 1977.
4 *P. Stuhlmacher*, Schriftauslegung auf dem Wege zur biblischen Theologie, Göttingen 1975; Vom Verstehen des Neuen Testaments, Göttingen 1979.
5 Zu Semler vgl. *D. Ritschl*, Johann Salomo Semler, The Rise of the Historical-Critical Method in Eighteenth-Century Theology on the Continent, in: R. Mollenhauer (Hg.), Introduction to Modernity, Austin 1965, 107–133.
6 Zu Gabler vgl. *R. Smend*, Johann Philipp Gablers Begründung der biblischen Theologie, in: EvTh 22, 1962, 345–57.

Gablers gekommen, wiewohl sich die beiden Ziele als Tendenzen – nicht selten auch in krasser Einseitigkeit – durch die Geschichte der alt- und neutestamentlichen Wissenschaft hindurchziehen.[7]

In Wahrheit hat es die Theologie als Gesamtunternehmung seither mit drei (und eben nicht mehr nur mit zwei) Größen zu tun:
1. mit der rein historisch-philologischen Exegese (mehr oder minder naiv theologische und philosophische Unvoreingenommenheit beanspruchend),
2. mit der von kirchlich und theologisch engagierten Exegeten (und Predigern) angestrebten »biblischen Theologie«, die über den Einzeltext und das einzelne biblische Buch hinaus Gesamtaussagen und für die Bibel (sowie für Gott) typische Positionen ausspricht (mehr oder minder aggressiv sich gegenüber der Schuldogmatik absetzend), und
3. mit der eigentlichen Theologie, der Dogmatik oder Kirchenlehre der jeweiligen konfessionellen Prägung (mehr oder minder defensiv gegenüber neuen exegetischen Einsichten, Mahnungen und Forderungen vorgehend).

Unser Interesse gilt hier der zweiten unter den drei aufgezählten Größen. Im folgenden soll freilich nicht die gesamte Problemstellung der »biblischen Theologie« zum Thema gemacht werden, vielmehr sollen nur einige Anfragen systematisch-theologischer Art an die Konzepte gerichtet werden, die neuerlich von einigen Autoren entworfen wurden, denen die herkömmliche »biblische Theologie«, besonders aus den Jahren seit dem Kriegsende bis etwa 1960 oder 1965, als weitgehend verfehlt oder sogar als völlig kollabiert erscheint.

---

7 Vgl. die Überblicke u. Gesamtdarstellungen: *K. Stendahl*, Art. Biblical Theology, Interpr. Dic. of the Bible, I, 418-32; *O. Betz*, History of Bibl. Theol., ebd. 432-37; *J. Barr*, Art. Bibl. Theology, ebd. Suppl. (1976), 104-11; *ders.*, Art. Biblische Theologie, EKL³, I, 488-94; *W. Zimmerli*, Art. Biblische Theologie I, TRE 6, 426-55; *O. Merk*, Art. Biblische Theologie II, TRE 6, 455-77; *H. Seebaß*, Biblische Theologie (Sammelbesprechung), in: VuF 1/1982, 28-45. *H.-J. Kraus*, Geschichte der hist.-krit. Erforschung d. Alten Testaments von der Reformation bis zur Gegenwart, Neukirchen 1956, 1982³, sowie *H. Frei*, The Eclipse of Biblical Narrative, A Study in Eighteenth and Nineteenth Century Hermeneutics, New Haven/London 1974, ³1978.

1. Die herkömmliche »biblische Theologie« seit 1945

Die sog. »Biblical Theology Movement« in Schottland und in den USA (ich lebte in diesen Ländern von 1952 an bis in die siebziger Jahre) hat neben eigenen, profilierten Beiträgen die deutschsprachige Theologie in mancher Hinsicht konturenreicher und wohl auch einseitiger zur Darstellung gebracht, als sie auf dem europäischen Kontinent selbst erfahren wurde. W. Eichrodts, G. v. Rads und O. Cullmanns Bücher (sowie die ihrer Kollegen und Schüler) beeinflußten theologische Lehrer und Studenten sehr stark. Zugleich war die Steuerung theologischen Denkens durch K. Barth, D. Bonhoeffer und – vorher schon, wegen der frühen und guten Übersetzungen – E. Brunner sehr beträchtlich. Viele der theologischen Dozenten hatten in Basel, Heidelberg, auch Edinburgh, Glasgow und Aberdeen promoviert. Viele Jahrgänge von Studenten sind mit der scheinbar berechtigten Hoffnung ins Pfarramt gegangen, die Einheit von exegetischem und dogmatischem Denken sei nun erreicht und könnte in die Praxis umgesetzt werden. In diesen Jahren zeigte auch die Arbeit der Gremien und Kommissionen des Ökumenischen Rats der Kirchen diesen Optimismus. Freilich gab es gleichzeitig in den biblischen Fächern noch den bedeutsamen Einfluß rein historischer und auch archäologischer Forschung, repräsentiert etwa durch die Schule von W. F. Albright. Aber auch hier gab es Amalgamierungen, man denke an Albrights frühen Schüler John Bright sowie an G. Ernest Wright und an die Arbeiten ihrer Schüler. Auch manche ältere Tradition in England und Schottland schien mit den neuen Arbeiten zur biblischen Theologie aus dem deutschen Sprachbereich nicht unvereinbar.

Bei allen markanten Unterschieden zwischen den deutschsprachigen Autoren in der alt- und neutestamentlichen Wissenschaft kann man von der »Biblical Theology Movement« und ihrer Rezeption der europäischen Arbeiten doch auf einige beachtliche Gemeinsamkeiten aufmerksam gemacht werden, die für uns lehrreich sind. Die unselige deutsche Unterscheidung zwischen »Geschichte« und »Historie«, ja die Differenzierung zwischen geschichtsbezogenen Credos (in der Bibel) und der eigentlichen Historie, zwischen Heilsgeschichte einerseits und Religions-, Kultur- und politischer Geschichte andererseits, damit auch die Konzentration auf Traditionsgeschichte, die Koordination von Offenbarung und Bibel, die Überbetonung des Geschichtsdenkens in Israel unter gleichzeitiger Abwertung der außer-hebräischen, besonders der griechischen Geschichtsschreibung – all dies erlangte in der »Biblical Theology Movement« klare Konturen. Und es war letztlich auch wirklich ein Abbild dessen, was G. v. Rad und andere – wohl in differenzierterer Weise – gelehrt hatten. Auch die Etymologie stand noch relativ hoch im Kurs; die Studenten mußten ständig »word studies« erstellen. Dem »Wort«, besonders dem hebräischen, wurde eine große Eigenmächtigkeit zugesprochen. Zugleich aber wurde bei allen exegetischen Detail-Studien, die mit Fleiß betrieben wurden, dem Alten Testament (dem Neuen ohnehin) eine deutlich erkennbare »Mitte« zugesprochen (nun allerdings nicht mehr ganz im Einklang mit G. v. Rad). Die Bibel bildet eine Einheit. Man konnte nun ebenso unreflektiert wie in der deutschen Theologie (dort nicht selten noch heute) sagen: »Die Bibel will...«, oder »Die Bibel wehrt sich...«, die Bibel also personalisieren und wie selbstverständlich als eine Einheit sehen, als Offenbarungsträger verstehen. Damit waren die Grenzen zum Fundamentalismus zwar nicht verwischt, aber die konservativen Gemeindeglieder fühlten doch eine gewisse Nähe dieser akademischen Theologie ihrer Pfarrer zu ihren traditionellen, oft fundamentalistischen Vorstellungen aus der Kinder- und Jugendzeit.

G. v. Rads eigentümliche Bewertung des Gesetzes im Alten Testament und seine Abwertung der nachexilischen Zeit als (offenbarungs-)theologisch irrelevante Periode, die überaus hohe Einschätzung der Wirkung der Credos im alten Israel, der Geschichte überhaupt – dies und anderes mehr, auch aus neutestamentlichen Arbeiten, schien sich letztlich sowohl mit G. Ernest Wrights Konzeption von den »acts« Gottes und dem »recital« Israels[8] als auch mit den politischen Interessen der mehr progressiven Teile der Kirche in den USA der fünfziger und sechziger Jahre vereinbaren zu lassen. Allzu offensichtlich harmonisierende biblische Arbeiten, wie etwa bestimmte Bände des großen Kommentarwerkes »Interpreter's Bible«, die neutestamentliche Theologie von Alan Richardson, die alttestamentlichen Bücher von Norman Snaith[9] oder von George A. F. Knight[10] – um nur einige zu nennen – wurden

---

8 G. E. Wright, God Who Acts, Biblical Theology as Recital, London 1952. Tatsächlich ist ja Wright »worlds apart« von v. Rad, wie J. Barr, The Scope and Authority of the Bible (s. Anm. 1), 142 sagt.
9 N. H. Snaith, The Distinctive Ideas of the Old Testament, London 1944, [7]1957.
10 G. A. F. Knight, A Christian Theology of the Old Testament, London 1959.

zwar sachlich kritisiert oder als Lehrbücher für Anfänger deklariert, aber die »biblische Theologie« als solche schien durch solche Kritiken (oder Selbstkritiken) nicht in Frage gestellt.[11] Tatsächlich haben ja auch Zeitschriften wie »Interpretation« (aus Richmond, Virginia) bis heute eine Fülle von nützlichen und kreativen Arbeiten zur biblischen Exegese und Theologie gefördert und publiziert.

Die »Biblical Theology Movement« ist jedoch in den letzten zehn oder fünfzehn Jahren durch eine Fülle von exegetischen Detailarbeiten, auch durch prinzipielle Kritiken z.b. von James Barr sowie – mit anderen Gründen – von Brevard Childs, röm.-katholischen Autoren wie John L. McKenzie[12], Raymond Brown[13] u.a., auch durch systematisch-theologische Arbeiten, weitgehend erloschen. In den Kirchen der Dritten Welt, sofern sie unter englisch-sprachigem theologischem Einfluß standen, ist die Bewegung aber immer noch lebendig, soweit ich das beurteilen kann.

Die Entwicklung der »biblischen Theologie« im deutschen Sprachbereich muß ich hier nicht schildern. Es genügt der Hinweis, daß die Kritik weitgehend aus den eigenen Reihen gekommen ist. Mit der neuen Öffnung gegenüber der Religionsgeschichte in den exegetischen Wissenschaften, mit Kritik an G. v. Rads (u.a.) Betonung des geschichtlichen Credos und einer neuen Hervorhebung der Schöpfung als zentralen Themas im alten Israel (z.B. H. H. Schmid) sowie mit einer neuen Wertung der nachexilischen Periode und der Apokalyptik, mit kritischen Neuansätzen zur Konzeption von Traditionsgeschichte, ist zwar der alten »biblischen Theologie« weitgehend der Abschied gegeben, aber die Frage nach der »Mitte« des Alten (und freilich auch des Neuen) Testaments ist damit nicht verstummt. Nach Rudolf Smends Studie[14], die man als kritische Überprüfung von G. v. Rads Zurückhaltung in dieser Frage verstehen kann, ist Walther Zimmerlis Aufsatz zum

---

11 *J. D. Smart* hatte 1961 noch vom »Death and Rebirth of Biblical Theology« gesprochen, vgl. *ders.*, The Interpretation of Scripture, Philadelphia 1961, Kap. 8 und 9 unter diesem Titel; er sah noch keine Zeichen des Absterbens der neuen Bewegung.
12 *J. L. McKenzie*, The Old Testament Without Illusion, Garden City 1979; The New Testament Without Illusion, New York 1980.
13 *R. E. Brown,* New Testament Essays, Garden City 1965.
14 *R. Smend*, Die Mitte des Alten Testaments, Zürich 1970 (= ThStudien 101), sowie schon vorher Die Bundesformel, Zürich 1963 (= ThStudien 68).

selben Thema[15] wichtig, ebenso sind es die eingangs in Anm. 3 und 4 genannten Publikationen von H. Gese und P. Stuhlmacher zur ganzen Bibel des AT und NT.

Bevor ich mich aber den impliziten theologischen Fragen, die mit dem Neuanfang der »biblischen Theologie« gegeben sind, zuwende, soll noch eine grundsätzliche, an Gabler und an die Tradition anknüpfende Thematik angesprochen werden. Es ist die bekannte Klage über die »Trennung zwischen Exegese und Dogmatik«. In Theologie und Kirche wird – wohl seit Semlers und Gablers Zeiten – über diese Trennung oft vereinfachend geurteilt und geklagt. Meiner Meinung nach handelt es sich jedoch gar nicht mehr um eine Zweiteilung, sondern eher um eine Teilung in drei Größen, besser: um drei Formen intellektueller Aktivität in der Theologie: 1. historisch-literarisch-kritische Textinterpretation, 2. synoptisch-kritisches Suchen nach Zusammenhängen in den beiden Teilen der Bibel sowie des Zusammenhangs der beiden Testamente, 3. Theologie (als heutige Dogmatik und Ethik).

Es scheint mir nun, daß diese Klage über die Teilung und über den mit ihr gegebenen Methodenpluralismus vordergründig und unbegründet ist. Zudem zeigt die Geschichte, daß die Klagenden zumeist die Überwindung der Trennung durch eine recht unbefangene Vereinnahmung anderer theologischer Aufgaben und Methoden in ihre eigene erhofften. Immer wieder begegnet man dem Idealbild, doch eine »biblische Theologie« erreichen zu können. Manche kirchlich engagierten Alt- und Neutestamentler setzen sich für eine Stärkung dieser Art von »biblischer Theologie« ein, versuchen ihre Studenten in diese Richtung zu bewegen (sofern sie nicht als Doktoranden auf das Expertentum hin geschult werden) und bestimmen auch die systematische Theologie in diesem Sinn (im Grunde von Gablers »Reiner Biblischer Theologie«, auch wenn er diese nicht als Dogmatik verstand). So schrieb C. Westermann vor kurzem: »Die Aufgabe der systematischen Theologie wäre es, von der Querschnitt- oder Begriffsexegese her das, was das AT und das NT von Gott sagen zusammenzusehen und zusammenzufassen im Blick auf die Bekenntnisse der Kirche an ihrem Ort in der Kirchengeschichte. Auf der Grundlage dieser Zusammenfassung wäre die Aufgabe der systematischen

---

15 W. *Zimmerli*, Zum Problem der »Mitte des Alten Testaments«, in: EvTh 35, 1975, 97-118, s. auch den in Anm. 7 genannten TRE Artikel, bes. 445-454.

Theologie dann nicht mehr, ein eigenes theologisches oder dogmatisches System zu errichten, das dann eine die ganze Theologie beherrschende Bedeutung hätte, sondern *ihre Aufgabe wäre eine Zusammenfassung dessen, was die Bibel von Gott sagt, die allein auf der Ganzheit der Bibel beruht* und die der gegenwärtigen Wirklichkeit in allen Bereichen dienen will.« Und er folgert daraus: »Für die Theologie im ganzen würde dies bedeuten, daß das Gegeneinander einer systematischen (oder dogmatischen) Methode und einer »historischen« aufhört und *für alle theologische Arbeit nur noch eine aus der Auslegung der Schrift gewonnene* und ihr dienende *Methode* nötig ist.«[16]

Trotz allen Verständnisses für die Intention dieses Programms, für ein Argumentieren »von der ganzen Bibel und von größeren Zusammenhängen her«, wie C. Westermann andernorts[17] und öfter sagt, wird man nicht sagen können, systematische Theologie (Dogmatik und Ethik) sei in dieser Bestimmung des »Zusammensehens« und »Zusammenfassens« durchführbar oder auch nur wünschenswert. Ich frage mich auch, ob Westermann selbst wirklich nur eine im Sinn dieses Programms operierende Theologie gutheißen kann. Hat er nicht seinerseits, überzeugend wie kaum ein anderer Lehrer der Bibel, den paradigmatischen Charakter menschlicher Ursituationen in der Bibel herausgestellt und damit schon einen wichtigen Schritt über die in den programmatischen Aufsätzen geforderte »Zusammenfassung« hinaus getan? Mag er dies vielleicht nicht als Argument gelten lassen, so scheint es mir doch gewiß zu sein, daß seine Forderung nicht die systematische Theologie betrifft oder beschreibt, sondern eben die herkömmliche sog. biblische Theologie, die mittlere der drei von mir genannten Größen. Sein Programm aber scheint mir das Problem der »biblischen Theologie« eher zu beschreiben als zu lösen.

16 *C. Westermann*, Aufgaben einer zukünftigen biblischen Theologie (1981), in: *ders.*, Erträge der Forschung am Alten Testament, Ges. Studien III, München 1984, 203-11, hier (mit dem Untertitel: »Systematische Theologie als biblische Theologie«) 207 u. 208 (Hervorhebungen von mir).
17 *C. Westermann*, Die Bibel korrigiert ihre Ausleger (1982), a.a.O. 202. Vgl. auch den Aufsatz »Das Alte Testament und die Theologie« (1977), a.a.O. 9-26, besonders die Klage über die ungute »Vorordnung des Seienden vor das Geschehende« (10, passim) in der Geschichte der Theologie; zu den Fragen des innerbiblischen Zusammenhangs (mit Kritik an J. Barr verbunden) und der Diskrepanz von »Gedanklichem« und der »Geschehensstruktur« vgl. auch den großen Aufsatz »Zur Auslegung des Alten Testamentes« (1968) im Bd. II der Ges. Studien, München 1974, 9-67.

Freilich hängt bei dieser Frage einiges davon ab, was man unter »Theologie« verstehen will (einiges, keineswegs alles, denn es muß möglich sein, die Sachproblematik trotz unscharfer oder verwirrender Benennung ins Auge zu fassen). Unter »Theologie« kann man das Gesamt der Äußerungen der Gläubigen in bezug auf Gott, Jesus Christus, den Menschen vor Gott, die Welt, usw. verstehen. So wird heute das Wort oft verwendet. Im Hinblick auf die Bibel wäre dann »Theologie« die in den einzelnen Büchern – oder eben im Gesamt der Bibel – enthaltene Gedankenwelt, der »Inhalt«, wenn man so will. Man kann unter »Theologie« aber auch – und dafür spricht sehr viel mehr – das verstehen, was das Denken und Handeln eines Gläubigen (oder der Gruppe, der Gemeinde) steuert. Diesem engeren Theologiebegriff ist gewiß der Vorzug zu geben.[18] Gerhard Ebelings Unterscheidung zwischen der in der Bibel »enthaltenen« Theologie und einer der Bibel »gemäßen« Theologie[19] steht im Zusammenhang mit dieser Frage. Ich werde unten darauf zurückkommen.

Es ist überhaupt zu fragen, weshalb die Trennung zwischen den drei genannten Größen überwunden oder eliminiert werden solle. Wenn Theologie – im weiteren oder engeren Wortgebrauch und in welcher Spezifizierung auch immer – nicht etwas Abschließendes und Letztgültiges, sondern etwas Fließendes, Wachsendes und Suchendes ist, weshalb sollten dann nicht die Experten in Philologie, Orientalistik und Historie bei ihrer Aufgabe bleiben und in eine dialogisch/dialektische Beziehung zu den theologisch am Kanon Interessierten sowie mit systematischer Theologie treten? Ohne philosophische und theologische Voraussetzungen – seien sie dem Betreffenden bewußt oder auch nicht – kommt ohnehin kein Gelehrter aus, sei er oder sie nun historisch-kritisch, biblisch-»theologisch« oder systematisch-dogmatisch tätig. Der notwendige dialogische Bezug zwischen ihnen sollte nicht Anlaß zur Klage, sondern vielmehr zu einer sinnvollen Bestimmung dieses Bezuges geben. Mehr noch: es scheint mir, daß es sich in dieser dialektisch/dialogischen Beziehung zwischen Altertumswissenschaft, Liebe zur Bibel und Artikulation des heutigen Glaubens gar nicht nur um einen unter Gelehrten mögli-

---

18 Die Entscheidung für den engeren Theologiebegriff und den Umgang mit ihm habe ich zu erklären versucht in meinem Buch Zur Logik der Theologie, München 1984.
19 Diese Unterscheidung findet sich zu Anfang des bekannten Aufsatzes von *G. Ebeling*, Was heißt »Biblische Theologie?«, in: *ders.*, Wort und Glaube, Tübingen 1962, 69–89.

chen Austausch handelt, sondern daß jedes interessierte Gemeindeglied bei sinnvoller Diskussion oder Lektüre an diesem Dialog Anteil, Gewinn und Freude haben kann.

Die drei nach Fragefeld und Methode unterschiedlichen Aufgaben der Theologen (und z.T. ihrer säkularen Kollegen) sollten nicht auf die Erstellung oder Bearbeitung einer »biblischen Theologie« als Zusammenfassung und Zusammenschau der biblischen Inhalte reduziert werden. Und, wenn eine solche »Zusammenschau« auch immer wieder (mit Recht) erprobt und angeboten wird, so sollte das Ziel dieses Angebotes keinesfalls darin gesehen werden, einzig von diesen Inhalten her durch Deduktion zu heute maßgeblichen und hilfreichen theologischen Aussagen zu kommen. Wenn dies auch in der jetzt großenteils verabschiedeten theologiegeschichtlichen Epoche oft zum Programm erhoben war, so ist doch in Tat und Wahrheit praktisch nie so verfahren worden. Es gibt nicht ein einziges namhaftes Buch zur Dogmatik oder Ethik, das dieses Programm auch nur annähernd erfüllt hätte. Trotzdem wäre es unsinnig zu bestreiten, daß es mit jener »biblischen Theologie« zu vielen kreativen und für Forschung und Kirche nützlichen Beziehungen gekommen ist. Die Frage ist nun, welcher Art die Beziehungen zu den Ansätzen einer »neuen biblischen Theologie« sein können.

2. Neufassungen »biblischer Theologie«

Im Übergangsfeld von der »alten« zur »neuen« biblischen Theologie (wenn eine solche krasse Unterscheidung überhaupt sinnvoll ist!), gibt es eine Fülle von hilfreicher, neuer Literatur.[20] Es scheint mir aber – aus der Sicht systematischer Theologie – daß die Programme der eingangs genannten Autoren untereinander hinreichend verschieden sind und sich auch von der sog. »alten

---

20 Vgl. etwa *H.-J. Kraus*, Die Biblische Theologie, Ihre Geschichte und Problematik, Neukirchen 1970; *H. Graf Reventlow*, Rechtfertigung im Horizont des Alten Testaments, München 1971; *H. Seebaß*, Zur Ermöglichung biblischer Theologie, in: EvTh 37, 1977, 591–600; *K. Haacker (Hg.)*, Biblische Theologie heute, Neukirchen 1977; *S. Terrien*, The Elusive Presence, Towards a New Biblical Theology, New York 1978; *H. Seebaß*, Der Gott der ganzen Bibel, Biblische Theologie zur Orientierung im Glauben, Freiburg 1982; *H. Graf Reventlow*, Hauptprobleme der Biblischen Theologie im 20. Jahrhundert (Erträge d. Forschung, Bd. 203, Wiss. Buchges.), Darmstadt 1983.

biblischen Theologie« (diese Bezeichnung kommt ja z.T. von diesen Autoren) so stark abheben, daß eine Reihe von theologischen Anfragen gerade an diese Konzepte gerechtfertigt ist.[21] Freilich beanspruche ich mit diesen Anfragen nicht, den Gesamtkonzepten der in Frage stehenden Autoren auch nur irgendwie gerecht zu werden; das ist mir wegen mangelnder Sach- und Literaturkenntnis nicht möglich.

Systematisch-theologische Anfragen scheinen mir besonders zu folgenden Themenbereichen notwendig:

2.1 Die Frage nach »Mitte« oder »Einheit« von AT und NT

Mit dieser Suche ist der Weg von der Exegese eines einzelnen Buches zu einer übergreifenden »biblischen Theologie« eröffnet. Man mag (mit W. H. Schmidt) den Begriff »Einheit« dem der »Mitte« vorziehen, man mag (mit W. Zimmerli, TRE 6, 447, schon EvTh 35, 1975) diese Mitte als »ungreifbar« in dem Namen Jahwes nennen oder sie (mit R. Smend, 1963 u. 1970) in der »Bundesformel« kondensiert sehen, wenn man die Suche als solche nicht (mit A. H. J. Gunneweg u. G. Klein) ablehnt, so ist mit ihr der Schritt von der ersten zur zweiten der oben genannten Größen bzw. theologischen Aktivitäten getan, von der Exegese zur »biblischen Theologie«. Unter Nennung von wenigstens vier Gründen sagt W. Zimmerli: »Recht und Nötigung, eine ›Mitte des Alten Testaments‹ vorauszusetzen, gibt das alttestamentliche Schrifttum selber« (TRE 6, 445)[22]. Dieser Anspruch der Legitimation ist theologisch von großem Gewicht. Er besagt, daß im Kern die Schriften des AT derart sind oder – darauf komme ich bei der Frage um den Kanon zurück – von Leuten solcher Art verfaßt wurden, die ihrerseits die Überzeugung hatten, daß sie alle, die Schreiber und die Leser, eine gemeinsame »Mitte« hätten benennen können bzw. sich nicht gewehrt hätten, wären sie auf die »Mitte« angesprochen worden.

Die theologische Frage, die hier mit vollem Gewicht auf uns zukommt, ist einfach die, ob das »Kohärente« der alttestamentlichen Schriften diesen

---

21 Im folgenden erlaube ich mir, statt wiederholter Nennung von Titeln in Fußnoten, jeweils in Klammern das Erscheinungsjahr (nebst Seitenzahl) der betreffenden, in den bisherigen Anm. genannten Arbeiten anzugeben.
22 Mir erscheint W. Zimmerlis Position als überzeugend, vgl. auch seinen Grundriß der alttestamentlichen Theologie, Stuttgart usw. 1972, §§ 1-6 sowie 23.

Schriften wirklich inhärent ist und ob diese These, wenn sie richtig ist, sozusagen gleichzeitig eine These über das Handeln Gottes an und mit diesen Leuten (den Verfassern und Lesern) ist, wie W. Zimmerli unzweifelhaft meint. Mit der zweiten Hälfte dieses Satzes, Gott betreffend, meine ich natürlich nicht (und W. Zimmerli gewiß auch nicht), das Studium dieser Texte würde wegen der Richtigkeit dieser These wie von selbst zum Glauben an Jahwe führen. Aber freilich führt sie (»wie von selbst«) zur Einsicht, die Verfasser (und wohl auch die Leser) dieser Texte hätten diesen Glauben gehabt. Diese Überlegung ist auch für James Barr wichtig, worauf ich weiter unten zurückkommen werde.

Es könnte ja auch eine andere Begründung des Suchens und Findens einer »Mitte« geben, als die hier genannte, die teils historischer, teils theologischer Art ist. Es könnte rein phänomenologisch bzw. religions-historisch nach dem Bewußtsein der damaligen Verfasser (und ihrer Leser und Hörer) gefragt werden, eventuell mit dem Ergebnis, sie seien alle (oder die Mehrzahl von ihnen) an diesem oder jenem zentral interessiert gewesen.

Mit dieser Formulierung ziele ich auf die Behauptung hin, die (jüdischen oder christlichen) Theologen, die nach der »Mitte« der hebräischen Bibel fragen, seien durch ihren eigenen Glauben an eben denselben Gott motiviert, den sie in diesen Schriften als »Mitte« bezeugt, impliziert, vorausgesetzt oder expliziert vorfinden. Ich sage nicht, daß sie nicht auch imstande wären, die religions-neutrale Frage nach einer »Mitte« zu stellen, die ihnen selber nichts bedeutet. Aber eben dies tun sie nicht, wenn sie die Frage nach der »Mitte« (bzw. »Einheit«) stellen. Ich meine, daß sie damit auch recht hätten.

Im Hinblick auf das Neue Testament scheint die Frage nach der »Mitte« darum einfacher, weil es nun wirklich ganz augenfällig ist, daß sämtliche Schriften des Neuen Testaments zentral auf Jesus Christus Bezug nehmen. Die Problematik, die hier in Sicht kommt, ist anderer Art. Es geht um die Frage, welchen »Eigenwert« das Neue gegenüber dem Alten Testament hat, wobei freilich doch wiederum die Frage nach der »Mitte« auch des Neuen Testaments aufkommen kann (etwa bei P. Stuhlmacher, 1979, 243-45).

In der »neuen biblischen Theologie« ist die Suche nach der »Mitte« zentral (auch bei James Barr, wiewohl man zunächst geneigt sein könnte, ihn auszunehmen). An all ihre Vertreter ist die Frage zu richten,, ob sie sich darüber im klaren sind, daß ihre Thesen zur Einheit der Schrift, zum Kanon oder doch wenigstens zu ihrer Relevanz für uns heute (»authority«, wie man so unglücklich auf Englisch immer noch sagt) keineswegs nur historisch-exegetisch, sondern eben theologisch/credo-haft begründet sind. Und wenn sie dies zugeben, wie können sie dann behaupten, die von ihnen eruierte, analysierte und explizierte »biblische Theologie« hätte gegenüber späterer Theologie oder heutiger »Dogmatik« irgendeinen Vorrang? Ein Festhalten an diesem Urteil scheint doch einzig an der chronologischen Priorität der biblischen vor späteren Texten zu hängen. Dieses Argument ließe sich aber auf den unglücklichen Gedanken reduzieren, daß frühere Theologie der Maßstab für spätere sein muß. Allerdings ist dieses Festhalten eher bei Brevard Childs (1979) und bei H. Gese (1974, 1977) zu vernehmen als bei James Barr.

2.2 Die Frage nach dem Zusammenhang der Testamente

Hier liegt ein Schwerpunkt der »neuen« (gewiß auch teilweise der »alten«) »biblischen Theologie«. Stärker als früher kommt heute durch den endlich anlaufenden jüdisch-christlichen Dialog die Tatsache ins Bewußtsein, daß die hebräische Bibel eine »Fortsetzung« im Neuen Testament, die andere im Talmud gefunden hat. Die naive Selbstverständlichkeit, mit der Neues Testament und christliche Patristik als legitime Weiterführung der Schriften und Tradition Israels hingenommen wurden, kann man bei den hier zur Diskussion stehenden Autoren nicht finden. Darum ist auch die Verwendung der in den fünfziger Jahren und danach so beliebten Kategorien von Verheißung und Erfüllung alles andere als naiv und unkritisch. Es soll gerade keine einfache Automatik nach diesem Schema geben.[23] Aber trotzdem ist bei B. Childs und bei H. Gese ganz eindeutig, daß es vom Alten zum Neuen Testament hin eine Offenbarungsgeschichte Gottes nachzuzeichnen gilt, die das Alte als »offen« und unabgeschlossen, das Neue Testament als Ziel und Abschluß, ja als »zwingenden« Abschluß eines Kontinuums verstehen läßt. Wieso ist die Weiterführung dieses Kontinuums nicht im Talmud, d.h. im späteren Juden-

---

23 Auch *Zimmerlis* wichtiger Aufsatz: Verheißung und Erfüllung, in: EvTh 12, 1952, 34-59, mehrfach nachgedruckt, übersetzt und oft zitiert, würde heute so nicht mehr nachgesprochen. Freilich hatte Zimmerli keine Automatik nach diesem Schema vertreten.

tum zu finden? Oder, ist sie dort auch zu finden? Darüber hätte man diese Autoren gerne Näheres sagen hören.[24]

Diese Frage ist darum wichtig, weil die Ablehnung der Automatik Verheißung/Erfüllung nicht bedeuten kann, Jesus sei nicht der von Jahwe Gesandte, damit auch nicht die Erfüllung von (wie auch immer heterogenen) Erwartungen. Im apostolischen Zeugnis scheint mir aber die Bekräftigung, er sei der Gesandte, ganz zentral zu sein (und nicht auf derselben Ebene wie die von P. Stuhlmacher betonte Designierung Jesu als Versöhner, 1979, § 15). Die Frage nach der Legitimierung des apostolischen Anspruchs, in ihm den Gesandten und Erwarteten zu erkennen (wenn auch die Erfahrung der »Erfüllung« die Erinnerung an die verschiedenen »Erwartungen« modifiziert hat), ist doch wohl die unumgängliche Interpretationsaufgabe christlicher Theologie. Childs, Gese, sowie Stuhlmacher entziehen sich dieser Frage nicht. Aber sie beantworten nicht die mit ihrer These von der Abgeschlossenheit des Traditionsprozesses (der vom Sinai bis Ostern eine ontologische Struktur zeigt, wie Gese sagt) gegebene Problematik, wieso es nur diesen einen Abschluß der Gottes- bzw. Offenbarungsgeschichte gegeben hat. Sie machen credo-hafte Aussagen an diesem Punkt, während sie an anderen historisch argumentieren. (An dieser Mischform von Argumentationen ist nichts auszusetzen, vorausgesetzt, sie wird als solche auch erkannt). Jedoch leisten die historischen Argumente mehr als die credo-haften: Die Thesen über die Bedeutung der Bücher aus der Spätzeit Israels, über eine neue Wertung des Gesetzes (im AT und bei Paulus), über die sonst in der Forschung nicht oft gesehene Nähe des Johannesevangeliums zum Judentum, schließlich die Gesamtthese, das Neue Testament müsse gegenüber dem Alten auch als »offen« interpretiert werden (nicht nur umgekehrt) – dies alles sind, so scheint es mir, historisch fundierte (zumindest intendierte) Thesen. Nicht so die These vom »zwingenden Abschluß« des ganzen Kontinuums mit Ostern!

Die Beantwortung der Frage nach der Begründung des behaupteten inneren Zusammenhangs zwischen den beiden Testamenten scheint mir die vordringlichste Aufgabe einer »biblischen Theologie« zu sein. Sie ist von zentraler Bedeutung für den jüdisch-christlichen Dialog und sie ist ebenso wichtig

---

24 Vgl. *Paul M. van Buren*, Discerning the Way, New York 1980 (dt. voraussichtl. München 1987), der »zwei Wege Gottes«, mit Israel (mit Moses) und den Heiden (mit Christus), bzw. zwei Wege zu Gott, in Anlehnung an F. Rosenzweig lehrt.

für die Ausformung einer biblisch orientierten (der Bibel »gemäßen«) Gotteslehre. Tatsächlich ist die Grundstruktur dieser Frage identisch mit der Grundlage der sog. ökonomischen Trinitätslehre. In ihr geht es um die Verklammerung des Wirkens des Geistes in der Gemeinde mit dem Bekenntnis zur Gegenwart Gottes in Jesus und mit der schöpferischen und erwählenden Aktivität Gottes, wie sie in Israel gefeiert wurde. Diese Perspektive, Gott so zu sehen, ist in der Anbetung des gegenwärtigen Gottes entstanden und führt zum Staunen über die Kontinuität der Identität Gottes, bzw. des Redens von und zu Gott. Sie ist – als ökonomische (d.h. historische im Sinn von »Gottes Einteilung der Geschichte«) Trinitätslehre – ein Rückschluß von deskriptiver Sprache her, ausgelöst durch die Anbetung. Ich habe in früheren Arbeiten sowie in dem genannten Buch (1984, II B) die innere Logik der Trinitätslehre diskutiert und habe mehrfach auf die beachtliche Nähe der griechischen Architekten dieser Lehre zur biblischen Geschichte hingewiesen. Entgegen einem verbreiteten (westlichen) Urteil ist die Ausformung der Trinitätslehre in der griechischen Patristik – im Unterschied etwa zu Augustins Lehre von den inneren relationes der drei Personen – als eine doxologische, credo-hafte Aussage nicht spekulativ, sondern interpretativ in bezug auf historische Zeitabschnitte intendiert gewesen.

Wenn wir heute allenthalben versuchen, ein neues, trinitarisches Reden von Gott wiederzugewinnen (in der Einsicht, die klassischen Trinitätslehren seien nicht als Hindernis, sondern gerade als Hilfe für die Artikulation des Glaubens gemeint gewesen), so gehen wir hierbei mit eben derselben Frage und Aufgabe um, die von den Vertretern »biblischer Theologie« im Hinblick auf den Zusammenhang von Altem und Neuem Testament bearbeitet wird. Wenn das oben Gesagte über die dialogische Beziehung zwischen biblischer und systematischer Theologie richtig war, so müßte sich in der nächsten Zukunft gerade an diesem Thema der Dialog bewähren. P. Stuhlmacher etwa müßte gefragt werden, ob seine Betonung von »Versöhnung«, und H. Gese, ob seine credo-haft fixierte Endstufe des Kontinuums bei der Auferweckung Jesu sich im Rahmen neugefaßter trinitätstheologischer Konzepte bewähren könnten; und ob diese wiederum von der Arbeit dieser Exegeten Korrekturen erfahren müßten. Zur Probe seien sogleich einige solcher Fragen im Detail aufgezählt: 1. Hätte Gese statt Ostern auch Pfingsten nennen können? 2. Könnte er zusätzlich zu den apokryphen und apokalyptischen Texten, auf die zu hören er anmahnt, auch patristische Texte nennen (und was würde dies für sein Kanonverständnis bedeuten)? 3. Könnte Stuhlmacher sein Herausstellen von Jesus als »Versöhner« so im Alten Testament verwurzelt sehen, daß eben dadurch die Selbigkeit Gottes damals und dann sowie heute deutlich wird? 4. Welche Zeichen der Kontinuität (Gottes, bzw. der Offenbarungsgeschichte) gibt es im einzelnen (denn biblische Exegese beginnt doch zu Recht immer mit dem einzelnen)? 5. Und, wenn schon solches Gewicht auf »Offenbarung« gelegt wird, hört denn Offenbarung zeitlich geurteilt an einem bestimmten Punkt auf?

Besonders die letzte dieser Fragen führt uns zu einigen Anfragen an die Kanonkonzepte in »neuer biblischer Theologie«.

2.3 Unterschiedliche Wertungen des Kanons

Unter den hier genannten Autoren vertritt B. Childs (1979) bei weitem die steilste These, während H. Gese (1974) – durchaus auch im Blick auf jüdische Diskussionspartner – eine aus den beiden Testamenten selbst herausdrängende Sicht des inneren Zusammenhangs der beiden Sammlungen als Grundlage seines Kanonkonzeptes vorstellt, wobei sich der Abschluß-Charakter des Neuen historisch gerade auch darin manifestierte, daß es die Sammlung der Schriften des Alten Testaments zum Abschluß brachte. J. Barr hingegen (1973, 150-67; 1980, 111-33; bes. 1983, dort Kritik an Childs 130-71) hat eine skeptische Einstellung zur Betonung der Wichtigkeit des Kanons. Sein Konzept von »Story« (z.B. 1980, 1-17), dessen Ausformung sich durch seine sämtlichen Schriften seit 1958 anbahnt, enthebt ihn der Schwierigkeit, den christlichen gegenüber dem jüdischen Kanon (oder auch den der Septuaginta gegenüber dem masoretischen Text) zu verteidigen.[25] Für ihn liegt das Entscheidende vor der schriftlichen Fixierung in Texten, obgleich freilich die heutigen Gläubigen zumeist nur durch den Filter des Geschriebenen Zugang zum Verständnis des Glaubens der damaligen »Leu-

---

25 Dem Leser wird eine Affinität meiner Äußerungen zu James Barr auffallen. Seit über 30 Jahren tauschen wir Anregungen, Gedanken und Publikationen aus, und ich betrachte ihn dankbar als meinen Mentor in der alttestamentlichen Wissenschaft. Zu meiner Fassung des »Story«-Konzeptes vgl. u.a. die kleine Schrift »Story« als Rohmaterial der Theologie (mit H. O. Jones), München 1976 (= ThExh 192), sowie: Zur Logik der Theologie, München 1984, I B und E.

te« (wie ich sie oben salopp nannte) haben. Genau an diesem Punkt liegt die stärkste Differenz zu B. Childs.

Childs »canonical criticism« (in Gegenüberstellung zur »historical-critical« Methode) soll nicht eine völlige Absage an die historisch-kritische Methode sein, aber sie soll sie stark relativieren. Während die altkirchliche und mittelalterliche Bibelexegese zusätzliche Schichten von »Schriftsinn« auf die Texte aufgetürmt habe, hätte die klassisch historisch-kritische Methode gelehrt, zusätzliche Schichten unterhalb der Texte zu finden. Es geht hier also um die Unterscheidung von Original und Wirkung. »Historical criticism« suchte nach der originalen Fassung des Textes, »canonical criticism« forscht nach dem Prozeß der Kanon-Werdung und nach der nach-kanonischen Wirkung eines Textes. Childs verspricht sich von der Methode der Kanon-Kritik auch eine Vereinheitlichung der theologischen Methode.

Sieht man von der Hoffnung auf eine einheitliche theologische Methode ab (die ich für verfehlt halte), so kann man den Hauptthesen doch etliche Sympathie entgegenbringen. Es ist allerdings schwer verständlich, weshalb die beiden von Childs gegeneinander gestellten Methoden sich eigentlich ausschließen müssen, weshalb sie nicht als sich gegenseitig bedingend und bereichernd verstanden werden können. Es ist mir auch – als Nicht-Experte in der Exegese – nicht klar, wie man einen Prozeß der Kanon-Werdung eruieren kann, ohne die sog. historisch-kritische Methode anzuwenden. Ich hege die Vermutung, daß die krasse Gegenüberstellung von Childs entschärft worden wäre, hätte er seine exegetischen Kollegen deutlicher sagen hören, daß sie in Wahrheit zumeist »literarisch-kritisch« vorgehen, auch wenn sie ihre Methode »historisch-kritisch« nennen. Und »literarisch-kritisch« geht Childs freilich weitgehend selber vor, wenn er seine These vom Alten Testament »as Scripture« begründet. Zudem kommt mir noch eine andere Entschärfung der Polarisierung als möglich vor. Haben wir nicht in den letzten Jahrzehnten relativ unangefochten unsern Studenten gegenüber gesagt, sie sollten über kanonisch vorfindliche, von jedem Gemeindeglied in der Bibel nachlesbare Texte predigen und nicht von (wie auch immer wissenschaftlich exakt) rekonstruierten Frühschichten des Textes, noch auch von synthetisch harmonisierten Zusammenfassungen solcher Texte, die in mehreren Fassungen vorliegen? Wir haben damit teilweise das gemeint, was Childs als Programm vertritt. Wir haben damit aber nicht gemeint, der Prediger könne und solle bei seiner Vorbereitung auf die Interpretation seines Textes auf die Herausarbeitung evtl. früherer Schichten oder Fassungen und damit auf ein besseres Verständnis der Gründe, die zur Formierung der »kanonischen« Fassung führten, absichtlich und mutwillig verzichten.

So scheint sich mir dieser Teil der neueren Diskussion um den biblischen Kanon – abgesehen von der oben diskutierten Frage um Altes und Neues Testament im jüdisch-christlichen Gespräch – auf die Grundfrage zu reduzieren, ob wir letztlich der Kanonfrage großes theologisches Gewicht beilegen wollen oder nicht. Zwei Themen wenigstens könnten dafür sprechen, die Frage als solche zu relativieren und das Hochhalten des Kanons rein pragmatisch-ökumenisch zu rechtfertigen. (Dabei wäre freilich die von H. Gese so ernst genommene Frage, welchen der in den christlichen Kirchen hochgehaltenen Kanon wir nun als Norm hinstellen sollen, nicht beantwortet; sie ist aber nur wichtig, wenn man die Kanonfrage als solche wichtig nimmt). Erstens muß theologisch noch ernster als bislang reflektiert werden, was es bedeutet, daß »faith is not derived from scripture, but scripture is derived from faith«, wie J. Barr provokativ und summierend am Schluß eines Kapitels seines Buches zur Kanonfrage sagt (1983, 126). Dies ist bekanntlich ein Aspekt des klassischen römisch-katholischen Argumentes, daß nämlich die Kirche vor dem Kanon da war. Zweitens muß – ebenfalls in der Nähe zu klassisch katholischen Argumenten – neu überprüft werden, wie man die Behauptung letztlich rechtfertigt, die biblischen Bücher (etwa die späten Schriften des Neuen Testaments, aber nicht nur sie) seien von anderer Qualität, Relevanz und Autorität als spätere Glaubenszeugnisse. Natürlich ist dies keine neue Frage, sie muß aber neu gestellt werden[26] (vgl. Stuhlmacher 1979, § 3).

Diese beiden Fragen kann ich hier freilich nur anzeigen. Ihre Bearbeitung bedarf des engagierten Dialogs zwischen Exegeten und systematischen Theologen. Eine Beantwortung dieser Fragen aus den biblischen Texten allein deduzieren zu wollen, wäre reinster Biblizismus[27], wie er von keinem der hier Genannten gewünscht oder gar vertreten wird. Statt eines biblizistischen Zirkelschlusses muß es zu einer echten theologischen Bearbeitung kommen.

---

26 Vgl. meinen Versuch in: A Plea for the Maxim: Scripture and Tradition, in diesem Band S. 97–110.
27 Vgl. *D. Ritschl,* Art. Biblizismus, EKL³ I.

2.4 Das Problem der Selektion aus den biblischen Schriften

Schließlich soll ein wichtiges Phänomen nicht ungenannt bleiben, das dem zumeist sehr prinzipiellen und auch idealen Charakter von Publikationen zu einer »biblischen Theologie« zuwider läuft. Ich meine das Phänomen der faktisch nie vermeidbaren und fast immer sehr engen Selektion von Texten oder Themen aus der Bibel, die für jeden Benützer der Bibel – einzeln oder in Gruppen oder ganzen Kirchen – typisch ist. In einigen wenigen Thesen soll diese Problematik noch aufgezeigt werden. Sie wollen auch als Anfragen an die »neue biblische Theologie« verstanden sein.

a) Als auf die Bibel (und spätere Tradition) bezogene Gläubige haben wir es – nicht anders als die »Leute«, denen wir die Schriften des AT und NT verdanken, oder die ihre Adressaten waren – mit zumeist nicht leicht überschaubaren Traditionsbündeln zu tun, die direkt und indirekt unser Glauben und Handeln prägen und in Frage stellen. Welche Teile dieser Bündel »relevant« werden, entscheidet sich durch »Anlässe« (auf Englisch sprach ich von »occasions«). Aus bestimmten Anlässen, seien sie weltgeschichtlich und dramatisch oder auch tagesgeschichtlich ganz unscheinbar – hören wir bestimmte Teile der Bibel (der Tradition) neu oder auch »wiederum neu«, d.h. das Altbekannte wird uns wieder wichtig. Wir werden zu einer Selektion gedrängt, die ohne den »Anlaß« nicht vorgenommen worden wäre. Dadurch kommt es zu einem »Wiedererkennen« von Traditionselementen, die im Gedächtnis der Kirche ruhten, bzw. die in der Bibel enthalten sind. In der vielfältigen Verflechtung dieser Vorgänge geschieht auch die Formierung von Tradition. Das bewußte Akzeptieren dieser Formierung als Teil meines eigenen Lebens wird meine »Story« – keineswegs nur im Hinblick auf biblische oder religiöse Sachverhalte, aber allerdings durchaus auch im Hinblick auf sie. Ich sehe nun die Dinge in der für diese »Story« typischen »Perspektive«. Gemeinsames Drin-Stehen in dieser »Story« bedeutet gemeinsame oder ähnliche Perspektiven.[28]

b) Dieser Sachverhalt läßt es geraten sein, eher davon auszugehen, daß die Gegenwart für die Vergangenheit, für die Bibel, »relevant« wird, als umgekehrt. (So wie etwa die politischen Ereignisse seiner Zeit für Deutero-Jesaja

---

28 Vgl. *H. Jones*, Die Logik theologischer Perspektiven, Eine sprachanalytische Untersuchung, Göttingen 1985.

»relevant« für die Exodustradition wurden.) Freilich wird man auch umgekehrt von einer »Relevanz« des Alten für die Situation des Neuen sprechen können, aber mit dieser Relevanzfrage beginnt der Prozeß des Relevantwerdens nicht, eher endet er mit ihr.

c) Wenn dies richtig ist, so ist der Umgang mit Traditionselementen in der Bibel (oder auch mit ihrer »Mitte«) induktiv und nicht deduktiv. Praktisch zeigt sich dies ganz zweifelsfrei in der Tatsache, daß viele die Bibel sehr ernst nehmende Konfessionen oder Kirchen, z.B. in ihren Lehren von den kirchlichen Ämtern, zu ganz verschiedenen Schlüssen kommen, obgleich sie sich auf die Bibel beziehen. Was exegetisch *gerechtfertigt* ist, ist noch lange nicht biblisch *notwendig*. Diese Einsicht ist nicht neu, sie dient hier aber als Beleg für die Beobachtung, daß wir faktisch induktiv mit der Bibel umgehen, während es das Anliegen der »alten biblischen Theologien« sicher war, daß wir deduktiv vorzugehen lernen. In diesem Sinn habe ich auch die direkte Ableitung einer Theologie aus der Bibel verneint (1984, I E 1).

d) Einen »Kanon im Kanon« gibt es, stricte dictu, nicht. Sollte es ein heuristisches Prinzip geben, über das Konsens herrscht und mit dem die »Mitte« der Testamente oder der ganzen Bibel aufzuspüren ist, so wäre dies ein theologisches Prinzip, nicht ein »Kanon«. Ich meine allerdings, daß es solche Prinzipien gibt und geben muß. Sie variieren aber bis zu einem gewissen Grad aus geschichtlichen und situationsbezogenen Gründen (man denke nur an die relative Berechtigung von mono-thematischen Theologien in bestimmten Situationen).

e) In einem gewissen Sinn, der behutsam zu definieren wäre, ist die Kirche (die Synagoge) der »sensus plenior« der biblischen Texte. Behutsamkeit ist nötig, um die Gefahr zu bannen, daß durch die Kirche (Synagoge) willkürlich den Einzeltexten Bedeutungen zugesprochen werden, die sie nicht haben können.

f) Besonders in den reformatorischen Kirchen ist die Bedeutung der Patristik unglücklich vernachlässigt worden. Gerade bei einer erwünschten Relativierung der Bedeutung des Kanons, zudem auch noch aus Gründen ökumenischer Kommunikation, wäre die Vertiefung der Einsicht hilfreich, daß die wichtigsten theologischen Entscheidungen in der Zeit der Alten Kirche gefällt worden sind, nicht im Mittelalter und auch nicht in der Reformation. Die Zeit der Alten Kirche aber war zugleich die Zeit der Entstehung des Talmud. Damit kehren wir zur entscheidenden Frage zurück, zur theologisch begründeten Verhältnisbestimmung der hebräischen Bibel zu ihren beiden Fortsetzungen: dem Talmud und dem Neuen Testament (nebst patristischer Theologie, Liturgie und Glaubenszeugnissen).

Some Comments on Imagination Versus Logical Stringency in Theology

I will never forget my astonishment as a little boy when my father explained the activity of a philosopher who was one of his colleagues in the university by simply saying, »the thinks about thinking«.

Thinking about thinking – is that what theologians also do? To be sure, they think about the thoughts of biblical authors (in exegesis). They also think about the thoughts of other theologians (in history of doctrine), and they certainly think about current issues and various thoughts related to them (in ethics). Many of them think about the thoughts, however clear or confused or burdened, of people entrusted to their care (in counselling). But do they think about the thinking in all of this, or are they content with thinking about thoughts and the so-called content of thoughts. Would it not be part of the task of the systematic theologian to concern himself or herself with an inquiry into the stuff that makes thinking?

What is »thinking« after all? Whatever the answer to this enormous question, thinking has to do with people and their consciousness, with people's experiences and memories. It has to do with their anticipations and ideals, and most certainly with language by which people communicate about all this or by which they produce that which becomes communicable. However, this is not an answer to the question. It is at best a sketch of the territory within which an answer may be found.

In the following unguarded essay I will not of course attempt an answer to the overarching question concerning the nature of thinking. This, indeed, may be the task of the philosopher rather than of the systematic theologian. All I will try to do is set forth some observations and some suggestions regarding the interplay between logical thought and creative imagination in theology, more precisley, in systematic theology. The direction of our inquiry is guided by an interest in the meaning of phrases such as »creative theology«, »imaginative creativity«, and the like, so fashionable today, and an evaluation of their possible relationship to various facets of the charismatic dimension of the Christian faith. In order to set the stage for a clear display of the issues in question, it will be necessary to refer to some recent books on consciousness and on imagination. Following the main part of our enquiry some theses will be advanced concerning the possible relation between the Spirit and the theologian's imagination.

1. Having used the term »systematic theology«, perhaps as distinct from theology in general, some clarifying remarks may be helpful before entering into the argument itself. Most colleagues today will readily admit that our field of inquiry (in the academic sense) is burdened with a series of rather unhappy labels or names; dogmatics (used in the Continental and in the Scottish traditions) is hardly more fortunate a term than systematic theology (which includes ethics in Continental theology but not in America). And philosophical theology, perhaps a meaningful combination avoiding the suggestion that theology is a system, creates suspicion among those who are concerned with the biblical source of theology. Moreover, it is a term which probably lends itself to misunderstanding in the church, and theology is done for the church, is it not?

Being unable to solve this terminological problem, I will operate with the notion of theology in the narrow sense of the word as over against »theology« in a very general sense. The latter is the name for all sorts of thoughts and reflections in and about the church and all the church stands for, bases itself on, relates itself to or plans to articulate. In this very broad sense »theology« is almost identical with the sum total of the believers' thinking, at least as far as such thinking is really related to their status as believers. It of course includes academic as well as non-academic forms of biblical interpretation, of history, of comparing positions, of planning church work, of reflecting on counselling, and so forth. To be sure, it is »thinking« too, but perhaps thinking about thoughts and issues, not thinking about thinking. Theology in the general sense is a »field«, a domain, much like anthropology or politics. It is within this wide field that some stringent, very critical and very constructive thinking about this thinking is to occur. This is the enterprise we are interested in. It is theology in the »narrow« sense of the word.

I prefer to leave undecided whether this kind of thinking (systematic, dogmatic or philosophical) is clearly distinguishable from theology in the general sense. Perhaps it is not, but the concrete function of this kind of theological thinking is nevertheless clearly definable. I have used the following four designations of the task of theology in the narrow sense. Theology is to test (a) the *understandability* of what believers have been saying in the past or are saying today, i.e., theology serves communications between people, not only believers; (b) the *coherence* of statements of different groups or individual believers, or of different statement of the same author; (c) the *flexibility* of the church's or individual believer's language over against tradition on the one hand and contemporary hearers on the other; and (d) the *reliability* of what believers have been saying or are saying, i.e., theology concerns itself ultimately with the question of truth.

In order to perform this task, theology, or more concretely the theologian, must be equipped with *theories* which help him or her to test understandability, to examine coherence, to lay down criteria for flexibility or to come up with some meaningful utterances about the truth of what the fathers of the church or present-day believers say. This is demanding work which comprises analytic as well as »creative« thoughts, insights and visions. The backbones of these theological theories are what I like to call *regulative sentences*. Without these, theological thinking (in the narrow sense) cannot be done and, in fact, has never been done. Aspects of the classical doctrines of the Trinity, of Christology, or, for example, of justification, have always functioned in this way. They have not only assisted in »thinking about thinking« the matters of faith, ultimately of God, but they have helped to regulate such testing thoughts. This is why one can call them »regulative sentences«. I will not discuss here the important question as to the origin of such regulative sentences nor will I be conserned with the problem whether these »regulatives« remain unchanged through the centuries of the church's ever-changing history. We will be concerned here, in an even narrower sense of »theology in the narrow sense«, with the mode of thinking, the mental acts, as it were, of those who operate with regulative sentences or thoughts. Do they merely follow the rules of logics in bringing their theories to bear, or does imagination play a part in what they are doing? And what is the part of imagination in theological thinking (in the narrow sense)?

It should be clear by now, I think, that theology defined in the narrow sense performs a testing task. The testing is done for and on behalf of the church. At least, this is the primary goal. If unbelievers find interesting what they hear the theologians explain, test and demonstrate, all the better! But theology is not primarily done for them. (This statement is true only »in principle«, since *de facto* the lines between believers and unbelievers are in many cultures not clear at all; many believers have become deaf to theological thoughts and many seemingly unbelieving contemporaries are very eager to hear demanding and critical theological examinations.) Theology in the narrow sense then does not consist of quotations from the Bible or the fathers or from modern authors, nor of lengthy paraphrases of them or comparisons between them, but rather it is the examination of the conditions of the theological thoughts of all of these as well as of the present church, an examination in the light of theories without which no testing would be possible. In short, one cannot be practical nor test practical statements or actions without having theories which permit such testing. (This is a common position in politics and in economics, also in education and in psychotherapy. The reason for the church's suspicion about theories is the overabundance of rather useless theories which have accumulated over the centuries of its history.)

Finally, it should be noted that theology »in the narrow sense«, although it is a demanding task, is not the special privilege of academic theologians or intellectuals. History provides sufficient examples of very learned and scholarly theologians who seldom entered into theological thinking in the narrow sense of the word. Any mature and responsible person can perform the tasks of theology in the narrow sense although, practically speaking, such theological thinking can best be performed when a stimulus is received from an experienced teacher or within a lively and critical discussion group. Thus, much constructive theology today occurs, I firmly believe, outside the official academic theological schools and much of it never finds its way into print. This is a comforting thought.

2. Having made these points about the two types of theology, or better, having suggested that within the wide field of theology in general, there is and there has to be »theology in the narrow sense«, it would not be particularly fruitful to revisit the well-known debate as to whether theology is a *sapientia* or a *scientia*. Many contemporary authors are again concerned with the question to what extent theology is a *Wissenschaft* and what place it should have within the house of the sciences. It is German and American theology in particular that is committed to answering this question. Without belittling the

achievements of the various authors who have contributed to this discussion in recent years, it seems clear that »theology in the general sense« is *wissenschaftlich* only insofar as it adheres to the methods of historical research or sociological and philological analysis. This is to say that the academic side of general theology, and there is another side too, as I have said above, is in part right in claiming academic respectability. In part only, we must admit. But the discussion of this question is not our interest here. What then about »theology« in the narrow sense? Is it a *scientia,* a *Wissenschaft?* To answer this question is to know the result of our inquiry: what is the place of imagination in relation to logical stringency in theology (in the narrow sense)? No doubt, all sciences depend in their progress on imagination. But does imagination in theology and in the sciences perform the same function? Can the products of imagination in theological thinking be tested with the same accuracy as its products in the various sciences? One would hardly suppose that this is the case. This doubt, however, does not devalue the place of logical stringency in theology nor the creative part of imagination, for that matter.

In order to reach a closer vision of the problem at stake we will have to introduce some distinctions between types of imagination. And, as an auxiliary construct toward this end, it will be helpful to reflect on the relation between consciousness and imagination if our aim is an inquiry into the »stuff« that makes theological thinking. There is little sense in doubting the intimate connection between human consciousness and the faculty (or the various faculties) of imagination. Both are signs of true humanity, characteristics one would not ascribe to animals. Both have to do with memory as well as with language. Both are means (to choose a neutral term) by which human beings can transport themselves into the past or the future, into other places or other people's thoughts and feelings. No doubt, consciousness and imagination are essential preconditions for anything like a theological thought. It is all the more surprising that classical theology since the Reformation seems to have hesitated in dealing with these factors. (Jonathan Edwards is an interesting exception and Schleiermacher the only really influential spokesman for a theology concerned with this theme.) Later nineteenth and twentieth-century theology presents a different picture, of course. But it is noteworthy that the revivification of classical theology (to avoid the unhappy term »neo-orthodoxy«) in our century has quite deliberately stayed away from any investigation into the function of human consciousness, imagination, creativity, or the like, in relation to matters of faith. Viewed from this perspective, one might fairly label some of the noted theologians of the middle of our century »rationalists«, i.e., thinkers of the faith (or of revelation) who seemed to have supposed that the most important insights into the Gospel (as well as the details and the consequences of such insights) were a matter of logical stringency only.

If human consciousness deserves some new attention in theological reflections in our time, what are we to think of »consciousness«? Modern human biology and research in neurophysiology invite some critical historical and theological questions. If it is true that the human nervous system and brain was developed roughly one million years ago into what we today know to be the human brain, does it follow that humans have been conscious a million years ago in the way in which we are? And if not, when did consciousness originate? It has been suggested that there was no consciousness during the time when humans were gatherers and hunters but that with the emergence of language and of complex social systems consciousness gradually developed. The institution of social and political systems – about six thousand years ago – was the beginning of »evil« in at least one sense: more was demanded of the human nervous system than it could perform and this has been typical of human existence ever since. We will not enter into speculations here whether this time in the history of humankind suggests a biological time and reason for what the Old Testament called the Fall. The creation of social systems would then be »original sin«, a very tempting thought. Nor should we fancy that the great world religions came into being at this time because God decided that it was now time to rescue mankind from its self-constructed evil state (a permanent overstressing of the human nervous system!), although one must admit this thought is also tempting. Rather we will have to mention a more serious and more probable view with regard not only to the origin of human consciousness but to its function as well.

Most classical concepts of consciousness (and imagination), be it in the platonic or realistic tradition from Plato via Plotinus to medieval philosophy, or be it the empiricist positions from Locke to David Hume and on to modern behaviourism, e.g., George H. Mead's famous lectures on social psychology in the volume *Mind, Self and Society* (including the supplementary essay on »The Function of Imagery in Conduct«), appear in an entirely new light to the reader of the much discussed recent work of the American psychologist

Julian Jaynes.[1] Jaynes argues, based upon findings in brain research as well as archaeological and early textual evidence, that the decisive time of the emergence of human consciousness is much later than the often supposed urbanisation crisis some six thousand or so years ago. He attempts to demonstrate that the ancient peoples of Mesopotamia, and even the early Greeks as depicted, e.g., in Homer's *Iliad*, or early figures in the Old Testament, were not able to »think« as we are today, i.e., they were unable to introspect or to project themselves into positions outside themselves. This is nothing short of saying that they were not conscious in the way in which we are conscious. Rather they followed the advice of heavenly voices when it came to what we call »decisions«. They were guided either by routine behaviour (in much the same way we are, to be sure) or by hallucinatory voices or dreams, resembling the way in which schizophrenics today seem to operate. Jaynes' countless references to archaeological and other early evidences, e.g., the famous Egyptian *ka* (the »double« of individuals, so often portrayed in early Egyptian art), cannot possibly be summarised here. Nor can I reproduce, or test the accuracy of, the neurophysiological arguments which Jaynes advances in order to substantiate his extraordinarily interesting thesis concerning the »bicamerality« of the mind of ancient peoples (and, no doubt, of some people today). »Bicamerality« refers to the right and left hemispheres of the brain, the thesis being that the right hemisphere in ancient times has »received« (in fact, of course, produced!) messages or orders in the form of inner voices or hallucinations and that the left hemisphere operated as the agent for executing the orders. »Thinking«, then, did occur, even in a logical and consistent manner. But »thinking about thinking« (which is our term here, not Jaynes') could not take place. Consciousness was not yet born, and with its absence also absent was the kind of moral pondering or ethical reflection familiar to us. Such kind of reflection, introspection and conscious self-examination gradually emerged in the Middle East or in Greece after the year 1000 BC and in other cultures, e.g., in Peru or in the Mexican people Cortes encountered very much later!

---

1 *Julian Jaynes*, The Origin of Consciousness in the Breakdown of the Bicameral Mind (Boston: Houghton Mifflin Co, 1976). Dt. Übersetzung: Die Götter schweigen. Der Ursprung des menschlichen Bewußtseins. Stuttgart 1983.

In addition to these arresting theses, Jaynes offers theories about the functioning of human consciousness. One can hardly undo his suggestions by stating that he apparently operates with a narrower concept of consciousness than that which is used by other scholars, e.g., Karl Mannheim or Jean Piaget. A major part of Jaynes' thesis is that consciousness depends on the »breakdown« of the bicameral function of the brain, a breakdown which came about parallel with the refined development of language, of written language (inviting the reader to imagine a distant writer) and of other cultural phenomena. Consciousness is not only the ability to introspect, to imagine and to receive intuitions, it also enables human beings to imagine themselves to be located somewhere outside their bodies or their immediate vicinity and to observe themselves from such outside points of view. Jaynes' arguments may very well shed new light on the ancient philosophical problems of what it is that constitutes human consciousness. We may learn more about the arena of prereflective presentation of the world to the human mind, or of reflective perception of the world and of its thoughts in relation to one's own self. And, lastly, new light may be shed on the human mind's theoretical interpretation of such reflections in relation to experience, i.e., to the perception of objects as well as of ethical tasks.

These thoughts may also be of some importance to the task of clarifying the relation between imagination and logical thinking in theological thought. If they should not be useful then it is only because Jaynes' theses are shown to be false. One should, therefore, await the assessment of Jaynes' book by his peers.

3. Jaynes draws attention to the fact that great ideas or important inventions have often occurred to the thinkers' minds at the spur of the moment, within an incredibly short time. He approvingly quotes the humorous observation by one of them who is said to have remarked that great thoughts or visions usually come to the inventors' mind in one of the three B's – the bus, the bathroom or the bed! He adds that it is really true and plausible that we give birth to truly constructive thoughts when travelling, shaving, waking up or falling asleep. Where do these thoughts, intuitions or visions come from? And how is stricly logical thinking, »hard work«, related to them? Is logical work a preparation for such intuitions or creative imaginations, or do they have chronological and »mental-ontological« priority over the logical detail

work? These questions should attract our attention, even if they cannot be answered with satisfactory clarity.

At this point it will be necessary to introduce distinctions within the broad concepts of »imagination« or »creativity«, for it is by no means clear that imagination is a mental act which is solely related either to thoughts that already exist or to those which stem from it. It could be both, and in that case we would deal with two different types of »imagination«.

In 1968 Professor Ray L. Hart presented his formidable inquiry into the relation between imagination and revelation.[2] Hart dinstinguishes between passive and active imagination, between imagination related to the background of memory and the foreground of intentions. The former is at the centre of the interest of philosophical realism, the latter of Kant and also of variois authors in the area of phenomenology. Interesting references are made to S. T. Coleridge (Imagination »dissolves, diffuses, dissipates in order to recreate.... It is essentially *vital*, even as all objects (as objects) are essentially fixed and dead«, p. 200) and to numerous authors. The aim of Hart's learned book is a »phenomenological description of the cognitive stations in the movement from grace through faith to theology« (p. 49), theology being distinct from the articulation and proclamation of faith like second order language from first order language. (This parallels our distinction between theology in general and in the narrow sense.) Memory plays an important role in this movement, but Hart insists that imagination is more than ordering and regulating the content of memory. This is the case not only because of the ever-shifting contents of memory and the ever-new images which our memory presents to us, it is also true because of the genuinely synthetic or constructive function of imagination. It does remain a fact, however, that imagination must work with »given« events, thoughts or images.[3] The problem of the »given« is, as is well known, a tricky one in philosophy. One's whole epistemology is at stake when a decision is called for on what we really mean when we refer to something »given«. Professor Hart has taken his position in affilia-

---

2 *Ray L. Hart*, Unfinished Man and the Imagination, Toward an Ontology and a Rhetoric of Revelation (New York: Herder and Herder, 1968).
3 Ray Hart has very helpful thoughts on tradition and the reception of tradition (cf. Unfinished Man and the Imagination, pp. 267ff.). Cf. also my Memory and Hope, An Inquiry Concerning the Presence of Christ (New York: Macmillan, 1967), as well as *D. Ritschl / H. Jones*, »Story als Rohmaterial der Theologie (Munich: Chr. Kaiser, 1976).

tion with those philosophers who maintain that the »*is-ness* of some things depends upon our participation in them, upon our simultaneously active and passive existence as their inheritor« (pp. 195f.). The essence or kernel of this view can hardly be denied. The question arises however whether Hart's sympathy for Collingwood's and others authors' idea of re-presentation or re-enactment of events of the past is a happy choice. This question cannot be discussed here although it should be stated that it is of great theological consequence.

Some of Professor Hart's themes have been further examined, especially his reflections on intention as distinguished from intentionality, in Edward Farley's *Ecclesial Man*.[4] Our present interest is a further development of Hart's emphasis on the distinction between passive and active imagination, or between the three forms of imagination of which he treats extentively in the three appendices of his book (pp. 315–402). He does not seem to give a full explanation of the relation between the three (or two) forms of imagination, nor do I find his conclusions concerning the function of revelation ultimately convincing. This, in turn, may be a corollary of his inclination to operate with the notion of re-enactment with which I have theological difficulties. Despite this brief indication of some dissatisfaction with Professor Hart's conclusions, or lack of theological conclusions, to the questions he posited so succinctly, one must be grateful for this rich and stimulating inquiry into a much-neglected field.

4. Operating then with a more refined concept of the various directions or forms of imagination, we can now enter into some reflection on the relation between logical stringeney and imagination in theology. If theology's task is primarily a task of testing believers' thoughts and actions in respect to their *understandability, coherence, flexibility* and *reliability,* what place does imagination take in this testing operation? At first sight one might suggest that testing is the peculiar function of logical thinking. The thesis I will venture here is that this is not the case. Theology in its testing function is not merely guided by logical operations as though the working of the Spirit (or any prophetic utterance, appeal or vision) were the interference with or the violation

---

[4] *Edward Farley,* Ecclesial Man, A Social Phenomenology of Faith and Reason (Philadelphia: Fortress, 1975).

of orderly routine, the restoration of which would be the task of the logically operating theologian. If this were true, theology would affect the church like applying a brake on a vehicle that is in motion. »Second order language« (theology in the narrow sense) would be related to »first order language« (the thinking and acting of the belivers in general) like policemen to a mob of disorganised people. Or, to put it even more crudely, the intellectual force of logical thinking would have ultimate authority over the dynamics of faith and the creativity of love.

Imagination being the ability of the human mind to create images of what once *was*, of what is *now* in places or regions outside the mind's immediate sensual perception, and of what *could* possibly *be* or take place in the future, certainly is part of what we call *thinking*. We *think* that Abraham could have refused to give up his son Isaac, that Jesus could have appreciated Peter's idea of defending him with his sword, that Napoleon would not have invaded Russia, that World War II would not have taken place. In addition to these historical possibilities we also *think* historical realities by making use of our power of imagination: we imagine Abraham in the diffuculties of his decision, Jesus in the garden of Gethsemane, Napoleon summoning and inspiring his poor soldiers, or the politicians at Munich in 1938. Thus we can imagine alternatives as well as »realities«. In either case we are thinking. The same holds true with regard to our imaginative activities in relation to present situations: we can imagine ourselves to be in Australia rather than in New Jersey, imagine that a friend has a car accident or that the problem in the Near East is solved once and for all. But we are *thinking* when we present these images of possible reality to ourselves. The series of examples could of course be expanded to imaginations concerning the future.

In addition to imaginations which present images or pictures of reality or of possibilities, we can of course operate with our imaginative powers in the area of abstract thought. We can imagine that the law of gravity is non-existent, that Aristotle's thought of the law of non-contradiction is invalid, that God is to be thought of in terms of quaternity rather than trinity, that God is not, or that I am not. Or we can imagine that there is no injustice in the world, lasting peace, as it were; or that every knee bows down and confesses that Jesus is Lord.

What is it that distinguishes abstruse day-dreams from that kind of imagination which is in touch with possible reality? To be sure, day-dreams as well as reality-bound imaginations are *thinking* activites of the mind. But how is it that the mind »knows« the difference between them? Another way of asking the same question is to refer to the artist's vision of the work he plans. What is it that stops him from imagining some absurd format or quality of his particular form of art, e.g., an oil painting that is two miles long or the subject of which automatically convinces or converts millions of art-lovers? Obviously it is the artist's sense of »reality« which prevents him from imagining such things. By the same token we may ask what it is that makes me not imagine that the couple I try to help in their marriage difficulties could completely change their personality structures merely because I found the right words in counselling them? Obviously it is a combination of *will* and a *sense of reality* which contributes to the restriction of one's imagination. A more carefully prepared phenomenological analysis of erroneous imaginations would certainly show the border line between psychopathic (or merely silly) and realistic imaginations. All of this is part of thinking, to be sure. Our thoughts must endure the test of their relation to reality and probability before one can label them absurd or psychopathic, or, the other alternative, meaningful, daring and creative. Who is performing this test? I would submit that it is the stuff of which »common sense« is made, namely, logical stringency based upon my experience as well as those of other people in whom I have confidence. To use an example, it would certainly be absurd to claim as a legitimate imagination that the humble prayer of two or three believers for the problem of the distribution of food in our present world be answered instantaneously by divine interference. In this case it is the insight into probability and the structures of reality that prevent us from thinking such thoughts. What seems to regulate our evaluations of imaginations is not so much logical stringency as perhaps a total picture of world reality, a picture which in itself is available only by imagination.

Perhaps we should *will* such a total picture. Inasmuch as the artist must *will* a crystallisation of images growing from an almost infinite number of possible imaginations, the responsibly thinking human being in general must will his imaginations to focus on a *goal*. The will is the instrument of bringing the various images which our mind can create or which our memory can reproduce into the kind of *reality-bound images* that are the stuff of which *new things* come into being. But »reality« is as problematical a concept as is the »given«, mentioned above. It is not really true that the reason for not believing that the faithful prayer of two or three believers will change the situation in the Third World is the mere reference to what is »probable« or to world reality in general. The deepest reason is an insight into the way God works. This then is »reality« too. But it is, no one can deny that, an imagined reality. The only question is whether it is a legitimately imagined reality. As far as our inquiry has taken us it almost seems that thinking is subsumed or subdued by imagination. This is, perhaps, what I want to say. Logical thinking is perhaps no more than sorting out the details of the various products of imagination, legitimate and »reality-bound« as well as fantastic or absurd imagination. Even the cognition of »reality« does not seem to be the result of logical scrutiny and investigation but rather the outcome of meaningfully »willed« imagination. If imagination has to do with a *goal* (lest it dissolves into daydreams), it is »goal-ful« imagination rather than logical stringency which enables us to live in this world. If this is true then the question of reality is opened up once more. If reality is merely what has taken place and what probably can take place again, then no newness can be expected. Then imagination can deal with the combination of old things only with, as it were, a new arrangement.

The will, not only of the ethicist and theologian but of the artist also, singles out some images among the great number of images imagination produces. There is no doubt that the images stem from the past and grow out of memory or combinations of elements of our memory. But the goal as such is not necessarily part of what one remembers. In theological terms, it grows out of what has been promised, a remembered promise. Of course, hoped-for newness is not unrelated to remembered hopes, but it is newness nevertheless, not merely the re-enactment of what has already been.

What is the mark of an »unimaginative« human being? Such a person will stick not only to his or her usual and accustomed patterns of behaviour but also to the thoughts which have been thought a thousand times and which seemed to have proved useful. Surely no one lives without imagination, but unimaginative people subdue their imaginations or channel them into forms familiar to them in order not to be challenged or frightened by them. (This is, psychopathologically speaking, the mark of compulsory anxiety and neurosis and, theologically speaking, of the faithful guardian of orthodox thoughts and forms of speech.) The imaginative person, on the other hand, is unafraid of letting the images of his or her imagination come to the fore, to invite new thoughts, new images, to create new visions. Such a person may make mistakes in the course of experiencing ever-new images and in not knowing how to make direct or immediate use of them. The adventure of allowing such images to have their free play is by no means the mark of a disturbed or neurotic person; on the contrary, it characterises the liberated and truly open and mature human being.

Perhaps the testing function of imagination is to be understood in the following way. An intellectual or an imaginary proposition, e.g., the thought that the doctrine of the Trinity is useless or the suggestion that euthanasia is to be received uncritically as a good idea, is not only tested as to its logical consequences but rather such consequences become visible only when the imagination of the mind produces assumed realities or alternatives relative to such suggestions. The »unimaginative person«, equipped with his logical apparatus, is hardly able to show the consequences (or to make selections from them) of these and many other possible thoughts. Or, in short, what distinguishes the human mind from a perfect computer is the power of imagination.

If these brief statements bear any meaning one might say that a typically human capacity is the intellectual possibility of producing a great number of images from which the human *will* can select those that contribute to a meaningful *goal*. The details of such selection are to be clarified by logical testing operations, but the initial testing occurs in the effect of weighing image against image. An example from medical ethics can clarify this thought. Suppose someone says that in genetic counselling one should always advocate abortion when there is the slightest possibility of congenitally conditioned malfunction of the expected child, how is this thought to be tested? Merely logical thoughts obviously lead nowhere. An *image* of what constitutes »normality« and a »life worth living« is needed. Such an image is the result of a selection process. Several »images« of what could happen to imagined parents or families must occur and must be weighed. Only after that will it be possible to come up with a preference for *one* image. This process and the decision stemming from it will have to be defended logically, i.e., by comparing it to various other possible cases, by thinking of its possible contrary, etc. Thus, logical stringency is the attribute of the kind of thinking which is necessary after several images have been in competition with each other. Certainly what I have been saying here not only applies to theology but also to life in general, if this banal juxtaposition be permitted.

5. Consciousness, we have concluded, is a necessary precondition for theology. This is to say that without the conscious and self-critical reflection on the great number of images produced by imagination, i.e., without the »goalful« weighing of images against images, theology cannot occur. I leave open the question whether *faith* can occour without these conditions being met. On the basis of biblical evidence we probably will have to say that it can. Such understanding of faith, however, strikes us to be embarrassingly similar to Julian Jaynes' picture of »bi-camerality«. I, for one, would have hesitations in hoping that the result of my preaching and teaching in the church be imagination-less obedience, non-weighing fixation on one image only, »bi-cameral« submission. It is at this point that some critical thoughts could be applied to certain manifestations of the charismatic movement, as it is called. I have seen »charismatic congregations« in the United States and in Australia whose members appeared to me to be like Jaynes' bi-cameral human beings. What concerned me was not so much their emphatic reference to the presence of the Spirit or to their willingness to follow the Spirit's guidance, but rather the strange uniformity of behaviour and verbal articulation, the unimaginative adherence to some few imaginations which were not allowed to undergo any test.

Is not this the teaching of the Bible and the fathers of the church, that the Spirit leads into clarity, truth and freedom those whom he touches or renews? A full exposition of such teaching would invite critical thoughts directed not only against some forms of modern charismatic movements but also towards much of academic theology (Protestant as well as Catholic). For here it has often been suggested that theological logics and rational analysis must restrict and direct the dangerously disorderly activity of the Spirit in the church, as though the Spirit were not the Spirit of order and clarity!

If it is true that the testing task of theology consists of »goal-ful« and responsible weighing of one image over against another and that logical stringency is merely part of such weighing, pondering and comparing, and if it should also be true that the Spirit of God is related to the emergence of images in the believers' mind, then theology is really something very exciting! The testing task would at the same time be a creative activity. Searching for truth would at the same time be the production of truth. Checking on the church's first order language would at the same time be the stimulation of even more daring language of this kind. Trying to understand prayer would lead to prayer. Analysing intuitions and spontaneous imaginations would bring forth new intuitions. Dealing with matters of the Spirit would mean that one is being dealt with by the Spirit.

We are at present far away from a full understanding of theology's relation to prayer or of the inner connections between the accomplishments of analytical thinking and creative imagination. It is to be hoped that self-critical historical and systematic studies in the Western theological tradition will lead us to deeper insights into these connections. Some of them were already seen by the Greek fathers of the church, others may come to us from the church's experience in the so-called Third World. Still others may come from further investigations into the way the human mind functions when it produces and deals with imaginations. It would not be helpful to write off such investigations by labelling them psychological or phenomenological. They are an integral part of genuine and necessary theological inquiry.

Die Erfahrung der Wahrheit

Die Steuerung von Denken und Handeln durch implizite Axiome[*]

Es ist nicht die Suche nach der Wahrheit, zu der ich Sie in dieser Stunde einladen will[1]. Vielmehr will ich fragen, wie die Wahrheit uns trifft, wie sie uns antrifft, wie sie uns betrifft. Ich möchte wissen, wie wir gesteuert werden von dem, was wir für wahr halten und was letztlich auch wahr ist. Ich möchte zur Suche nach dem heimlich oder offen Steuernden führen. Die Reise wird in die Nachbarschaft von eigenen Erfahrungen führen, aber auch verschiedene wissenschaftliche Problemfelder berühren und durchkreuzen, die Psycholinguistik und die Frage nach normalen und pathologischen Steuerungen; sie wird die Philosophie unterwegs auf keiner Stufe entbehren können. Und ihr letztes Ziel ist die Klärung der zentralen theologischen Frage nach dem Verständnis des testimonium Spiritus Sancti internum[2].

Es wird ein Wagnis werden. Wie mit einer dünnen Sonde möchte ich durch die genannten Felder und die in ihnen beheimateten Probleme stoßen. Rechts und links werde ich vieles liegen lassen, bewußt auslassen oder nur intuitiv – und damit vielleicht irrtümlich – orten. Und letztlich muß ich sogar offen lassen, ob man über die große theologische Frage, die ich nannte, überhaupt sprechen kann, ob man sie nicht erleben muß, statt über sie zu reflektieren. Denn letztlich ist Theologie, so meine ich, nicht eine Wissenschaft, sondern sie ist Weisheit[3]. Sie drängt auf die Weisheit liebevollen, therapeuti-

---

[*] Um die Anmerkungen erweiterte öffentliche Antrittsvorlesung in Heidelberg am 6. Juni 1984.

[1] Dazu habe ich einen Ansatz versucht in: Zur Logik der Theologie, München 1984, Teil II »Die Theorie: Die Suche nach der Wahrheit«, 153-270.
[2] Calvin übernahm diesen Begriff von Luther. Er wurde später in der altprotestantischen Scholastik besonders im Hinblick auf den biblischen Kanon und auf das Schriftverständnis verwendet. Vgl. *G. W. Locher*, Testimonium internum, Zürich 1964 (Theol. Studien Nr. 81).
[3] Dies ist die zusammenfassende These des Buches: Zur Logik der Theologie, III, F, »Theologie als Weisheit«, 339-345.

schen Handelns mit Menschen, um sie auf allen Ebenen spüren zu lassen, daß sie Menschen bleiben sollen, und auf die Weisheit der Doxologie, die Gott zuruft, daß er unser Gott ist.

In therapeutischem und doxologischem Denken und Handeln scheint sich mir alles erschöpfend darzubieten, was letztlich wichtig ist. Aber sprechen läßt sich besser über das Vorletzte, über den Weg dorthin und die Einladung auf den Weg, die von dort kommt. Ja, es ist auch ein Stück autobiographische Bilanz, die mich heute diese scheinbar disparaten Problemfelder mit einer Sonde durchsuchen läßt.

Aber noch einmal soll meine Frage, die jetzt auch die Ihrige werden soll, umschrieben werden: Wie begegnet uns, die wir nicht nur von Instinkten gesteuert sind, Wahrheit? Wo trifft sie uns, wenn sie uns zur Selektion aus tausend Möglichkeiten anleitet, wenn sie uns Wahres von Falschem unterscheiden lehrt? Was hat es mit der Steuerung auf sich, die das spezifisch Menschliche ausmacht? Ich gehe in sechs Stufen vor.

1. Alltägliche Annäherung an die impliziten Axiome

Ich nenne das, was letztlich unser Denken und Handeln steuert – in Verbindung oder auch Widerspruch mit unserer genetischen Kodierung – »implizite Axiome« oder auch »regulative Sätze«[4]. Das ist ja das Wesen von Axiomen, daß sie einfach da sind, daß sie funktionieren, ohne uns zu erlauben, sie wirklich begründen zu können, so, als stünden wir hinter oder über ihnen. Sie stehen hinter oder über uns, sie steuern uns. Man sollte sie tatsächlich lieber »implizite Axiome« als »regulative Sätze« nennen, denn die meisten von ihnen sind gar keine Sätze, jedenfalls nicht sprachlich ausformulierte Sätze. Freilich lassen sich manche Menschen von Maximen leiten, die sie auch aussprechen können. Wirklich un-hinterfragbare implizite Axiome, die unser Denken und Tun steuern, sind nicht leicht in Sätzen faßbar. Sie sind sozusagen am Rand der Sprache und können nur im Bewußtsein, daß ihre Benennung das Risiko des Erstarrens mit sich bringt, hinter unserem Denken ge-

---

4 Vgl. Zur Logik der Theologie, I, H. Ähnliches versucht *G. A. Lindbeck*, The Nature of Doctrine, Philadelphia 1984.

sucht werden. Wären sie aber gar nicht benennbar, so könnten sie ihre Steuerungsfunktion vielleicht verlieren.

Freilich sind wir Menschen genetisch kodiert und programmiert, wie Tiere und Pflanzen. Aber die Konstellation des genetischen Programms erlaubt unschätzbare Dimensionen von Selektion, Wahlfreiheit, auch Selbstzerstörung und Zerstörung anderer. Bekanntlich ist es strittig, inwieweit die Programmierung auch unsere frühkindliche Sozialisation sowie unsere spätere Erziehung und Idealbildung auf ganz bestimmte Entscheidungen hin festlegt. Aber ohne Schaden können wir dieses ungelöste Problem hier am Weg stehen lassen. Sicher ist, daß wir alle lernen mußten, unseren Körper von dem der Mutter (oder anderer Menschen) zu unterscheiden. Und wir mußten uns – im Zusammenspiel mit der sog. Körperrepräsentanz – die Objekte um uns herum bewußt machen können, und schließlich uns selber zum Gegenstand der Wahrnehmung in der Ausbildung unseres Selbst erfahren lernen. Die heute sog. Repräsentanzenlehre (entwickelt von D. Beres, E. Joseph, H. Hartmann, A. Lorenzer u.a.) differenziert hier hilfreich, was frühere Entwicklungspsychologie nur ungenauer erfassen konnte[5]. Sie mögen fragen, ob wir alle diese Lektionen in gleicher Weise gelernt hätten. Ja, das ist nicht sicher und genau hier setzt auch wichtiges Fragen nach pathologischer Entwicklung ein. Sehen wir die Dinge gleich, hören wir dasselbe, wenn wir jemanden sprechen, predigen hören? Schätzen wir die Objekte ähnlich ein? Wie können wir Wahn von Realität unterscheiden[6]? Ist nicht die Freiheit zur Abweichung furchterregend? Stehen uns nicht immer wieder alle Wege derart offen, daß die Angst Raum bei uns gewinnen muß, die Freiheit als schreckliche Last entlarvt wird und die Vergangenheit wie eine unentwirrbare Komposition aus Versäumnissen unsere Zukunft bedroht?

---

5 Vgl. *H. Hartmann,* Ich-Psychologie, Studien zur psychoanalytischen Theorie, Stuttgart 1972; *D. Berres,* »Symbol und Objekt«, in: Psyche, 1970, 4, 921–941; *A. Lorenzer,* Kritik des psychoanalytischen Symbolbegriffs, Frankfurt 1970, sowie Sprachzerstörung und Rekonstruktion, Frankfurt 1973.
6 S. etwa *J. Glatzel,* Das psychisch Abnorme, München/Wien/Baltimore 1977, bes. 132–146. Diese Vorarbeit zu *Glatzels* Allgemeine Psychopathologie, Stuttgart 1978, ist eine wissenschaftstheoretische Kritik an K. Jaspers sowie K. Schneiders Voraussetzungen zum Verständnis von Verstehbarkeit von Krankheit, u.a. vom Wahn; vgl. unten Anm. 23–25.

Heutige Neurophysiologie kann uns noch nicht sagen, wie unsere Empfindungen durch die Wahrnehmung selektiv gesteuert und im Bewußtsein repräsentiert werden bzw. wiederum die Wahrnehmung beeinflussen. Ich berufe mich etwa auf Christoph v. Campenhausens Bücher zur Psychophysik (des Mainzer Sohnes unseres verehrten Kirchenhistorikers)[7].

Aber wir können von der anderen Seite herangehen und eine einfache, alltägliche Beobachtung zur Basis von zwischenmenschlichen Gemeinsamkeiten machen, wie es schon William James versuchte. Beachten Sie, daß wir die Dinge, die wir sehen und hören, nie »nackt« und »an sich« sehen und hören, sondern immer im Modus des Sehens-als, des Hörens-als[8]. Wir sehen einen Gegenstand aus Holz mit vier Beinen und einem oberen, steilen Teil nicht abstrakt als eben dieses, sondern als einen Stuhl zum Sitzen. Wir sehen einen Geldschein nicht als farbig bedrucktes Papier, sondern als etwas zum Ausgeben oder Verdienen, ein Messer als etwas zum Schneiden, ein Haus als etwas zum Bewohnen, einen Wald als Nutzholz oder als etwas ästhetisch Schönes. Immer sehen und hören wir sozusagen »mehr«, als wir sehen und hören oder auch lesen. Auch Sie hören jetzt »mehr« als ich in diesen Minuten wirklich sage. Es sind die impliziten Axiome, die uns zum Denken und Handeln antreiben, die dieses »mehr« bewirken. Ich nenne dieses »mehr« den »Hof« oder das »Halo« unserer Wahrnehmung. Hier zeigt sich auch der Unterschied zwischen normalem und pathologischem Wahrnehmen: Denn, wer ein Messer als etwas sieht, das ihm Schuld- oder Aggressionsgefühle einflößt, oder einen Geldschein als etwas, das ihm Angst und Selbstmitleid verursacht, der ist von unnormalen Axiomen – wenn ich diesen Ausdruck vorläufig einführen darf – geleitet. Ebenso wäre es auch der Mensch, der Hungernde und Gefolterte sieht, Flüchtlinge und Entrechtete, und dem sich nicht das Herz vor Mitleid abschnürt und im Denken Empörung hervorruft.

---

7 *Chr. v. Campenhausen*, Die Sinne des Menschen, Bd. 1: Einführung in die Psychophysik der Wahrnehmung, Stuttgart/New York 1981; s. auch *J. Delay / P. Pichot*, Medizinische Psychologie (franz. 1963), Stuttgart 1970, bes. Kap. III–VIII, sowie *F. Leukel* (Hg.), Issues in Physiological Psychology, Saint Louis 1974.
8 Dies ist in der philosophischen Phänomenologie ein gebräuchlicher Begriff. Zur philosophischen und theologischen Diskussion vgl. die Habil.-Schrift meines kürzlich verstorbenen Mitarbeiters *Hugh O. Jones*, Die Logik theologischer Perspektiven, Göttingen 1985.

Das »mehr«, der »Hof« oder das »Halo« um das herum, was wir sehen und hören, das ermöglicht uns auch zwischenmenschlichen Kontakt. Das erlaubt uns ein kritisches Abtasten unserer Wahrnehmung, die Rückfrage an uns selbst: Verstehen andere, was ich als »mehr«, als »Hof« um das Wahrgenommene zu sehen meine? Sehen sie es gleich oder ähnlich, haben wir eine gemeinsame Perspektive, können wir eine gemeinsame Rationalität entfalten und gemeinsam Pläne machen? Können wir vielleicht gemeinsam therapeutisch tätig werden, gemeinsam Gott anreden? Und diese Fragen münden doch in die hier zentrale Frage: Sind die andern Menschen von gleichen oder ähnlichen impliziten Axiomen geleitet, wenn sie etwas wahrnehmen, wie ich? Vielleicht differieren wir, wenn nicht in der Wahrnehmung, dann im »Hof«, den wir darumlegen, im »mehr«, das wir zugleich mitsehen, mithören? (In der Theologie hat man jüngstens manchmal gesagt, die Kirche sei eine »Interpretationsgemeinschaft«; genau das meine ich hier. Interpretieren die andern ebenso oder ähnlich wie ich, oder fällt alles in privatisierte Sprache zurück?)

Soviel zunächst zu den impliziten Axiomen im allgemeinen. Sie erlauben das Leben. Sie lassen mich meinen Körper, die Objekte und meine Ziele richtig einschätzen. Sie wirken wie Grammatik auf die Sprache[9]. Wenn dieselben oder zumindest ähnliche Axiome – wie Spielregeln – uns leiten, so besteht doch noch Hoffnung, daß nicht alle Kommunikation und Mitmenschlichkeit zerbröckelt.

2. Die Steuerung der Sprache

Ich sagte es gerade schon: man könnte die impliziten Axiome in ihrer Steuerungsfunktion unseres Denkens und Handelns formal mit der Steuerung vergleichen, die durch die Grammatik auf den Benützer von Sprache ausgeübt wird. So wird schon ein Kind im Vorschulalter wissen, daß man nicht sagen kann: »Zwei Dreiräder *ist* auf dem Spielplatz« – sondern, daß es »sind« heißen muß, obwohl das Kind die grammatischen Regeln über den Plural noch nicht kennt, jedenfalls nicht bewußt benennen kann.

---

9 Das wittgensteinsche Verständnis von »Grammatik« verwende ich in: Zur Logik der Theologie; vgl. auch *P. L. Holmer,* The Grammar of Faith, New York 1978.

Aber es geht um mehr als Grammatik. Es geht um Konzept-Bildung überhaupt, um Analogieschlüsse in der kognitiven Entwicklung, es geht um den Spracherwerb, über die Ein-Wort- und Zwei-Wort-Sätze hinaus, die auch Menschenaffen erlernen können. Es geht sogar um Symbole und ihre Verwendung, eine der höchsten, spezifisch menschlichen Leistungen[10].

Prüfen Sie es selbst am Beispiel der Nacherzählung etwa. Sie können jemand die Weihnachtsgeschichte aus Lukas 2 oder die Geschichte vom Barmherzigen Samariter aus Kap. 10 vorlesen und ihn bitten, sie mit ganz anderen Worten nachzuerzählen. Beim Überprüfen der Nacherzählung, – und sei es eine Erweiterung mit vielen Ausschmückungen – werden bei Ihnen die impliziten Axiome in Funktion treten, die ursprünglich auch hinter Lk 2 und 10 gestanden haben. Nach meinem Verständnis kann man genau dies »Theologie« nennen: Das Wirksamwerden von impliziten Axiomen zur Überprüfung von einer Aussage und natürlich auch von einer Handlung.

Aber wir müssen nochmals etliche Schritte zurückgehen zu den Theorien über den Spracherwerb[11]. Hier stehen sich – wie so oft in den Humanwissenschaften – wieder die alten philosophischen Alternativen von Empirismus und Rationalismus gegenüber. Die Behavioristen – ich nenne als Beispiel B. F. Skinner – erklären den Spracherwerb in ihrer »funktionalen Analyse«, wie sie es nennen, ganz nach dem Modell der operanten Konditionierung. Stimulus und Respons, Verstärkung und Löschung, sind Basiskategorien, auf die alles reduzierbar erscheint. Dahinter steht die oft unausgesprochene, philosophische Überzeugung von John Locke, das Gehirn eines Kindes sei wie eine tabula rasa, ein Täfelchen, in das sich nun Eindrücke und Erfahrungen einritzen.

Ganz anders denken die Rationalisten. Als Beispiel nenne ich Noam Chomsky, den man in der Tradition von Leibniz und wohl auch von Wilhelm

---

10 Vgl. die in Anm. 5 genannten Schriften von *A. Lorenzer*, s. außer den klassischen Arbeiten von *E. Cassirer* und *P. Ricoeur*: *W. Jetter*, Symbol und Ritual, Göttingen 1978 sowie *H. Kämpfer / J. Scharfenberg*, Mit Symbolen leben, Olten/Freiburg 1980.

11 Vgl. dazu *N. Chomsky*, Language and Mind, New York 1968, dt.: Sprache und Geist, Frankfurt 1970; *H. Hörmann*, Meinen und Verstehen, Grundzüge einer psychologischen Semantik, Frankfurt 1976; *ders.*, Einführung in die Psycholinguistik, Darmstadt 1981; *K.-O. Apel*, Transformation der Philosophie, Bd. I u. II, Frankfurt 1972; *ders.*, »Noam Chomskys Sprachtheorie und die Philosophie der Gegenwart«, in: *B. Schlieben-Lange* (Hg.), Sprachtheorie, Hamburg 1975.

von Humboldt sehen kann. Die Sprachfähigkeit ist uns schon angeboren, sagt er, Menschen haben »inborn« »Language Acquisition Devices« (LAD). Wir werden sozusagen mit der sich dann beim Kind entwickelnden Fähigkeit, einen Konjunktiv zu denken, schon geboren. Wir haben Steuerungsmechanismen vorgängig schon in uns. Wenn es nicht so wäre, so könnten wir aus den Aber-Millionen von Sätzen, die man aus je 20 Worten etwa bilden kann, niemals die formieren, die wir im tatsächlichen Leben wirklich formieren und gebrauchen. Die impliziten Axiome – wie ich sie nenne – sind nach Chomsky schon im homo sapiens angelegt[12]. Wenn das richtig ist, so ergeben sich gewichtige anthropologische und auch theologische Konsequenzen. Chomsky fragt zurück von der Oberflächenstruktur der Sprache auf die »Tiefengrammatik« hin, die generative Grammatik. Seine Theorie ist komplex und erfreut sich heute einer beachtlichen Hochschätzung. Sie handelt von Stammbäumen der Sätze und von Transformationsregeln, sie unterscheidet phonetische, syntaktische und semantische Komponenten, Kernsätze und Bedeutungen, usw. Jetzt verlockt es zu fragen: Entspricht die Tiefenstruktur bei Chomsky dem Unterbewußtsein bei Freud? Verhalten sich die Äußerungen verschiedener Christen zueinander wie parallel mögliche Sätze, die letztlich von ein und derselben Tiefengrammatik gesteuert sind? Könnte man die Suche nach der generativen Grammatik also auch ökumenisch nutzen? Dies sind nur vorläufige Fragen. Sie sollen zeigen, wohin ich die Sonde schieben will.

Seit langem operiere ich in der Theologie mit den vielfältigen Unterscheidungen zwischen Oberflächen- und Tiefenstruktur. Am konkretesten konnte ich dies aber in der analytischen Psychotherapie lernen. Die Verwendung in der Theologie ist logisch dieselbe. Auch hier geht es im Diskurs um die Analyse der Verfilzung theologischer Sätze, um die Entschlüsselung autonom gewordener Begriffe und um die Rückführung auf die hinter ihnen liegenden Axiome. Die direkte Suche nach möglicher Übereinstimmung in zentralen Sätzen nennen wir in der Ökumene bekanntlich Konsens-Texte;

---

12 Diese kurze Darstellung der ursprünglichen Thesen Chomskys ist eine Überzeichnung, die seinem Buch: Aspects of the Theory of Syntax von 1965, dt.: Aspekte der Syntax-Theorie, Frankfurt/Berlin 1969 eher entspricht als der späteren Ausformung des Konzeptes der »generativen Semantik«.

die noch für die Zukunft erwartete Überbrückung von Differenzen, die sich aber schon abzeichnet, nennen wir Konvergenz-Texte[13].

Vielleicht könnte man dieser Überlegungskette wegen ihres verborgenen Rationalismus in der Anwendung auf die Theologie mißtrauen. Ich bin auch noch unentschieden, wieweit ich mich von dem mir sonst sympathischen empiristischen Ansatz der angelsächsischen Philosophie enfernen soll. Ich will das Argument im folgenden Abschnitt weitertreiben.

3. Die Kontroverse unter den Neurophysiologen

Es geht hier nicht um etwas Fachfremdes, sondern vielleicht um das Herzstück der Philosophie im Hinblick auf den Menschen. Vielleicht werden wir erst in den nächsten Jahrzehnten gezwungen, hier hellhöriger zu werden. In den Kontroversen unter den Neurophysiologen begegnen wir wieder der Verlängerung des philosophischen Empirismus und des Rationalismus, ja im Grunde wiederholt sich hier der alte Nominalismus-Realismus-Streit um die Universalien. Ich berufe mich auf Arbeiten des Göttinger Neurophysiologen Otto Creutzfeldt[14] sowie auf das CIBA-Foundation Symposium 69: »Brain and Mind«[15] und auf das bekannte Buch von Popper und Eccles »The Self and its Brain« (1977)[16], freilich auch auf Gilbert Ryle »The Concept of Mind«[17].

Es stehen sich die sogenannten physikalische Identitätstheorie und die interaktionistisch-dualistische Theorie gegenüber. Hinter diesen beiden etwas

---

13 Die 1982 in Lima von der »Kommission für Glaube und Kirchenverfassung« einstimmig verabschiedeten Texte zu Taufe, Eucharistie und Amt, die sog. »Lima-Texte«, stellen ein Beispiel für Konvergenz-Texte über diese immer noch kirchentrennenden und noch nicht konsensfähigen Lehrtraditionen dar, vgl. *H.-G. Link (Hg.), Schritte zur sichtbaren Einheit, Lima 1982, Frankfurt 1983 (= Beiheft Nr. 45 zur Ökumen. Rundschau); s. auch G. Sauter,* Art. »Consensus«, TRE 8 (Theol. Realenzyklopädie, Bd. 8, 1981), 182–189.
14 O. Creutzfeldt, »Philosophische Probleme der Neurophysiologie«, in: *H. Rössner* (Hg.), Rückblick in die Zukunft, Berlin 1981, 256–278. Creutzfeldt neigt der dualistischen Position von Eccles zu (s. Anm. 16), ohne sie jedoch naturwissenschaftlich begründen zu wollen.
15 CIBA-Foundation Symposion 69, New Series: Brain and Mind, Amsterdam 1979.
16 *K. R. Popper / J. C. Eccles,* The Self and its Brain, Berlin/Heidelberg 1977, dt.: Das Ich und sein Gehirn, München 1982; s. auch Eccles' neuestes Buch: The Wonder of Being Human, Our Brain, Our Mind, New York/London 1984. Im Unterschied zu Creutzfeldt

gestelzten Namen steht folgendes: Die Vertreter der physikalistischen Identitätstheorie sagen, daß das Denken, Fühlen, Wollen und Empfinden eines Menschen mit physiologischen Hirnprozessen identisch sei – daher »Identitätstheorie«. All unsere Erinnerungen und Hoffnungen, unsere Gefühle den geliebten aber auch den uns unsympathischen Menschen gegenüber, ja unsere Überzeugung und unser christlicher Glaube, unsere Loyalität gegenüber Menschen und Idealen – alles wäre letztlich physiologisch erklärbar. Freilich wird sogleich zugegeben, daß unsere Forschungen noch nicht weit genug gediehen sind, um wirklich komplexe Phänomene, wie die eben aufgezählten, physiologisch zu erklären. Aber es wird doch statuiert, daß im Prinzip eine solche Erklärung einmal möglich sein wird. Man sieht sogleich, daß diese Theorie dem Materialismus des 19. Jahrhunderts verwandt ist und sowohl dem heutigen Marxismus als auch dem amerikanischen Behaviorismus sympathisch sein muß. Der große Vorteil dieser Theorie ist zweifellos, daß die Neurophysiologen bei ihren Forschungen innerhalb eines logischen Systems, eines Frageasters, sozusagen, verharren können. Das ist z.B. der Vorteil der Positionen von H. Feigl[18] und D. M. Armstrong[19]. Sie sind zu keinem Übergang in eine andere Dimension genötigt. Sie können naturwissenschaftlich-empirisch vorgehen, auch wenn ihre Ergebnisse vorerst wenige Einzelheiten, geschweige denn komplexe physische Vorgänge wie Empfindungen und Bewußtseinszustände erklären können.

Anders lautet die Generalthese der interaktionistisch-dualistischen Schule, die heute besonders von Sir John Eccles, dem australischen Nobelpreisträger, der heute im Tessin lebt, und von Sir Karl Popper, dem österreichi-

---

beabsichtigt Eccles eine neurophysiologische Begründung der dualistisch-interaktionistischen Konzeption der Beziehung zwischen Bewußtsein und Gehirn.
17 *G. Ryle*, The Concept of Mind, London 1949, dt.: Der Begriff des Geistes, Stuttgart 1969. Ryles fundamentale Kritik an der »Kategorienverwechslung«, Geist sei (cartesianisch) der Materie »gegenüber« und könne z.B. auf den Körper einwirken, kann eine folgenschwere Kritik am Programm psychosomatischer Medizin ermöglichen. Während die Psychosomatiker ihrerseits mit Vorliebe Descartes und seinen Einfluß für die Verhinderung echter psychosomatischer Einsichten verantwortlich machen, könnte Ryles Kritik am cartesischen »Mythos« auch wiederum die Ansätze psychosomatischer Theorie in Frage stellen.
18 *H. Feigl*, »The ›Mental‹ and the ›Physical‹«, Minnsesota Studies in the Philosophy of Science, II, Minneapolis 1958, 370–497.
19 *D. M. Armstrong*, A Materialist Theory of the Mind, London 1968.

schen Philosophen, der nach Neuseeland und dann nach London auswanderte, vertreten wird. Das gemeinsame Buch der beiden ist ein Bestseller geworden. Es ist recht erstaunlich, daß ein Philosoph wie Popper sich den Gedanken des Gehirnforschers Eccles anschließen kann. Und diese Gedanken betreffen die »relative Unabhängigkeit des Ich vom Leib«, wie es heißt, oder »ganz neue Schichten der Wirklichkeit«, die nicht ableitbar sind aus tieferen Schichten der Hirnfunktionen. Popper statuiert sogar zwei, ja drei Welten: 1. die Welt der Physik, 2. die der bewußten Wahrnehmung, und 3. die Welt, in der das Ich Identität und Kontinuität garantiert. Ich gehe jetzt nicht im einzelnen auf Poppers Versuch ein, doch noch eine evolutionäre Verbindung zwischen der Phylogenese des Gehirns und dem menschlichen Geist zu etablieren. Ich summiere nur seine – und eben Eccles' – These, es gäbe in uns etwas »oberhalb« des Gehirns, etwas, das mit dem Komplex des physiologisch funktionierenden und erklärbaren Apparates in Wechselwirkung steht – darum heißt die These auch »interaktionistisch«. Sie heißt natürlich »dualistisch«, weil es sich hier um eine echte Dualbeziehung handelt zwischen dem Ich und dem Gehirn. Man kann es auch anders sagen: Die erste Theorie, die physikalistische Identitätstheorie, behandelt das Gehirn sozusagen wie einen Computer, der sich selbst speist und sich durch seine eigenen, wenn auch anwachsenden Regelkreise programmiert. Solche Computer gibt es ja, wie jeder weiß. Natürlich wissen aber die Vertreter dieser neurophysiologischen Konzeption, daß der Vergleich mit dem menschlichen Gehirn unerhört vage ist, zumindest aus quantitativen Gründen, denn bei allen Parallelen zwischen Gehirn und Computer gilt es zu bedenken, daß ein Computer einige 100 Tausend Schaltelemente, ein menschliches Nervensystem aber etwa 15 Milliarden Neuronen in Funktion setzen kann, von denen jedes mit etwa 10 bis 100 anderen verkoppelt ist. Die Gesetze der sogenannten Synapsenübertragung sind dem Computer nur zum Teil vergleichbar. Ein weiterer Unterschied besteht auch in der hohen Fehlerquote der Funktion des Nervensystems, die aber durch unerhört viele, parallel laufende Operationen auf einen erträglichen Durchschnitt reduziert wird. All dies wissen natürlich die Vertreter dieser im Prinzip materialistischen Theorie über das menschliche Gehirn[20].

---

20 Zur allgemeinen Information vgl. z.B. *F. L. Ruch / P. G. Zimbardo*, Lehrbuch der Psychologie, Berlin/Heidelberg/New York, 2. Aufl. 1975, sowie *E.-J. Speckmann*, Einführung in die Neurophysiologie, Darmstadt 1981.

Die Vertreter der anderen Schule würden den Unterschied zwischen Gehirn und Computer am leichtesten am Beispiel der Programmierung illustrieren können. Das Ich programmiert das Gehirn, wiewohl es freilich seinerseits in unendlich zahlreichen Impulsen von dort auch beeinflußt wird. Aber immerhin: es gibt einen relativ selbständigen und von physiologischen Funktionen unterscheidbaren Agenten, das Ich.

Schon diese kurze Skizze läßt jeden schnell erkennen, daß es sich bei dieser Kontroverse unter den Neurophysiologen um eine neue Form des alten Leib-Seele-Problems handelt[21]. Wer regiert wen, und ist das eine auf das andere reduzierbar, und wenn nicht, wie verhalten sich dann die beiden Größen zueinander? Eccles und Popper – und vor ihnen freilich schon andere – behaupten, wir Menschen seien alle in der Lage, außer und neben der Rezeption von ungezählten Informationen auch ein Ganzes zu erfassen, sozusagen ein Integral zu gestalten über 1000 Eindrücken, und das sei eben das spezifisch Menschliche, die Funktion des Ich, die man nicht mehr letztlich physiologisch durch Stimulus- und Respons-Schemata erklären könne. Die andere Schule bestreitet das nicht, aber sie kann diese menschliche Fähigkeit nicht erklären. So erzählt einer vom Urlaub, hat 100 Einzelheiten erlebt, erzählt alle oder läßt 90 weg und berichtet nur das Wesentliche. Wir kennen einen geliebten Menschen und könnten tausenderlei über ihn sagen, aber wir sagen wenig und das trifft es; es kommt vom Zentrum, vom Herzen, und es trifft das

---

21 Damit ist unweigerlich die alte Thematik der cartesischen Tradition wieder auf dem Plan. Die zu Recht von den Psychosomatikern kritisierte Form dieses Leib-Seele-Modells von Descartes scheint mir jedoch durch die neueren medizintheoretischen Ansätze etwa von V. v. Weizsäcker, F. Alexander und Th. v. Uexküll u.a. philosophisch noch nicht vollständig überwunden bzw. ersetzt zu sein. Der Test für diese Behauptung liegt in der Beantwortung der Frage nach dem Kausalitätsverständnis, das der Erklärung von psychosomatischen Erkrankungen zugrunde liegt, einer Frage, die ich in den letzten Jahren medizinischen Kollegen immer wieder intensiv gestellt habe. Oft scheint mir noch ein bi-polares Kausalitätskonzept vorzuherrschen, das auch dann als logisch einlinig bzw. eindimensional anzusehen ist, wenn die Ursache für eine Erkrankung »multifaktoriell« genannt wird. Neuere Wissenschaftstheorie hält aber komplexere Konzepte von Kausalität bereit. Hilfreich ist gewiß die Anwendung kybernetischer Theorien auf die Medizin, vor allem auf der Grundlage neuerer Einsichten in die Logik der Quantenmechanik und der Biophysik, C. F. v. Weizsäckers Arbeiten scheinen mir Ansatzpunkte zu liefern. Vgl. zu diesen Fragen das in Anm. 29 genannte Buch des Heidelberger Kollegen Wolfgang Jacob; s. auch *R. Groß*, »Einige logische Grundlagen und Grundfragen der Medizin«, in: Deutsches Ärzteblatt – Ärztliche Mitteilungen, Sonderdruck aus den Heften 36–40, 1973.

Zentrum. Wir haben Gesamturteile – summierende Credos – die auch unsere Einzelurteile steuern. Die interaktionistisch-dualistisch orientierten Hirnforscher sagen, wir hätten sie nur, weil unser Ich relativ unabhängig ist vom Körperlichen, vom physiologischen Funktionieren. Es sei »ein radikal Neues gegenüber der Materie«, sagt Popper sogar[22].

Ich kann freilich diese Kontroverse nicht auflösen. Zudem scheint es mir auch gar nicht ausgemacht, daß die Würfel im Interesse der christlichen Theologie unbedingt zugunsten von Eccles fallen müßten. Auf der Ebene, über die wir hier handeln, ist der alte Materialismus des 19. Jahrhunderts ohnehin obsolet geworden; unser heutiges Verständnis von Natur drängt nicht mehr in derselben Weise auf die Polarisierung von Materie und Geist, wie sie uns früher beunruhigte.

Wir lassen diese Frage also offen und halten nur fest: Es gibt implizite Axiome, wie ich sie nannte. Es gibt etwas, was uns unter all den tausend Eindrücken ein Gesamturteil ermöglichst. Menschen sind ganz offenbar unter anderem auch darin von Tieren verschieden, daß sie Gesamturteile bilden können und von ihnen aus Steuerungen für Einzelgedanken und Handlungen erfahren. Anders ist die Selektion aus ungezählten Möglichkeiten und die Herausbildung von Verhaltensmustern und ethischen Überzeugungen, die unser Leben ausmachen, gar nicht erklärbar.

4. Normale und pathologische Axiome

Das menschliche Ich erhält in diesen Überlegungen eine bedeutende Stellung. Es ist die Stelle im Menschen, an der Wahrheit und Wahrnehmung gebündelt werden, an der implizite Axiome von Gruppen, zu denen wir gehören, empfangen und in Eigenes hinein transformiert werden. Von hier soll die Steuerung eines gesunden Menschen ausgehen. Aber wer ist gesund, wer hat die »richtigen Axiome«?

Mit einer solch lapidaren Frage sind zugleich zwei zentrale Probleme berührt: Was ist gut, und was ist normal? Es ist wahr, viele Menschen werden

---

22 Dieselbe These ist in Eccles' neuem Buch: The Wonder of Being Human (s. Anm. 16) vertreten, und zwar, wie mir Sir John Eccles mündlich mitteilte, in Absprache mit K. Popper.

ungut gesteuert, vielleicht wir alle, mindestens zu Zeiten und auf bestimmten Ebenen. Aber ich will die ethische Frage vorerst ausklammern. So konzentrieren wir uns auf die andere Seite: Viele Menschen scheinen mit Steuerungen ausgestattet zu sein, die nicht normal sind. Sie sehen die Wirklichkeit verzerrt, können sich selber nicht in eine vernünftige Relation zu anderen und zu Sachproblemen setzen. Sie sehen ein anderes »Halo«, offenbar einen anderen »Hof« um die Dinge; oft sehen sie nur noch den »Hof«, nicht mehr den Kern, nicht mehr das, was vornehmlich von den Mitmenschen gesehen wird.

Aus der Entwicklung der Psychopathologie kann ich hier nur auf zwei der vielen Neuerungen hinweisen, weil gerade sie für unsere theologische Frage relevant sind.

1. Karl Jaspers[24] beeinflußte durch seine Weiterführung von Max Schelers Phänomenologie die spätere Psychiatrie dahingehend, daß sie zwischen objektiven und subjektiven Symptomen, zwischen verständlichen und uneinfühlbaren psychischen Störungen unterschied. Heute werden daran Kritiken angemeldet. Ich denke besonders an zwei größere Arbeiten von Johann Glatzel in Mainz, besonders in den Abschnitten über den Wahn[24]. Worin liegt die Abnormalität eines Patienten, der sich in einem Raum mit sauberen, einfachen Möbeln sieht, um sich herum Menschen in weißen Kitteln, auf einem Tisch ein Stück Brot – und der sich in einer Bäckerei wähnt? War seine Wahrnehmung irrtümlich oder fehlte ihm ein implizites Axiom, das den Raum als ein Krankenhauszimmer erkennen ließ[25]?

2. Während man früher geneigt war, psychische Krankheiten in fehlhafter Ausdrucksweise, pathologischer Sprachverzerrung und wirklichkeitsferner Wahrnehmung zu orten, sieht man heute besser, daß sich z.B. Neurosen in privatisierter Sprache zeigen, nicht notwendig und nur selten in unverständlichem Reden[26]. Während S. Freud noch meinte, Symbole seien Ausdruck

---

23 Es geht hier um die Frage nach der Einwirkung von Max Schelers Unterscheidung zwischen Ideal- und Realfaktoren.
24 *J. Glatzel*, Das psychisch Abnorme (s. Anm. 6) sowie Allgemeine Psychopathologie, Stuttgart 1978, in der eine breite Auseinandersetzung mit den philosophischen Voraussetzungen der Psychologie und vor allem der Theorie der Psychopathologie geboten wird.
25 Dieses Beispiel (von Bürger-Prinz) bringt *J. Glatzel* in: Das psychisch Abnorme, 51–52.
26 Vgl. die allerdings steilen Thesen von *A. Lorenzer* in: Sprachzerstörung und Rekonstruktion, Frankfurt 1973.

von Verdrängung, weiß man heute, daß Symbole Ausdruck menschlicher Reife und echter Erfahrung sind, daß vielmehr verdrängte Symbole zu Klischees führen, die einen gefangen nehmen und echte, gemeinsame Sprache zerstören[27]. Ja, manche sagen, wahre Psychotherapie sei Re-Symbolisierung, nicht Re-Rationalisierung der Sprache eines Patienten.

All dies lehrt nichts weniger als die Einsicht, daß der Ort des Krankhaften das Ich als Heimat der impliziten Axiome ist. Das Pathologische liegt in der Steuerung, nicht in den Symptomen. Das Normale und Gesunde wird auch dort beheimatet sein, und dies will ich sogleich auf die Theologie anwenden. Davor gibt es aber eine Hürde, die ich in langjähriger Arbeit an der Frage gesund/krank, alter Mensch/neuer Mensch, noch nicht habe überspringen können[28]. Es ist folgendes Problem:

Das griechisch-hellenistische Konzept von Gesundheit sieht einen Menschen, dessen implizite Axiome ihn befähigen, auf dem Sportplatz und in der Akademie in gleicher Weise vortrefflich zu funktionieren. Er ist wettbewerbsfähig, kann sich maximal selbst verwirklichen und optimal an die Situation, in der er sich vorfindet, adaptieren. Ich nenne dies das Athener-Modell. Wir therapieren heute alle nach diesem Modell, wir erziehen auch unsere Kinder und Studenten nach diesem Ideal: Sie mögen sich, so hoffen wir, maximal in ihren Gaben entfalten und optimal in ihrer jeweiligen Situation zurechtfinden.

Anders ist das Jerusalemer Modell, wie ich es nenne. Hier ist der kranke und kaputte Mensch, der Leidende und Unverwirklichte der Geliebte, der wahre Mensch, der Träger der Menschenwürde. Aber nach diesem Modell – das leidende Israel bis zu den Juden unseres Jahrhunderts, sowie der Mensch Jesus stehen ja gerade nicht im Zeichen der Selbstverwirklichung und Anpassung – nach diesem Modell aber gehen wir nicht mit unseren leidenden Mitmenschen, mit Patienten und mit unseren Kindern um. Nur im Notfall suchen wir Zuflucht beim Jerusalemer Modell; kraß gesagt: Wenn das Athener Modell von Normalität uns mißrät, dann ziehen wir uns fromm zum Jerusalemer Modell zurück.

---

27 Vgl. Anm. 10.
28 Der Frage nach der Normalität und nach der Beziehung zwischen »normalem« und »neuem« Menschen bin ich mit Hilfe des »Athener« und des »Jerusalemer Modells« nachgegangen in: Zur Logik der Theologie, I D 6, sowie auch in »Gesundheit: Gnade oder Rechtsanspruch?« in diesem Band S. 266–271.

Ich bin mit dieser Spannung in keiner Weise fertig geworden und werde es nun im strikt theologischen Schlußteil dieses Vortrages nochmals zur Sprache bringen (hier weise ich hin auf das hilfreiche Buch des Heidelberger Kollegen Wolfgang Jacob: »Kranksein und Krankheit, Anthropologische Grundlagen einer Theorie der Medizin«)[29].

5. Implizite Axiome in der Theologie

Implizite Axiome sind Konstrukte des menschlichen Geistes unter den Bedingungen der Natur. Sie sind verdichtete Erfahrungen mit dem Leben und mit Gott im Leben. Sie sagen uns – salopp ausgedrückt – »Ja, so geht es«, »so gelingt das Leben«.

Sie sind die Weisheit der Menschen, nicht die Weisheit Gottes. Aber sie spiegeln diese Weisheit wider, weil Gott immer neu Anlässe bietet zur Infrage-Stellung sowie zur Bestätigung unserer impliziten Axiome. Auf Englisch sprach ich von »occasions« – Anlässe meinte ich, die uns ermöglichen, etwas wiederzuerkennen und bestätigt zu finden, was wir einmal erkannt haben. Im Kleinen sind es »Anlässe«, im Großen die Gerichte Gottes, wie wir sie in den prophetischen Büchern des Alten Testamentes finden und wohl auch in unserer eigenen Geschichte.

Was will ich damit sagen? Ich will versuchen zu denken, daß unsere impliziten Axiome unserer Geschichte mit Gott und mit uns selbst implizit sind und zwar dergestalt, daß wir nicht nach einer Analogie zwischen Gottes Axiomen und den unsrigen suchen müssen, sondern die unsrigen als unsere kreative Kristallisation der Erfahrung der Bestätigung oder der Verneinung Gottes aussetzen.

Nehmen wir an – was ich hier nicht auszuführen brauche – daß bestimmte Dogmen, wie etwa das trinitarische von 381 oder das christologische von 451 auf impliziten Axiomen beruhen, die man damals sowie heute als sinnvolle Eingrenzungen des Denkens und Erlaubnisse zur Formulierung des Lobes Gottes erkannt hat, so ist es sinnvoll zu sagen, daß die Erfahrung der immer erneuten Bestätigung dieser Axiome letztlich als Gottes Weisheit begriffen

---

[29] W. *Jacob,* Kranksein und Krankheit, Anthropologische Grundlagen einer Theorie der Medizin, Heidelberg 1978.

werden kann. Wiederum salopp gesagt: »Ja, so geht es«, »So kannst Du von Gott, dem Erwählenden, dem Mitleidenden, dem Tröstenden sprechen« (wenn ich die Trinitätslehre so paraphrasieren darf). Oder, in bezug auf Chalcedon: »Ja, so sollst Du denken, wenn Du mit anderen über Jesus Christus nachdenkst und Gottesdienst hältst, so sollst Du die Grenzen der möglichen Aussagen bedenken!« Wir sind uns gewiß einig: Dogmen und die hinter ihnen liegenden Axiome sind nicht das, woran Christen glauben, sondern das, womit sie glauben, womit sie ihren Glauben sinnvoll artikulieren. Wenn man auf die Gemeinschaft der Gläubigen abhebt, ist es darum nicht falsch, Dogmen als »Dialogregeln« für den Diskurs unter den Gläubigen – und anderen Interessierten – zu bezeichnen[30]. Sie verhindern das Absinken in privatisierte Sprache und die Verkümmerung lebendiger Symbole zu Klischees. Die Erfahrung der Bestätigung der Nützlichkeit der Axiome und der aus ihnen abgeleiteten Dialogregeln kann man mit Recht das testimonium Spiritus Sancti internum nennen. Wir haben es vorhin gesehen: Der Empfänger eines solchen Testimoniums muß das Ich sein, der Ort, an dem sich Wahrnehmung und Wahrheit bündeln und das Leben steuern. Bedenken Sie Gal 2,20: »Ich lebe, doch nun nicht ich, sondern Christus lebt in mir.«

Ich nehme an, daß das bisher Gesagte verständlich ist. Sie mögen nun fragen: Wie habe ich denn Zugang zu den impliziten Axiomen? Und daran mag sich die Frage schließen. Gibt es viele solcher Axiome? Sind und bleiben sie immer gleich? Wie verhalten sie sich zueinander?

Lassen Sie mich nun meine Sonde auch in dieses Fragefeld schieben. Zugang zur Erkenntnis der Axiome, die unserer eigenen Lebens-Story und unserer Story mit Gott implizit sind, haben wir nur durch komplexe, vielfältige und sich auch widersprechende Erfahrungen, Texte und Reflexionen. Es ist nicht anders als in der Rechtsphilosophie – oder – um nochmals diesen Bereich zu erwähnen – in der Psychotherapie –: Wir erkennen das Übergeordnete, das Letzte, das bleibend Wichtige nur durch den Filter des Jetzigen, des

---

30 Vgl. *G. Sauter,* Wissenschaftstheoretische Kritik der Theologie, München 1973, 323–332; *ders.,* »Dialogik II«, TRE 8 (Theol. Realenzyklopädie, Bd. 8, 1981), 703–709. Ähnlich verwende ich in: Zur Logik der Theologie den Begriff »Dogma«. Es steht auch zu hoffen, daß unsere katholischen Partner in der Ökumene sich diesem funktionalen Dogmenverständnis mehr und mehr öffnen werden, das ihnen von Hause aus nicht eigen ist (ebensowenig wie der Umgangssprache, in der »dogmatisch« soviel wie »unflexibel« heißt). Dogmen sollen kommunikationsfördernd operieren.

Alltäglichen, des Vielfältigen. Lassen Sie mich Ausdrücke verwenden, die mir seit langem vertraut sind: Das Bleibend Wichtige erkennen wir nur in unserer Verwicklung mit dem Jetzt Dringlichen – aber wir wären verloren im Jetzt Dringlichen, wüßten wir nicht um das Bleibend Wichtige[31]. Ebenso ist es mit den Axiomen: Ohne die Verwicklung in die Vielfalt der Texte, der Erinnerungen, der Kontroversen, ohne das Leiden der Glaubenslosigkeit, Sinnlosigkeit, würden wir sie nicht finden. Wir finden sie, weil wir sie brauchen.

Und zur zweiten Frage: Ob es viele solche Axiome gäbe? Ich riskiere eine tolle Behauptung in bezug auf Gott und auf den jüdischen und christlichen Glauben. Ich sage, daß es vielleicht nur ganz wenige implizite Axiome gibt, die wirklich wichtig sind. Der biblische Glaube ist einfach, so wie es Gott ist. Kompliziert sind nur die durch die 3000jährige Geschichte der notwendigen Reflexion entstandenen Positionen der Theologen. Sogar ein so komplexer Theologe wir Paulus operierte vielleicht nur mit fünf oder zehn Axiomen, Axiomen, die für ihn »nie nicht wahr« waren. Indirekt findet man sie in seinen Texten, z.B.: »Gott ist nicht nur der Gott der Juden, sondern auch der Heiden«, oder: »Jesus ist Herr und Knecht zugleich«, oder: »Gerecht wird man durch Gott, nicht durch sich selbst.« Vielleicht operieren auch wir nur mit einer relativ geringen Anzahl von Axiomen, die nie nicht wahr sind[32].

Und wie sie sich zueinander verhalten, war die dritte Frage. Ich meine – und ich sage es mit Zögern – daß sie sich hierarchisch zueinander schichten. Einige sind zentral und andere sind abhängig. Einige sind bleibend, andere wechseln mit der Zeit, auch mit den Kulturen. Es gibt eine Topographie der impliziten Axiome, und der gute Theologe muß ihnen seine Aufmerksamkeit ebenso zuwenden, wie der gewissenhafte Psychologe, der nicht alles Psy-

---

31 S. Zur Logik der Theologie I F 4.
32 Zweifellos gilt es zu unterscheiden zwischen Ebenen, auf denen die impliziten Axiome wirksam sind: Frühkindliche Objekt-, Körper- und Selbstrepräsentanz (z.B. Individualität des eigenen Körpers, Abschätzung seiner Fähigkeiten) wird überhöht durch ethische implizite Axiome (z.B. Grundregeln des Eigentums, der Wahrheit gegenüber der Lüge) und diese wieder werden durchkreuzt und überhöht durch Glaubenshaltungen. Die Vernetzung dieser (und anderer) Axiomebenen machen die Persönlichkeit eines Menschen bzw. die Charakteristika einer Gruppe aus.

chodynamische von einer Funktionsebene aus zu erklären sich anheischig macht. Hier ruhen freilich große theologische Probleme[33].

Zudem müßte man noch philosophisch fragen, ob die impliziten Axiome »ideale Gegenstände« im Sinne Husserls seien, oder ob sie nur für eine bestimmte Erklärungsaufgabe angenommen und nachher auch fallen gelassen werden könnten, wie dies im »transzendentalen Pragmatismus« von K.-O. Apel geschieht. Das führt mich zu meiner letzten These.

6. Die Rationalität der Welt und die Rationalität Gottes

Manche Gedankengänge weisen heute darauf hin, daß die Rationalität des Menschen letztlich mit der der Natur konform ist. Michael Polanyi und auch C. F. v. Weizsäcker haben Gedanken in diese Richtung angedacht[34]. Vielleicht gilt letztlich der Dualismus nicht, dem noch Kepler und Newton anhingen. Vielleicht bietet die Quantenmechanik und neue Kontingenztheorie ein besseres Muster für das Funktionieren des Menschlichen als die eventuell täuschende Perspektive der Ordnung und der sog. Naturgesetze, die wir aus der Sicht der engen Öko-Nische, in der uns das Überleben möglich ist, entfaltet haben. So sagt es Polanyi und so sagen es andere. Und könnte es sein, so fragt mein ehemaliger Edinburgher Lehrer Thomas F. Torrance – bis heute ein Barthianer und zugleich Erbe des Nachlasses des Chemikers und Philo-

---

33 Ein bleibendes Problem der Theologie ist die Suche nach dem methodisch gerechtfertigten Weg zwischen Systemen und Totalentwürfen einerseits und dem Zerbröckeln des biblisch orientierten Lebens und Handelns in unzusammenhängende Einzelthemen andererseits (Einzelthemen, die nicht selten verabsolutiert werden, wodurch »monothematische Theologien« entstehen, die ihr Ziel ähnlich verfehlen wie allumfassende Totalsysteme).
34 Z.B. *M. Polanyi*, Science, Faith and Society, Chicago 1946; ders., The Logic of Liberty, Chicago 1951; ders., Personal Knowledge: Towards a Post-Critical Philosophy, New York 1964; ders., The Tacit Dimension, London 1967.
Zu Polanyi vgl. das Kap. über Polanyi in der in Anm. 8 genannten Habil.-Schrift von H. Jones. Die Wirkung Polanyis in der englischsprachigen Welt ist ungemein groß. In der deutschsprachigen Literatur scheint er unbekannt zu sein, auch C. F. v. Weizsäcker, der weitgehend über dieselben Themen handelt, nimmt nicht Bezug auf ihn.
Z.B. *C. F. v. Weizsäcker*, Die Einheit der Natur, München 1971; ders., Der Garten des Menschlichen, München 1977.

sophen Michael Polanyi – könnte es sein, daß die Rationalität der Welt letztlich identisch ist mit den Gedanken Gottes[35]? Dann wären die impliziten Axiome, die von Gnade und Recht für die Schwachen, die vom Jerusalemer Modell zeugen, letztlich der Sinn der Schöpfung, den wir bisher nur verkannt haben, weil unsere Perspektive aus der Überlebens-Nische aus nur erlaubte zu denken, daß die großen Fische die kleinen fressen und die großen Bäume die kleinen ersticken und die Menschen sich darum auch von Natur wegen hassen müssen. Vielleicht müssen sie alle das gar nicht. Ähnliche Gedanken erwägt unser Kollege Gerd Theissen[36].

Bedenken Sie, was das alles bedeuten könnte! Ich zähle zum Schluß einige Folgen auf:

1. Jede therapeutische Handlung, und sei es nur ein Trost, nur eine kleine medizinische Dienstleistung, wäre ein Anfang des Neuen, wäre nicht nur eine Reparatur, sondern wäre im Einklang mit der Weisheit Gottes.

2. Die im Testimonium des Geistes in unserm Ich bestätigten impliziten Axiome unserer Erfahrung, die verdichtete Lebens- und Gotteserfahrung, wäre letztlich nicht nur unsere Weisheit, sondern der Widerschein von Gottes Lebensweisheit für uns.

3. Wenn unsere Vernunft und unser Wille das ethische Handeln steuern und ihrerseits von impliziten Axiomen begrenzt und gelenkt sind, dann kann man auch die Ethik nicht abtrennen vom inneren Testimonium des Geistes. Das führte zu einer neuen Prüfung der alten Habitus-Lehre, die in bezug auf moralische Identität und Kontinuität vielleicht so falsch nicht ist.

4. Die Polyperspektivität und der Pluralismus der Äußerungen all der christlichen Kirchen der Ökumene, einschließlich der Juden, wäre von uns Theologen – wenn wir unser Handwerk beherrschen – daraufhin zu analysieren, ob nicht verschiedene Sprachen letztlich doch durch die gleichen impliziten Axiome gesteuert sind – ich selbst glaube das von Herzen. Ich glaube es darum, weil mir die Bestätigung durch den Geist Gottes als glaubwürdig erscheint. Er ist es ja, der Axiome und theologische Sätze letztlich zu verifizieren hat, nicht die Theologieprofessoren.

---

35 *T. F. Torrance*, Theological Science, Oxford U. P. 1969; *ders.*, God and Rationality, Oxford U. P. 1971; *ders.*, Transformation and Convergence in the Frame of Knowledge, Grand Rapids 1984.
36 *G. Theissen*, Biblischer Glaube in evolutionärer Sicht, München 1984.

Sie mögen nun fragen: was ist Wahn und was ist Wahrheit? Welches »Halo«, welcher »Hof« um das herum, was Menschen von Gott gesagt haben, ist echte, verdichtete, von Gott bestätigte Wahrheit? Es ist der Geist Gottes, »der Zeugnis gibt unserm Geist«.

Theologie als Erkenntnis

Edmund Schlinks Verständnis von Wahrheit vor dem Hintergrund der Theologen seiner Generation*

Nur mit Zögern nahm ich – als der derzeitige Inhaber seines Lehrstuhls – den Auftrag an, bei dieser Gedenkfeier eine Skizze des Werkes von Edmund Schlink zu zeichnen. Es gibt Berufenere, seine direkten Schüler zumal, die aus der Fülle eigener Erfahrung schöpfend, Stationen der Begegnung und wohl auch der Auseinandersetzung mit ihrem Lehrer in Erinnerung rufen könnten, die mir unbekannt geblieben sind. So nehmen Sie mein heute gezeichnetes Bild als das eines dankbaren Schülers aus der Distanz, der – lange in anderen Ländern lebend – aus seinen Schriften und in ökumenischen Gremien gelernt hat und sich nach der Rückkehr hierher unverdienter Zuneigung, ja sogar Förderung durch diesen großen und strengen Lehrer hat erfreuen dürfen. Mögen Sie mir in vier Stufen der Betrachtung folgen, um dem Verständnis von Erkenntnis und Wahrheit im Werk Edmund Schlinks näher zu kommen. Die Erkenntnis der Wahrheit steht nach meiner Sicht im Zentrum der historischen, theologischen und ökumenischen Arbeiten Schlinks, der Wahrheit jedoch nicht als eines obersten Satzes, sondern als des lebendigen Gottes eigenes Leben und Tun.

1. Wollten wir die Umbrüche, die Abgründe und Verbrechen, aber auch die verborgenen Reichtümer der Jahrzehnte nach dem Ersten Weltkrieg ermessen, so wären wir mit der Art der Geschichtsschreibung, wie sie Thomas Carlyle oder auch die Anhänger von Stefan George übten, schlecht beraten. Sie sahen die Geschichte als Frucht der Taten großer Männer, Helden im Guten und im Unguten. Aber es ist doch sehr auffällig und durchaus merkwürdig, daß vom dritten Jahrzehnt unseres Jahrhunderts an bis weit in die sechziger Jahre einzelne Gestalten, böse und gute Geister, unser Geschick und un-

---

* Rede bei der Gedenkfeier für Edmund Schlink am 5. 12. 1984 in der Alten Aula der Universität Heidelberg.

ser Denken bestimmt haben, die, von wenigen Ausnahmen abgesehen, alle ähnlich alt waren. Sie waren zehn bis zwanzig Jahre vor der Jahrhundertwende geboren und kamen in den expressionistischen zwanziger Jahren voll zum Zuge, voll zum Ausdruck ihrer selbst. Pablo Picasso und Arnold Schönberg, aber auch Hitler und Stalin, Walter Gropius und die Philosophen Jaspers und Heidegger und – uns näher noch – Paul Tillich, Rudolf Bultmann und Karl Barth. So sehr mehrere von ihnen durch Welten voneinander getrennt sein mochten – der eine im Propagieren der überlegenen Rasse, der andere im Suchen nach der einfachen Form, dem Sein unter all dem Seienden, dem Umgreifenden in der Kommunikation, dem Kerygma unter all den Worten und Wörtern –, hatten sie nicht doch dies gemeinsam, daß sie alle ihr Werk – und sei es ein Teufelswerk – mit einer großen Reduktion begannen? Sie bauten ihre Systeme durch Abgrenzungen auf, durchaus polemisch, eigene Terminologie und Diktion schaffend, nicht integrierend, sondern alles andere usurpierend. Im Politischen bildeten sie Parteien und Fronten, in der Welt des Geistes und der Kunst das, was es heute im Grunde nicht mehr gibt: Schulen.

Wer – eine halbe Generation jünger – am Anfang des Jahrhunderts geboren war, stand unentrinnbar im Licht oder im Schatten dieser usurpierenden Gestalten. Zu den Theologen dieser Generation gehören neben Edmund Schlink so wichtige Namen wie Ernst Wolf und Hans Joachim Iwand, Peter Brunner, auch noch wenig jüngere wie Dietrich Bonhoeffer und auch Helmut Gollwitzer, Thomas F. Torrance in Edinburgh und Bonhoeffers Freund aus seiner Amerikazeit, Paul Lehmann in New York. Sie haben sich je auf ihre eigene Weise mit den die Theologie bestimmenden Gestalten auseinanderzusetzen gehabt. Das gilt auch für katholische Gelehrte dieser Generation. Sie haben noch einmal ihre Tradition im Licht der neuen Thesen hinterfragt, und die evangelischen Theologen haben nochmals die Reformatoren gelesen und die Dogmen- und Philosophiegeschichte durchforscht, um die Grundlagen und die Schlußthesen ihrer Lehrer zu überprüfen. Sie haben nach noch deutlicheren ethischen Konsequenzen als ihre Lehrer gesucht unter dem übergroßen Druck der Gefahren für die Zukunft der Menschheit; sie haben im Dogmatischen auch vermittelnde Positionen eingenommen, wie etwa Ernst Wolf. Andere haben zugespitzt und verschärft, wie Gollwitzer. Wieder andere haben den bei den großen Gestalten vermißten Dialog mit den Naturwissenschaften und ihren impliziten Theorien aufgenommen, wie

Thomas Torrance. Edmund Schlink – so will es mir ganz unbedingt scheinen – war auf seiner ganzen Wegstrecke im Vorgehen und in der Zielsetzung auf Integration bedacht. Er bezog nicht Positionen gegen andere Autoren. Man kann das letztlich in seiner großen Ökumenischen Dogmatik von 1983 überprüfen: Der Ton dieses reichen Buches ist explikativ, nicht argumentativ und erst recht nicht polemisch. Das mag die erstaunen, die ihn als strengen Lehrer und harten Diskussionspartner erlebt haben. Denn niemand wollte sich in seiner Gegenwart gehen lassen, Ungeschütztes und Unausgegorenes aussprechen, nicht weil er konservativer als wir Jüngeren war – das mag auch zutreffen –, sondern weil er unerbittlicher als andere den Theologen auf seine Aufgabe behaften wollte. Wer aber dieser Aufgabe verpflichtet war, fand seinen Respekt, auch wenn er anders argumentierte und zu anderen Schlüssen kam. Das hat mich in den zahlreichen ökumenischen Gremien, in denen ich ihn erlebte, am meisten beeindruckt. Oft ist man Menschen gegenüber, die einem innerlich oder auch positionell nahestehen, ungebührlich kritisch oder intolerant. Bei Edmund Schlink empfand ich die umgekehrte Eigenschaft: Er hatte ein starkes Gespür für den Nutzen und Vorteil relativer Nähe im Gedanklichen, letztlich also für die Einheit der Gläubigen in der einen Kirche, hinter der die Einheit der Wahrheit aufleuchtet. So sehe ich sein Werk als eine einzige theologische Integrationsbemühung. Es ist aber eine durch und durch theologische Bemühung. Ungeduld, ja auch Unverständnis zeigte Edmund Schlink gegenüber solchen, bei denen er argwöhnte, der Denkweg und die Ergebnisse seien nicht durch genuin theologische Erkenntnis geleitet und gewonnen. Was ist denn in seinen Augen – »genuin theologische Erkenntnis«?

2. In der Heidelberger Rektoratsrede vom 21. November 1953, die in beneidenswerter Direktheit vor der breiten und gemischten Hörerschaft ein theologisches Zentralproblem verhandelt, nimmt Schlink seinen Ausgangspunkt bei der Heidelberger Disputation Luthers im Augustinerkloster an 26. April 1518. Luthers paradoxale Thesen Nr. 3 und 4 hießen: »Die Werke der Menschen, wie kostbar und gut sie auch immer erscheinen, sind dennoch wohl Todsünden«, und »Die Werke Gottes, wie verunstaltet und schlecht sie auch immer erscheinen, sind dennoch unsterbliche Verdienste«. Der Titel der Rede heißt »Weisheit und Torheit«. Ihre Thematik ist von Schlink noch wenigstens dreimal ausführlich behandelt worden: 1959 in der Festschrift für

den Mediziner Richard Siebeck, 1977 in dem Aufsatz für den Philosophen Wilhelm Anz »Die drei Grundbeziehungen zwischen Glauben und Erkennen« und endlich in der Dogmatik von 1983 im Kapitel II. Auch andere Arbeiten, ja schon das frühe Buch über die »Theologie der lutherischen Bekenntnisschriften« zeigen an zentraler Stelle immer wieder die für die Theologie konstitutive Bedeutung einer Antwort auf die Frage nach dem Ausgang und dem Gegenstand theologischer Erkenntnis.

Hatte Edmund Schlink doch selber in seinen zwanziger Jahren Philosophie und Psychologie studiert und hatte das Thema seiner theologischen Dissertation Karl Barth überrascht und erst im nachhinein überzeugt, so verwundert es nicht, daß er zeitlebens an der Trennung – ja, er sah sie wie eine Wasserscheide an – zwischen philosophischer und theologischer Erkenntnis arbeitete. Was für Tillich zur Methode der Korrelation wurde, blieb bei Schlink ganz im Bann der steilen Paradoxien Luthers. Luther gegen Aristoteles und seine Verwendung in der Theologie absetzend, urteilt er: »Demgegenüber ist der Ansatz des Denkens und der Aussagen Luthers ein völlig anderer. Er setzte ein bei der geschichtlichen Begegnung Gottes mit dem Menschen, und zwar bei dem geschichtlichen Ereignis des eigenen Getroffenwerdens durch Gottes gnädiges Wort. Er kannte keinen Standort abseits von dem Geschehen zwischen Gott und Mensch, von dem her – wie in der scholastischen Lehre von der causa prima und den causae secundae – die göttlichen und die menschlichen Faktoren im Heilsgeschehen überblickt, einander zugeordnet und miteinander verrechnet werden könnten.«[1] In kritischer Analyse der Geschichte der Systeme menschlicher Weisheit in den Jahrhunderten nach der Reformation kommt Schlink zu einer Relativierung der Ansprüche der klassischen Naturwissenschaften und bedenkt die Durchbrechung, die durch die Auflösung des Substanzbegriffs in der modernen Physik geschehen ist. Ihr war die Durchbrechung der klassischen Metaphysik durch die modernen Geschichtswissenschaften schon vorangegangen. Aber eine Rückkehr ist nicht mehr möglich, eine Restauration der scholastischen Systeme. Die Einheit der Wissenschaften scheint zerbrochen, ja, die Universität, sagt er, ist nach Jaspers Wort ein »Warenhaus« geworden mit einer Unzahl selbständiger Verkaufsstände.[2] Und sollte die moderne Theorie der Physik

---

1 »Weisheit und Torheit«, in: Kerygma und Dogma 1/1955, S. 4f.
2 A.a.O. S. 10f.

eine neue Einheit zu denken beginnen, so wäre sie in ihrer Reduktion auf wenige Grundformeln völlig unanschaulich.

Dadurch gewinnt Luthers Einsicht in die unsere Weisheit aufhebende paulinische Predigt vom Kreuz für Edmund Schlink eine ganze neue Aktualität und fordernde Radikalität. Die Weisheit vom Kreuz, Gottes Torheit, muß doch auch bei uns, den gläubig Erkennenden, eine neue Weisheit schaffen! Sie kann nicht bloß im Axiom bleiben. Aber wie findet sie ihre Gestalt, und wie berührt, kritisiert und bereichert sie die heutige Universität? Von dieser Frage will Schlink nicht ablassen. In der Rektorratsrede beginnt er mit sechs Negationen: Die göttliche Weisheit ist nicht die Erkenntnis der Übermächtigkeit der unendlichen Transzendenz, nicht ein System der Einheit aus Vielfalt, nicht gegen Ontologie gewendeter Aktualismus oder Personalismus, nicht die Kunst der Beschränkung und auch nicht das solide Fachwissen des Einzelwissenschaftlers und gewiß nicht die Einsicht in unser Bedrohtsein durch das Nichts und den Tod. Vielmehr ist sie die Verwerfung aller Spekulationen über Transzendenz und über den Aufstieg vom Sichtbaren zum Unsichtbaren.[3] Der entscheidende und auch der für Schlinks Diktion typische Satz lautet am Ende dieser Negationen: »Gott hat seine Größe geoffenbart, indem er klein wurde, seine Herrlichkeit, indem er Knecht wurde, seine Unsichtbarkeit, indem er sichtbar wurde, seine Gerechtigkeit, indem er Jesus den Tod des Sünders sterben ließ. So ist Gott zu uns gekommen.«[4] Und: »Erkenntnis der Weisheit ist somit nicht nur ein Wissen, sondern ein Widerfahrnis, – nämlich das Ereignis der rettenden Tat, die Gott in Jesus Christus am Glaubenden tut. Erkenntnis der Weisheit ist aber nicht nur Erkenntnis der rettenden *Tat,* die Gott am Kreuz und durch das Wort vom Kreuz am Glaubenden tut, sondern zugleich Erkenntnis *Gottes,* der solches tut.«[5]

Schlink hält daran fest, daß Luther mit der Gegenüberstellung von Gottes Weisheit und menschlicher Weisheit gerade für die menschliche Weisheit gekämpft habe.[6] Er sieht hier gerade nicht die thomistische, sondern die augustinische und franziskanische Tradition aufgenommen und vertieft. Im Vollzug dieser Vertiefung spricht er in der Rektoratsrede sowie in den anderen

---

3 A.a.O. S. 13.
4 A.a.O. S. 14.
5 A.a.O. S. 15.
6 A.a.O. S. 16.

genannten Arbeiten (die diese Rede oft wörtlich aufnehmen) von der »Befreiung der Vernunft zur vernünftigen Welterkenntnis«[7]. Die Folgerung für die Universität ist vierfältig: 1. Befreiung vom Wahn eines umfassenden Wissensganzen, 2. Befreiung zur wirklichkeitsnahen Erfassung der Bedrängnisse und Abgründe unserer Zeit, 3. das Vertrauen, »daß alles wahre wissenschaftliche Erkennen über all seine Unabgeschlossenheit hinaus in einer unanschaulichen, durch die Wissenschaft selbst nicht erweisbaren, aber dem Glauben trotzdem gewissen Weise seine Einheit hat«[8] und 4. die Befreiung zur Liebe zum Mitmenschen, ohne die kein Forscher verantwortlich seiner Aufgabe nachgehen kann.

Aus dieser Reihe von Thesen ist bei Edmund Schlink eine eigentliche Lehre von einer »zweiten Philosophie« entstanden, die im Festschriftbeitrag für Richard Siebeck, im Aufsatz für Wilhelm Anz und in der Ökumenischen Dogmatik regelrecht ausgeführt ist. Die Durchführung dieser »zweiten Philosophie« hingegen ist nicht die Aufgabe des Dogmatikers. Fragt man Schlink nach Modellen für solche christliche Philosophie, so wird er immer wieder auf russische Religionsphilosophen wie Vladimir Solowjew, Pawel Florenskij, aber besonders auch auf Johann Georg Hamann und auf Sören Kierkegaard verweisen.[9] Als Beispiel zitiert er auch Richard Siebeck, der in »Medizin in Bewegung« schrieb: »Hier (d.h. im Worte Gottes) vernehmen wir, was der Mensch ist: von der Seele belebter Leib, im Leib beseelte Seele, in seinem Geist verloren und in einem ganz anderen Geist von Gott angesprochen. Empirisches, biologisches, psychologisches, historisches Wissen gilt in seinem Bereiche, in seinem dauernden Werden und in all seinen wertvollen Ergebnissen, – aber in der ursprünglichen, von Gott immer wieder neu vollzogenen Verbundenheit mit ihm sind die Erkenntnisse über den Menschen in seinem leiblich-seelisch-geistigen Wesen begrenzt und aufgenommen in die eine Erkenntnis, daß wir in allem, in all unseren Elementen und Lebensbeziehungen, in dem einen kreatürlichen Sein Gottes sind.«[10] In solchen Aussagen sieht Schlink philosophische Antworten, die im Glauben

---

7 A.a.O. S. 18.
8 A.a.O. S. 21.
9 Ökumenische Dogmatik, Göttingen 1983, S. 27 u.a.
10 »Zum Gespräch des christlichen Glaubens mit der Naturwissenschaft« in: Medicus Viator, Festschrift für Richard Siebeck, Tübingen 1959, S. 293.

gewagt sind und »im Lichte des Glaubens solche Probleme behandeln, die durch Gottes Offenbarung nicht unmittelbar beantwortet sind«[11]. Zugleich weiß er, daß dieser »zweite Weg« des Philosophierens im Bewußtsein der neueren abendländischen Philosophie nicht mehr als Philosophie, sondern als Theologie gilt.

Mit dieser Einsicht – oder sollte man sagen: mit dieser Einräumung? – bricht natürlich für uns heute die Frage auf, ob Schlinks Erkenntnislehre ihren Nutzen für die Universität nur im Hinblick auf die Gläubigen in den nicht-theologischen Wissenschaften haben könne, ob man also ein Christ sein müsse, um diese wahre, zweite Philosophie ausüben zu können. Weil wir Jüngeren heute diese Vermutung hegen, können wir auch nicht mehr so sprechen wie Edmund Schlink. Wer denkt in diesem Zusammenhang nicht an die Kontroverse zwischen Hans Albert und Gerhard Ebeling – die übrigens auch Edmund Schlink beschäftigt hat – und an die durch Eilert Herms neu aufgegebene Beschäftigung mit der Frage, wie Theologie eine Erfahrungswissenschaft sein könne? Was heißt es denn, wenn Schlink von »Widerfahrnis« spricht, wenn Gottes Tun in der Geschichte der Ausgang aller Erkenntnis ist, die Auferweckung Jesu zumal?

Ich will diese Fragen nur andeuten, weil viele im Auditorium sie jetzt verspüren mögen. Aber sie sollen nicht ausgeführt werden. Vielmehr will ich Sie um Geduld bitten, wenn ich nun im nächsten Schritt von dieser theologischen Erkenntnislehre als ureigentliche Aufgabe der Theologie Schlinks noch Näheres sage.

3. Lassen Sie mich kurz berichten. Glaube und Erkennen sind »elementare Akte«[12]. Glaube muß erstens als Erkennen verstanden werden. Es besteht aus dem Vertrauen in das Evangelium. Vom Erkennen ist solches Vertrauen niemals losgelöst. Die Erkenntnis betrifft die »geschichtliche Heilstat Gottes in Jesus Christus«[13]. Es ist das paradoxe Wort vom Kreuz als Ärgernis und Ohnmacht, Erweis der göttlichen Kraft. Es ist zugleich die Erkenntnis der Fragwürdigkeit der Osterbotschaft, d.h. ihres Hereinbrechens in paradoxer

---

11 A.a.O. S. 294.
12 »Die drei Grundbeziehungen zwischen Glauben und Erkennen«, in: Kerygma und Dogma, 23/1977, S. 172.
13 A.a.O. S. 173.

Verborgenheit. Und Glaube ist zweitens »Durchbrechung des Erkennens«. Mythen und weltanschauliche Systeme werden zerbrochen. Ein dauernder Kampf entsteht. Hörte man in der ersten These Schlink als Lutheraner, so in der zweiten als Beteiligter am Kirchenkampf. Die Vernunft wird in ihre Grenzen zurückgewiesen. Empirisch-wissenschaftliche Erhebungen können letztlich nicht dazu helfen, die Bestimmung des Menschen auszumachen. Das sagt Edmund Schlink, obwohl er sich vom Dialog mit den Naturwissenschaften dezidiert mehr Korrektur der Theologie und mehr Stimulus erhofft als K. Barth in seinem berühmten Vorwort zur Anthropologie in der Kirchlichen Dogmatik. Denn drittens ist der Glaube die »Befreiung zum Erkennen« – frei, die Wirklichkeit in ihren Ordnungen und in ihren Diskontinuitäten ins Auge zu fassen und mit dem Forschen nicht aufzuhören.

Wenn ich an das Buch von John Dillenberger »Protestant Thought and Natural Science« denke, auch an die großen Arbeiten von Thomas F. Torrance und hier in Heidelberg an Jürgen Hübners Studien, so ist Schlinks These im Grunde historisch gut belegt, ging doch von der Reformation – die hier ja in kardialer Weise Schlinks Bezugspunkt ist – eine große Freiheit zur natur- und auch zur geschichtswissenschaftlichen Forschung aus. In der »Ökumenischen Dogmatik« von 1983 ist diese Lehre vom Glauben als Erkenntnis systematisiert in der Befreiung zur Selbsterkenntnis – hier ganz Calvin folgend –, zur Erkenntnis des Mitmenschen, drittens zur Erkenntnis der Menschheitsgeschichte und viertens zur Erkenntnis des Universums.

Das ist nun die Freiheit zum Weg der »zweiten Philosophie«. »Er bleibt also nicht beschränkt auf die Argumente der Vernunft und der Erfahrung.«[14] »Für den Nicht-Glaubenden können solche Argumente natürlich nur einen hypothetischen Charakter tragen.«[15] Schlink sieht aber auf diesem Weg eine ganz freie Bahn, er ruft Siebeck zu: »So kann zum Beispiel eine philosophische Anthropologie von der Offenbarung des Ebenbildes Gottes her, eine Rechtsphilosophie von Gottes geoffenbartem Gesetz, eine Geschichtsphilosophie von der Eschatologie her, eine Sprachphilosophie von der Offenbarung Gottes im Worte her in Angriff genommen werden.«[16]

---

14 FS Siebeck, S. 293.
15 Ebd.
16 Ebd.

In diesen Aussagen steckt eine große Freude und Zuversicht über die Wege, die sich durch die großen Erlaubnisse des Evangeliums eröffnen. Darum ist auch hier für Schlink das Lob Gottes, die doxologische Anrede, angebracht. Aber in der Darlegung seiner Lehre ist Schlink thetisch. Seine Aufmerksamkeit richtet sich auf die Explikation, nicht auf die Exploration von Alternativen. Das ist auch letztlich bezeichnend für das Gesamtwerk, besonders für die Dogmatik von 1983. Es gibt dem Werk einen irenischen und zugleich einen inner-christlichen Charakter. Der katholische Theologe Heinrich Fries sagt darum in seinem Geleitwort zur Dogmatik von 1983, das Buch sei »in erster Linie für Theologen und christliche Lehrer geschrieben. Das ist Aufgabe genug; keiner kann alles«[17].

Das ist sicher im Sinne Schlinks gesagt. Als Dogmatiker wollte er nur die Bedingungen der Möglichkeit – um diesen alten Ausdruck wieder zu verwenden –, der Möglichkeit der »zweiten Philosophie« auf dem Grund der Gotteserkenntnis darlegen. So geht er auch in der Dogmatik vor: Er entfaltet ein Lehrstück nach dem anderen auf dem Grund der Erkenntnis der »geschichtlichen Taten Gottes in Jesus Christus«, wie er es nennt, aber nicht, um diese Taten als solche zu erkennen, sondern um der Erkenntnis Gottes selber willen. Wie diese Erkenntnis zustande kommt, setzt er zumeist voraus, er sagt es nicht oder nur im Andeuten. Er fragt auch nicht nach Verifikation. Seine Theologie ist in ihrem Herzstück reiner Fideismus, um diesen in der amerikanischen Theologie so gebräuchlichen und von dem Philosophen Kai Nielsen in kritischer Absicht genutzten Terminus zu verwenden. Freilich sagt er immer wieder, die Erkenntnis käme vom Hören des Evangeliums. Das sei unbestritten, aber es ist eine These, die zu hinterfragen er sich nicht anschickt. Folglich muß seine Theologie im strikten Sinn christozentrisch sein; ihre Sätze sind zwar Sätze von kognitivem Inhalt, aber sie hängen einzig am Credo, daß es der lebendige Gott war, der in Jesus Christus handelte, der wahrhaft von den Toten auferweckt wurde. So ist Theologie also gewiß nicht Welterklärung, sondern Regelung der Gotteserkenntnis im Credo – zugleich jedoch Befreiung und Ermächtigung zur Welterklärung unter Anwendung aller und jeder Wissenschaft. Schlinks Theologie ist in intellektueller Askese auf die Darlegung der Möglichkeiten und Aufgaben der menschlichen Gotteserkenntnis beschränkt.

17 Heinrich Fries: Geleitwort, in: E. Schlink, Ökumenische Dogmatik, S. XVIII.

Man hat an Edmund Schlink die kritische Frage gerichtet, wo in seiner Theologie die Ethik bliebe. Ich weiß nicht, ob ich recht habe, wenn ich meine, die Ethik sei bei ihm, wie bei Karl Barth, latent in jedem theologischen Topos vorhanden, aber ihre Ausführung sei Sache des »zweiten Weges der Philosophie«, d.h. also die Erklärung von Sachverhalten, einschließlich von Weisungen, die als solche »durch Gottes Offenbarung nicht unmittelbar beantwortet sind«, um seine Formulierung aus der Siebeck-Festschrift hier nochmals anzuwenden.

4. Darf ich zum Abschluß nun von der ökumenischen Suche nach der Wahrheit berichten, wie sie sich in Schlinks Schriften und in seinen vielfältigen ökumenischen Aktivitäten zeigte.

Vorab möchte ich festhalten, daß zu Beginn meiner Studienzeit – ich fing 1946 in Tübingen an – in der akademisch-theologischen Welt niemand von ökumenischen Aufgaben sprach, außer vielleicht den Reisenden des Christlichen Studentenweltbundes, unter denen mir besonders der alte John Mott unvergeßlich ist. Wir kamen uns schon avantgardistisch vor, daß wir die Vorlesungen des katholischen Dogmatikers Karl Adam besuchten. Und in Basel war die gelegentliche Anwesenheit von Hans Urs von Balthasar im theologischen Seminar ein Novum. Zur gleichen Zeit aber gründete Edmund Schlink den »Deutschen Ökumenischen Studienausschuß« sowie das Ökumenische Institut in Heidelberg und nahm bald ernsthafte Kontakte mit katholischen Theologen, später mit der Orthodoxie auf. Er hat es selber als eine »kopernikanische Wende« bezeichnet, daß er nicht mehr die anderen Kirchen um die eigene Kirche als einer Mitte kreisen sah, sondern alle zusammen wie Planeten um das eine Zentrum, Jesus Christus als der Sonne, von der alle ihr Licht empfangen. Seine Initiativkraft und sein Mut in der akademischen Dimension der ökumenischen Pionierarbeit kann nicht hoch genug eingeschätzt werden. Sie war nicht ein Nebenprodukt seiner theologischen Arbeit, sondern ihr wahrer Ausdruck.

Während Edmund Schlink – der eben nicht, wie wir Jüngeren, durch das läuternde Feuer der analytischen Philosophie gegangen ist – im dogmatischen Denken nahezu ausschließlich deduktiv vorgeht, zeigt seine Methode des dogmatischen ökumenischen Dialogs doch eine gewisse Nähe zu den Lehren, die man aus der Sprachphilosophie analytischer Prägung gewinnen kann. Im Suchen nach Konsens oder zumindest nach Konvergenz beachtet

Schlink die Folgen von »Strukturverschiebungen«, wie er es nennt. Ursprünglich gleiche Strukturen – er nennt sie auch »elementare Strukturen« – können durch Verschiebung zu ungleichen Gewichtungen oder zu sich widerstreitenden Aussagen und zu Kirchenspaltungen führen. Vielleicht spricht man lieber von »impliziten Axiomen« als von »Strukturen«, aber es ist etwas Ähnliches gemeint. Schlink kannte die Schwierigkeiten in der Vergleichung von nicht-konsensfähigen Aussagen unterschiedlicher Kirchentraditionen, aber er erkannte auch früh die Notwendigkeit einer »Rückübersetzung« der in Spannung stehenden Aussagen auf Grundstrukturen hin – ein induktives Vorgehen also als Grundmethode ökumenischer Arbeit.

Schlink ist in der Anwendung dieser Methode weite Wege gegangen. Seine Konzentration richtete sich aber vor allem auf die römisch-katholische und auf die orthodoxe Tradition. Als Beobachter der EKD beim Zweiten Vatikanischen Konzil und als jahrzehntelanger Gesprächspartner orthodoxer Theologen in offiziellen sowie persönlichen Gesprächen bewährte sich diese Konzentration. Eher im Hintergrund standen die Konsultationen mit der anglikanischen Gemeinschaft von Kirchen und mit dem weltweiten Methodismus. Und – verwunderlich im Licht der ersten Seite seiner Dogmatik von 1983 – die Kirchen der sog. Dritten Welt und ihre ganz neuen und erregenden Anfragen an uns in den alten Welten, ihre Neuansätze im Denken und Handeln, in Kunst und Poesie, in Kritiken und Programmen, standen nicht in seinem Fragehorizont. Die erwähnte erste Seite der Dogmatik spricht von der Kirche in Äthiopien und von den Thomas-Christen in Indien, so als wollte er am Ende seiner Lebensarbeit noch diese weiteren Horizonte wie ein Versprechen für zukünftige Arbeit in die schon vertrauten Welten seiner Thematik miteinbeziehen. Aber war er auch mit diesen Gliedern am Leib Christi nicht unmittelbar vertraut, so ist sein Name und seine Sehnsucht nach der Einheit der ganzen Kirche Christi in diesen Ländern nicht unbekannt, wie ich vor zwei Wochen in Indien wieder selbst erfahren konnte. Die Lehrer der Thomas-Christen Südindiens wissen, wer Edmund Schlink war und wofür er stand.

Was ist Wahrheit? Sie ist nicht ein Satz, sondern der lebendige Gott selbst. Die Offenbarung dieser Wahrheit verlangt menschliche Antwort in dreierlei Gestalt: 1. in der Anrede Gottes, im Lobopfer (dieser Begriff ist schon an zentraler Stelle in seinem frühen Buch über die Bekenntnisschriften zu finden), 2. in der Anrede der Mitmenschen und 3. im Christus-Bekenntnis.

Aber, auch wenn Schlink sich auf das römisch-katholische Konzept einer »Hierarchie von Wahrheiten« einläßt, so ist in jedem Fall für ihn gewiß, daß alle Wahrheit, auch die abhängige und durch Deduktion nachvollziehend erkannte, von Gott und nicht von den Theologen verifiziert wird. Der Geist Gottes *erinnert* nicht nur an Gottes geschichtliche Taten, er macht sie auch zur *gegenwärtigen* Wahrheit.[18]

Hören Sie zum Schluß nochmals seine eigenen Worte, bei denen im letzten Satz auch die Wahrheit der nicht-christlichen Religionen und Philosophien in den Blick rückt:

»Die Besinnung auf die Hierarchie der Wahrheiten öffnet den Blick für die Mannigfaltigkeit der Glaubensaussagen, die durch Gottes Heilstat in Christus ermöglicht sind. Sie öffnet so den Blick für die Einheit der Kirche in der Mannigfaltigkeit.

Die Einheit der Kirche erfordert keine Gleichheit der dogmatischen Formulierungen auf allen Stufen. Sind die Kirchen im christologisch-trinitarischen Bekenntnis eins, dann kann für andere Stufen die gegenseitige Anerkennung der einen Wahrheit in geschichtlich bedingten unterschiedlichen Formulierungen genügen. Es ist entscheidend, daß die Kirchen die altkirchliche Struktur der Gemeinschaft in gegenseitiger Anerkennung wiedergewinnen ...

Je mehr die Kirchen sich dieser ökumenischen Bemühung der Neuinterpretation und der Selbstkorrektur ihrer dogmatischen Aussagen unterziehen, desto mehr werden sie auch die Sensibilität für die Erkenntnis der Wahrheit erlangen, die in den Hierarchien der Aussagen der anderen Religionen und Philosophien am Werk ist. In den Abgrenzungen der Kirchen gegeneinander sind die Christen oft hart und formalistisch geworden und haben das Sensorium für die Wahrheit außerhalb der eigenen Grenzen verloren. Aber alle Religionen und Philosophien, auch der Widerspruch der Atheisten, lebt davon, daß sich die Wahrheit des einen Gottes allen Menschen bezeugt. Die Einheit dieser Wahrheit will entdeckt und anerkannt werden.«[19]

---

18 »Die ›Hierarchie der Wahrheiten‹ und die Einigung der Kirchen«, in: Kerygma und Dogma, 21/1975, S. 4.
19 A.a.O. S. 11f.

Westliche Theologie im Licht der Kritik aus der Dritten Welt

Kritisches zum Begriff »Indigenous Theology«

Das Wort »indigenous« gehört vor allem in die Botanik: Bestimmte Pflanzen sind in einem Gebiet heimisch, einheimisch, sie gedeihen dort am besten, weil sie ursprünglich von dort kommen. In der Ökumene wird mehr und mehr von »indigenous theology« gesprochen, und zwar in positiver Absicht und weithin unkritisch. Was dieser Begriff bedeutet und ob er überhaupt sinnvoll verwendet werden kann, hängt zunächst davon ab, was man unter Theologie versteht. Dazu kommt die Frage, wie die Spannung zwischen einem theologischen Konzept von Einheit der Kirche und den kulturellen Eigenwerten einer bestimmten Region oder Kultur gefaßt oder zu einer Lösung gebracht wird. Beides sind zur Zeit ganz unbeantwortete Fragen, auch in der Kommission für Glauben und Kirchenverfassung, wo man sich vor Jahren einer Lösung schon näher glaubte.

Der Weg der Generalversammlungen von Amsterdam bis Nairobi und der Faith and Order-Sitzungen von Löwen (1971), über Accra (1974), Odessa (1977), bis Bangalore (1978), spiegelt die wachsende Tendenz wider, vom Traum einer globalen Ekklesiologie und universalisierbaren Theologie Abstand zu nehmen und sich dem Pluralismus theologischer Artikulation, der Hochschätzung lokaler Traditionen und regionaler Aufgaben sowie der generell anti-kolonialistischen und speziell anti-westlichen Sentimente vieler Mitgliedskirchen zuzuwenden. Diese Hinwendung zum Regionalen, Partikularen und Konkreten ist gewiß nicht nur verständlich sondern auch sehr berechtigt. Aber was heißt im Zug dieser Konzentration auf das Regionale »indigenous theology« und inwiefern gehört die Kritik an westlicher Theologie notwendig zur Ausführung des Programms? Und weshalb muß diese Kritik – sogar in Kreisen von Faith and Order – zu einer kritischen Abwendung von Theologie überhaupt führen?

Im folgenden[1] sollen einige Aspekte dieser Fragen analysiert werden. Ich

---

1 Erweiterte Fassung eines Vortrags vor der australischen und neuseeländischen Society for Theological Studies (ANZSTS), am 21. 8. 1977 in Auckland, die von Delegierten aus Südostasien, den pazifischen Inseln und Australasien besucht war.

beziehe mich vor allem auf das, was ich seit Ende der fünfziger Jahre auf beiden Seiten des Atlantik gehört und gelesen und was ich bei wiederholten Besuchen von Kirchen und theologischen Ausbildungsstätten in Afrika, Asien und im Südpazifik gesehen habe. Ein Seminar im vergangenen Wintersemester in Mainz und die beim Kongreß der Wissenschaftlichen Gesellschaft für Theologie in Göttingen zaghaft gewagte Hinwendung zur Frage nach der Kritik an »europäischer Theologie«[2] regen mich aufs neue zum Versuch einer Bündelung meiner Überlegungen zum Thema an. – Die Quellenlage zum Konzept »indigenous theology« und zur Kritik an westlicher Theologie ist ungünstig. Wichtige und konstruktive Theologie wird heute in der Dritten Welt weitgehend mündlich betrieben oder findet ihren Niederschlag höchstens in vervielfältigten Papieren[3]. Gedruckte Äußerungen haben oft etwas Abgestandenes oder etwas absichtlich Provokatives an sich. In ihren eigenen Gemeinden predigen die Autoren dieser Dokumente – so habe ich es jedenfalls erfahren – manchmal viel traditioneller, konservativer, biblischer, als ihre Manifestos vermuten lassen. Die Auswahl der im folgenden genannten oder zitierten Texte ist darum schmal, schon weil aus nur vervielfältigten Manuskripten nicht zitiert werden sollte.

1. Schwierigkeiten, die gängigen Begriffe zu klären

Die Begriffe »westliche Theologie«, auch »europäische Theologie«, und der sehr weite Begriff »Dritte Welt«, verlangen nach Klärung. Beim genannten Kongreß in Göttingen wurde von »europäischer Theologie« so gesprochen,

---

2 Der schöne Vortrag von *T. Rendtorff*, »Europäismus als geschichtlicher Kontext der Theologie«, wiedergegeben in: Europäische Theologie, Versuche einer Ortsbestimmung, hg. v. T. Rendtorff, Gütersloh 1980, 165–179, läßt die vielleicht naive aber um so dringlichere Frage aufkommen, ob der vor 56 Jahren verstorbene *E. Troeltsch*, auf den sich Rendtorff fast ausschließlich konzentriert, wirklich sinnvoll zum Ausgangspunkt der Diskussion der heute brennenden Fragen nach europäischer Kultur und nach einem möglichen Konzept der Einheit der Menschheit gemacht werden könne.
3 Dr. *Choan-Seng Song* bin ich dankbar für verschiedene Vortragsmanuskripte und für seine Reaktionen auf den ursprüngl. englischen Text dieses Aufsatzes. Auch von anderen asiatischen Theologen habe ich Texte zur Verfügung gestellt bekommen.
Vgl. Europäische Theologie herausgefordert durch die Weltökumene, hg. v. Konf. europ. Kirchen, Genf 1976, dt. Text Verlag Otto Lembeck, Frankfurt 1976.

als bestünde wirklich eine beobachtbare Einheitlichkeit oder wenigstens Gemeinsamkeit in der Basis zwischen theologischer Arbeit in Bulgarien, Dänemark, Italien, Rußland, Schottland, Portugal, Frankreich, usw. Auch nostalgische Appelle, sich des gemeinsamen europäischen Erbes zu erinnern und wenigstens in unserm Raum mit sinnvoller, gemeinsamer Arbeit zu beginnen[4], können nicht darüber hinwegtäuschen, daß der Begriff »europäische Theologie« wirklich recht unsinnig ist. Es ist eigentlich verwunderlich, daß dieser Ausdruck noch so oft verwendet wird. Kann man denn übersehen, welch tiefgreifende Unterschiede kulturell und theologisch zwischen Rußland und dem Kanton Bern, zwischen Irland und Hamburg, zwischen Holland und Österreich, zwischen Schweden und Portugal, zwischen England und Italien bestehen? Und gilt es denn nichts, daß seit gut drei Generationen in Schottland und in Texas oder Kanada (von Neuseeland ganz zu schweigen) weitgehend dieselbe Theologie betrieben wird, auch in Cambridge und in Melbourne, in Spanien und in Mexiko? Was soll die Rede von »europäischer Theologie«? Gerade im Hinblick auf Troeltsch, der wegen des Fehlens einer gemeinsamen Geschichte der verschiedenen Weltkulturen eine »Einheit der Menschheit« nicht denken mochte (weil er die uns heute bei radikal neuartigen Kommunikations- und Transportmitteln, Knappheit an Rohstoffen und Lebensmitteln und berechtigter gemeinsamer Überlebenssorge im Wettrüsten aufgedrängten menschheitsverbindenden Ängste nicht kennen konnte), aber auch bei kritischer Prüfung heutiger Stimmen, kann man den Gedanken nicht ganz abwehren, »Europa« und somit »europäische Theologie« sei von denen beschworen, die heimlich noch der Selbsteinschätzung der mitteleuropäischen Akademiker des späten 19. Jahrhunderts anhängen. Waren für sie doch die östliche orthodoxe Kirche ganz sicher und die in Südeuropa etablierte römische Kirche ganz weitgehend außerhalb des eigentlichen und wahren Kulturbereiches. Sollte man sich heute nicht darauf einigen können, daß »europäische Theologie« kein sinnvoller Begriff mehr ist?

Die beiden anderen Begriffe hingegen lassen sich mindestens durch eine Typologie möglicher Definitionen bestimmen und dann vielleicht sinnvoll verwenden.

---

4 In einem Votum in der Schlußsitzung äußerte sich ein mir seit langen Jahren befreundeter Theologe aus einem osteuropäischen Land in diesem Sinn. Es ist ganz begreiflich, daß sich für ihn »Europa« anders darstellt als für uns westeuropäische Theologen, denen Amerika und die Länder der Dritten Welt grundsätzlich offenstehen.

1. »Westliche Theologie« kann wenigstens zwei Bedeutungen haben:
   - die aus lateinischer Patristik und westlichem Mittelalter erwachsene Theologie, die Tradition augustinischer Theologie also, die für die röm.-katholische und die reformatorischen Kirchen bestimmend geblieben ist[5];
   - Theologie in den Kirchen der industrialisierten Welt, wobei selbstverständlich Nordamerika aber auch u.U. die osteuropäische Welt mit ihren orthodoxen, reformatorischen und röm.-kath. Kirchen mitgemeint ist, denn für einen Katholiken in Kamerun ist der polnische Katholizismus »westlich«, und für einen Pfarrer der nordindischen Kirche der Theologe aus Prag auch, ja sogar der orthodoxe Professor der theologischen Akademie in Leningrad; hier wird also das griechisch-römische Erbe noch einmal als Einheit anvisiert, wenn dabei für die jüngere Generation auch die ökonomischen Unterschiede zwischen der eigenen und der als »westlich« bezeichneten Welt eine wichtige Rolle spielen mögen.
2. »Dritte Welt« kann mehrere Bedeutungen haben:
   - die weder kapitalistische (»erste«) noch die kommunistische (»zweite«) Welt, d.h. die ihrer Ansicht nach neutralen Länder außerhalb Europas/Nordamerikas;
   - die Gruppe der ökonomisch benachteiligten Länder im Kontrast zu den reichen Nationen, also auch die früher und heute für Ausbeutung verwendbaren Länder, die zwar viele Rohstoffe aber keine namhafte Industrie haben;
   - die früher von Kolonialmächten beherrschten, erst kürzlich zu politischer Unabhängigkeit gelangten Länder;
   - die politisch und ökonomisch mehr oder minder funktionierenden früheren Kolonien im Unterschied zu den vollständig verarmten und auf ständige Direkthilfe angewiesenen Länder der sog. »Vierten Welt«.

Es fragt sich freilich, ob diese Definitionen – einzeln oder zusammen – ausreichen, um gemeinsame Charakteristika der »Dritte-Welt«-Länder erkennbar zu machen. Steht dieser Begriff vielleicht auf die Länge der Zeit un-

---

5 Vgl. »Die Last des augustinischen Erbes« in meiner Aufsatzsammlung Konzepte, Bd. I, Patristische Studien, Bern 1976, 102ff.

ter Ideologieverdacht? Wie soll man etwa Mexiko einordnen, oder Brasilien? Mit dem gleichen Recht, mit dem man Mexiko zur »Dritten Welt« zählen könnte, müßten Portugal und Süditalien so klassifiziert werden, auch Teile Spaniens und Griechenlands.

Im Hinblick auf die Lokalisierung von Theologie in der »Dritten Welt« gilt sicher, daß die in ökumenischen Kreisen übliche Aufteilung der »Dritten Welt« in Lateinamerika, Afrika, Asien und die pazifischen Inseln nur in bezug auf *Lateinamerika* eindeutig und sinnvoll ist. *Afrika* ist höchstens als »black Africa« homogen, aber das nördliche Drittel ist überwiegend arabisch und darum von der Mitte ganz verschieden. »African theology« im Sinn einer Theologie für den ganzen Kontinent ist eine Anmaßung; von Europäern als Terminus verwendet eine Naivität. *Asien*, und dementsprechend »asiatische Theologie« ist ein nahezu völlig sinnloser Sammelbegriff, wenn damit vom mittleren Osten bis über Indien/Sri Lanka, Thailand, Indochina, China, Japan, die Philippinen und gar Indonesien ein Gemeinsames benannt werden soll. Auch im Hinblick auf die vielleicht die verschiedensten Kulturen und ethnischen Gruppen Asiens verbindende Geschichte der kolonialen Unterdrückung ist zu sagen, daß Thailand nie eine Kolonie war, Japan seinen eigenen Kolonialismus durchführte, und die anderen Länder unter den portugiesischen, dänischen, französischen, holländischen und britischen Kolonialmächten sehr unähnliche Erfahrungen hatten. Man denke etwa an die spanisch-katholische Geschichte der Philippinen gegenüber der britischen Herrschaft über Indien (bzw. Teile davon). Die *pazifischen Inseln* bieten auch kein homogenes Bild: Die französische Herrschaft war – und ist bis heute – ganz anderer Art als der britische bzw. der australisch-neuseeländische Einfluß. Die Unterschiede betrafen das Rechts- und das Schulsystem, die Art der Bevormundung bzw. Ausbeutung, die kulturellen Importe sowie die Sozialleistungen, von den völlig verschiedenen Formen der kirchlichen Missionstätigkeit nicht zu reden.

Diese kurz skizzierten Überlegungen könnten zu der möglichen These führen, die Rede von einer »African theology« bzw. einer »Asian theology« sei eine ideologisch geprägte Verallgemeinerung, ein Kürzel, das mehr aus der Anti-Stellung gegen den theologisch-kulturellen Export aus der europäisch-amerikanischen Welt als durch echte Gemeinsamkeiten gerechtfertigt sei.

2. Typologie der Kritik aus den Kirchen der »Dritten Welt«

Die kritischen Stimmen aus der »Dritten Welt« (was immer wir nun unter dieser Bezeichnung verstehen)[6], weisen auf unterscheidbare Inhalte, die vor wenigen Jahren vielleicht noch krasser formuliert waren als in den jüngsten Verlautbarungen der »Vereinigung von Theologen der Dritten Welt«[7]. Man kann mindestens folgende Schwerpunkte der Kritik unterscheiden:

1. Das Evangelium wurde exportiert in Verbindung mit westlicher kolonialer Macht, war also zugleich ein ungerechtfertigter *Kulturexport,* d.h. der Beginn und die Rechtfertigung einer Überfremdung.

2. Europäisch-amerikanische *konfessionelle Spaltungen* wurden unnötig transplantiert und mit ihnen auch eine Fülle von *historischen Details,* die für nicht-westliche Christen (und Pfarrer in ihrer Ausbildung) völlig gegenstandslos sind und sie zugleich vom Ernstnehmen ihrer eigenen Geschichte abhielten.

3. Die historisch *ursprünglichen Denkformen* der westlichen Theologie, also die Begriffe und Kategorien des griechisch-römischen Denkens, sind für die Kirchen der »Dritten Welt« *inadäquat,* sollten abgestreift und durch eigene, aus der Geschichte des Volkes, seiner Denkweise, traditionellen Kultur und Religion ersetzt werden (»indigenous theology« in ihrer ersten Bedeutung).

4. Nicht nur die klassischen Konzilien mit ihrer eng an griechisches Denken geknüpften Trinitätslehre und Christologie sind abzulehnen, sondern auch die europäisch-amerikanische Betonung – der *Wichtigkeit der Ge-*

---

6 Vgl. das in Anm. 3 genannte KEK-Studienheft, auch den Text der sog. Daressalam-Erklärung von Theologen aus der Dritten Welt vom August 1976 (ÖR, Heft 2, April 1977, 211ff.), sowie Theology in the Americas, hg. v. S. Torres u. J. Eagleson, New York 1976, The Emergent Gospel: Theology from the Underside of History, hg. v. S. Torres u. V. Fabella, New York 1977 und African Theology en route, hg. v. K. Appiah-Kubi u. S. Torres, New York 1979.
7 Vgl. W. *Wille,* Zum Weg der »Vereinigung von Theologen der Dritten Welt«, in: ÖR, Heft 2, April 1979, 138ff.

schichte Israels für Theologie und Kirche, eine Betonung, die keine Symbiose mit einheimischen Religionen oder Traditionen duldet. Die Kritik trifft also auch Inhalte der Bibel selbst, nicht nur die oft mit Recht beklagte statische, scholastische oder individualistische und unpolitische Interpretation der Bibel in westlicher Theologie. Das eigentlich ernstzunehmende Evangelium sei einzig das der sozialen Befreiung der Armen und Unterdrückten durch die Veränderung ihrer ökonomischen und sozialpolitischen Bedingungen und dazu seien die einheimischen kulturellen und religiösen Traditionen ebenfalls zu mobilisieren (»indigenous theology« in ihrer zweiten Bedeutung).

Die vier Gewichtungen der Kritik markieren eine Steigerung von Nr. 1 bis 4, ein Vordringen der Kritik vom Ablehnen der »Verpackung« des Evangeliums bis hin zu seinem eigentlichen Inhalt. Kombinationen und Mischformen lassen sich freilich auch finden. Interessant ist die deutliche Tendenz, ein Erfassen des Evangeliums sozusagen in seiner »nackten Form« für möglich zu halten. Damit verbunden ist die unausgesprochene Annahme, die man ja auch in konservativen kirchlichen Kreisen in den USA und in Europa findet, Theologie sei die Form und die Durchführung der Verkündigung, man müsse Theologie »relevant machen«, »praktisch« werden lassen, Zeugnis und Theologie sei eigentlich dasselbe.

Die Sprecher der Kirchen der »Dritten Welt«, von denen wir diese verschiedenen Formen der Kritik hören, sind in ihren Ländern mit wenigen Ausnahmen eine ausgesprochene Elite. Mindestens in Afrika, aber auch in verschiedenen asiatischen Ländern und im Pazifik genießen sie – wie alle Pfarrer und Priester, vor allem diejenigen, die in Europa oder USA weiterstudiert haben – ein gesellschaftliches Prestige, das oft weit über dem des europäischen Theologen liegt. Sehr stark sind freilich auch die Verknüpfungen zwischen kirchlichen und nationalistischen Interessen. Das wird auch an dem Personenkreis deutlich, aus dem die profilierteste Kritik am Westen kommt. Je radikaler die Kritik eines Theologen aus der »Dritten Welt«, um so wahrscheinlicher, daß er in Europa oder Nordamerika studiert hat. (Das hat u.a. auch mit den ungeheuren Schwierigkeiten zu tun, die alle Akademiker und Spezialisten haben, die nach ihrem Studium in der »ersten« oder der »zweiten« Welt in ihr Land zurückkehren: es verdoppeln sich für sie die Probleme, die sie im industrialisierten Studienland hatten mit denen der Wiedereingliederung in ihrem eigenen. Viele kommen, gerade in Politik und Verwaltung, zu jung in zu hohe Stellungen. Viele Theologen reisen noch viel mehr als ihre westlichen Kollegen[8].) Es ist auffallend, daß Frauen, die auch in den Kirchen der »Dritten Welt« weitgehend die Gemeinden tragen, bisher sehr selten als Sprecher ihrer Kirchen und von deren Kritik an westlicher Theologie zu hören gewesen sind. Die elitäre Stellung der männlichen Theologen ist in den meisten Kirchen der »Dritten Welt« noch ungebrochen.

Bei der möglichen Verallgemeinerung dieser Beobachtungen wird man aber unterscheiden müssen zwischen den vielen afrikanischen und wenigen asiatischen Ländern oder Landesteilen, in denen die Christen deutlich in der Mehrheit sind, gegenüber der Situatiuon von Minderheitskirchen; ferner zwischen vorwiegend reformatorischen und katholischen (bzw. orthodox oder orthodox koptischen, usw.) Kirchen; sowie auch zwischen Kirchen, die im Dialog mit den großen Weltreligionen stehen und solchen, die dies nicht tun; und schließlich zwischen Kirchen, die aus der Mission hervorgegangen sind (das sind die meisten) und den eigenständigen Neugründungen (z.B. den Kimbanguisten in Zaire).

3. Das Problem »kulturspezifischer Theologien«

Hinter den bisher summierten Beobachtungen und skizzierten Unterscheidungen kommt als das eigentlich theologische Problem die Frage ans Licht, ob die Verpflanzung des Evangeliums von einer Sprache und Kultur in eine andere, die Mission und Ausbreitung der Kirche also, eine Transformation der Theologie notwendig zur Folge habe. Diese Frage ist bekanntlich seit dem letzten Jahrhundert in der Dogmengeschichte exemplarisch in bezug auf die ersten drei oder vier Jahrhunderte ausführlich diskutiert worden. Alle sprachlichen Gestalten der Verkündigung des Evangeliums und der auf sie bezogenen Theologien, die auf die hebräisch-aramäische Gestalt folgten, sind bereits sekundäre Träger und damit Verwirklichung einer Transplantation.

---

8 Ein bekannter indischer Kirchenmann berichtete, er sei im vergangenen Jahr 11mal außerhalb von Indien gewesen, davon 5mal in Europa.

Zur Lösung des damit gegebenen Problems wird man im Ernst kaum den Vorschlag machen, das Evangelium sei in einer sprachlosen Gestalt aus seinem jeweiligen Kontext, auch dem frühesten im Alten und Neuen Testament, herauszudestillieren. Zu genau wissen wir heute in der Theologie sowie in den verschiedenen Sprachphilosophien, daß man nicht nach einer sprach-losen Realität suchen kann, deren spätere sprachliche Einkleidung wie die Form vom Inhalt abgelöst werden könnte. Es gibt kein »Gegebenes« (kein »given«, wie man es in der angelsächsischen Philosophie nennt), das nicht in sprachlicher Gestalt auf uns zukommt, von dem wir behaupten können, es sei in irgendeiner Weise konstitutiv für Fragen des Glaubens an den Gott Israels, an Jesus von Nazareth, oder auch ganz allgemein für Fragen der Sinngebung des Lebens und der Gestaltung der Zukunft. Wenn dies richtig ist, so reduziert sich die Frage nach kulturspezifischer Theologie auf einen möglichen Vergleich zwischen verschiedenen bereits historisch faßbaren Transplantationen und die dahinterliegende Frage nach möglichen Kriterien für die Beurteilung der Adäquanz der Transmission.

Ein Vergleich verschiedener markanter Transplantationen des Evangeliums (man muß hier hypothetisch so sprechen, als sei es ein »Gegebenes«) in andere Sprach- und Kulturbereiche wird sich vielleicht auf die folgenden vier historisch gut faßbaren und einflußreichen Verpflanzungen beschränken können:

1. den Übergang in die hellenistische Welt im ersten und besonders im zweiten Jahrhundert,
2. den Eingang in die lateinische Sprache und Denkwelt der westlichen Teile des römischen Reiches (womit allerdings der Eingang in die nicht-griechisch sprechenden Teile des Ostens teilweise verglichen werden kann, nur ist die weitere Mission von dort aus weniger folgenreich als die der lateinischen Kirche gewesen),
3. den Übergang in die germanischen (und z.T. keltischen) Gebiete auf den britischen Inseln und im Europa nördlich der Alpen, und
4. die Ausbreitung der Mission in die slawische Welt.

Man könnte argumentieren, diese vier Verpflanzungen seien von jeweils ähnlichem Gewicht und könnten darum von den zahlreichen anderen Übergängen in kleinere Sprachbereiche sinnvoll abgehoben werden. Sogleich

wird dann die Frage entstehen, ob diese Transplantationen jeweils eine »indigenous theology« hervorgebracht hätten. Mit bestimmten Einschränkungen wird man diese Frage bejahen können. Allerdings ist sogleich festzuhalten, daß diese »eigenständigen« Theologien keineswegs die Geschichte und die theologischen Traditionen der Kirche, von der die Transplantation ausging, verneinen oder ignorieren wollten. Auch die früheren Konzilsentscheidungen wurden jeweils – von Ausnahmen abgesehen – als verbindlich akzeptiert, auch wo diese Entscheidungen in einem völlig fremden sozio-politischen und intellektuellen Milieu getroffen worden waren.
Freilich könnte man diese in vielem erstaunliche Kontinuität der Rezeption von Tradition über ganz verschiedene Kulturen und Sprachen hinweg damit erklären, daß die Rezeption selten freiwillig geschah, sondern die Folge der überlegenen Macht der jeweiligen Mutterkirche, von der die Mission ausging, gewesen war. Theologen der »Dritten Welt« können mit gewissem Recht argumentieren, die vier entscheidenden Übergänge seien immer demselben Muster gefolgt. Die Kirche habe traditionelle Denkformen sowie Kriterien für ethisches Handeln den neugewonnenen Territorien gewaltsam aufgedrängt und nur allmählich eine Verschmelzung mit »eigenständigen« Elementen dulden müssen. So seien die westlichen Kirchen bei ihrer Missionstätigkeit in den heute sogenannten Ländern der »Dritten Welt« nur der altbewährten Strategie gefolgt. Diese Fortsetzung sei aber illegitim, weil die heutigen Länder der »Dritten Welt« politisch unabhängig seien und ihre Christen nicht Teil einer offiziellen Kirche in einem einheitlichen politischen Gefüge wie dem römischen oder dem mittelalterlichen Reich. Die wirtschaftliche Abhängigkeit der neuen Länder von der industrialisierten Welt sei schlimm genug und dürfe nicht als Legitimation für die Forderung nach einer einheitlichen Artikulation des Glaubens oder der theologischen Reflexion darüber verstanden werden.

In solcher Argumentation steckt viel Wahres. Problematisch ist aber die Eingliederung soziologischer, ökonomischer und historischer Elemente in ein der Intention nach theologisches Urteil. (Nicht, daß solche Kombinationen nicht für nahezu alle theologischen Urteile typisch wären.) Die Betonung dieser Elemente muß sich eine doppelte Gegenfrage gefallen lassen:

1. Sind die Unterschiede zwischen genuin »indigenous« Elementen der Kultur und Denkweise in Ländern der »Dritten Welt« gegenüber dem Westen

wirklich größer als die intra-kulturellen Unterschiede innerhalb der westlichen Kultur? Zur Beantwortung dieser Frage müßte man eine Fülle von Einzelunterschungen durchführen, die etwa darüber Aufschluß geben, ob die traditionellen Werte der Bantu-Kultur sich zur neuen Lebensweise und Denkart der schwarzafrikanischen Studenten und Techniker anders verhalten als die alten und die neuen Denk- und Lebensformen in einem europäischen Land. Vielleicht sind in der nahen Zukunft schon die intrakulturellen Differenzen kleinerer Regionen oder Länder größer als die heute so heftig beschworenen Unterschiede zwischen der »Dritten Welt« und dem industrialisierten Westen oder Osten.

2. Auch wenn dies nicht gezeigt werden könnte, bliebe die kritische Anfrage an manche Vertreter der »indigenous theology« bestehen, ob es wirklich der Fall ist, daß durch Regionalisierung, Pflege der lokalen Traditionen und Betonung des Eigenständigen die Länder der »Dritten Welt« mehr und mehr vom Denkstil der industrialisierten Welt abrücken? Ist nicht wegen der zahlreichen Sachzwänge im Hinblick auf das Überleben der Menschheit das Gegenteil der Fall? Es will scheinen, daß dies nur darum nicht gesehen wird, wenn man die tragische wirtschaftliche Abhängigkeit der Länder der »Dritten Welt« als hauptsächliches Bindeglied zwischen ihnen und der westlichen Welt im Auge hat. So wahr und so schrecklich diese Abhängigkeit ist, so ist sie doch keineswegs die einzige Perspektive, in der man das Anliegen der »indigenous theology« sehen dürfte. Die alleinige Hervorhebung der ökonomischen Situation gibt keine echte Antwort auf eine theologische Frage. (Auch außerhalb des Bereichs der Kirche: Die ökonomische Abhängigkeit bestimmt nicht allein die Formierung der Denkweise der Menschen in der nicht-industrialisierten Welt.)

In der Reihe der kritischen Anfragen, die hier noch im Vorfeld der eigentlichen Frage nach der möglichen Universalisierbarkeit von Theologie gegenüber dem kirchlichen und kulturellen Pluralismus zu stellen sind, darf auch der Hinweis auf die üblen Erfahrungen nicht fehlen, die man mit früheren Formen von »indigenous theology« gemacht hat: Neuauflagen von »deutscher«, germanischer oder slawischer Theologie kann man sich nicht im Ernst wünschen. Das wissen auch manche Theologen aus der »Dritten

Welt«[9]. Solange in dem herrlichen Sri Lanka Singhalesen und Tamilen sich hassen, nordindische mit südindischen Christen nicht gemeinsam essen wollen, und Christen aus einem Stammesgebiet in Afrika aus Angst vor dem bösen Blick ein anderes Gebiet meiden, ist die Forderung nach »indigenous theology« mindestens sehr gefährlich, im Munde die »Dritte Welt« idealisierender westlicher Theologen unbegreiflich romantisch. Aber diese warnenden Sätze sind trotzdem kein Anlaß, die »indigenous theology« in ihren sämtlichen Formen einfach abzulehnen.

4. Neuere, selbstkritische Modelle von »indigenous theology«

Die großen Unterschiede innerhalb der Kulturbereiche der Länder der »Dritten Welt« haben auch die Aufmerksamkeit der Theologen gefunden. Die Kirchen in diesen Ländern ihrerseits differieren stark in ihrer Einstellung zu den lokalen Traditionen. Während die einen Kirchen in Schwarzafrika etwa traditionelle Tänze und den Gebrauch von Trommeln als Merkmal echter »indiginization« des Gottesdienstes ansehen, lehnen die anderen, wie etwa die Kimbanguisten, gerade dies als »heidnisch« und abergläubisch radikal ab. Jüngere Autoren sehen in den frühen Formen von »indigenous theology« nichts anderes als das von weißen Ethnologen und Touristen geförderte Interesse an Folklore, vergleichbar der Pflege des Volkstanzes in den Kirchen in Schottland oder dem Auftreten eines Jodelclubs in der Kirche eines Alpendorfes[10]. Auf einer höheren Ebene – aber immer noch kritisch abgelehnt

---

9 Vgl. etwa die selbstkritischen Einsichten in den Erklärungen von Daressalam und auch in Accra (November 1977) sowie die starke Kritik an »Ethnotheologie« oder »folkloristischer Theologie« bei *B. Kabongo-Mbaya* im genannten KEK-Heft, 52ff., der auch *J. Mbiti* zum Opfer fällt. Ähnliche Kritik an vereinfachter »asiatischer Theologie« übt auch *E. Nacpil,* der Direktor der theologischen Schule in Manila sowie *Kosuke Koyama,* der japanische Theologe, der z.Z. in Dunedin, Neuseeland, lehrt. Vgl. auch *E. W. Fasholé-Luke* (aus Sierra Leone), The Quest for African Christian Theologies, in: Scott. Journ. of Theol., Vol. 29, Nr. 2, 1976, 159ff., sowie *J. A. Veitch,* Is an Asian Theology Possible, a.a.O. vol. 28, Nr. 1, 1975, 45ff.
10 S. wieder *B. Kabongo-Mbaya* im genannten Studienheft, 58ff., auch *J. Mbiti,* »Einige Aspekte der afrikanischen Theologie von heute«, dt. Text Protokoll der Tagung über »Beitrag Asiens und Afrikas zur modernen Theologie«, Bossey, 8.–14. 6. 1976, engl. in: The Expository Times, Bd. 87, Nr. 6, 1976, 164ff.

– stünde die quasi-theologische Suche nach »Korrespondenzen« zwischen biblischen Geschichten, Gewohnheiten oder Denkformen und »indigenous« afrikanischen, asiatischen oder pazifischen Traditionen. Auch diese Korrespondenzen werden von radikaleren Autoren als theologisch und politisch wertlos abgelehnt. Freilich finden sich auch inkonsequente Urteile, denn bei manchen dieser Autoren liest man nun doch positive Äußerungen über die Bereicherung, die die einheimischen christlichen Kirchen durch traditionellen Messianismus, durch kollektive Gemeinschaftsformen und durch das Interesse am Leben nach dem Tode erfahren hätten. Ja man hört auch die Forderung, »indigenous theology« solle noch viel radikaler alle aus dem Westen importierten Werte und Gedanken kritisieren und letztlich ablehnen. Die eigene Theologie müsse weit über das bisherige Ziel, eine Hilfe bei der Suche nach Identität zu sein, »hinausstreben[11].

Während manche der afrikanischen Stimmen, auf die ich hier anspielte, sehr stark von anti-westlichen Gefühlen und Beschuldigungen getragen sind, also mehr Kritisches als Konstruktives enthalten, bieten einige asiatische Theologen umfassendere Entwürfe einer nicht-westlichen Theologie. Ein wichtiger Vorschlag kommt von Choan-Seng Song[12]. Sein Ausgangspunkt ist die Kritik an der westlichen Annahme, es führe eine gerade Entwicklungs- oder Einflußlinie von Israel über die frühesten christlichen Gemeinden hin zu den großen Kirchen des Mittelalters und der Neuzeit, von wo aus – wie Äste aus einem Baum – hier und dort Fortsetzungen in die nichtwestliche, »Dritte Welt« hinein gewachsen seien. Song sieht dieses Konzept, das er als ein »Kontinuitätskonzept« von Geschichte bezeichnet – theologisch am deutlichsten bei W. Pannenberg repräsentiert. Wir können hier offenlassen, ob Song Pannenberg völlig gerecht wird, auch, ob er die Einheitlichkeit der westlichen Theologie im Hinblick auf das Verständnis von Geschichte nicht überschätzt. Wesentlich ist seine positive These, die er aus beachtlichen exegetischen Studien und theologischen sowie kulturanalytischen Überlegungen her zu stützen weiß: Die Totalität des Lebens ist »Rohmaterial« der Theologie; Theologie muß ihre Bezugspunkte und Erkenntnisgren-

---

11 *B. Kabongo*, 61.
12 *Choan-Seng Song*, »Von Israel nach Asien – ein theologischer Sprung«, im genannten Studienheft 10ff., sowie sein bisher nur vervielfältigter Vortragstext »New Frontiers of Theology in Asia«, Hongkong, Februar 1979.

zen von Israel und den alten Kirchen weg auf neue Horizonte hin ausweiten, auf Gottes Kontakt mit den Völkern überhaupt; Jesus Christus ist dabei aber bleibender Brennpunkt (»the decisive factor«, »the center«), so aber, daß auch (etwa) die Geschichte Chinas (oder die einer anderen Kultur) von Anfang an »inhärent theologisch« ist. Die Aufgabe der Theologie sei es nicht, »christliche Antworten« auf nichtchristliche Fragen zu geben, aber doch in allem Antwortgeben teilzunehmen an der »Mission Gottes«. Gottes Mission verläuft nicht linear durch die Menschheitsgeschichte, sondern »in allen Richtungen gleichzeitig«, ja, zickzack.

Song will mit diesen Überlegungen nicht die Bedeutung der Geschichte Israels abschwächen. Er wehrt sich nur gegen das Ausziehen einer Linie von dort über Tausende von Jahren hin nach China. Gerade diese Art der Verkündigung hätte in China wenig Sympathie gefunden. Man müsse umgekehrt vorgehen: Von China aus müsse man rückwärts nach Völkern fragen, die ein Exodus-Erlebnis, oder die den Empfang von Segen erlebt hätten, in Israel fände man dann ein Volk, an dem Gott exemplarisch so gehandelt habe. Song ist stark interessiert an theologischen Wegen, die die Rede von Gottes Handeln außerhalb Israels und der historischen Kirchen ermöglichen. Diese Wege sind dann aber voraussichtlich nur Wege für China. In diesem Sinn wäre die dann entfaltete Theologie »indigenous theology«. Song schreibt: »Die Theologie, die asiatische Christen angesichts der aggressiven kommunistischen Ideologie, der ausweglosen Armut, dem Leiden und der unaufhörlichen Suche nach der letzten Sinnbestimmung des Menschen betreiben, sollte außerhalb des asiatischen Kontinents keine Gültigkeit suchen.«[13] Theologie hat so unmittelbar mit konkreter Existenz zu tun, daß sie regional nicht auswechselbar ist: »Die schwarze Theologie in den USA kann nicht nach Europa übertragen werden. Sie kann noch nicht einmal nach Afrika ausgeführt werden. Die schwarzen Theologen in den USA können für ihre schwarzen Brüder und Schwestern in Afrika keine Theologie machen, denn beide Gruppen stehen vor qualitativ anderen Problemen.«[14]

Beim Überprüfen der Argumente Songs, vor allem der Kritik am Kontinuitätsmodell von Geschichte, fragt man sich nun doch, ob hier wirklich etwas Neues statuiert wird. Das soll nicht polemisch gemeint sein. Die Frage

---

13 Im KEK-Studienheft, 28.
14 A.a.O. 27f.

soll ausdrücken, ob nicht Song ein Bild von westlicher Theologie hat, das eher der schottisch-amerikanischen Theologie der fünfziger Jahre (der »Neo-Orthodoxie«, wie es die Amerikaner nannten) entspricht als der heute tatsächlich betriebenen Theologie. Man fragt doch heute im Westen auch nicht mehr (wie es u.a. noch Bultmann tat), wie denn die alten Texte für uns moderne Menschen »relevant gemacht werden« könnten. Fragt man nicht bereits viel mehr in der Richtung, die Song seinerseits vorschlägt? Und sind die Antworten auf diese Frage (gewiß: induktiv und nicht deduktiv gewonnen) wirklich regional und transkulturell nicht austauschbar? Mich spricht Songs Fragerichtung sehr an und ich meine in ihr mein eigenes theologisches Interesse an der Gegenwart Gottes wiederzuerkennen. Aber das Argument der Nichtauswechselbarkeit hat mich nicht überzeugt[15]. Das mag daran liegen, daß Song unter »Theologie« etwas versteht, das man nach meinem Dafürhalten eher »Zeugnis«, »Verkündigung« oder Konkretion nennen sollte. Dieses Urteil legt sich schon darum nahe, weil Song viel an der Synchronizität der die menschliche Existenz berührenden und befreienden Bedeutung von Jesus Christus liegt. Nicht darüber zu reflektieren oder regulative Sätze zu erstellen, sondern dies konkret zu *sagen*, einem Notleidenden *zuzusprechen*, das scheint für ihn mit dem Wort »Theologie« voll abgedeckt zu sein. Ohne nun den Inhalt oder die Absicht von Songs Thesen abändern oder schmälern zu wollen, sollte doch zur Erwägung gestellt werden, ob es nicht gute Gründe gäbe, Theologie anders zu bestimmen. Vielleicht käme man damit auch einer angemessenen Beurteilung der Wirrnis, die durch die Forderung nach »indigenous theology« in der Ökumene entstanden ist, etwas näher.

5. Die unglückliche Verwendung des Wortes »Theologie«

In ökumenischen Kreisen hat sich eine unglückliche Verwendung des Wortes Theologie breit gemacht. Gerade die erste der aufzuzählenden Verwendungsweisen ist auf die gewiß richtige Begeisterung zurückzuführen, Theologie endlich aus den Gelehrtenstuben herauszuholen und sich in Politik, Gemeindeleben und persönlicher Existenz bewähren zu lassen.

---

15 Auch nicht in dem von Dr. *Song* vor dem Deutschen Ökumenischen Studienausschuß in Würzburg 1978 gehaltenen Vortrag »Faith and Order – its ›Ecumenical‹ Task«.

Heute wird, so scheint es mir, »Theologie« wenigstens in drei Bedeutungen gebraucht:

1. als die *Gesamtheit* der sprachlich kommunizierbaren *Äußerungen der Kirche* oder ihrer Sprecher in bezug auf Glaube, Liebe, Hoffnung, den Sinn des Lebens, die Aufgaben der Gesellschaft, usw., einschließlich der Predigten, Unterrichtsstunden und seelsorgerlichen Beratung;
2. als die *thematische Konzentration* auf bestimmte Aspekte des Glaubens in bezug auf eine bestimmte Situation oder Zeit, also als *»monothematische Theologie«,* deren Thema als heuristisches Instrument zur Interpretation des ganzen Evangeliums und der Kirchen- und Sozialgeschichte dient (»Theologie der...« Befreiung, der Armen, der Frauen, der Homosexuellen; aber auch als eucharistische, liturgische, therapeutische, meditative, vielleicht auch als bibelbezogene, aber jedenfalls *monothematische* Theologie);
3. als *Suche* nach der *inneren Logik,* Verbindlichkeit[16] (letztlich also der *Wahrheit*) dessen, was Christen und Juden über Gott und über Menschen sagten und sagen, was sie deswegen taten, tun und tun sollten; Theologie also in ihrer Beziehung zur Kirche vergleichbar der Stellung der Grammatik zur Sprache, der Regeln zum Spiel, auch der Dialogregeln zum wirklich stattfindenden, verstehenden und die Erkenntnis fördernden Austausch; Theologie also mit der Tendenz *weg* vom Provinziellen, *hin* zum Universalisierbaren, gerade indem sie *nicht direkt* nach anwendbaren Konkretionen sucht (wie die Predigt, das Manifest, der Aufruf, der Protest, die therapeutische Beratung), sondern nach *regulativen Sätzen,* mit denen man solche Konkretionen testen und wohl auch provozieren kann, die als solche aber *ebenso wahr* sind in Thailand wie in Brasilien oder in Frankfurt.

Nur die dritte dieser Bestimmungen scheint mir sinnvoll auszudrücken, was Theologie ist (und übrigens bisher immer war). Eine »indigenous theology« kann es nur in bezug auf das Verständnis Nr. 1 und Nr. 2 geben – deren

---

[16] Vgl. die Faith and Order-Konsultation über »Verbindliches Zeugnis« in Odessa, Oktober 1977, sowie den umfangreichen Arbeitsbericht dazu, »Verbindliches Lehren der Kirche heute«, hg. vom Deutschen Ökumenischen Studienausschuß, Frankfurt 1978 (= Beiheft z. ÖR 33).

Anliegen gar nicht geschmälert werden sollen –, aber besser müßte man hier doch von Zeugnis, von situationsbezogener Verkündigung und von kirchlicher *Praxis* sprechen, denn gerade diese sind regional verschieden.

Wenn in der Ökumene die theologische Arbeit entsprechend der dritten Bestimmung vernachlässigt oder gar unterlassen werden sollte (»Moratorium für Theologie« hört man schon als neues Schlagwort, in Anlehnung wohl an das »Moratorium« für westliche Missionsaktivität, das in Bangkok nicht ohne Gründe, wenn auch als Provokation, vorgeschlagen wurde), so würde großer Schaden entstehen. Oder konkreter gesprochen, wenn wir in der Ökumene:
– ein theorieloses Verständnis von Theologie (also ein an Wahrheit und an Kommunikabilität viel weniger als an Funktionalität sowie Konformität mit regionalen Interessen orientiertes Konzept) protegieren,
– den regionalen Nationalismus, impliziten Rassismus (der Nichtweißen untereinander, der Nichtweißen gegen die westlichen Teile der Menschheit), die Folklore, die begreiflichen anti-westlichen Gefühle in der »Dritten Welt« korrekturlos gutheißen,
– weiterhin aber die besten Theologiestudenten der nichtwestlichen Welt nach USA und Europa zum Weiterstudieren einladen,

so wird die Ökumene bald in zwei Lager aufgespalten sein. Auf der einen Seite werden die zahllosen Regional- und Nationalkirchen mit ihren Regionaltheologien stehen, auf der anderen die westlichen Kirchen der industrialisierten Länder mit ihrer weiterhin im eigenen Saft bratenden Theologie, an der die intellektuelle Elite aus der »Dritten Welt« teilweise profitieren, von der sie sich aber auch um so krasser distanzieren kann. Die westliche Theologie würde dann um so mehr das werden, was man ihr heute schon vorwirft. Die nur am eigenen Sprachbereich und seinen Universitätstraditionen interessierten Professoren wären ebenso in ihrem Provinzialismus bzw. Karrierestreben bestätigt wie ihre nach gesicherten Pfarrstellen in nichtökumenischen, etablierten Landeskirchen strebenden Theologiestudenten. Wem dieses inner-westliche Kirchen- und Theologiesystem zu langweilig oder zu anstrengend wäre, könnte je nach Lust und Laune (oder aus verständlichem Mitgefühl für eine bestimmte Region) ein Regionalprogramm aus der »Dritten Welt« auf seine Fahnen schreiben, sich selbst zum Sprecher der anderen ernennen und seine kirchlichen und theologischen Mitmenschen erfolgreich irritieren. Damit wäre aber ganz und gar nichts gewonnen, sondern vielmehr fast alles verloren, was wir im Ansatz schon hatten. Der Schaden, der dadurch auch den Kindern der »Dritten Welt« zugefügt würde, wäre beträchtlich.

Im Gegenteil, wir brauchen mehr denn je zuvor eine Art und ein Ziel theologischer Arbeit, die den eigenen Herrschaftsanspruch fallen läßt, auf konziliare Strukturen hindenkt[17], sich der eigenen Geschichte kritisch und den Gegenwartsaufgaben konstruktiv zuwendet, um bei aller Verschiedenheit der regionalen Situationen und Aufgaben (also bei aller Verschiedenheit der »Theologien« im Sinn von Nr. 1 und 2) auf eine »Gemeinschaft des Erkennens« (Lukas Vischer im Eröffnungsvortrag des erwähnten Göttinger Kongresses) hinzuarbeiten.

6. Abschließende Thesen

1. Die westlichen Kirchen und ihre Theologen brauchen die Kritik aus der »Dritten Welt«. Sie können den Christen der »Dritten Welt« nicht vorschreiben, welche Art von Kritik sie äußern sollen. Aber die westlichen Kirchen können eine partikularistisch oder nationalistisch motivierte Selektion von Aspekten des Evangeliums ihrerseits nicht unkritisch als konstruktive Kritik hinnehmen. Dazu gehören vor allem quasi-ökonomische Argumentationen, die kurzerhand zu theologischen Urteilen werden, etwa die sehr fragwürdige, allgemeine Behauptung, die Armut der Länder der »Dritten Welt« sei eine Folge der jetzt noch vorangetriebenen Ausbeutung durch die westliche Welt, ein Argument, das dann bedenkenlos das Gesamturteil über die kirchlichen, theologischen und kulturellen Beziehungen bestimmt. Nur differenziertere Urteile können zu wirklich konstruktiver Kritik führen.

2. Die thematischen Selektionen für »indigenous theology« oder für die Kritik an westlicher Theologie müssen von den westlichen Kirchen im Bewußtsein ihrer eigenen, ganz ähnlichen Selektionen, Verzerrungen und Überbetonungen aus Vergangenheit und Gegenwart hingenommen werden.

---

17 Vgl. *J. R. Nelson,* »Konziliarität – Konziliare Gemeinschaft«, und *H. Meyer,* »Einheit in versöhnter Verschiedenheit« – »konziliare Gemeinschaft« – »organische Union«, in: ÖR, Heft 3, Juli 1978, 358ff., bzw. 377ff., auch *E. Lessing,* Konsensus in der Kirche (ThExh. 177), München 1973.

Unsere Gemeinden müssen darauf vorbereitet werden, daß in den kommenden Jahrzehnten noch härtere Kritik aus den Kirchen der »Dritten Welt« zu hören sein wird. Das »Unrecht«, das den westlichen Kirchen und individuellen Theologen dadurch *auch* zugefügt wird, ist verdientes Unrecht. Es muß als *moralische* Kritik angenommen werden, auch wenn die sachliche Begründung zu fehlen scheint.

3. Ein großer Teil der theologischen Kritik aus der »Dritten Welt« deckt sich mit der Selbstkritik der westlichen Theologie (z.B. Kritik an Scholastifizierung, »Objektivierung«, an Herrschaftsstrukturen, an akademischer Isolierung, an Konfessionalisierung, an der falschen Bindung an kulturelle Werte, usw.). Die oft verspätet formulierte Kritik aus der »Dritten Welt« wirkt auf die westlichen Christen, wenn sie sich schon längst selbstkritisch verhalten, oft kränkend und lädt zur Ambivalenz ein, einerseits »Kritik hören zu wollen« und brüderlich/schwesterlich zu akzeptieren, andererseits zu wissen, daß damit manchmal gar nichts Neues gesagt worden ist. (Hier lauern für den westlichen Theologen Gefahren der Unlauterkeit, der stellvertretenden Arroganz, vermischt mit dem ehrlichen Willen, sich Kritik auszusetzen.) – Der westlichen Theologie stellt sich die doppelte Aufgabe, mit dieser Kränkung fertig zu werden und zugleich nach dem wirklich *Neuen* Ausschau zu halten, das aus der Kritik am Westen spricht.

4. Das »wirklich Neue« hat für Christen mit Gott zu tun: Es geht in der Theologie ja nicht nur um gutes Erklären des Alten oder um neue Formulierungen des Bekannten (»relevanter predigen«, »besser kommunizieren«, usw.), sondern um das Erkennen dessen, was Gott jetzt tut, was jetzt »mit Gott los ist«. Daß hier die Stimmen aus dem unterdrückten und hungernden Teil der Menschheit vielleicht die wichtigsten Hinweise geben können, muß ein für das Neue offener Christ hoffen. Wenn dazu »indigenous« Theologien – so unglücklich der Ausdruck und so gefährlich der damit erhobene Anspruch auch sein mögen – Anstoß geben, ist es nur gut.

II. MEDIZINISCHE ETHIK

Das »story«-Konzept in der medizinischen Ethik

Unschwer können die Problemfelder der medizinische Ethik aufgezeigt werden, obwohl man ihre Breite unter Ärzten und in der Bevölkerung allgemein oft unterschätzt. Medizinische Ethik ist sicher nicht nur »ärztliche Ethik«. Aber was ist »Ethik«? Die Antwort darauf ist ungleich viel schwieriger. Nur zu oft wird Ethik durch Tradition oder gute (wohl auch schlechte) Gewohnheiten ersetzt. Und wer darüber reflektiert, kommt in das Dickicht der philosophischen, ideologischen, evangelischen und katholischen (und besonders im amerikanischen Gesundheitswesen auch der jüdischen) Konzepte. Eine integrierende Funktion hat jedoch die Einsicht, daß jeder Patient, jeder Arzt, jeder Mensch, jede Gruppe, ja die ganze Menschheit eine »erzählbare Geschichte« (story) hat. Daran können wichtige medizin-ethische Überlegungen für die Praxis festgemacht werden.

1. Drei Problemfelder medizinischer Ethik

Es ist das Besondere der Menschen, daß sie sich gegenseitig nicht nur pflegen und beschützen können – das tun auch viele Tiere mit ihren Artgenossen –, sondern daß sie auf der Basis von gespeichertem Wissen nach systematisch erklärbaren Regeln Krankheiten und Unfälle voraussehen, vermeiden und oft auch heilen können. Die dreifache *Erinnerung* an die Wissenschaft, an die eigene Erfahrung und an die Geschichte des Kranken spielt bei jeder therapeutischen Aktivität eine entscheidende Rolle. Ebenso wichtig ist die steuernde Funktion der *Vorausschau*, der Planung, der Abschätzung der antizipierten Lebensstory des Patienten und seiner Angehörigen, ja des ganzen sozialen Umfeldes um ihn. In der Gesundheitspolitik und -planung geht es gar um die antizipierte »story« ganzer Landstriche, Städte, Völker und Kontinente. Erinnern und Vorausplanen sind entscheidende Merkmale des Menschen, oder bescheidener: der verantwortlichen Menschen.

Beim Erinnern sowie beim Planen entstehen neben den sachlichen Schwierigkeiten unweigerlich auch ethische Probleme. Schon die Rekonstruktion einer Krankengeschichte, von der Bestandsaufnahme der Gesundheitssituation eines Landes ganz zu schweigen, bringt über die Sachfragen hinaus oft schwere ethische Probleme. Noch krasser wird dies bei der Planung deutlich: Auf welche Ziele hin und mit welchen Mitteln und unter Inkaufnahme welcher Nebenerscheinungen soll die Präventivmedizin vorgehen, bei uns sowie in den Ländern der Dritten Welt? Unter welchen Gesichtspunkten sollen ökologische Verbesserungen, die Kontrolle über Arznei- und Lebensmittel, die Humanisierung und die Finanzierung des Krankenhauswesens, die psychotherapeutische Versorgung der Bevölkerung und die Gesundheitserziehung geplant werden? Die Frage eines Arztes oder Therapeuten nach dem Therapieziel für einen individuellen Patienten ist nur eine Spezialform dieser großen Fragen; es herrscht in ihr keine andere Logik und letztlich keine andere Art ethischer Problematik.

Es hat sich bewährt, das riesige Gebiet medizinischer Ethik in drei sich überlappenden Problemfeldern zu sichten. Sie bedingen sich gegenseitig. Im *ersten* Feld geht es um den direkten Kontakt mit dem Patienten, einschließlich der ihm dienenden Forschung und Pharmaindustrie. Im *zweiten* sind die Aufgaben und Fragen der Gesundheitspolitik, des Krankenhaus- und Versicherungswesens in seiner gesamten sozialökonomischen Struktur zu finden. Im *dritten* liegen die schwer faßbaren Fragen des tatsächlichen Gesundheitsverhaltens und der Erwartungen der Bevölkerung in bezug auf den eigenen Körper, die eigene Gesundheit, auf Krankheit, Tod, auch die Erwartungen an Ärzte, Medikamente, Spitäler, Versicherungs- und Sozialleistungen.

Im ersten Feld scheinen Mediziner (und in günstigen Fällen pflegendes Personal) die Hauptträger der Verantwortung zu sein. Im zweiten sind Juristen und Politiker am Werk, auch Finanzexperten und die Öffentlichkeit, im dritten wiegen die Stimmen von Eltern, Lehrern, Ärzten, der Kirchen und der Massenmedien. Entgegen einer oberflächlichen Erwartung bestimmt nicht das erste Feld das zweite und dies dann das dritte. Vielmehr bestimmt das dritte das zweite und dieses ganz weitgehend auch das erste. Die medizinische Soziologie kann demonstrieren, wie stark die Gesundheitsvorstellungen und -erwartungen in einer bestimmten Kultur oder einem Land auch das System beherrschen und bis zu welchem Grade auch die Ärzte selber, die Richtung der Forschung und die Aktivität der Pharmaindustrie davon geprägt sind[1].

---

1 *Chr. v. Ferber (Hg.)*, Handbuch der Sozialmedizin, 3 Bände, Stuttgart 1976; *H.-U. Deppe*, Medizinische Soziologie, Frankfurt/M. 1978 (dort S. 235ff. weitere Literatur);

Mit dieser Aufgliederung des Problemfeldes – ohne die es wenig Sinn hat, von »medizinischer Ethik« allgemein zu sprechen – ist die Frage nach den ethischen Entscheidungsträgern radikal gestellt. Wenn man dazu noch die ungelöste Frage nach einer einheitlichen Ethik stellt, so mag man angesichts dieser Komplexität schon mutlos werden. Während philosophische Ethiker und auch Theologen sich oft in Allgemeinplätzen zur Medizinethik ergehen und die Tageszeitungen mit Vorliebe die sensationellen Fälle herausstellen, neigen die meisten Mediziner dazu, sich auf ihre Kompetenzbereiche zurückzuziehen und ihre »Ethik« nur in dreierlei verwurzelt zu sehen:
– der Weitergabe der bewährten Tradition (etwa durch eindrucksvolle Lehrer) in Zweifelsfragen,
– der Beachtung des Wohls des Patienten (»nihil nocere«) und des guten Kontaktes mit ihm sowie
– der Wahrung der von den Standesorganisationen empfohlenen Richtlinien.

Es soll mit allem Nachdruck gesagt sein, daß diese *Reduktion* vielleicht vor einigen Jahrzehnten noch hinlänglich nützlich gewesen sein mag, daß aber heute auch nicht der Allgemeinmediziner mit einer solchen Engführung seiner Sicht den Problemen, die sich ihm und uns allen stellen, gerecht werden kann. Noch viel mehr gilt dies für den Arzt im Krankenhaus, der mit differenzierterer Technologie dem aus seiner »Außenwelt« und damit oft dem pathogenen Feld herausgenommenen Patienten begegnet. Es erübrigt sich zu sagen, daß eine primitiv reduzierte medizinische Ethik oder gar eine *Einschränkung* auf die Fragen der *rechtlichen Zulässigkeit* für Gesundheitsplaner und -politiker ohnehin *nicht ausreicht*.

2. Wer »hat« denn eine Ethik?

Natürlich gibt es keine Instanz, die einfach eine Ethik für uns bereitstellen kann. Zunächst könnte man fragen, ob wir überhaupt eine universale Ethik brauchen. Die Menschheit ist eben im Begriff, sich aus einer großen Zahl von »geschlossenen Gesellschaften« (closed societies), die sich über Jahrtausen-

---

auch *H.-D. Basler*, Medizinische Psychologie II, Sozialwissenschaftliche Aspekte der Medizin, Stuttgart 1978.

de gebildet hatten, auf ihre Einheit zu besinnen und sich vielleicht sogar daraufhin zu entwickeln.

Es gibt noch starke Gegenkräfte: im einen Krankenhaus werden Schwangerschaftsabbrüche durchgeführt, im andern sind sie aus religiösen Gründen untersagt; der eine Chef führt große Herzoperationen an Kindern mit *Down*-Syndrom durch, der andere nicht; in vielen Ländern ist die Geburtenkontrolle eine Selbstverständlichkeit, in anderen stößt schon der Vorschlag auf großen Widerstand; in den USA sagt man den Patienten, wenn sie »terminally ill« sind, bei uns schweigen Ärzte lieber zum Thema Tod, angeblich unterstützt von den Angehörigen; bei uns bekämpft man erfolgreich Seuchen, in Malawi etwa hat man sich dagegen entschieden, die Malaria auszurotten, weil das Land bis jetzt keine größere Bevölkerung ernähren kann.

Man könnte das alles unter Hinweis auf die Entscheidungs- und Gewissensfreiheit verteidigen. Weil wir aber nicht jeder für uns selbst entscheiden, sondern in zunehmendem Maße für andere, für sichtbare und unsichtbare Mitmenschen, wäre es doch sehr problematisch, einen ethischen Pluralismus geradezu zu wollen. Besonders in der medizinische Ethik wären die Folgen einschneidend. Freilich wiegen die sogenannten kulturspezifischen Unterschiede schwer: Die Position der Frauen ist bei uns anders als im Islam, die Einstellung zur Gesundheit anders als bei den Bantus, die Einschätzung der Technologie anders als bei indischen Bauern. Aber das rechtfertigt letztlich nicht die Stabilisierung unabhängiger und sich widersprechender ethischer Grundpositionen, einfach schon darum, weil die faktische Interdependenz der heute lebenden Menschen viel zu groß ist. Man muß dies schon aus rein *pragmatischen* Gründen sagen, ganz abgesehen von der viel anspruchsvolleren Frage nach der *Wahrheit* ethischer Grundpositionen. Aber auf beiden Ebenen – der pragmatischen sowie auf der der Wahrheitssuche – besteht doch wohl Einigkeit unter uns, daß man nicht im einen Land Homosexuelle erschießen, im andern Land ihnen zur sozialen Freiheit verhelfen soll, im einen Land bei Zwillingsgeburten je ein Kind töten, im andern Land beide bei Gefahr sorgsam und aufwendig pflegen darf. Je mehr die früher in sich abgeschlossenen Kulturen zum Zusammenleben und zum Überleben sich anstrengen müssen, um so wichtiger wird auch eine universalisierbare Ethik.

Die WHO (Weltgesundheitsorganisation) soll als UN-Agentur eigentlich ethisch neutral sein, ist in Wirklichkeit aber um die Ausarbeitung allgemeiner Grundpositionen im Gesundheitswesen bemüht. Sie kann und muß das auch tun in der Konsequenz der universalen Ethik, die in den Menschenrechtserklärungen und -pakten steckt[2]. Die sogenannten Non-government-Organisationen, zum Beispiel die World Medical Association (WMA) und das Council for International Organizations of Medical Sciences (CIOMS) sowie die Christian Medical Commission des Ökumenischen Rates der Kirchen, haben bekanntlich eine Reihe von wichtigen Richtlinien verabschiedet und empfohlen.

Nach den Nürnberger Kriegsverbrecherprozessen sind bereits Resolutionen über Versuche am Menschen entstanden, vgl. später die Helsinki-Deklaration von 1964 und ihre Neufassung von Tokio 1975; auch die Erklärung der CIOMS zur Amniozentese und die vielbeachtete Stellungnahme der Christian Medical Commission von 1973 zur genetischen Beratung. Diese (und viele andere) Deklarationen, denen im Prinzip die relevanten Standesvertretungen der medizinischen Berufe in den meisten Ländern zugestimmt haben, stehen unter einem unguten Stern: Erstens kümmern sich die meisten Ärzte nicht um sie (wenn sie sie überhaupt zur Kenntnis genommen haben), zweitens sind viele Länder der Dritten Welt, besonders auch islamische Kulturen, diesen Forderungen gegenüber spröde.

In den vergangenen Jahren sind bei uns an medizinischen Fakultäten und bei Ärztekammern verschiedentlich »Ethik-Kommissionen« gegründet worden[3]. Die Anregung kam aus den USA, wo schon vor Jahren einerseits Ethik-Kommissionen für Entscheidungen in Grenzfällen (zum Beispiel Anschluß an die damals seltenen Dialyse-Geräte), andererseits »Institutional Review Boards« für die Beurteilung von Forschungsvorhaben und die Vergabe von dazu nötigen Geldmitteln entstanden waren. In der Schweiz sind mit ähnlichen Zielsetzungen Ethik-Kommissionen in Verkoppelung mit der Schweizerischen Akademie der medizinischen Wissenschaften gegründet worden.

Es muß aber fraglich bleiben, ob allgemein übers Land verstreute Ethik-

---

2 D. Ritschl, Menschenrechte und medizinische Ethik, in diesem Band S. 245–265. Siehe auch den Band 23 des CIBA-Foundation Symposiums, Human Rights in Health, Amsterdam/New York 1974.
3 E. Deutsch, Ethik-Kommissionen für medizin. Versuche am Menschen, Neue jurist. Wschr. 12, 1981, 614–617 sowie H.-J. Wagner, Aspekte und Aufgaben der Ethik-Kommissionen. Dtsch. Ärztebl. 78, 1981, 168–169.

Kommissionen mit breiten Kompetenzen für das ganze Spektrum bioethischer Probleme der Komplexität und der Dringlichkeit der Aufgaben wirklich gerecht werden könnten. Auch wenn die angelegten Maßstäbe streng sind, bieten die Kommissionen, so nützlich sie sein mögen, keinen Ersatz für verantwortliche Ethik aller Entscheidungsträger im ärztlichen, gesundheitspolitischen und breiten, öffentlichen Bereich. Zudem besteht die Gefahr der Reduktion auf rechtliche Regelungen mit dem simplen Ziel der Vermeidung von Strafprozessen.

Zur Frage »Wer ›hat‹ denn eine Ethik?« gehört neben aller Skepsis doch auch die Bemerkung, daß man sich in manchen Ländern in eindrucksvoller Weise um *medizinische Ethik* in der *Ausbildung* der Ärzte, aber auch im breitangelegten Dialog mit nicht-medizinischen Gesprächspartnern bemüht. In Holland, Großbritannien, besonders aber in den USA, ist die Arbeit auf medizin-ethischem Gebiet wesentlich weiter entwickelt als im deutschen Sprachbereich. In den großen Medical Schools in den USA muß jeder – manchmal über vier Jahre – Pflichtkurse in Bioethik und verwandten Gebieten absolvieren. Allerdings zeigen Statistiken, daß das echte Interesse für diese Fragen bei den ganz jungen und bei den über 45jährigen Medizinern größer ist als bei den unter Leistungsdruck stehenden jüngeren Kollegen. Aber allein die Tatsache, daß medizinethisch gearbeitet wird, ist anregend und verspricht doch eine reale Auswirkung. (Hier genügt der Hinweis auf die großen Institute, z.B. das »Kennedy Institute for the Study of Human Reproduction and Bioethics« in Washington sowie das »Institute of Society, Ethics and the Life Sciences« in Hastings, N.Y., ein kleineres Institut in Houston, zahlreiche Abteilungen an den Medical Schools. Der Verfasser hat an einigen Instituten und Fakultäten Kurse durchgeführt; die Diskussionsbereitschaft ist erstaunlich und das Niveau vielversprechend.)

3. Jeder hat eine »story«

Wenn auch die Frage der Normenfindung in der Ethik noch ungelöst ist oder sich die Antworten nur in eng umschriebenen Traditionen finden, die sich teilweise widersprechen, so ist doch die Suche nach einer alle Traditionen umfassenden Erfahrung nicht sinnlos. Dabei soll es sich freilich nicht um eine Überhöhung aller differierenden Ethiken handeln noch um eine triviale Vereinheitlichung. Vielmehr geht es darum, wie wir von der Faszination durch ethische *Prinzipien* und der Gefangenschaft in *Begriffen loskommen* können, ohne sie als solche opfern zu müssen.

Mit dem »story«-Konzept[4] berühren wir eine Grunderfahrung, mit der wir alle längst umgehen. Vielleicht wirkt das englische Wort etwas prätentiös oder gar albern. Aber im Hinblick auf die Fülle von lateinischen Wörtern, mit denen die abendländische Medizin, Philosophie und Theologie versucht haben, sich klar zu artikulieren, mag ein englisches Wort vielleicht noch hingehen.

Wenn ich sagen soll, wer ich bin, so erzähle ich am besten meine »story«. Wer wüßte das besser als der Arzt, der eine Anamnese aufnimmt, oder gar der Psychotherapeut, dem sich das ganze Leben und die Krankheit seines Patienten als dessen »story« darstellt? Jeder von uns hat seine »story«, jeder *ist* seine »story«. Wenn einer *nur* das ist, was andere über ihn sagen, ohne selbst seine »story« erzählen zu können, so ist er nicht reif, nicht erwachsen; wenn er in konflikthaften »stories« lebt, seine »story« nicht akzeptieren kann, so braucht er therapeutische Hilfe. In der neueren Psychiatrie scheut man darum mit gutem Recht vor der eiligen Verwendung von diagnostischen Etiketten aus dem Raster der Psychopathologie[5] zurück: man fürchtet, so dem Menschen mit einem *Begriff* Unrecht zu tun, denn die Wahrheit seines Lebens (und seiner Krankheit) liegt in seiner »story«, die man sorgfältig und immer wieder neu hören soll und die man gewissenhaft nacherzählen kann. (Dabei ist es nicht die erste Aufgabe, nach der »objektiven Wahrheit« zu fragen, sondern danach, wie der Patient seine »story« erlebt und was er daraus macht.)

---

4 *D. Ritschl* und *H. Jones,* »Story« als Rohmaterial der Theologie, Chr. Kaiser Verlag, München 1976.
5 Etwa die Klassifikation in den Nummern 290–319 der International Classification of Diseases der WHO (dt. Ausgabe Diagnoseschlüssel und Glossar psychiatrischer Krankheiten, Hg. *R. Degwitz* u.a., 5. Aufl., Springer Verlag, Berlin/New York 1980). Neuere Kritiken *(Scharfetter, v. Cranach)* sprechen von der diagnostischen Etikettierung als einer zweiten und dritten begrifflichen »Abstraktionsebene« über den Kontakt mit dem Kranken und seiner »story« hinaus. Vergleiche dazu *J. Glatzel,* Allgemeine Psychopathologie, Enke Verlag, Stuttgart 1978, sowie seine Vorarbeit. Das psychisch Abnorme. Urban & Schwarzenberg, München/Wien 1977.

Es ist aber eigentümlich, daß wir nicht nur unsere »story« *bis heute* kennen und erzählen können, sondern uns auch ständig vorstellen, wie wir sein werden, wie die »story« *weitergeht*. Das hängt mit der anfangs beobachteten typischen menschlichen Eigenschaften zusammen, daß wir nicht nur *erinnern*, sondern auch *planen* können. Mehr noch: Es will mir aus der Erfahrung meines eigenen Lebens und aus meiner psychotherapeutischen Tätigkeit so erscheinen, als stelle sich jeder erwachsene Mensch vor, in der *Mitte* seiner »story« zu sein. Nur ganz junge Menschen denken, noch »alles« vor sich zu haben, und ganz alte (die sich schon keine neuen Schuhe und keinen Mantel mehr kaufen, sondern sich auf die nächste Mahlzeit freuen), sie hätten schon »alles hinter sich«. Die meisten von uns leben in einer gerade uns entsprechenden »Mitte« der Belastbarkeit, der Erfüllung des Potentials, einer Balance der Selbsteinschätzung. (Vielleicht hängt dies mit der Symmetrie unserer Rechts-Links-Wahrnehmung zusammen.)

Diese antizipierte Fortsetzung unserer »story« hat freilich viel mit der stilisierten »story« unserer Vergangenheit gemeinsam. Es macht viel aus, ob sich einer als Erfolgsmensch oder als ständiger Verlierer sieht. Und es ist auch wichtig, ob andere über uns eine »story« zu erzählen bereit wären, die unserer eigenen Selbsterzählung hinreichend ähnlich ist. Ist das nicht der Fall, so ist kein Verstehen möglich, keine Partnerschaft. Nur im gemeinsamen Mitteilen und *Teilen* der »stories« ist Liebe und bleibende *Partnerschaft* möglich. Der Eingriff in eine Lebens-Story eines anderen Menschen ist eine verantwortungsvolle Sache. Jede Therapie und jede gesundheitspolitische Vorausplanung ist ein Eingriff in die »story« eines Menschen oder einer Gruppe von Menschen.

Die »stilisierte« Vergangenheit und die antizipierte Zukunftsstory deuten auf eine Gesamtvision eines Lebens hin, die etwa auch einem Schriftsteller vorschwebt, wenn er die Biographie eines Menschen schreibt. Er sichtet aus einer Fülle von Einzel-Stories, die er gesammelt hat, gerade *die* aus und stellt sie in gerade *die* Reihenfolge, die seiner *Gesamtvision*, sozusagen der Total-Story seines Helden entspricht. Die Total-Story als solche kann man nie erzählen, die adäquate Form der Erzählung ist die Sammlung und Ordnung der Einzel-Stories im Licht dieser nichterzählbaren Gesamt-Story, die der Schriftsteller aber seinen Lesern übermitteln will.

Ebenso wie der Schriftsteller verfahren auch der verantwortliche Arzt, Gesundheitsplaner und -politiker sowie die Angehörigen von Patienten, die an medizinisch-ethischen Entscheidungen teilnehmen. Sie alle brauchen eine »Vision« der »Gesamt-Story« eines Menschen oder einer Gruppe, um mit ihren ethischen Prinzipien nicht ins Leere zu stoßen.

Unversehens haben wir jetzt einzelne Menschen und ganze Gruppen von Menschen in einer Story-Kategorie zusammengenommen. Das ist auch völlig berechtigt. Was sich über die Logik und die Funktion einer »story« eines einzelnen Menschen sagen läßt (als Summe all seiner Einzel-Stories), das gilt auch für Gruppen, sogar für ganze Völker, und letztlich – jedenfalls nach der biblischen Tradition der Juden und der Christen – auch für die ganze Menschheit.

Das Story-Konzept ist nicht durch Zufall in der alttestamentlichen Wissenschaft entwickelt worden. Über 200 Jahre hatte die Forschung am Alten Testament mit historischen, philologischen und zuletzt auch archäologischen Mitteln gearbeitet, bis sie die Suche nach *Begriffen* und geordneten, definierbaren Systemen aufzugeben lernte: Israel *ist,* was es erinnert und erhofft und was es davon *erzählen* kann; und der Gott Israels ist nur in seiner »story« mit Israel faßbar. Die »Gesamt-Story« Israels oder gar die »Total-story« Gottes ist nicht erzählbar; sie kann nur dargeboten werden in der Selektion und in einer bestimmten Sequenz von Einzel-Stories.

Inzwischen sind auch Autoren in der Philosophie[6] und der Psychiatrie[7] dem Phänomen der »story« nachgegangen. Freilich bietet es keinen Ersatz für saubere Begriffe und klare Unterscheidungen. Es ist aber als eine Form des Sprechens (und Hörens) erkannt worden, das noch sozusagen »unterhalb« der Begriffe, an der Basis, seine Funktion hat. Und wenn es stimmen sollte, daß nicht nur einzelne Menschen, nicht nur einzelne Völker und Kulturen, sondern die gesamte Menschheit eine erinnerbare und antizipierbare »story« hat, so wäre damit der *äußere Rahmen* der Ethik durchaus abgesteckt.

Juden und Christen sprechen von einer »Gesamt-Story«, die ein gutes Ende hat, ein Ende mit Frieden, Liebe, Gerechtigkeit und Freiheit. Sie sehen auch jedes Einzelschicksal als eine Einzel-Story in diesem weiteren, größeren

---

6 *C. Danto* u.a., Analytische Philosophie der Geschichte, Frankfurt 1974 (engl. 1965).
7 *P. C. Kuiper,* Die Verschwörung gegen das Gefühl, Klett-Cotta, Stuttgart 1980 (holländ. 1976), das Kapitel »Der Mensch und seine Geschichten«, S. 70–108.

Bezugsrahmen. Wenn die umfassende Hoffnung Frieden und Gerechtigkeit, also eine wirklich *neue Welt* zum Inhalt hat, so ist auch jede Erneuerung, jede Therapie, jede Hilfe (auch die Hilfe zum Sterben) ein Zeichen und ein Teil der antizipierten »Gesamt-Story« mit ihrem guten Ende.

4. Die Isolierbarkeit des Ethischen

Freilich ist mit dem »story«-Konzept noch keine medizinische Ethik begründet. Es liefert aber doch zweierlei: einmal die Aufforderung zum *ernsthaften Erfassen* der Einzel-Story eines Patienten und der antizipierten Fortsetzung dieser »story« und zweitens den Hinweis auf die *»Gesamt-Story«*, in der Arzt, Patienten, Angehörige und schließlich alle Menschen stehen. Ein Arzt oder Gesundheitspolitiker, der selbst nicht weiß, worauf er hofft, kann auch keine echten medizinethischen Entscheidungen fällen. Diese »Gesamt-Story«, in der man sich selbst erkennt, liefert den breiten Begründungszusammenhang für unsere ethischen Entscheidungen, allerdings nicht das Rezept für die Lösung von Einzelproblemen.

Einzelfälle können höchstens juristisch, nicht aber ethisch im voraus »erfaßt« werden. Ob ein stark mißgebildetes Neugeborenes mit Hirnschädigung am Leben gelassen werden soll, hängt nicht am wissenschaftlich meßbaren Grad der Schädigung, sondern vielmehr an der Abschätzung der antizipierten »story« der Mutter und der Familie (ist es das erste Kind? vielleicht zugleich das letzte? oder das vierte?). Wann die Reanimation bei einem Apalliker, der nur vom Respirator abhängt, beendet werden soll, hängt an der »Story-Fähigkeit« dieses Patienten, das heißt an seiner Einbettung in die Lebens-Story seiner Angehörigen. Hier kann weder ein Gesetz noch ein ethisches Prinzip die Antwort geben, die Entscheidung liegt letztlich an der Abschätzung der verschiedenen hier konvergierenden einzelnen Lebens-Stories. Darum soll auch eine Entscheidung, die nicht in Eile getroffen werden muß, nicht allein beim Arzt (oder einer kleinen Gruppe von Kollegen) liegen. Diese Entscheidungsbürde ist – auch bei guter rechtlicher Absicherung – meist eine Überforderung des Arztes. Ideal gesprochen muß die Last der Entscheidung auf diejenigen verteilt werden, die Anteil an der Lebens-Story oder Einsicht in sie haben. Das wird besonders deutlich bei einem der wenigen wirklich *neuen* Probleme der medizinische Ethik, der Beratung im Gebiet der Humangenetik[8].

Das heißt aber nichts weniger, als daß Menschen, die wirklich *keine* »story« mehr haben, auch nicht künstlich am Leben erhalten werden müssen[9]. Dabei ist zu beachten, daß Menschen – wohl im Unterschied zu fast allen Tieren – die »story« eines anderen Menschen schon beginnen lassen können, wenn er noch nicht geboren ist, und daß die »story« eines Menschen mit seinem Tod (oder mit apallischem Syndrom oder schwerer seniler Demenz) nicht aufhört, weil sie in der Erinnerung, Liebe und Verehrung der bisherigen Menschen weitergeht. Vielleicht ist von christlicher Sicht her meine Meinung problematisch, man müsse einen völlig story-losen Mitmenschen, der weder sich erinnern noch sich antizipieren kann und von niemand auf der Welt erinnert und antizipiert wird, nicht länger leben lassen. Vielleicht erlaubt aber gerade der Gedanke, daß Gott auch eine »story« mit jedem Menschen hat, diese These.

Wenn auch Einzelfälle nicht durch das »story«-Konzept einfach lösbar werden, sondern in ihm nur einen hilfreichen Rahmen finden, der die Entscheidung lebensnah und echt sein läßt, so steht ganz außer Zweifel, daß übergreifende medizinethische Entscheidungen durchaus durch die »story«, in der wir drinstehen und deren gutes Ende wir erhoffen, direkt bestimmt werden. Wer die übergreifende »story« des Alten und Neuen Testaments gehört hat und sich selbst auch nur irgendwie in der Fortsetzung dieser »story« versteht – vielleicht auch ohne viel Wissen und ohne kirchliche Bindungen –, der wird ganz *direkt* aus dieser »Gesamt-Story« ableiten können, daß man nicht wie im alten Sparta, bei den Nazis (und leider auch in einigen heutigen afrikanischen Stämmen) »lebensunwertes Leben« abtöten darf. Im Licht dieser Überlegung erscheint es doch auch als sehr fragwürdig, ob die Entscheidung der Regierung von Malawi vor etwa 20 Jahren, nicht die WHO-

---

8 *K.-H. Degenhardt,* Probleme der genetischen Beratung, in: Medizin, Mensch, Gesellschaft 4, 1979, 137–145; *C. Link,* Die Herausforderung der Ethik durch die Humangenetik, in: Z. evang. Ethik 2, 1981, 84–101 sowie *J. Hübner,* Zur Ethik genetischer Beratung, ebd. S. 102–108.
9 *H.-D. Hiersche (Hg.),* Euthanasie, Probleme der Sterbehilfe – Eine interdisziplinäre Stellungnahme. R. Piper Verlag, München 1975. Dies ist die umfassendste Darstellung des Problems im letzten Jahrzehnt. S. auch *W. Bottke,* Euthanasie und Sterbehilfe aus der Sicht des Juristen, in: ZEE 2, 1981, 109–130.

Experten zur Ausrottung der Malaria ins Land zu rufen, vor der Rückfrage an diese »Gesamt-Story« bestehen kann!

Isolierbarkeit des Ethischen? Unsere abschließenden Erwägungen standen unter diesem Titel. Bei Entscheidungen in der medizinischen Ethik geht es *nicht,* genaugenommen *nicht einmal teilweise,* um die Anwendung medizinischen Fachwissens. Zwar sind medizinisch-ethische Probleme gerade dadurch komplex, daß in ihnen medizinische, ökonomische, juristische, psychologische und eben auch ethische Komponenten miteinander verkoppelt sind. Aber die eigentliche *Entscheidung* ist ethischer Art, nicht medizinisch-wissenschaftlicher, juristischer oder ökonomischer Art.

Es muß also sozusagen pro tempore eine »Isolierung des Ethischen« angestrebt werden, bevor die Entscheidung gefällt werden kann. Dabei ist es wichtig zu wissen, daß es in der Ethik letztlich keine »Fachleute« gibt, alle sind gleichermaßen »Dilettanten«, das heißt sind aufgerufen, sich als reife, verantwortungsvolle Menschen zu verhalten. Medizinisches Fachwissen ermächtigt einen Menschen ebensowenig zu überlegener medizinethischer Autorität wie ökonomisches oder politologisches Fachwissen einen Experten in der Ethik der Wirtschaft oder der Politik abgibt. Was zählt, ist nur die Verantwortlichkeit und die Erfahrung, die freilich bei einem Arzt größer sein kann als bei einem in den Fragen medizinischer Ethik völlig unerfahrenen Menschen. Die Frage nach der »story« eines Patienten und seiner Mitmenschen sowie nach der »story«, in der man selbst drinsteht, ist ein schwer ersetzbares Hilfsmittel zum Abstecken des Rahmens verantwortlicher Entscheidungen. Innerhalb dieses Rahmens können immer noch verschiedene Traditionen mit ihren spezifischen Prinzipien und Maximen zur Geltung kommen, solange sie dem erhofften Ende der »Gesamt-Story«, in der wir stehen, nicht widersprechen.

Ohne es bewußt überlegt zu haben, arbeiten die meisten von uns mit diesem oder einem ähnlichen »story«-Konzept. Es ist aber sinnvoll, sich bewußt klarzumachen, welche Funktion dieses Konzept übernehmen kann in einer Zeit großer Anforderungen an die medizinische Ethik und auch erheblicher Mutlosigkeit angesichts der vielen bereits vertretenen Positionen.

Die Herausforderung von Kirche und Gesellschaft durch medizinisch-ethische Probleme

Ein Exposé zu einer Landkarte der medizinischen Ethik

Im folgenden sind zwar allgemeine Überlegungen zur medizinischen Ethik dargelegt, aber das Gewicht liegt auf einer Skizzierung der einzelnen ethischen Fragen, die in der »Arbeitsgemeinschaft für medizinische Ethik« besondere Aufmerksamkeit gefunden haben. Allerdings wird hier kein Konsensus wiedergegeben. In manchen Fragen konnte nur annäherungsweise Einigkeit erzielt werden. Hingegen fiel die Benennung und Gewichtung der zentralen Fragen medizinischer Ethik leichter und vor allem die Markierung dessen, was in der medizinischen Ethik vermieden werden soll, der »Gegenpositionen« sozusagen. Im folgenden Exposé sowie auch in den Einzelbeiträgen wird man immer wieder herausspüren,
- daß gegen ein Festmachen der medizinischen Ethik an Grenzfällen statt am Alltag Stellung bezogen wird,
- daß gegen die Anwendung eines angeblich existierenden ethischen Systems gesprochen wird (wiewohl hier freilich die Differenzen zur klassisch katholischen Position deutlich werden),
- daß die Bestrebung, ethische Probleme mit der Alternative »richtig/falsch« anzugehen, mit großer Vorsicht gehandhabt werden muß,
- daß die Reduktion medizinischer Ethik auf ärztliche Berufsethik abgelehnt wird,
- daß die Unterschätzung der sozialpolitischen und weltpolitischen Dimensionen medizin-ethischer Fragen beklagt wird,
- daß gegen eine Vermengung (wie auch eine falsche Trennung) von ethischen mit medizinisch-naturwissenschaftlichen Sachfragen polemisiert wird, und schließlich,
- daß vor einer Verwechslung von Berufsroutine mit echter ethischer Verantwortung gewarnt wird.

Mit einem Konsens über einen solchen Katalog von abzulehnenden oder skeptisch zu betrachtenden Positionen ist schon relativ viel gewonnen. Der

Konsens erwuchs während der Arbeit an Einzelproblemen, er ist, wenn man so will, auf induktivem Weg entstanden. Konstruktiver aber und direkter anwendbar ist die positive Benennung und Darstellung der zentralen Fragen medizinischer Ethik, die eine Herausforderung ersten Ranges an Kirche und Gesellschaft bedeuten. Eine Skizze dieser Fragen, wie sie sich als Konstanten hinter der Bearbeitung etlicher Einzelprobleme gezeigt haben, soll nun im folgenden versucht werden.

1. Das Problemfeld der medizinischen Ethik

Als akademische Unternehmung ist die medizinische Ethik ein junges Fach[1]. Es ist auch noch gar nicht ausgemacht, wer sie hauptsächlich betreiben soll. In den USA scheint die Beschäftigung durch Philosophen bereits das Übergewicht über die Arbeit anderer Berufsgruppen zu haben. Viel klarer ist freilich, wen die Fragen medizinischer Ethik betreffen. Außer dem großen Kreis direkt Beteiligter, der Ärzte und des Pflegepersonals, der Patienten und ihrer

---

1 Vgl. die drei Bände der umfassenden Bibliographie von *L. Walters (Hg.)*, Bibliography of Bioethics, Detroit 1975-77, die fortgesetzt werden wird. Siehe auch *S. L. Reiser, A. J. Dyck* und *W. J. Curran (Hg.)*, Ethics in Medicine, Cambridge 1977. Zudem sind mehrere Zeitschriften zu beachten, u.a.: Journal of Medical Ethics (Großbritannien), The Journal of Medicine and Philosophy (USA), International Journal of Health Services (USA), sowie Medizin, Mensch, Gesellschaft (BRD).
Die Literatur ist unübersehbar geworden. Zur theologisch orientierten med. Ethik vgl. die zusammenfassenden Darstellungen im Handbuch d. Chr. Ethik, II, Freiburg 1978, 17-112 (mit Bibliographie), sowie *W. Becher (Hg.)*, Medizinische Ethik in der evang. Theologie und Ökumene, Frankfurt 1979, auch die Monographien *P. Sporken*, Darf die Medizin, was sie kann?, Düsseldorf 1971; *ders.*, Die Sorge um den kranken Menschen, Grundlage einer neuen medizinischen Ethik, Düsseldorf 1977; *B. Häring*,, Heilender Dienst. Ethische Probleme der modernen Medizin, Mainz 1972; aus der amerikanischen Diskussion: *P. Ramsey*, The Patient as Person, New Haven und London 1970[1] (1976[7]); *ders.*, Ethics at the Edges of Life, New Haven und London 1978; *K. Vaux*, Biomedical Ethics, New York 1974, und das ältere Buch *J. Fletcher*, Morals and Medicine, Boston 1954. Zur jüdischen Tradition: *E. Jakobovits*, Jewish Medical Ethics, New York 1959. S. auch *H. Steuhoff / E. Gniostko (Hg.)*, Marxistisches Menschenbild und Medizin, Leipzig 1968. – Zur Historie vgl. das Standardwerk von *H. E. Sigerist*, A History of Medicine, New York, Bd. I 1951, Bd. II 1961. Zur Medizinsoziologie vgl. *Chr. v. Ferber* (Hg.), Handbuch der Sozialmedizin, 3 Bde., Stuttgart 1976.

Angehörigen – und das sind potentiell wir alle –, der Vertreter der Forschung, des Rechtswesens und der Gesundheitspolitik, der Öffentlichkeit und ihrer Verwaltungsorgane in bezug auf Planung und Gelder, muß man natürlich sogleich auch an die Völker der nichtindustrialisierten Dritten und Vierten Welt und auch – ganz ohne Übertreibung und Romantik – an die noch ungeborenen Nachkommen der heute die Erde bewohnenden Menschen denken. Da ist ein riesiges Territorium, das zunächst gesichtet und grob geordnet in der Diskussion erscheinen müßte, bevor die medizinische Ethik mit irgendwelchen konkreten Ergebnissen rechnen kann. Zu dieser schwierigen Sichtungsarbeit kommt noch hinzu, daß die medizinische Ethik in den Massenmedien und in den üblichen Tagesdiskussionen oft nur zum Gegenstand von Klagen oder Sensationen geworden ist. Und letztlich könnte man als erschwerenden Faktor noch nennen, daß Ärzte und pflegende Mitarbeiter in den medizinischen Berufen oft eine defensive Grundhaltung gegenüber einer sich breit in ihre Bereiche hinein erstreckenden Diskussion der medizinischen Ethik empfinden. Sie tendieren stark dazu, die medizinische Ethik auf Berufsethik hin zu reduzieren. Das ist bei der an vielen Stellen noch ungeklärten Rechtslage und bei dem Zeit- und Arbeitsdruck in diesen Berufen auch verständlich, aber es ist doch ein schweres Hemmnis.

Eine analytische Aufgliederung des gesamten Feldes der medizinischen Ethik in drei sich überlappende Kreise hat sich in verschiedenen Diskussionen und Bearbeitungen einzelner Themen bewährt. Es geht um:
– den Kreis des *direkten* diagnostischen und therapeutischen *Kontaktes* zwischen Ärzten, medizinischem Personal und Patienten (den Bereich der »interaktionellen« Beziehungen), und zweitens
– um den Kreis der *Gesundheitspolitik* und *-versorgung*, das Krankenhaus- und Kassenwesen, auch die Fragen der Pharmaindustrie und überhaupt des Fortschritts in medizinischer Forschung und Technologie (die »strukturellen« Probleme), und drittens
– um den Bereich der *Gesundheitserwartungen* und des tatsächlichen *Gesundheitsverhaltens* der Bevölkerung, einschließlich der Einstellung zu Krankheit, zu Schmerzen und zum Tod (die »kulturellen« Fragen, wenn diese drei kurzen Bezeichnungen sinnvoll verwendbar sind).

Im *ersten* Problemfeld scheinen die Mediziner das letzte Wort haben zu wollen (bis vor kurzem jedenfalls), im zweiten kämpfen sie um ihre Vorrechte mit Juristen, Finanzexperten und der Öffentlichkeit, im dritten sind Eltern, Ärzte, Lehrer und die Massenmedien am Werk. Man möchte zunächst vermuten, daß der erste Bereich den zweiten und dann der zweite den dritten beeinflußt. Aber es spricht vieles dafür, daß der Einfluß in umgekehrter Richtung stärker ist. Die Erwartungen und das Verhalten der Bevölkerung, die Ängste und Gewohnheiten und Vorlieben, von finanziellen Faktoren gar nicht zu reden, bestimmen zum großen Teil die Gesundheitspolitik und damit auch die Struktur der Versicherungen und des Krankenhauswesens. Und dieser Bereich übt bestimmte Zwänge aus auf das tatsächliche Verhalten der Ärzte gegenüber den Patienten und umgekehrt. Zudem ist es wichtig daran zu denken, daß Gesundheitspolitik und Fragen des Fortschritts der Forschung und Technologie gar nicht abtrennbar sind von den großen sozial- und weltpolitischen Zusammenhängen. Die medizinische Unterversorgung des größten Teiles der Menschheit stellt in sich selbst im Grunde das größte medizin-ethische Problem dar.

Zum Problemfeld der medizinischen Ethik gehört nicht nur die Frage, welche Personenkreise und soziale Bereiche durch medizinisch-ethische Überlegungen berührt werden, sondern auch das sehr schwierige Problem, wer für diese ethischen Entscheidungen zuständig sei. Man möchte in den drei genannten großen Problemkreisen sich jeweils verantwortliche Mitmenschen wünschen, denen die Dimensionen der Probleme bewußt sind und die neben der intellektuellen Einsicht und persönlichen Einsatzbereitschaft auch die ethische Kultur, Reife und Erfahrung haben, die wichtigen Entscheidungen zu treffen und Richtlinien zu erstellen und zu vertreten. In bezug auf den ersten der genannten Problemkreise möchte man darum zuerst beklagen, daß die Ärzte in ihrer Ausbildung im deutschen Sprachbereich herzlich wenig, wenn überhaupt, von kompetenter Seite her mit medizin-ethischen Überlegungen und sorgfältigen Reflexionen in Berührung gebracht werden. Dies ist schon in den Niederlanden, teilweise in Großbritannien und nahezu an allen bedeutenderen Ausbildungsstätten in den USA ganz anders[2]. Freilich kann man sich fragen, ob medizin-ethische Sensibili-

---

2 Medizin. Ethik ist dort meist Teil eines zwei- bis vierjährigen Pflichtkurses in »Medical Humanities«, wozu juristische Fragen, Aspekte der Medizingeschichte und der Wissenschaftstheorie (z.B. »the logic of diagnosis«, Fortschritt in der Forschung, usw.) gehören. Ich habe in den vergangenen Jahren regelmäßig an solchen Lehrprogrammen teilgenommen und bin über die Intensität und auch die Vielfalt des Angebotes erstaunt (»Umgang mit Sterbenden«, »Arzt- und Patient-Bild in moderner Literatur und Film«, »Politische

tät, Kompetenz und Reife durch Kurse oder Lehrbücher erreicht werden könnten. Immerhin sind die Ergebnisse der verschiedenen Humanity Departments in den Medical Schools in den USA recht beachtlich. Wenn man auch festgestellt hat, daß die jüngeren Medizinstudenten mehr Aufgeschlossenheit für medizin-ethische Probleme zeigen als Ärzte in den ersten zehn oder fünfzehn Jahren ihres Berufslebens, so muß man doch hoffen, daß eine sinnvolle Grundlegung in den frühen Studienjahren sich im ausgeglicheneren Alter der Ärzte als sinnvoll und hilfreich erweisen wird. Zudem wird man hoffen müssen, daß medizin-ethische Sensibilität und Kompetenz auch außerhalb der medizinischen Ausbildungsstätten anwachsen kann, in Schulen, Kirchen, Universitäten und schließlich in der Bevölkerung überhaupt. Es wäre unverantwortlich, die medizin-ethischen Reflexionen einzig medizinischen Fachleuten zu überlassen. Und noch schlimmer wäre es, wenn in diesem Personenkreis die gründliche Reflexion durch unkritische Weitergabe oder simple Nachahmung der persönlichen Einstellungen und Präferenzen des Chefs an die jüngeren Ärzte ersetzt würde. Wir überlassen auch nicht politisch-ethische Entscheidungen den Politologen oder Berufspolitikern; und wenn wir es aus praktischen Gründen streckenweise doch tun, dann hoffen wir mit Recht, daß diese Experten ernsthafter reflektieren als in der bloßen Nachahmung ihrer Meister.

In bezug auf den *zweiten* Problemkreis möchte man sich eine radikale Analyse der Strukturen und die Bereitschaft zu entscheidenden Neuerungen im jeweiligen nationalen und im internationalen Gesundheitswesen wünschen. Bislang sind aber die internationalen Gesundheitsorganisationen mit ihren Richtlinien und Forderungen weitgehend einflußlos geblieben[3]. Ein

---

Philosophie und Bioethik«, »Das griechische Erbe in der Medizin«, »Wandlungen in der Struktur der Familie« sind einige Titel von Seminaren oder Kursen). Die Dozenten in den Humanity Departments der medizinischen Fakultäten sind nur zum Teil Mediziner. Bei der Einstellung achtet man auf eine gerechte Berücksichtigung der evangelischen, katholischen, jüdischen und säkular-philosophischen Überzeugungen. Außer den »Humanity Departments« an den medizinischen Fakultäten sind zwei große Institute zu nennen, die in Forschung und Lehrkursen über die ganzen USA hin ihren Einfluß ausüben, das 1969 gegründete »Institute of Society, Ethics and the Life Sciences« in Hastings, N.Y., sowie das 1971 gestiftete »Kennedy Institute for the Study of Human Reproduction and Bioethics« in Washington, D.C.

3 Man unterscheidet zwischen UN-Organisationen (besonders der Weltgesundheitsorganisation WHO) und den »non-government organizations«, mit denen die UN zusam-

echter Lernprozeß oder Austausch zwischen verschiedenen Ländern und Kulturen hat noch kaum begonnen. Ebenso bestehen völlig unterschiedliche und unbefriedigende internationale Regelungen im Hinblick auf pharmazeutische Produkte, ihre Verwendung und ihre Preise[4].

Im *dritten* Problemkreis liegt die größte Fülle von unerledigten Aufgaben. Schulen und Kirchen, Elternhäuser und Massenmedien haben in der Gesundheitserziehung trotz vieler Bemühungen die ständig anwachsenden Gefahren nicht genügend bannen können. Alkoholismus und Drogenmißbrauch (auch durch mangelnde Verantwortung der Ärzte in überrissener Verschreibung von Medikamenten), fahrlässige Einstellungen zur physischen und psychischen Gesundheit, die Ausklammerung von Behinderten und die Tabuisierung von Krankheit und Tod aus dem Alltag signalisieren die ungelösten Probleme, die sämtlich eine direkte Rückwirkung auf medizinisch-ethische Entscheidungsmuster haben.

2. »Begründungen« medizinisch-ethischer Entscheidungen

In der Ethik geht es um Orientierung zum Handeln. Man spricht von »Handlungsorientierung« und den verschiedenen Schichten oder Ebenen, auf de-

menarbeitet. Hier sind vor allem zu nennen die »World Medical Association« (WMA), das »Council for International Organizations of Medical Sciences« (CIOMS) sowie die »Christian Medical Commission« des Ökumenischen Rates, die besonders bei der UN in hohem Ansehen steht. Die WMA hat mehrere Serien von ethischen Leitlinien ausgearbeitet und international zur Annahme empfohlen, etwa 1949 mit dem International Code of Medical Ethics, bereits 1948 mit einer Deklaration in Genf, 1964 mit der Erklärung von Helsinki, 1968 mit der Deklaration von Sidney (über die Feststellung des Eintretens des Todes), und 1970 in Oslo in bezug auf therapeutische Indikation des Schwangerschaftsabbruchs. CIOMS hat 1973 eine Erklärung über Amniozentese (Fruchtwasseruntersuchung zur Frühdiagnose genetisch bedingter Krankheiten) veöffentlicht; dazu H. Piechowiak, »Ethische Aspekte der Pränataldiagnostik in der genetischen Beratung«, in: EvTh 41, 6/1981, 557–578. Die Christian Medical Commission hat eine viel beachtete, detaillierte Erklärung zu Fragen der genetischen Beratung herausgebracht. Die ersten dieser Erklärungen waren durch das Entsetzen über die in Nürnberg verurteilten Ärzte der Nazi-Zeit ausgelöst.

4 Tansania, das mit seinem »self-reliance«-Modell auch im Gesundheitswesen etwas völlig Neues riskiert hat, wird durch billig abgestoßene Produkte der westlichen Pharmaindustrie, die gegen alle Vereinbarungen tonnenweise eingeführt werden, ganz aus der Balance gebracht.

nen die Fixpunkte zu finden sind, die solcher Orientierung dienen. Die Suche nach diesen Fixpunkten und die Entscheidung für sie ist ohne ethische Theorie nicht möglich. Freilich kann im gesamten Gebiet der medizinischen Ethik ebensowenig wie in anderen Bereichen ethischer Urteilsbildung mit einem allgemeinen Konsens über ethische Theorie gerechnet werden. Die klassische Unterscheidung ethischer Theorie in die großen Lager prinzipien- oder normorientierter Ethik auf der einen und teleologischer Ethik auf der anderen Seite ist letztlich vielleicht nicht haltbar, jedenfalls bewährt sie sich in den häufig wiederkehrenden Fragen medizinischer Ethik nicht so, wie es, nach den Lehrbüchern der Ethik zu urteilen, erwartet werden könnte. Auch die anderen Unterscheidungen, z.B. die Einteilung in formale und materiale Ethik, sind in sich selbst zum Teil rein formaler Art. Zwar geht es in der ersteren darum, die Ethik an einem formalen Sollensprinzip festzumachen, in der zweiten hingegen um die Wahrnehmung und Bewahrung einer ganzen Reihe von inhaltlich benennbaren Werten oder Normen. Aber neben diesen klassischen Unterscheidungen von ethischen Theorietypen sind noch andere Abgrenzungen denkbar. Näher an der Wirklichkeit als die Anwendung der Kategorien »richtig/falsch« oder »gut/böse« ist eine an Dringlichkeitsstufen orientierte ethische Theorie. Diese Beobachtung umfaßt und überhöht verschiedene klassische Unterscheidungen ethischer Theorie. Es kann nämlich eine medizinisch-ethische Entscheidung auf Grund formalethischer Prinzipien ebenso der Frage nach Dringlichkeitsstufen unterworfen werden wie eine an einer Wertethik orientierte Entscheidung. Damit ist die Frage aufgeworfen, inwiefern sich ethische Probleme quantifizieren lassen. Tatsächlich sind im Bereich der medizinischen Ethik viele Probleme und die dazugehörigen Lösungen quantifizierbar, d.h. sie sind oft nicht einfangbar in die Kategorien »richtig/falsch«, »gut/böse«, sondern sind eine Frage von »mehr oder weniger«, von Dringlichkeitsstufen oder graduellen Differenzierungen des ethischen Nötigen.

In der Wirklichkeit des Alltags kann niemand ohne ethische Theorie ethisch handeln. Die Frage ist nur, ob die »Theorie« – gegen dieses Wort besteht ja eine gewisse Abscheu – durchdacht, ausgewogen und für andere überprüfbar ist, oder ob sie nur aus Fragmenten oder einzelnen Gedankensplittern besteht, die aus verhärteten Erfahrungen, Ängsten oder Ressentiments entstanden sind. Aber auch wenn die ethische Theorie ausgewogen und durchdacht ist, ist damit noch nicht gesagt, daß sie wie ein fest in sich gefügtes System dasteht, aus dem heraus Antworten auf Tagesfragen abgeleitet werden könnten. Dies wäre ein deduktives Verfahren, das sich nur in bezug auf ganz bestimmte und extrem durchsystematisierte ethische Theorien verwirklichen läßt. In der heutigen Zeit werden solche geschlossenen ethischen Systeme selten vertreten. Vielmehr erkennt man bei den meisten Autoren im Gebiet der Ethik eine Tendenz zum induktiven Vorgehen. Diese Methode empfiehlt sich besonders im Gebiet der medizinischen Ethik. Dabei kommt der Kontakt zwischen ethischer Theorie und Wahrnehmung der Wirklichkeit des Alltags am ehesten zustande. Die Konvergenz von inter- und intrasubjektiven und objektiv nötigen Faktoren muß erreicht sein, wenn es zu einer Entscheidung kommen soll. Die Erkenntnis bestimmter Defizite, etwa im Gebiet der Krankenhausstrukturen oder der Arzt-Patienten-Beziehung, kommt freilich nur durch die schon bestehende ethische Theorie zustande; sie hat aber einen »feed-back-Effekt« auf die Theorie, sie modifiziert sie zum Teil und differenziert ihre einzelnen Elemente. Dieses Vorgehen ist wirklichkeitsnah, und es empfiehlt sich schon aus diesem Grund, die medizinische Ethik nicht an dramatischen oder sensationellen Grenzfragen prinzipiell festzumachen oder von dort her Kriterien abzuleiten. Damit soll nicht bestritten werden, daß die Analyse bestimmter Grenzfälle eine sinnvolle, korrektive Funktion haben kann[5].

Aus diesen Beobachtungen ergibt sich, daß es angemessen wäre, zwischen einem »weiteren Begründungszusammenhang« und Argumenten für Einzelbegründungen zu unterscheiden. Die großen Obersätze medizinischer Ethik, oder der Ethik überhaupt, sind in Sätzen über den Menschen, d.h. also in anthropologischen oder auch in theologischen Sätzen verankert. Die Frage entsteht, ob solche umfassenden Sätze konsensfähig sind und schließlich eine universalisierbare Ethik ermöglichen könnten. Die Diskussionen um die Menschenrechte und die internationalen Menschenrechtskonventionen und -pakte sind schon Markierungen auf dem Weg in die Richtung einer universalisierbaren Ethik. Sie haben natürlich direkte Relevanz für das Gebiet der medizinischen Ethik[6]. Sie sind einerseits eine Kristallisation von

---

5 Vgl. dazu die Aufsätze von *J. Hübner* und *U. Eibach* sowie, zu den Krankenhausstrukturen, den von *H. H. Raspe* im Themenheft »Medizinische Ethik« der EvTh 41, 6/1981.
6 Vgl. *D. Ritschl*, Menschenrechte und medizinische Ethik, in diesem Band S. 245-265, s. auch den Band 23 des CIBA-Foundation-Symposiums, Human Rights in Health, Amsterdam/New York 1974.

Werten der Tradition, besonders der westlichen, und andererseits sind sie aus der gemeinsam empfundenen Sorge um den Fortbestand der Menschheit, des Friedens, eines menschenwürdigen Lebens und Überlebens entstanden. Sie sind also aus einer als gemeinsam statuierten Tradition sowie aus einer gemeinsam empfundenen Angst zu erklären. Sie sind letztlich Sätze über den Menschen und über den Sinn des Lebens[7]. Eine direkte Handlungsorientierung für Einzelentscheidungen kann durch sie selten begründet werden. Und es gibt in der medizinischen Ethik sehr oft Einzelentscheidungen, außer freilich wenn es um Planungen und umfassende Programme in der Gesundheitspolitik oder Entwicklungshilfe geht, wo Menschenrechtskonventionen und allgemeine ethische Obersätze schon eher direkt zum Tragen kommen.

Während ethische Obersätze oder Leitlinien – ähnlich wie Menschenrechtsdeklarationen – auf Universalisierbarkeit hin tendieren, weil sie sonst ihren erklärten Zweck verfehlen, können Kriterien für Einzelentscheidungen durchaus regional oder kulturell gebunden und damit auch unterschiedlich sein. Die Weltgesundheitsorganisation der UN (wir lassen hier außer acht, daß die Agenturen der UN eigentlich ethisch »neutral« sein müssen, was aber praktisch nicht durchführbar ist) vertritt natürlich in ihren Regionalprogrammen die Inhalte der Menschenrechtserklärung von 1948 und der darauffolgenden Konventionen und Pakte, aber sie muß kulturspezifische Unterschiede zwischen der westlichen und der Dritten Welt, der Welt des Islam und dem katholischen Lateinamerika etwa, ernst nehmen und für den Bereich je verschiedener Einzelentscheidungen offen lassen. Freilich verhält es sich nicht so, daß eine einfache Trennung zwischen grundsätzlichen ethischen Richtlinien und speziellen Entscheidungen möglich wäre: bei vielen Einzelentscheidungen steht Grundsätzliches auf dem Spiel. Der Zusammenhang zwischen dem, das wir den »weiteren Begründungszusammenhang« und das Einzelargument nannten, bedarf also einer sehr sorgfältigen Reflexion. Die Zustimmung zu einem Begründungszusammenhang ist meist die Folge eines »Drinstehens« in einer Tradition oder die Zugehörigkeit zu einer Gruppe, die in eben diesem weiteren Zusammenhang ihre Identität wiedererkennt. Damit ist aber für den ethischen Einzelfall meist noch kein hinreichend deutliches Kriterium, sondern eben nur ein Orientierungshori-

---

7 Vgl. *C. F. v. Weizsäcker,* Wege in der Gefahr, München/Wien 1976, sowie Abschnitte aus seinem Der Garten des Menschlichen, München/Wien 1978, z.B. I,1-4, 7, II,5.

zont, allerdings oft auch eine eindeutige Tafel von Verboten gegeben. Wer ethisch entscheidet, muß sein Einzelargument für diese Entscheidung ethisch argumentativ begründen können oder muß es, im Fall des Abweichens vom »weiteren Begründungszusammenhang«, diesem gegenüber verteidigen. Dieser Vorgang ähnelt der Situation des Mitglieds einer Partei. Wer in einem spezifischen Fall von seiner politischen Partei (oder Kirche) abweichend entscheiden will, ist in einer ähnlichen Situation wie etwa ein Arzt, der das »Recht auf Leben« des Ungeborenen – dem er im Prinzip zustimmt – jetzt durch einen Schwangerschaftsabbruch konkret und im speziellen Fall verneint, oder der das »Recht auf ein würdiges Sterben« durch aufwendige, lebensverlängernde Maßnahmen bei einem sterbenden Patienten im konkreten Fall ignoriert. Wie aber sind die Kriterien für solche Einzelfälle zu finden? In der Jurisprudenz ist es längst bekannt, daß Verbote eindeutiger formuliert werden können als Pflichten, Aufgaben und Obliegenheiten. Je umfassender ein Rechtssatz formuliert ist, um so schwieriger ist seine Konkretion. Dasselbe Problem besteht in der Ethik. Allgemeine Sätze und Forderungen über Menschenrechte, wie etwa das Recht auf Arbeit, Gesundheit, Nahrung, freie Partnerwahl usw. sind nur schwer konkretisierbar, sie haben aber den Vorteil transkultureller Universalisierbarkeit.

Eine Lösung dieses Problems wäre der Vorschlag, sozusagen unter dem Schirm der Obersätze oder international anerkannter Leitlinien völlige Freiheit in der Anwendung der traditionellen ethischen Entscheidungsmechanismen zu statuieren. Der einzelne könnte dann seine formale Ethik nach Kant oder seine materiale Wertethik, seinen Eudämonismus oder Utilitarismus oder seine katholische Morallehre, frei anwenden, solange die Harmonie mit den Obersätzen gewährleistet wäre. Das ist aber, wie gesagt, nur innerhalb bestimmter Grenzen möglich, weil die traditionellen Ethiken ihrerseits Obersätze implizieren.

Eine Modifikation dieser Lösung wäre die Umgestaltung von international artikulierten und akzeptieren Leitlinien in die Form klarer Verbote. Dieser Vorschlag ist in jüngster Zeit verschiedentlich gemacht worden. (Er hat auch seine Parallele in den SALT-Abkommen.) Man würde die (medizinische) Ethik des Zusammenlebens in dieser gefährlichen Zeit zunächst durch rein negative Sätze an der Basis zu ordnen versuchen. Gegen diesen einleuchtenden Vorschlag mögen sich aber theologische Bedenken erheben (siehe unten 3.). Die Freiheit zum ethischen Handeln wäre eindeutig durch

Verbote markiert und begrenzt. Angst wäre der Motor ethischen Handelns. Trotzdem hat dieser Vorschlag, falls man ihn in Grenzen halten könnte, vielleicht seine erwägenswerten Vorteile.

Es steht außer Frage, daß in der medizinischen Ethik besonders häufig die Spannung zwischen weiterem Begründungszusammenhang und Einzelargument entsteht. Pragmatische Entscheidungen etwa im Hinblick auf Kostenfragen oder berufliches Prestige, Interesse an neuen Forschungsergebnissen oder auch Rücksicht auf den Wunsch eines Patienten (etwa für eine Rente), können nur allzu leicht im Konflikt stehen mit übergeordneten ethischen Leit- und Richtlinien[8].

3. Der Beitrag der Theologie zur Aufgabe ethischer Begründung

Wir können hier keine Klärung des Verhältnisses von Theologie zum Glauben der Kirche oder zur Versammlung der Gläubigen als Kirche vornehmen. Theologie ist hier im engeren Sinn des Wortes verstanden als prüfende Reflexion über die Verstehbarkeit, die Kohärenz, die Flexibilität und die Adäquatheit christlichen (und jüdischen) Redens von Gott und Mensch und Natur und ihren Zusammenhängen. Sie wird also nicht verstanden als die Summe allen Redens der Gläubigen. So wird auch die theologische Ethik – in Abgrenzung von Ethik überhaupt – in diesem engeren Sinn verstanden. Es soll hierbei offen bleiben, inwiefern es sinnvoll sei, von »christlicher Ethik« zu sprechen, also damit indirekt auch von christlichen Normen und Werten. Mir selbst scheint es angemessener, strikt genommen, eher (nur) von einer »Ethik der Christen« zu sprechen. Im Grunde »hatte« weder das alte Israel noch die frühe christliche Kirche eine »Ethik«. Sie hatten das Gesetz, ein Ziel, eine Erinnerung, sie hatten einen Herrn, dem sie angehörten, auf dessen Recht sie hofften, an den sie sich erinnern lassen mußten, wenn sie fremde Ziele ins Auge gefaßt hatten. Genau genommen hatten sie keine Ethik. Darum waren sie auch frei, aus allen möglichen ethischen Traditionen etwas zu reklamieren und zu inkorporieren. Aber es ist sinnvoll zu sagen, daß sie einen »weiteren Begründungszusammenhang« kannten.

---

8 Vgl. den Aufsatz von *J. Schwarz* im genannten Themenheft EvTh 41, 6/1981, wo der weiteste Begründungszusammenhang das »Gelingen des Lebens« ist.

Damit ist aber nicht gesagt, daß oder wie ethische Maximen, besonders auch ethische Einzelentscheidungen, theologisch »begründet« werden sollen und können. Man hört Theologen oft von »theologischen Begründungen« sprechen[9]. Geht es bei ethischen Handlungen und Entscheidungen jeweils um *eine* Begründung, also in der theologischen Ethik etwa um eine christliche oder direkt oder zumindest indirekt biblische? Oder gilt es nicht vielmehr, parallel zur Analyse der verschiedenen Komponenten eines Problems, ein ganzes »Bündel« von Begründungen für eine bestimmte Handlung zu erkennen und gelten zu lassen, ein »Begründungsbündel« also, in dem vielleicht nur wenige Teile direkt der christlichen Tradition oder der Bibel entstammen? Es spricht entscheidend viel für diese Sicht, schon im Hinblick darauf, wie wirklich und tatsächlich Entscheidungen von Christen gefällt werden. Fast immer sind mehrere Begründungen im Spiel, ein Begründungsbündel also. Ähnlich wie wir für die Einehe, für den Sinn der Erziehung, des Eigentums usw. unter anderem christliche (oder jüdische) Begründungen geltend machen, aber eben auch andere (die wir als Christen/Juden zu den unseren gemacht haben), können wir in einer medizinisch-ethischen Entscheidungsbegründung nicht *nur* nach biblisch-christlichen Begründungen suchen. Wenn dies richtig ist, entsteht die Frage nach dem »Beitrag der Theologie«[10] zum Profil ethischer Entscheidungsfindung.

Zum Verständnis des weiteren Begründungszusammenhangs der Christen (und Juden) hat sich in den letzten Jahren ein differenziertes Verständnis von »story« bewährt[11]. Vielleicht ist der Terminus ersetzbar, sachlich geht es jedenfalls um eine Beschreibungskategorie, nicht um eine inhaltliche theo-

---

9 Die hier aufgeführten Argumente finden sich ausführlicher in *D. Ritschl,* Medizinische Ethik in der internationalen und ökumenischen Diskussion, in: Medizinische Ethik, hg. v. *W. Becher,* Frankfurt 1979, 11–59, bes. 26ff.
10 Vgl. hierzu das Buch des amerikanischen Ethikers *J. Gustafson,* The Contributions of Theology to Medicine, Milwaukee 1975, sowie *St. Hauerwas,* Truthfulness and Tragedy, Notre Dame Univ. Press, 1977 bes. Teil III.
11 *D. Ritschl / H. O. Jones,* »Story« als Rohmaterial der Theologie, München 1976; vgl. auch den in Anm. 9 genannten Aufsatz. Es geht hier keineswegs um eine volle Zustimmung zur heute oft vertretenen »narrativen Theologie«, vielmehr um eine Kritik an ihr, denn Theologie ist im engen Sinn als kritische Reflexion verstanden; sie besteht aus Argumenten und Ketten von Argumenten und nicht (oder höchst selten) aus Erzählungen. Vgl. auch *D. Ritschl,* Das »Story-Konzept« in der medizinischen Ethik, in diesem Band S.

logische Entscheidung. »Story« ist zunächst das, was man über einen Menschen oder eine Gruppe sagt, und sie wird zu dem, was man aus ihr in seinem Leben macht, man »hat« dann diese »story«. Aus verschiedenen sprachphilosophischen und theologischen Gründen, die hier nicht diskutiert werden können, spricht sehr vieles dafür, das »Eigentliche« Israels und der Kirche (man sagt oft das »Proprium«) in der »story« zu sehen, die Israel und die Kirche von sich selbst erzählen. Wir lassen hier die tiefere theologische Dimension undiskutiert, daß sich nämlich über Gott, über Jesus, über den Geist Gottes und über seine Gegenwart in Kirche und Welt am ehesten und zuerst in »stories« reden läßt. Im Zusammenhang der Ethik aber, besonders der medizinischen Ethik, ist es hilfreich, sich zu vergegenwärtigen, daß nicht nur die Identität Israels und der Kirche in »stories« ausgedrückt wurde und wird (daß es letztlich um *eine* »story« Gottes mit den Menschen geht, die in Israel und in der Kirche wahrgenommen und gefeiert wird), die also der weiteste Begründungszusammenhang für Juden und Christen ist, sondern daß auch das Leben einzelner Menschen am ehesten in Story-Form erklärbar oder erzählbar ist. Der zunächst phänomenologisch gewonnene und formal verstandene Begriff der »story« ist also sehr breit verwendbar: im Hinblick auf Einzelgeschichten der Bibel, auf die Geschichte von Gruppen und schließlich von ganz Israel, auf einzelne Christen und Kirchen und schließlich der ganzen Kirche, und vielleicht auch im Hinblick auf eine geglaubte und erhoffte und im Gottesdienst gefeierte Gesamt-story Gottes. Aber er ist eben auch verwendbar in bezug auf die Lebensgeschichte eines einzelnen, heute lebenden Menschen. (Die Frage nach dem »christlichen Leben« ist die Frage nach dem Zusammenhang meiner »story« mit der »story« der Christen, letztlich der »story« von Jesus; vgl. Gal 2,20: »Ich lebe, aber nicht mehr ich, sondern Christus lebt in mir«.) Nicht nur in Psychotherapie und Seelsorge, sondern besonders auch in der medizinischen Ethik ist die erinnerte und die antizipierte »story« eines Menschen ein sehr wesentlicher Bestandteil der Suche nach ethischen Kriterien für Einzelentscheidungen.

Das »story«-Konzept erlaubt wegen seiner Breite die Nachfrage nach dem Zusammenhang zwischen »weiterem Begründungszusammenhang«

201–212 sowie das »story-Konzept« des Psychiaters *P. C. Kuiper,* Die Verschwörung gegen das Gefühl. Psychoanalyse als Hermeneutik und Naturwissenschaft, Stuttgart 1980, Kap. III: Der Mensch und seine Geschichten.

und Einzelentscheidung in relativ konkreter Weise[12]. Einerseits bietet die »story« Israels und der Christen den weiteren Begründungszusammenhang, auf der anderen Seite wird die medizin-ethische Einzelentscheidung im Licht der erinnerten und der antizipierten Lebens-story des Patienten (und seiner Umwelt) getroffen werden. Es geht dann nicht mehr abstrakt um Fragen nach dem »Wesen« des Menschen oder seiner »Natur«. Vielleicht – so zeigte es sich in der »Arbeitsgemeinschaft für medizinische Ethik« immer wieder – liegt gerade in diesem Konzept die Möglichkeit eines Beitrages der Theologie bzw. der theologischen Ethik zur Entscheidungsfindung in Fragen medizinischer Ethik. Die Suche nach der Verbindung der beiden Frageebenen ist die *Korrespondenzfrage:* Korrespondiert die von mir erwogene Handlung in bezug auf eine Einzelstory (ein Einzelschicksal) oder eine einzelne Frage dem, was unsere Väter bekannt, gelehrt und gehofft haben, was wir aus der Bibel erinnern, was Jesus gesagt, getan und gelebt hat (was Moses gesagt, was Jahwe gewollt hat)? Freilich muß man die Grenzen zu der mit Recht kritisierten Imitatio-Christi-Lehre ziehen, denn wir sind nicht wie Jesus, und »wie Jesus gehandelt hätte« kann nicht die direkte Frage nach dem ethischen Kriterium sein. Aber man soll sich durch die ausgefeilten und berechtigten Kritiken der Theologen nicht von der *Korrespondenzfrage* abhalten lassen: korrespondiert etwa das Töten von geistig und körperlich Behinderten dem, was wir von Moses, von Jesus, von Gott wissen?

Die vermutete und gesuchte Korrespondenz mit dem Evangelium ist aber nicht ohne Probleme: Jesus etwa verspricht kein angstfreies Leben, keine psychisch und physisch erfüllte und balancierte Existenz und keine Leidensfreiheit, eher ein Durchhalten der Ambivalenz des Leidens. Zudem heilte Jesus von vielen Kranken nur sehr wenige; diese Heilungen hatten Signalcharakter und waren nicht der Beginn eines neuen Gesundheitswesens. Das Signal weist auf das Neue hin gegenüber dem Alten; »alt« und »neu« sind unveräußerbare Elemente der »story« Israels und der Christen. Auch psychisch und physisch gesunde Menschen sind »alt« und nicht durch ihre Gesundheit

---

12 Die Abteilung für »Family Medicine« der Medical School in Galveston, USA, arbeitet seit einigen Jahren in Fragen ethischer Entscheidungen bewußt mit dem »story«-Konzept. Allerdings sind die Voraussetzungen dort auch sehr günstig mit theologisch interessierten Ärzten und einem christlichen sowie einem jüdischen Dozenten für medizinische Ethik.

Manifestationen des »neuen Menschen«, sie sind nicht frei von Leiden, Haß und Streit. Und trotzdem ist jede therapeutische Handlung ein Anzeichen des Einbruchs des Neuen, der erhofften Neuwerdung des Menschen und der ganzen Schöpfung.

Der Unterschied des Menschen zum Tier ist im Licht dieser Überlegungen an der Hoffnung auf die Neuwerdung festzumachen. Die »Geistfähigkeit« des Menschen zeigt sich in seiner »story-Fähigkeit« zu erinnern und zu hoffen und zwar für sich selbst wie auch für andere Menschen. Ist es nicht die Besonderheit der Menschen, daß sie die »story« eines Kindes vor seiner Zeugung und Geburt in der Hoffnung beginnen lassen können – und die eines alten Menschen nicht aufhören lassen nach dessen Tod? Ein Mensch völlig ohne »story«, weder in seinem eigenen Gedächtnis noch im Erinnern und Hoffen anderer, müßte nicht am Leben gelassen werden, denn es gäbe keinen menschlichen Ort, an dem die Entfaltung von Partnerschaft oder die Erinnerung daran bewahrt wäre. Diese Überlegungen haben direkte Relevanz für die Fragen des Schwangerschaftsabbruchs (etwa im Zusammenhang mit genetischer Beratung) sowie der sog. Euthanasie[13].

Trotzdem ist damit die Frage nach dem konkreten Beitrag der Theologie zur Entscheidungsfrage in der medizinischen Ethik erst andeutungsweise gelöst[14]. Zum einen fragt es sich, wie Nichtchristen mit einer aus der »story« der Juden und Christen stammenden Kette von Überlegungen umzugehen bereit sind, ob sie den »Beitrag der Theologie« überhaupt begrüßen, zum ande-

---

13 Vgl. hierzu die Aufsätze von *H. Piechowiak* und *J. Hübner* im genannten Themenheft EvTh 41, 6/1981.
14 *H.-E. Tödt* hat (Versuch einer Theorie ethischer Urteilsfindung, ZEE 1977, 81–93) ein sechsstufiges Urteilsschema vorgeschlagen, das aber die Frage der Normen, besonders der theologischen, nur andeutungsweise beantwortet. (Vgl. zur Kritik *Chr. Link*, Überlegungen zum Problem der Norm in der theologischen Ethik, ZEE 1978, 188–199.) Die Sechsstufigkeit erscheint bei konkreter Anwendung auf medizin-ethische Probleme nicht als zwingend oder überzeugend.
Vgl. mit der Umbetonung der Pflichtenethik in eine Verantwortungsethik bei Tödt die eschatologische Güter- und Pflichtenethik bei *T. Rendtorff*, Ethik I, Stuttgart 1980, sowie die normativen Teile in *F. Böckles* Fundamentalmoral, München 1977, 261–331. Umfassender ist aber noch *J. M. Gustafson*, Theology and Christian Ethics, Philadelphia 1974, bes. Teil III: Ethics and the Sciences, 197–286. Vgl. auch *H. Kaiser*, Ethische Urteilsfindung im Bereich der passiven Euthanasie – Reichweite und Grenzen ethischer Argumentationsmodelle, ZEE 1981, 130–145.

ren ist noch im einzelnen zu entscheiden, wie direkt die Christen ihrerseits die aus ihrem Glauben stammenden Überlegungen einsetzen. Der ethisch verantwortliche Christ wird wählen müssen zwischen exklusiv theologischer und inklusiv ethischer Argumentation.

Die exklusive Argumentation verwirft aus theologischen Gründen ethische Grundoperationen wie z.B. Utilitarismus, Hedonismus oder auch andere idealistische oder materialistische Grundhaltungen, aus denen Kriterien stammen können. Allerdings ist sich die christliche Theologie in ihrer Geschichte nie einig gewesen über die Auswahl der mehr oder weniger akzeptablen oder der verwerflichen ethischen Lösungsangebote etwa der klassisch-griechischen Philosophie oder auch neuerer Systeme. Die exklusive theologische Argumentation hat also von vornherein einen partikularen Charakter, wenngleich man dieser Denkweise – besonders in Krisenzeiten – eine imponierende Einheitlichkeit und Geradheit nicht absprechen kann. Anders steht es mit der inklusiven Argumentationsweise. Hier werden in großer Freiheit aus verschiedenen ethischen Traditionen Argumente entlehnt. Es kann zu utilitaristischen Urteilen kommen, zu eudämonistischen Argumenten, zu gesellschaftspolitischen Nutzenabwägungen, zu finanziellen Überlegungen, zu psychologisch-seelsorgerlichen Erwägungen – und all diese Reflexionen können ein ethisches Einzelurteil begründen. Freilich werden solche »Anleihen« von einem übergeordneten theologischen Prinzip (einem Satzgefüge, einer Leitlinie, dem »weiteren Begründungszusammenhang«, der »Gesamtstory«) geordnet und geleitet werden müssen. So wäre es durchaus möglich, in einem bestimmten medizinisch-ethischen Problemfall utilitaristisch oder hedonistisch zu argumentieren, also etwa den Zweck und Nutzen einer Transplantation von Organen oder auch von Versuchen an lebenden Menschen zu rechtfertigen, oder einen Schwangerschaftsabbruch im Hinblick auf die Mutter hedonistisch zu rechtfertigen. Dies blieben freilich Grenzfälle, und jede Einzelentscheidung dieser Art müßte der »Korrespondenzfrage« standhalten können. Es wird sich gerade dabei zeigen, ob durch die Lösung eines Problems vielleicht weitere Probleme entstehen können.

Bei medizinisch-ethischen Problemen hat es sich immer wieder gezeigt, daß die klassischen Begriffe »gut/böse«, »richtig/falsch« sich als wirklichkeitsfern nicht bewähren. Vieles spricht dafür, sie als Abstraktionen zu verstehen und ihnen nur in dieser Eigenschaft ihren Ehrenplatz zu belassen. Näher an der Wirklichkeit gelebten Lebens sind die Begriffe »dringlich«, »weniger dringlich«, sowie die Unterscheidung zwischen »jetzt Dringlichem« und »bleibend Wichtigem«. Man könnte überspitzt kategorisieren: die Theologie und die Anthropologie haben es mit dem »bleibend Wichtigen« zu tun, die Ethik, auch die theologische, vorrangig mit dem »jetzt Dringlichen«. Freilich bleibt hier die schon oben genannte Frage nach der Ableitbarkeit des einen aus dem andern bestehen. Soll man zunächst das »bleibend Wichtige« erkennen, um dann zur Einsicht in das »jetzt Dringliche« zu gelangen? Das wäre philosophisch und auch theologisch eine befriedigend eindeutige Denkrichtung. Aber so sieht die gelebte Wirklichkeit nicht aus. Die reine Deduktion des zweiten aus dem ersten ist nur selten möglich. Vielmehr ist das bleibend Wichtige uns oft erst zugänglich durch Konfrontation mit dem jetzt Dringlichen, mit dem Stellen der Korrespondenzfrage selbst. (Wieviele Ärzte sind nicht durch das starke Erleben einer Konfliktsituation und menschlichen Leidens zu den tiefer liegenden anthropologischen und theologisch-ethischen Fragen gekommen, also zur Einsicht in die größere »story«, in der sie eigentlich stehen!) Dies ist eine allgemeine Lebenserfahrung, die auch philosophisch oder phänomenologisch demonstriert werden könnte. Sie gilt erst recht im Gebiet der ethischen Argumentation. Das bleibend Wichtige ist zwar schon irgendwie »da«, aber es kommt erst im Wechsel der Reflexion zwischen dringlichen Aufgaben und bleibenden Werten, Einsichten und Zielen in immer neuer Gestalt zum Vorschein. Diese Zusammenhänge zu analysieren und mögliche, bleibende Strukturen darin zu ergründen, das ist die Aufgabe der Theorie der Ethik. Wenn der »weitere Begründungszusammenhang« die »story« Israels, Jesu und der Kirche ist, so ist es die Aufgabe der Theorie *theologischer* Ethik. Dieser Rahmen bestimmt auch die Selektion und Beurteilung verschiedener ethischer Argumente, die ein Christ sich von anderswo ausleihen mag, um ein Einzelproblem mittels einer nicht universalisierbaren Argumentation lösen zu können. Dies muß in der medizinischen Ethik immer wieder geschehen[15].

---

15 Vgl. die Aufsätze von *J. Hübner* und *U. Eibach* im **Themenheft EvTh 41,** 6/1981.

4. Die Entscheidungskompetenz und die Isolierbarkeit des Ethischen

Die Antworten auf die Fragen nach der Begründung ethischer Urteile und nach dem Beitrag der Christen (Juden) dazu sagen noch nichts über den Kreis derer, die für eine medizinisch-ethische Entscheidung kompetent sind. Die Ethik ist darum ein weit offenes und verwundbares Gebiet menschlichen Suchens und Antwortens, weil in ihr eigentlich alle Beteiligten in gleicher Weise »Laien« sind. Ein Ethikprofessor ist für die Entscheidung, ob bei einem alten, an Krebs erkrankten Menschen eine Chemotherapie begonnen werden soll, nicht von vornherein besser qualifiziert als der Arzt oder die Tochter des Patienten. Ethische Kompetenz und Reife sind nicht durch Wissen garantiert, sondern durch das Zusammenspiel von drei Eigenschaften,
- der Fähigkeit, das Problem in seiner Komplexität intellektuell zu verstehen,
- der Bereitschaft, selbst an der Problemlösung zu partizipieren, d.h. nicht »neutral« abseits zu stehen, sondern seine eigene Integrität im ethischen Urteil aufs Spiel zu setzen,
- und trotzdem Objektivität im Urteil anzustreben (und ein Einzelargument im »weiteren Begründungszusammenhang« zu rechtfertigen).

Die erste Eigenschaft ist durch Denkfähigkeit und Bereitschaft zum Sachinteresse bestimmt, die zweite durch persönliches Engagement, die dritte durch Erfahrung und den Willen zur Sachlichkeit. So peinlich die Erwähnung ist: oft hapert es schon bei der ersten Qualifikation auch bei als intelligent bekannten Menschen, auch Ärzten, die nicht vor wirklich dummen Generalisierungen zurückschrecken. Die zweite Qualifikation – vor allem ein Desiderat der Jugend – ist nur sinnvoll in Verbindung mit der dritten: dem von älteren Menschen betonten Wert der Erfahrung und dem Willen zum sachlichen Abwägen. Engagement heißt doch: sich selbst im ethischen Urteil riskieren, weil es von der ganzen Person herkommt, nicht aus dem Fachwissen oder einer Denküberlegung allein. Und Wille zur Objektivität heißt doch: zugestehen, daß das Gegenteil auch wahr sein könnte, daß ich Gründe für meine Wahl benennen können muß. Ethisch reif und kompetent ist, wer diese drei Eigenschaften anstrebt, sich in ihnen übt, sich kritisieren läßt, wenn eine von ihnen mißachtet worden ist.

Kein Berufsstand kann die ethische Komponente von vornherein für sich in Anspruch nehmen, und ebensowenig können sich Ärzte oder andere Spe-

zialisten in der Forschung auf ihre Kompetenzbereiche zurückziehen und die Ethik anderen überlassen. Für viele Ärzte erschöpft sich die medizinische Ethik in dreierlei:
- der Weitergabe der bewährten Tradition in Zweifelsfragen,
- der Beachtung des Wohls des Patienten (»nihil nocere«) und des guten Kontaktes mit ihm, sowie
- der Wahrung der von den Standesorganisationen empfohlenen Richtlinien.

Auch bei Krankenschwestern und -pflegern sieht es nicht besser aus, abgesehen davon, daß in den meisten Krankenhäusern das Pflegepersonal vom ethischen Entscheidungsprozeß ohnehin ausgenommen ist.

Diese Beobachtungen münden in die Frage nach der Isolierbarkeit des Ethischen. Freilich gibt es im medizinischen Alltag eine Fülle unkomplexer ethischer Probleme, die sogleich als solche erkennbar sind. Weil zu ihrer Lösung keine Theorie oder besonderen Analysen notwendig sind, sollte man sie vielleicht nicht »Probleme« nennen, sondern eher von Fragen oder ethischen Aufgaben sprechen. Jeder Arzt, Pfleger und Gesundheitsplaner weiß von diesen nahezu selbstverständlichen ethischen Forderungen den einzelnen Patienten und der Gesamtbevölkerung gegenüber. Auch verantwortliche Patienten wissen von ihren eigenen ethischen Verpflichtungen gegenüber den therapeutischen Berufen sowie gegenüber ihrem eigenen Körper oder dem Leben ihrer Mitmenschen. Freilich geschehen gerade in diesem Bereich des ethisch Eindeutigen oft auch erschreckende Übertretungen und Mißachtungen, man denke nur an Geldgier und Neid unter ärztlichen Kollegen, an die unpersönliche Struktur der Krankenhäuser und die Manipulation vor allem sozial niedrig stehender Patienten, auch an die Rücksichtslosigkeit vieler Patienten ihrer eigenen körperlichen und seelischen Gesundheit gegenüber usw. All dies sind durchaus medizinethische Fragen, aber von ihrer Struktur her haben sie nicht den Rang von komplexen Problemen (komplex mögen die Gründe für ihre Mißachtung sein).

Komplexe Probleme hingegen sind durch die komplizierte Verkoppelung von medizinischen und anderen Komponenten gekennzeichnet. Gerade dies macht die Eigenart der medizinisch-ethischen Probleme aus, daß in ihnen medizinische, wirtschaftliche, juristische, psychologische, vielleicht auch ästhetische und meistens berufsständische Komponenten und Interessen verkoppelt sind. Das eigentlich ethische Problem muß aus dieser Verkoppelung herausgelöst werden können, was freilich nicht bedeutet, daß das medizin-ethische Problem unter Absehung der verschiedenen nicht-ethischen Komponenten angegangen werden kann. Es muß aber mit aller Sorgfalt beachtet werden, daß es durch kategoriale Verwischungen oder Verwechslungen nicht zu Grenzüberschreitungen und damit zu falschen Kompetenzansprüchen kommt. Das wirklich »Ethische« in einem medizin-ethischen Problem läßt sich nicht aufgrund medizinischen Wissens lösen. (In der genetischen Beratung etwa, wo Fragen der neuen Entstehung eines Lebens und des Schwangerschaftsabbruchs besonders kraß entschieden werden müssen, genügt medizinisches Fachwissen nicht zur Abschätzung der Möglichkeiten und der Belastbarkeit einer Ehe oder Familie[16].) Medizin-ethische Entscheidungen sind nicht wissenschaftlich medizinische Entscheidungen, sondern Entscheidungen über ethische Fragen, die aus der Erkenntnis der Komplexität des Materials herauswachsen oder auch an es herangetragen werden. Daraus folgt, daß Experten der medizinischen Wissenschaften nicht besser als andere verantwortliche Menschen qualifiziert sind, wenn medizinisch-ethische Entscheidungen fällig sind. Weil aber ethische Urteilsfähigkeit auch mit persönlicher Erfahrung zu tun hat, haben Experten der medizinischen Wissenschaft und Praxis den Vorteil der Kenntnis einer größeren Zahl von möglicherweise parallelen Problemen; zugleich haben sie den Nachteil, aus Routine eventuell zu schnell und zu unkritisch Parallelen zu ziehen. Dazu kommt noch die Belastung durch die Erwartungshaltung der Bevölkerung, die medizinischen Berufe seien einzigartig mit der Wahrnehmung medizinischer Verantwortung und also auch ethischer Entscheidung betraut, einer Erwartung, die viel zur »déformation professionelle« der Mediziner beigetragen hat. Wenn nun medizinische Experten – zu recht oder zu unrecht – mit der Hauptlast des Fällens medizinisch-ethischer Entscheidungen betraut werden, so fällen sie diese Entscheidungen nicht in ihrer Eigenschaft als medizinische Experten, sondern als erfahrene, verantwortliche Menschen.

Bei diesen grundsätzlichen Erwägungen darf zweierlei nicht außer acht gelassen werden. Einmal die Erfahrung, daß sich oft eindeutige Lösungen einfach nicht finden lassen, d.h., daß die Isolierung des Ethischen nicht ge-

---

16 Vgl. den Aufsatz von *H. Piechowiak* ebd. sowie *Chr. Link,* Die Herausforderung der Ethik durch die Humangenetik, ZEE 1981, 84-101; *J. Hübner,* Zur Ethik genetischer Beratung, ZEE 1981, 102-108.

lingt: es bleibt z.B. offen, ob die Regierung Malawis richtig entschieden hatte, keine Experten der WHO zur Ausrottung der Malaria ins Land zu rufen, bevor nicht die Ernährungslage entscheidend gebessert ist; auch Fragen der zumutbaren Kosten für die medizinische Versorgung eines Gebietes oder einer Einzelperson, oder des Dilemmas bezüglich eines mehrfach wiederholten, lebensgefährdenden chirurgischen Eingriffs, die Wahl von Therapieverfahren sowie die Entscheidung für Frühberentung bei einem depressiven Patienten usw. bleiben oft unentschieden. Eine ethisch verantwortliche Gesellschaft sollte ihre Ärzte und anderen Entscheidungsträger nicht allein lassen, wenn es gilt, mit ethisch ungelösten Dilemmas zu leben oder Schuld zu akzeptieren.

Und zweitens sollte beachtet werden, daß das ständig verfeinerte Netz juristischer Bestimmungen und Auslegungen von Gesetzen die Ärzte und Therapeuten nicht nur schützen, sondern auch in ihrer beruflichen Freiheit bedrohen kann. Wenn etwa ein Fachexperte auf einem wissenschaftlichen Kongreß die Ansicht begründet hat, bei einer Geburt sollten im Prinzip neben dem Gynäkologen ein Pädiater und noch ein weiterer Fachmann anwesend sein, so ist heute schon fast abzusehen, daß nach einem Geburtsschaden ein Prozeß gegen den allein anwesenden Geburtshelfer aufgrund dieser Expertenäußerung angestrengt wird[17]. Diese Situation, in Europa und den USA neuerdings oft beklagt, manövriert die Ärzte leicht in die Grundeinstellung, »ethisch« sei das, was nicht juristisch anfechtbar ist. Das Recht wird dann wie eine Minimalethik gewertet. Zudem wird die Ethik ganz auf die Dualbeziehung Arzt-Patient eingeengt, was sich im mangelnden Interesse der Ärzte an strukturellen und theoretisch-ethischen Fragen ja weithin ganz deutlich zeigt.

Angeregt durch Erfahrungen in den USA sind in den sechziger Jahren bei uns verschiedentlich »Ethik-Komitees« gegründet worden. Dort war neben den repräsentativen Ausschüssen von medizinischem Personal, Juristen, Männern und Frauen aus Kirche und Gesellschaft zur Entscheidung akuter Problemfälle (z.B. Anschluß an die damals noch seltenen Dialyse-Geräte) seit längerer Zeit auch noch eine andere Form von Ethik-Komitees entstanden, deren Aufgabe die ethische Beurteilung von biomedizinischen For-

---

17 Vgl. zum generellen Problem *H. Schmidt-Matthiesen*, Arzt im Konflikt. Der Gynäkologe im Kräftespiel der Gegenwart, Medizinische Welt 32, 1981, 1–8.

schungsvorhaben ist. Sie operieren entweder an individuellen Universitäten oder Instituten (»Institutional Review Boards«) oder als Kontrollausschüsse bei den die Forschung finanzierenden Foundations oder die Ergebnisse publizierenden Zeitschriften. Die Kontrolle gilt im allgemeinen als recht streng, beschränkt sich aber weitgehend auf Probleme von Versuchen am menschlichen Körper. In der Schweiz sind mit ähnlicher Zielsetzung verschiedene Ethik-Kommissionmen gegründet und mit der Schweizerischen Akademie der medizinischen Wissenschaften verkoppelt worden. In der Bundesrepublik wurden hier und dort von medizinischen Fakultäten und bei Ärztekammern Ethik-Kommissionen gebildet, deren Zusammensetzung, Funktion und Zielsetzung aber keineswegs einheitlich sind[18]. Gemeinsam ist ihnen allerdings die Orientierung an der Helsinki-Deklaration über Forschung am Menschen bzw. an deren Neuformulierung von 1975 in Tokio.

Es ist fraglich, ob allgemein übers Land verstreute Ethik-Kommissionen mit breiten Kompetenzen für das ganze Spektrum bioethischer Probleme der Komplexität und der Dringlichkeit medizin-ethischer Aufgaben wirklich gerecht werden könnten. Sie würden das konkrete Engagement der Verantwortlichen kaum ersetzen können und böten als Alibi-Institutionen den Fachleuten im medizinischen Betrieb, in der Forschung und Planung der Gesundheitspolitik erneut Anlaß, die Ethik anderen zu überlassen, solang sie selbst von Kritik und von Strafprozessen verschont bleiben. Zudem können Ethik-Kommissionen ebensowenig wie ärztliche (oder kirchliche) Berufsgruppen autonom Werte oder Normen setzen.

Die Kompetenz für Entscheidungen liegt in der Praxis aber trotzdem bei einem Verantwortung tragenden Team, wobei ein Fokus der Reflexion in den Normen und Zielen des »weiteren Begründungszusammenhangs« liegt, der andere in der antizipierten Lebens-story des Patienten. Das bedeutet, daß der Wille des Patienten allein nicht letztes und einziges Kriterium sein kann, auch wenn Gründe für die Annahme optimaler Urteilsfähigkeit gegeben sind (vgl. als Beispiele »Tötung auf Verlangen«[19] oder freiwillig – auch

---

18 Vgl. etwa *E. Deutsch*, Ethik-Kommissionen für medizinische Versuche am Menschen: Einrichtung, Funktion und Verfahren, Neue juristische Wochenschrift, H. 12, 1981, 614–617, sowie *H.-J. Wagner*, Aspekte und Aufgaben der Ethik-Kommissionen, Deutsches Ärzteblatt, H. 5, 1981, 168ff.
19 Vgl. *U. Eibach*, Medizin und Menschenwürde, Wuppertal 1976, 212ff.

gegen Entgelt – akzeptierte, gesundheits- oder lebensgefährliche Versuche an einzelnen oder an Gruppen ohne direkten therapeutischen Zweck).

5. Zur Diskussion um die Entwicklung der Technologie

Die rasante Entwicklung der medizinischen Technologie in den letzten Jahrzehnten sei – so wird oft geklagt – eine Gefahr für die Humanisierung des Gesundheitswesens und habe überdies neue ethische Probleme geschaffen. Freilich besteht die Gefahr der Entpersonalisierung der medizinischen Welt und der Bürokratisierung des Gesundheitswesens durch die Einbettung in riesige Organisationen, die ihrerseits von technischen Möglichkeiten abhängen. Sie tendieren zu einer Autonomie, d.h. zur Entfaltung immer neuer selbständiger Strukturen, die dem einzelnen nicht mehr erkennbar und darum offenbar nicht personalisierbar sind. Einzelne Menschen und Gruppen werden durch diese Entwicklung an die der Technologie und Bürokratie immanenten Ziele und Funktionen gebunden. Die technischen Möglichkeiten versklaven, wie man oft sagt, diejenigen, die sie zu ihrer eigenen Befreiung erfunden und entwickelt haben.

Es ist aber fraglich, ob die Entwicklung wirklich so negativ gesehen werden muß und ob der Fortschritt der medizinischen Technologie für die inhumane Entpersonalisierung primär verantwortlich gemacht werden kann. Viele Untersuchungen aus den letzten Jahren haben die Aussicht nahegelegt, daß die autonomen Strukturen der Technik und der Technologie veränderbar und letztlich auch kontrollierbar sind[20]. Im Interesse der Humanisierung des gesamten Gesundheitswesens sind die Bemühungen um eine solche Umstrukturierung ganz unabdingbar. Dabei wird es um eine doppelte Aufgabe gehen. Einerseits werden die von der Technologie abhängigen Einzelpersonen und Gruppen durch Sensibilisierung, Schulung und Ermutigung dazu gebracht werden müssen, ihre Selbstbestimmung gegenüber der Technologie

---

20 Vgl. die Literaturangaben in den Aufsätzen von *J. Hübner, E. Amelung* und *J. Schwarz* im Themenheft EvTh 41, 6/1981. Allerdings entwirft der neue US-Report »Global 2000« ein düsteres Bild. S. auch das CIBA-Foundation-Symposium, Civilization and Science, Amsterdam/New York 1972. Vgl. auch *H. Pompey,* Fortschritt der Medizin und christliche Humanität, Würzburg 1974.

zu erlernen und zu bewahren. Auf der anderen Seite werden die Strukturen, die sich in den letzten Jahrzehnten entfaltet haben, gründlichen Revisionen und Umgestaltungen unterzogen werden müssen. Eine glatte Verneinung der neuen medizinischen Technologie kommt als ernsthafte Alternative ja gewiß nicht in Frage. Aber Unternehmungen in dieser Richtung, die verschiedenen Formen von Alternativ-Medizin und auch etwa das Modell der Self-Reliance in Tansania, sollten immerhin als Warnung oder als Aufruf zum Umdenken wahrgenommen werden.

Freilich sind die Möglichkeiten einer kontrollierbaren Entwicklung und balancierten Funktion der Technologie an politische Strukturfragen der technisierten Welt gebunden. Dabei geht es dann um Konflikte zwischen verschiedenen Rationalitäten, um das Problem des Steuerns autonom gewordener Strukturen und Substrukturen. Manchmal will es scheinen, als seien die großen Industrienationen mit den Mitteln klassischer Demokratie nicht mehr voll regierbar. Nur so läßt sich erklären, weshalb etwa in den USA in den Ballungszentren die medizinische Technologie gewaltig entwickelt ist, während in weiten Landstrichen die Bevölkerung medizinisch unterversorgt ist. Ähnlich ist auch die Preispolitik der Pharmaindustrie und der freie Verkauf von rezeptfreien Medikamenten im Wert von Milliarden pro Jahr nur im Zusammenhang mit den Schwierigkeiten zu sehen, in modernen Demokratien staatliche Kontrolle zu intensivieren.

Eine wichtige und in der »Arbeitsgemeinschaft für medizinische Ethik« besprochene, aber noch ganz ungelöste Frage betrifft die ethische Rechtfertigung des Exports medizinischer Technologie in die Länder der Dritten und Vierten Welt. Die differenzierten Geräte bringen sozusagen ihre eigene Rationalität und einen Zwang zur Beugung unter ihre Methodik mit sich. Wenn die Grundlagen medizinischer Ethik ebenso wie die Menschenrechte und -pakte transkulturell universalisierbar sein sollen, so heißt das noch nicht, daß typisch westliche Technologie unbesehen und unkritisch für exportfähig erklärt werden darf. (Von der Problematik der Verschiedenheit der Kulturen abgesehen findet sich eine Parallele en miniature in der Tendenz in Europa, lokale Arztpraxen und ländliche Krankenhäuser mit über-differenzierten und über-teuren Geräten auszustatten, deren Vorhandensein in städtischen Fachkliniken für die Versorgung der Gesamtbevölkerung voll ausreichen würde.)

Man wird sich wegen der offensichtlichen Verkomplizierung des Gesundheitswesens durch die moderne Technologie aber gewiß nicht dazu hinreißen lassen, die gesamte Entwicklung zu beklagen. Damit wäre nicht nur denen Unrecht getan, die unter großem Einsatz diese Entwicklung gefördert haben, sondern es wäre die ganze Breite von therapeutischen und damit eben auch humanisierenden Möglichkeiten verneint, die mit der medizinischen Technologie auch gegeben sind[21].

Ähnlich vorsichtig und vielschichtig muß die Beurteilung der Behauptung sein, mit der neuen medizinischen Technologie seien grundlegend neue medizin-ethische Probleme entstanden. Es ist sehr fraglich, ob sich diese Behauptung überhaupt, auch in qualifizierter Form, aufrecht erhalten läßt. Freilich sind durch die modernen Intensivstationen bislang unerreichte Möglichkeiten zum Hinauszögern des Todes entstanden; gewiß hat die pharmazeutische Forschung eine riesige Fülle tatsächlich wirksamer Präparate anbieten können (während in vergangenen Jahrhunderten vielleicht einzig Digitalis »wirksam« war); und die Möglichkeit pränataler Diagnostik hat in der Tat Entscheidungssituationen geschaffen, die es so vorher nicht gegeben hat. Aber auch wenn diese Bereiche scheinbar neue ethische Probleme aufweisen und in einigen technisch möglichen therapeutischen Grenzfällen (etwa Organtransplantation) sich die ethische Problematik zum Teil bis ins Unerträgliche zuspitzt, so handelt es sich auch hier wahrscheinlich nur um eine Verlagerung und quantitative Intensivierung schon früher bekannter ethischer Problemsituationen. Auswahlprobleme in bezug auf Finanzierung, Hospitalisierung, Einsatz und Zeit des Pflegepersonals und der Ärzte, Wahl zwischen ähnlich effektiven aber verschiedenen Therapiemethoden usw. hat es freilich schon immer gegeben. Auch die häufig als sensationell diskutierte Frage der Lebensverlängerung (und die verschiedenen Varianten der Euthanasie) ist nicht wirklich qualitativ neu[22]. Neu ist freilich die Möglichkeit für Millionen von Menschen (aber keineswegs für die Mehrheit der Menschheit!), von lebensverlängernden Maßnahmen Gebrauch zu machen oder sich gar gegen den Druck einer vielleicht ethisch sinnlosen Hospitalisierung am Ende des Lebens nicht mehr wehren zu können. Dies aber ist nur eine

---

21 Vgl. die Aufsätze von *E. Amelung* und *J. Schwarz* im Themenheft »Medizinische Ethik« EvTh 41, 6/1981.
22 Das wird sehr schön deutlich in den ethischen, juristischen und medizinischen Stellungnahmen im Sammelband Euthanasie, hg. v. *H.-D. Hiersche,* München 1975.

Steigerung eines schon bekannten ethischen Problems, das zudem nicht primär durch medizinische Technologie, sondern durch Entwicklungen in der Gesellschaft bedingt ist. In der »Arbeitsgemeinschaft für medizinische Ethik« besteht die Tendenz, einzig vielleicht im Bereich der Humangenetik und freilich in den Fragen der Gesundheitspolitik (industrialisierte gegenüber Entwicklungsländern) wirklich *neue* medizin-ethische Probleme zu erblicken.

6. Zur ethischen Problematik der Definition von Therapiezielen

Jeder Mensch hat eine ihm entsprechende »Mitte« der Beanspruchbarkeit, der Erfüllung des Potentials, der Balance, der Selbsteinschätzung. Der Verlauf dieser »Mitte« im Durchgang durch verschiedene Lebensstadien von der Kindheit bis zum Alter ist die »story« eines Menschen, die vielfach mit den »stories« anderer Menschen verknüpft ist, aber doch so, daß ein Mensch seine je eigene »story« empfinden, verteidigen, erzählen kann. (»Identität« und »Persönlichkeit« können mit dieser Metapher sinnvoll beschrieben werden.) Je größer bei einer Behandlung oder Therapie der Eingriff in den Verlauf der »story« des Patienten (oder ein Unterlassen einer die »story« rettenden Therapie), um so gewichtiger sind die ethischen Komponenten. Im Licht dieser Überlegungen und des Gebrauchs dieser Metapher wird man urteilen dürfen, daß sich das jeweilige Therapieziel an der antizipierten Lebens-»story« des Patienten ausrichten muß. In dieser Abschätzung liegt das ethische Risiko therapeutischen Tuns.

Eine Sichtung der expliziten Definitionen oder impliziten Voraussetzung in bezug auf Therapieziele in älteren und neueren Lehrbüchern der Medizin sowie der Psychiatrie zeigt, daß die Zielsetzung stark vom jeweiligen Krankheitsbild abhängig ist. Die verschiedenen Krankheitsmodelle haben psychosoziale Konsequenzen. Zur Zeit steht dem traditionellen individualistischen Krankheitsparadigma keine einheitliche Theorie gegenüber[23]. Positivi-

---

23 Vgl. u.a. die übersichtliche Zusammenstellung bei *H. D. Basler (Hg.)*, Sozialwissenschaftliche Aspekte der Medizin (= Medizinische Psychologie, Bd. 2), Stuttgart 1978, 95-177. S. auch *M. Pflanz*, Sozialer Wandel und Krankheit, Stuttgart 1962; *A. Mitscherlich / T. Brocher / O. v. Mering / K. Horn (Hg.)*, Der Kranke in der modernen Gesellschaft, Köln/Berlin 1967.

stisch-physiologische Krankheitsdefinitionen stehen in Konkurrenz mit lernpsychologischen, psychoanalytischen und soziologischen Erklärungsansätzen, die sich allerdings nicht notwendig gegenseitig ausschließen. In der Praxis ist wahrscheinlich das subjektive Ziel, das sich der behandelnde Arzt oder Therapeut setzt, ausschlaggebend. In der Wahl zwischen verschiedenen Therapieformen versteckt sich aber oft heimlich oder zumindest unreflektiert doch eine Theorie. Am auffälligsten ist dies freilich in der Psychotherapie, aber es gilt auch für andere Gebiete therapeutischen Handelns.

Für den Nicht-Mediziner ist die Frage der Therapieziele wegen der sich dahinter verbergenden anthropologischen Grundentscheidungen wichtig und darf nicht einzig der medizinischen Wissenschaft überlassen werden. Interessant ist die Tendenz vor allem in der modernen Psychiatrie, die Therapieziele nicht mehr an einem abstrakten Normbegriff festzumachen, sondern eher an »Behinderungen«. Dabei werden primäre, sekundäre und tertiäre Behinderungen oft unterschieden. Bei diesem Konzept ist die Integration des Patienten in seiner sozialen Umwelt ein wichtigerer Gesichtspunkt als seine Restitution zu einem früher innegehabten Gesundheitszustand. Es fragt sich natürlich, inwieweit dieses Konzept der modernen Psychiatrie auf die Medizin im allgemeinen ausgeweitet werden kann. Dort muß wohl immer noch der Satz gelten »Vor die Therapie haben die Götter die Diagnose gestellt«, womit doch, wie immer man es drehen und wenden mag, die Erkenntnis einer benennbaren Krankheit gemeint ist, die es zu beseitigen gilt. Nun ist freilich in der Psychiatrie die Scheu vor einer Verabsolutierung der Diagnose als einer Etikettierung des Patienten auch verständlicher als in den anderen Gebieten der Medizin.

Im Verlauf unserer gemeinsamen Arbeit haben wir zwischen verschiedenen Stufen therapeutischer Zielsetzung unterschieden, etwa
- der Vorbeugung (in Gesundheitserziehung etc.),
- Erhaltung (durch Stärkung, Stützung etc.),
- Reparatur oder Restitution (völlige Restauration zum status quo ante),
- Approximation (an verlorenen Idealzustand mit dem Ziel der Maximierung des jetzt Möglichen) und schließlich
- die Ermöglichung eines würdigen Abschlusses des Lebens in der Befreiung zum Sterbenlernen.

Es ließen sich gewiß noch verfeinerte Kategorien nennen. Jedes dieser Ziele hat seine eigene ethische Würde und Berechtigung. Es wäre wenig sinnvoll, den vorbeugenden Maßnahmen weniger ethisches Gewicht zuzusprechen als dem dramatischen chirurgischen oder psychotherapeutischen Eingriff oder der seelsorgerlichen Begleitung des Sterbenden. Natürlich ist es richtig, daß das Therapieziel beim Beinbruch eines Skifahrers ungleich klarer und ethisch unproblematischer ist als bei einem Patienten mit Asthma bronchiale oder einer Allergie oder auch als die Gesundheitsplanung und Finanzierung des Gesundheitswesens in einem Land der Dritten Welt. Erst recht gilt dies für die Psychotherapie, bei der auf besonders eindeutige Weise ein Eindringen in die Lebens-»story« eines anderen Menschen stattfindet. Die Invasion in die Lebensgeschichte eines anderen Menschen stellt höchste Anforderungen an das Verantwortungsbewußtsein des Therapeuten. Das Ziel der Therapie ergibt sich nicht automatisch aus der Diagnose der Störung. Jede Therapie ist ein Eindringen in den Bereich der Persönlichkeit eines anderen Menschen und ist jedesmal neu ein Test der Verantwortung und stellt die Aufgabe des Verzichts auf Manipulation.

Man wird auch in Rechnung stellen müssen, daß die Therapieziele von kulturbedingten Differenzen abhängig sind. Gewichtige Unterschiede sind nicht nur zwischen der technisierten Welt und den Kulturen der Dritten oder gar Vierten Welt festzustellen. Auch innerhalb der technisierten Welt differieren die Einstellungen zu Leben und Tod, zum Leiden und zu akuter Krankheit, zum solidarischen Zusammenleben und zu Fragen der Pflege und Heilung sowie zur Einschätzung des Fortschritts in der Forschung. Amerikaner etwa haben eine viel offenere Einstellung zum Arzt und zu Routineuntersuchungen und sprechen ungehemmter über Operationen, Sexualität und auch über bevorstehenden Tod (die Diskussion über »Ehrlichkeit am Krankenbett« ist in den USA weniger akut als in Europa). Briten sind dazu erzogen, über Schmerzen und permanente Behinderungen weniger zu sprechen als es anderen Menschen als normal erscheint. Vor allem in Deutschland (und bei seinen direkten Nachbarn) gibt es Kurorte, Kurhäuser und vom Arzt verschriebene »Kuren« und »Nachkuren« und die entsprechenden Gespräche am Arbeitsplatz oder in der Eisenbahn über die Erfahrungen und Abenteuer mit der eigenen Gesundheit. All diese Faktoren spielen mit eine Rolle bei der Definition von Therapiezielen. Die Einschätzung der Charakteristika und der typischen »story« einzelner Patienten und ihrer kulturellen Umwelt sollte pauschale Formulierungen von Therapiezielen oder globale Definitionen von »Gesundheit« nicht nahelegen. Am wenigsten wird man eine unkritische Fortsetzung des alten griechischen Ideals begrüßen, das im »normalen« Menschen einen gleichermaßen in der Akademie und auf dem Sportplatz kräftigen, jungen, balancierten und glücklichen Menschen sah. Dieses Ideal hat zwar durchaus seinen Einfluß auch auf die christliche Kirche ausgeübt. (Augustin hoffte, im Leben nach dem Tode sähen sich alle Menschen wieder als etwa dreißigjährige, gesunde und schöne Männer und Frauen!) In der Psychotherapie und auch in pädagogischen Theorien wird oft unkritisch als Ziel wahren Menschseins die maximale Selbstverwirklichung und die optimale Adaption an die jeweilige Situation gepriesen. Aber diese Ideale können von der Sicht der »story« der Juden und Christen nicht letztlich gutgeheißen werden, sosehr sie auch als Durchschnittsnorm orientierenden Charakter haben mögen. Man wird neue Wege finden müssen, behinderte Menschen, genetisch geschädigte Kinder und überhaupt Unvollkommenheit in körperlicher und seelischer Gesundheit als Ausdruck geschöpflicher Begrenzung und wahrer Humanität verstehen zu lernen. Vielleicht wird in dieser Frage zwischen Christen (und Juden) und anderen Menschen letztlich kein Konsens erreichbar sein. Der Beitrag des biblisch geprägten Glaubens wird im Hinweis auf die Geschöpflichkeit und permanente Verwundbarkeit menschlichen Lebens bestehen, der sich letztlich zum Schutz der Mitmenschen gegen das hohe Ideal griechischer Normalität und Perfektion richten muß. Vielleicht gibt es eine letzte Unversöhnlichkeit zwischen »Jerusalem« und »Athen«, zwischen der biblischen Einsicht in Leiden und Schwäche und der griechisch-antiken Anthropologie[24].

7. Wege zu einer therapeutischen Ethik

Während sich die Sozialethik im allgemeinen am ehesten am Thema der Macht in ihrer Spannung zu Freiheit und Humanisierung festmachen läßt, ist die medizinische Ethik am besten an der Reflexion über Therapieziele zu orientieren. Die strukturierenden Determinanten und die Funktionsprinzipien im medizinischen Betrieb und im Gesundheitswesen lassen sich am besten von hier aus analysieren, kritisieren und modifizieren. In der Frage nach den Therapiezielen zeigt sich am deutlichsten die anthropologische Grundlage

---

24 Vgl. den Aufsatz von *J. Schwarz* im genannten Themenheft EvTh 41, 6/1981.

einer jeden medizinischen Ethik[25]. Hier entscheidet sich auch die Frage nach der Universalisierbarkeit der Ethik bzw. der Erstellung von konsensfähigen und universalisierbaren Sätzen zur medizinischen Ethik. An dieser Nahtstelle ist auch die Frage festzumachen, worin der Beitrag der Christen zu dieser Bemühung zu suchen sei. Denn es wird wohl von seiten der Christen kaum beansprucht werden, die universalisierbare, allgemein applikable medizinische Ethik sei einzig und allein von theologischen Kriterien her zu konstruieren. Vielmehr werden die Christen – und, wo sie noch einen deutlichen Einfluß haben, wie z.B. in den USA, die Juden – den Anspruch erheben, etwas über den Menschen zu sagen zu haben, was andere so nicht sagen. Daraus leitet sich dann die Möglichkeit her, einen Beitrag zu einer therapeutischen Ethik zu leisten. Neben den generellen Bemühungen um Humanisierung und Personalisierung des Lebens wird der Beitrag der Christen in der speziellen therapeutischen Ethik vor allem darin bestehen, die idealistischen und den Menschen glorifizierenden Therapieziele in Frage zu stellen und, wenn möglich, zu ersetzen. Es soll doch letztlich nicht darum gehen, daß der einzelne Mensch sich maximal selbst verwirklicht und optimal an seine Umgebung anpaßt. Streckenweise mag dieses Zeil akzeptabel sein, vor allem vom Gesichtswinkel der Pädagogik her. Aber man wird nicht sagen wollen, daß damit das letzte Geheimnis des Lebens und Sterbens auch nur annähernd beschrieben sei. Eng verbunden mit dieser Anfrage ist der gesamte Komplex der Fragen um den Tod und die Wiedererlernung der Kunst des Sterbens, der *ars moriendi*. Wenn es darum gehen soll, daß »das Leben gelingen soll«, dann steht mehr auf dem Spiel als die einfache Maximierung inhärenten Potentials. Mit dem Leben und seiner »story« muß auch das Sterben gelingen können.

Theologisch fundierte medizinische Ethik wird sich also nicht an einem abstrakten Begriff von Normalität oder an einem pragmatischen Begriff von Reparatur oder Restitution oder an einer Vorstellung von maximaler Selbstverwirklichung letztlich orientieren wollen, viel eher ist ihr letztes Kriterium

---

25 Zur vollen Wahrnehmung der anthropologischen Probleme der Therapieziele im Zusammenhang mit der Lebens-story der Patienten gehört auch der Bereich der Rehabilitation, angefangen mit dem weithin vernachlässigten Problem der Entlassung geheilter Patienten aus dem Krankenhaus zurück in das »pathogene Feld«, der Wechsel also von der Konzentration auf die Innenwelt des Patienten zurück in die übermächtige Außenwelt.

das der Neuwerdung als Widerspiegelung der neuen Schöpfung, der kommenden Gerechtigkeit Gottes. In der Tätigkeit der »Arbeitsgemeinschaft für medizinische Ethik« haben sich mindestens folgende sechs großen Komplexe ethischer Probleme und Aufgaben gezeigt, die vordringlich angegangen werden müßten:

1. *Leben und leben lassen,* die Frage nach Beginn und Ende des Lebens, nach der »story«-Fähigkeit eines Menschen, und die theologisch kontroverse Frage nach dem Sinn des jetzigen irdischen Lebens in Beziehung zur klassischen Rede von Leben nach dem Tode.
2. *Sterben und sterben lassen,* die Frage nach dem Verständnis des Todes als Ende des Lebens oder, mit der Verkündigung der Bibel zu reden, als Eingang in das Leben; wie gehen wir mit dieser Tradition um? Und was bedeutet sie für die alte christliche Weisheit der »ars moriendi«, der Kunst, das Sterben zu erlernen?
3. *Zusammenleben mit Leidenden und Behinderten,* hier muß sich die »Geistfähigkeit« oder Fähigkeit des Menschen, seine eigene »story« mit der eines anderen zu verknüpfen, besonders deutlich zeigen: In der Rehabilitation Kranker und gestrauchelter Menschen, der Integration von Entlassenen aus Krankenhäusern und Anstalten, der Kooperation von körperlich und geistig Behinderten, der Partizipation der Entrechteten und Armen an den medizinischen, pflegerischen und gesundheitspolitischen Errungenschaften der privilegierten Teile der Menschheit; auch hier besteht die offene theologische Frage, ob die Aufgabe der Christen einzig darin bestünde, eine partizipatorisch optimal strukturierte kommunikative Gesellschaft herbeizuführen, oder ob dies nur eine Folge ihres Auftrags sei.
4. *Pflege und Heilung.* Der Freiraum für private Initiative scheint immer kleiner zu werden, Pflege wird fast ausschließlich von Professionellen geleistet. Die zukünftige Form der Krankenhäuser steht zur Debatte, auch die Zusammenarbeit zwischen medizinischen, sozialen, therapeutischen und seelsorgerlichen Experten.
5. *Normalität.* Mit diesem Stichwort ist die in Abschnitt 4. skizzierte Frage der Therapieziele und der eventuellen Besonderheit des Beitrags der Christen signalisiert; letztlich geht es hier um die Frage nach dem Sinn des Lebens.

6. *Fortschritt im Wissen*. In den neun Jahren zwischen der Publikation »Die Grenzen des Wachstums« des Club of Rome und des jüngst erschienenen US-Reports »Global 2000«[26] ist eine große Fülle von wichtigen Analysen, Kritiken und Vorschlägen veröffentlicht worden. Sie gilt es für das Gebiet der medizinischen Ethik nutzbar zu machen[27].

---

26 Inzwischen auch in der Bundesrepublik als Buch erschienen: Global 2000. Der Bericht an den Präsidenten, Frankfurt/M. (Zweitausendeins-Versand) 1980.
27 Die Programme der Gesundheits- und Sozialministerien wären u.a. der geeignete Ort solcher Nutzung. Die mir bekannten Programme zeichnen sich aber durch Theoriearmut aus und bestehen weitgehend aus Darstellungen von Fakten und Aufzählungen von Desideraten; vgl. Programm der Bundesregierung zur Förderung von Forschung und Entwicklung im Dienste der Gesundheit 1978-1981, hg. v. Bundesminister f. Forschung u. Technologie, Bonn 1978.

Menschenrechte und medizinische Ethik

In den folgenden Ausführungen handelt es sich um einen Beitrag zur Frage, wie die jüngsten Diskussionsergebnisse zum Thema »Menschenrechte« in die von vielen als erregend empfundene Diskussion über »medizinische Ethik« eingefügt werden könnten. Die beiden Begriffe werden erörtert und definiert werden müssen. Zu Anfang wird auch zu besprechen sein, inwiefern die Theologie zu diesen Fragen überhaupt gehört werden muß. Könnten nicht Juristen und Mediziner allein die nötige Arbeit befriedigend leisten? Im Lauf der Erörterung der typischen Eigenschaften der »medizinischen« Ethik wird eine kurze Analyse des zu Recht so häufig hervorgehobenen Begriffs der »Entscheidung« notwendig werden. Schließlich werden wir durch skizzenhafte Hinweise auf Fallbeispiele überprüfen müssen, ob das hier Ausgeführte sich überhaupt sinnvoll anwenden läßt.

Mein Interesse an diesen Fragen hat mehrere Wurzeln. Dem Leser könnte die Überprüfung der folgenden Gedankengänge erleichtert werden, wenn ich sie hier benenne. Einmal interessiert mich schon lange die vergleichende Beobachtung verschiedener Konzepte vom Menschen, wie ich sie in der Literatur und bei etlichen Reisen in der weißen-westlichen, der sozialistischen und der sog. Dritten Welt anstellen konnte. Dazu kommt die zunächst akademische Frage, was die Theologie zu diesen Themen eigentlich beizutragen hätte. Kann man juristische oder medizinisch-ethische Sätze aus theologischen Sätzen »ableiten« oder muß der Beitrag der Theologie in ganz anderer Weise verstanden werden? Und schließlich sind mir die Erfahrungen und offenen Fragen, die ich von meiner Zeit als Pfarrer und aus psychotherapeutischer Tätigkeit mitbringe, keineswegs nebensächlich. – Die hier vorgetragenen Überlegungen wurden in Kursen getestet, die ich im September 1974 am Medical Center in Houston hielt sowie in Vorlesungen und Seminaren in Melbourne, Australien, im März und April 1974. Die Frage der »Menschenrechte« hat mich bei mehreren Konferenzen in Bossey sowie im Sommersemester 1975 in Mainz beschäftigt, als ich mit meinem Kollegen E. Lessing und meinem Mitarbeiter Hugh O. Jones ein Seminar über Menschenrechte hielt.

1. Wie hängen »Menschenrechte« mit medizinischer Ethik zusammen? Was kann etwa ein Arzt mit UNO-Menschenrechtserklärungen oder mit entsprechenden europäischen Konventionen anfangen, wenn er vor einer konkreten Entscheidung steht? Braucht er nicht viel eher den Schutz neuer

Formulierungen im Strafrecht? Und ganz parallel könnte man fragen, welcher Nutzen einem Berater durch Informationen über allgemeine Menschenrechte zukommt, wenn er einem Elternpaar bei der Entscheidung helfen soll, wie zu verfahren ist, wenn ihr mögliches oder bereits erwartetes Kind mit so oder so großer Wahrscheinlichkeit eine genetische Störung oder eine Einschränkung der Entwicklungsfähigkeit haben wird. Diese Fragen nach dem direkten »Nutzen« der Menschenrechte sind schon darum berechtigt, weil bisher nur wenige Teile allgemeiner Menschenrechtserklärungen als positives Recht gelten und einklagbar sind, und auch dies nur in wenigen Ländern. Zumeist gelten Menschenrechte als Leitsätze und Zielvorstellungen, nicht als Rechtssätze. Trotzdem darf nicht übersehen werden, daß wir heute in einer Zeit des Umbruchs stehen und Zeugen und Zeitgenossen der Entstehung völlig neuer Problemfelder in internationalen Beziehungen, im Völkerrecht, in Technologie und Wissenschaft und in den damit notwendig verbundenen ethischen Fragen geworden sind.

Es ist allerdings immer gut, mit der Behauptung, wir erlebten heute den Einbruch völlig neuer Situationen und Probleme, zurückhaltend zu sein. Viele scheinbar neue Probleme sind in Wahrheit nur die quantitativ gesteigerten oder die mit der Dramatik unerhörten Zeitdrucks auf uns einstürzenden alten Probleme. Dazu gehören auch viele Probleme in der medizinischen Ethik, die im Zusammenhang mit sensationellen Entwicklungen medizinischer Technologie gerne als sensationell neue ethische Probleme mißdeutet werden.

Man wird wohl sagen können, daß aus der Gesamtsumme möglicher und heute bereits erfahrener medizinisch-ethischer Dilemmas nur ein ganz kleiner Prozentsatz als völlig »neu« in dem Sinn eines direkten Resultats technischer Neuentwicklung definiert werden könnte. Sehr viele heute unter dem Stichwort Euthanasie diskutierte Probleme lassen sich logisch auf schon lange bekannte ethische Dilemmasituationen in bezug auf Krankheit, Therapie und Tod reduzieren. Auch die unbestreitbar dramatischen Probleme der Selektion gewisser Patienten für Behandlung mit seltenen oder teuren Maschinen, oder die Privilegierung reicher Patienten (etwa bei der Beschaffung eines Gerätes zur Heimdialyse) haben ihre klaren Parallelen in der Vergangenheit. Auch früher stand etwa ein Arzt, der mit Pferd und Wagen etliche Dörfer versorgte, vor dem Dilemma der Selektion und dem Problem der Privilegierung. Auch früher mußten Behörden entscheiden, welche Anteile der öffentlichen Gelder für Krankenhäuser und präventive Maßnahmen und wieviel für Straßen und Kanonen ausgegeben werden müssen. Diese Probleme sind zwar nicht völlig unabhängig von technologischen Faktoren, sie sind aber nicht durch sie konstituiert.

Freilich gibt es das Phänomen der plötzlichen Entstehung wirklich neuer ethischer Sachfragen und Entscheidungen als Nebenprodukt technischer Neuentwicklung in der Medizin. Dazu dürften etliche Aspekte der allenthalben diskutierten Organtransplantation sowie auch Möglichkeiten der Verwendung der Herz-Lungen-Maschine gehören. Aber in den Folgen gewichtiger und wohl auch rein zahlenmäßig aufregender sind zwei andere Gebiete medizinischer Möglichkeiten, die ungeheuer anspruchsvolle ethische Probleme mit sich bringen: die genetische Beratung, d.h. die Erstellung von Kriterien für solche Beratung und die politisch-ethische Verantwortung für eine weltweite Präventivmedizin. Beide Gebiete berühren sich und beide haben ganz offensichtlich direkte politische Dimensionen; die Humangenetik, am Einzelfall jeweils beginnend, hat politische Folgen, während die Präventivmedizin, jeweils mit einem großen Kollektiv beginnend, von politischen Möglichkeiten abhängt. Bei beiden Problembereichen spielen die »Menschenrechte« eine sehr direkte Rolle und zwar nicht nur in ihrer traditionellen westlichen Betonung der Individualrechte sondern ebenso in ihrem die kollektive Gerechtigkeit in den Mittelpunkt rückenden Gewand in der sozialistischen Welt und vielen Entwicklungsländern.

Diese beiden Problembereiche medizinischer Ethik hängen von jüngsten Entwicklungen der Wissenschaft rsp. Nutzung von technischen Möglichkeiten ab. Hier handelt es sich also um wirklich »neue« ethische Probleme. Erst seit wenigen Jahren kann man die »Träger« von einigen Dutzend verschiedenen Erbkrankheiten als solche erkennen und sie davor warnen, mit entsprechenden anderen »Trägern« neues menschliches Leben zu erzeugen. Das Ausmaß des Problems wird erst deutlich, wenn man sich vergegenwärtigt, daß die Mehrzahl der Menschen »Träger« von bestimmten Erbkrankheiten sind, die aber nicht sichtbar werden, solange die Anlage rezessiv ist. Und erst recht konnte man vor wenigen Jahren noch nicht durch Amniozentese oder andere Methoden der Diagnose Anomalien des Fötus in einem relativ frühen Stadium der Schwangerschaft entdecken, ganz zu schweigen von Möglichkeiten der Therapie oder Genkorrektur. Aber diese neuen Möglichkeiten zum Abwenden menschlichen Leides oder zur Vermeidung der Entstehung ganzer Familientragödien sind zum Teil an hohen Kostenaufwand gebunden und stehen darum nur einem ganz kleinen Teil der Weltbevölkerung offen.

Aber auch die technischen Möglichkeiten, ganze Länder und Kontinente mit systematischen Präventivmaßnahmen in ihren Lebensbedingungen zu verändern, sind in der Weltgeschichte wirklich »neu«. Es ist erstaunlich, wie schnell auch die Apparatur zur Handhabung dieser Möglichkeiten geschaffen wurde. Die Weltgesundheitsorganisation (WHO) und andere Gremien (z.B. die WMA und das CIOMS, internationale wissenschaftliche Verbände) haben schon viel detailliertere systematische Planungen und Problembeschreibungen ausgearbeitet, als allgemein bekannt ist[1]. Aber die Hindernisse zur Verwirklichung sind sehr groß. Die Idee der Souveränität der einzelnen Nationen zeigt immer mehr ihre negativen Seiten, je näher die Kulturen und Völker durch die modernen Kommunikations- und Verkehrsmittel aufeinanderrücken.

Mit dieser ersten Skizze der Problematik sollte die enge Verknüpfung des Komplexes »Menschenrechte« mit dem Aufgabenfeld der medizinischen Ethik zunächst einmal angezeigt werden.

2. Wenn man bedenkt, daß die großen internationalen Organisationen, etwa die WHO, ihre Arbeit unter dem Vorzeichen ethischer Neutralität durchführen müssen, weil dies den Grundsätzen der UNO entspricht, wird man auf ein Problem aufmerksam, das uns hier unbedingt beschäftigen muß. Kann man denn über menschliche Fundamentalbedürfnisse (Gesundheit, Essen, Wohnstätte, Schulung – öfter wird noch Arbeit genannt) und davon ausgehend über menschliche Grundrechte in weltanschaulicher Neutralität befinden? Sollte dies möglich sein, so wird man doch spätestens bei der Erörterung von Problemen wie »Recht auf menschenwürdigen Tod«, Abtreibung, heterogene Insemination, Experimente mit einem Fötus, Zwangsbehandlung und Zwangsinternierung etc. auf Fragen stoßen, die massiv mit Ethik und nicht nur mit Biologie zu tun haben. Die UNO- und WHO-Papiere diskutieren aber im Detail diese und ähnliche Probleme. Zur Zeit der Gründung der UNO gab es Anzeichen, daß sich mit den Jahrzehnten vielleicht eine Art von universal-humanistischem Konsensdenken herauskristallisieren würde. Die Entwicklung ist aber so nicht verlaufen, wie schon die verschiedenen Konzepte von Menschenrechten zeigen, die in den UNO-

---

1 Zuletzt der Bericht der Kommission für Menschenrechte vom 18. 2. 1975: Human Rights and Scientific and Technological Developments, vorbereitet von der WHO, UN-Economic and Social Council.

Kommissionen vertreten rsp. interpretiert werden. Hier ruht die spannende Frage, welche ethische »Sprache« wir im großen Völkergetümmel sprechen lernen müssen oder in welcher Weise wir unsere besondere »Sprache«, etwa die der Christen, als sinnvollen Beitrag zum Nutzen unserer Mitmenschen verwenden können. An diesem Punkt möchte ich einige Bemerkungen zur Aufgabe der Theologie machen.

Zweierlei ist die Theologie sicher nicht: ein Vorrat an Weisheit oder Wahrheit, dem man Antworten auf allgemeine oder auch auf Glaubensfragen entnehmen kann; noch ist sie die Ideologie, die hinter den Gedanken und Taten der Christen steckt. Vielmehr ist sie – wenn man sich etwas ungewöhnlich ausdrücken will – eine »Klarifikations-Maschine«, eine Testapparatur in Beziehung auf das, was Christen früher und heute gesagt, gesehen und getan haben und was sie für die Zukunft planen sollen. Sie testet drei miteinander verwandte Bereiche: die Verstehbarkeit, die Kohärenz und die Flexibilität dessen, was Christen gesagt haben oder heute sagen. Kann man das verstehen, und wie kann man es verstehen? Wie hängt das, was sie sagen und auch tun, mit anderem zusammen, was man sie hat sagen hören? Und: wie weit können sie von traditioneller Sprache abweichen, ohne ganz mißverstanden zu werden? Das sind die Fragen der drei genannten Bereiche. Aber Theologie überprüft nicht nur, sie lädt auch zu neuen Gedanken ein und stimuliert und ordnet die Phantasie und erfinderische Produktivität der Christen.

Wenn man die Theologie so versteht, daß sie sich zum Denken, Beten und Handeln der Christen (und Juden) verhält, wie die Grammatik zu unserem Gebrauch der Sprache, oder wie die Regeln des Schachspiels zur Bewegung der Figuren, dann muß auch klar sein, daß der Theologe selbst als Christ denkt, betet und handelt, daß er selbst am »Spiel« beteiligt ist. Wenn er z.B. die Kohärenz oder die Flexibilität testet, dann steht er selbst in dem Strom der Tradition, der Worte, der Verantwortungen, der Enttäuschungen und Hoffnungen, der das christliche Leben (die Kirche) ausmacht. Ich nenne diesen Strom, der aus Sprache, Handlungen, Erinnerungen etc. besteht, »story«, wobei mir bewußt ist, daß die Verwendung des englischen Wortes nicht unbedingt schön ist[2]. Es läßt sich aber kaum ein deutsches Wort für diesen Begriff finden, in dem sowohl »Erzählung« wie »Biographie« mitschwingt.

---

2 Vgl. die Studie: »Story« als Rohmaterial der Theologie, München 1976, die ich gemeinsam mit *H. O. Jones* verfaßte.

In »stories« drückten sich ja auch vornehmlich die Autoren der biblischen Bücher aus: sie beschrieben mit Hilfe zahlloser Einzelstories die große »story« Israels, die »story« von Jesus, ihre eigene »story«. Auch die »story« meines Lebens manifestiert sich in zahllosen langen und kurzen Einzelstories, die meine Identität ausmachen. (Der Begriff »story« bewährt sich auch in der Reflexion über Seelsorge, vgl. dazu die weiteren Bemerkungen in Abschnitt 6.).

Vom Theologen, der selbst im Strom der Tradition, in der »story« steht, wird folglich ein hohes Maß an Selbstkritik erwartet, wenn er seine »Testapparatur« anwendet. Er wird bei dieser Arbeit nicht ohne Regelsätze, Hypothesen und Theorien auskommen, was hier nicht diskutiert werden kann. Hier genügt der Hinweis, daß solche Regeln (also etwa der Grammatik vergleichbar) und Theorien nicht selbst der Gegenstand der Theologie sind (dann würde sie zur Scholastik). Sie sind nicht ein Netz von Wahrheiten, aus denen man Antworten auf praktische Fragen ableiten könnte. Sie sind eben Regeln und Theorien, nicht komprimierte Wahrheitsinhalte.

Die Theologie funktioniert aber nicht nur in der Form der selbstkritischen Überprüfung des Stromes oder der »story«, in der die Christen zu bestimmten Zeiten und in bestimmten Situationen stehen, sondern sie bezieht die gesamte Sicht der Dinge, die Verstrickung, Verknüpfung und Verantwortung der Christen im Verhältnis zu ihren Mitmenschen mit ein in die theologische Analyse. Genaugenommen hat es die Theologie also mit Verknüpfungen, Relationen, Selektionen und Beziehungen zu tun. Im strikten Sinn kann man »von der Theologie« nicht Menschenrechte oder medizinisch-ethische Grundsätze ableiten. Die Theologie kann solche Sätze oder Grundsätze nur überprüfen, indem sie sie im Licht der »story« Israels und der Kirche, im kritischen Vergleich mit den alten und neuen Credos der Christen testet.

Freilich gibt es auch eine breitere Verwendung des Begriffes Theologie: man versteht oft unter Theologie nicht nur die »Grammatik«, sondern die ganze »Sprache«, um im obigen Bild zu bleiben. Diese weitere Defintion ist insofern verständlich, als die Theologie in den vielen Jahrhunderten ihrer Geschichte nicht immer deutlich machen konnte, daß sie es jeweils mit dem »Rohmaterial« zu tun hat und daß ihre Theorien, Regelsätze, ja ihr ganzes Vokabular nur Hilfskonstruktionen sind. Als Ganzes betrachtet erscheint die Theologie also leicht als der »Behälter« oder das Territorium, in dem spezielle Wahrheiten zu finden sind. Die Folgen dieses Mißverständnisses sollte man nicht zu gering einschätzen.

Zurück zu unserer Ausgangsfrage: wenn die WHO und andere internationale Organisationen Äußerungen über Menschenrechte und Probleme medizinischer Ethik veröffentlichen, ja ganze Detailstudien und Einzelempfehlungen zu den Generalplänen für die zukünftige Gestaltung der »Weltgesundheit«, dann stoßen sie dabei unweigerlich auf Credo-hafte, ethisch eben nicht mehr »neutrale« Grundsätze. Diese können sich in der Gestalt allgemeiner Urteile über den Wert des Lebens oder auch in der Form der Hoffnung für die Zukunft ausdrücken. In jedem Fall sind »Bekenntnisse« mit im Spiel, wie bei allen systematischen Bearbeitungen der Fragen um Mensch und Natur, Mensch und Geschichte, menschenwürdige Bedingungen, usw., seien dies nun christliche oder marxistische oder irgendwie anders fundierte Bearbeitungen. Eine rein »objektiv wissenschaftliche« Betrachtung der menschlichen Situation in ihrer ökonomischen, biologischen und sozialen Bedingtheit gibt es bekanntlich nur in der Phantasie derer, die ihre Credos verhüllen oder selbst nicht kennen, weil es ihnen an kritischer Selbstüberprüfung mangelt.

Der Beitrag der Theologie im Stimmenkonzert der gemeinsamen Bemühungen um eine menschenwürdige Zukunft kann ebensowenig die Vermittlung absoluter Wahrheiten und endgültiger Antworten sein, wie dies von anderen Beiträgen zu erwarten ist. Die Wissenschaft der Medizin kann nicht ihre eigene Ethik produzieren, die Jurisprudenz nicht die Menschenrechte und die WHO nicht die wahre ethische Neutralität. Auch »aus« der Theologie können nicht die hier dringend benötigten ethischen Perspektiven und Antworten abgeleitet werden. Ihr Beitrag wird sich auf eine in kritischer Selbstprüfung vollzogene Überprüfung der Relationen, Entsprechungen und Kontraste zwischen den Credos und Hoffnungen der Christen und den verschiedenen anderen Angeboten erstrecken. Es ist interessant zu wissen, daß solche christlichen Beiträge geleistet und geschätzt werden: die »Christian Medical Commission« des Ökumenischen Rates leistet so bemerkenswerte Arbeit, daß die Kommissionen der WHO ständig das Gespräch mit ihr suchen[3].

---

3 Vgl. etwa: Genetics and the Quality of Life, Study Encounter, Band X, Nr. 1, 1974 (dt. Übers. als vervielfältigter Text beim ÖRK erhältlich); s. den Dokumentarband mit demselben Titel, hg. v. *Ch. Birch* und *P. Abrecht*, Sydney, z.Z. im Erscheinen (1975).

3. Was sind eigentlich »Menschenrechte«? Woher stammt ihre inhaltliche Füllung, aus der Erkenntnis der fundamentalen Bedürfnisse der Menschen oder aus einer philosophischen oder religiösen These über die »Würde« des Menschen oder etwas aus einer pragmatischen Überlegung über das optimale Funktionieren des menschlichen Miteinanders? Die Literatur zu diesen Fragen ist von gewaltigem Umfang[4].

Eine Liste der fundamentalen menschlichen Bedürfnisse kann höchstens den Rahmen abstecken, innerhalb dessen Menschenrechte formuliert werden, aber schon auf der Ebene der Bedürfnisse muß man mit kulturspezifischen Unterschieden rechnen, die immer erheblicher werden, je differenzierter die Ausformung der Menschenrechte wird. – Der Hinweis auf die menschliche »Würde« in rechtsverbindlichen Sätzen ist problematisch, nicht, weil das schöne Wort Würde sich nicht selbst erklären würde, sondern weil unklar bleiben muß, ob ein Mensch diese Würde als inhärente Qualität besitzt, zugesprochen bekommt, schon besitzen muß (bevor er »Rechte« erhält), ob er seine Würde verlieren kann, usw. Millionen von Menschen leben heute ohne menschliche Würde, ja wissen nicht einmal, was das ist. Zudem zeigen auch Menschen, die eigentlich in »menschenwürdigen Verhältnissen« leben, sehr unterschiedliche Grade von Würde. Sollen sie darum auch unterschiedliche Rechte erhalten? Der Begriff der Würde kann kaum als Grundlage für die Erstellung von Menschenrechten dienen, er kann höchstens in einem allgemein moralischen Sinn als Zielvorstellung hinter den Bemühungen um Menschenrechte stehen. Er kann auch bei Protesten und Kritiken an unmenschlichen Verhältnissen seine sinnvolle Funktion haben. – Auf die dritte, die rein pragmatische Vorstellung, wird später einzugehen sein.

Um nochmals den Begriff der Würde zu bedenken: man könnte gegen die prinzipielle Verwendung dieses Begriffs auch theologische Einwände erheben. Ist es sinnvoll, anthropologische Überlegungen und ethische Folgerungen auf einer angeblich inhärenten Qualität des Menschen aufzubauen? Ist nicht gerade das Ziel der biblischen Passagen über den Menschen – und später dann auch der ursprüngliche Sinn der *imago dei*-Lehre – der Hinweis darauf, daß der Mensch erst das wird, was er sein soll, daß ihm sein Ziel zugesprochen und sein Partner erst gegeben wird? Gewiß sollte man diese Linien

---

4 Zur ersten Orientierung empfiehlt sich *O. Kimminich*, Menschenrechte, Wien 1973 (= »Stichworte« Nr. 9), hilfreiche Bibliographie 136–144.

nicht zu radikal ausziehen, schon weil damit das Mißverständnis gegeben sein könnte, ein konkreter, gegenwärtiger Mensch in seiner Armut und Menschenunwürdigkeit sei etwa weniger wert oder von geringerem Interesse als »der neue Mensch der Zukunft«. Sowohl Christen als auch Marxisten hätten im Zusammenhang dieser Mißverständnisse aus ihrer Vergangenheit allerhand zu bereuen! Aber trotz der Gefahr des Mißverstehens bleibt der theologische Einwand gegen eine im Einzelmenschen ruhende Qualität sinnvoll; mindestens wird durch ihn auf die Gefahr eines rein individualistischen Verständnisses von Menschenrechten aufmerksam gemacht.

Wie also soll man Menschenrechte verstehen? Sind sie Rechte wie andere Rechte auch, deren Gültigkeit und Beachtung unter Androhung von Strafe von der *potestas* des Staates – wie es bei den Römern hieß – garantiert wird? Und wenn ja, von welchem Staat? Sind sie Rechte, die Verpflichtungen für die durch sie Geschützten mit sich bringen? Oder sind die Menschenrechte einfach als sozial-ethische Signale zu verstehen, als »Fluchtpunkte«, als »Verheißungen«? Nun, die Diskussion um die verschiedenen Bemühungen, besonders seit der UNO-Deklaration über Menschenrechte, hat wenigstens einige Klärungen herbeigeführt: die Menschenrechte sind zum Teil wirklich »Rechte«, die einklagbar sind; zum Teil sind sie das nicht, werden es aber in einer steigenden Zahl von Ländern hoffentlich werden; zum Teil bleiben sie in ihrem Signalcharakter perspektivische Punkte sozialer Hoffnungen, was aber keineswegs bedeutet, daß sie nicht zum Angelpunkt ethischer Reflexionen werden können[5]. Wir werden später (vgl. unten Abschnitt 4.) diskutieren, inwieweit nicht überhaupt Hoffnungen die Kriterien der Ethik sein können. Wenn dies so ist, dann hängt für unsere ethischen – hier also die medizinisch-ethischen – Überlegungen nichts Entscheidendes vom Rechtscharakter der Menschenrechte, sondern nur von ihrem Fluchtpunktcharakter ab. Anders freilich müßte man urteilen, wenn es auch in der medizinischen Ethik um die Wahrung von »Rechten« gehen sollte, was später zu besprechen sein wird (z.B. »Recht« auf menschenwürdiges Sterben).

---

5 Die Texte finden sich in: Rechtsstaatlichkeit und Menschenrechte, hg. v.: Internationale Juristenkommission, Genf 1967. Vgl. *R. Schnur (Hg.)*, Zur Geschichte der Erklärung der Menschenrechte, Darmstadt, Wiss. Buchgesellschaft (= Wege der Forschung, Band XI) 1964; sowie die einschlägigen Artikel im: Evangelischen Staatslexikon, *H. Kunst* und *S. Grundmann (Hg.)*, Stuttgart ²1975.

Folgende Thesen zur Frage der Begründung der Menschenrechte werden nachher für die Verbindung zu ethischen Fragen nützlich sein; das Gewicht der Thesen liegt in der Behauptung der multikausalen Entstehung und Begründung von Menschenrechten:

1. Menschenrechte werden im allgemeinen nicht abstrakt erstellt und begründet, sondern sie entwickeln sich im sozial- und rechtsgeschichtlichen Prozeß, zumeist in der Form der Korrektur mangelhafter Rechtsschutzordnungen oder der Bekämpfung offensichtlicher Verletzung von Menschenrechten.

2. Die Bekämpfung der Verletzung von Menschenrechten ist als Motor des Prozesses der Kriterienfindung für Menschenrechte von entscheidender Bedeutung. Also ist der *primäre* Vorgang bei der Findung und Formulierung von Menschenrechten ein sozio-politischer Protestvorgang (mindestens ein Ruf nach Schutz von einzelnen oder Minoritäten). Der *sekundäre* Vorgang ist die Selektion möglicher Begründungen, Absicherung des Geforderten, Versuch der rationalen Verknüpfung mit bestehenden Rechts- und Sozialsystemen etc. Dieser sekundäre Vorgang verlangt eine anthropologische Theorie.

2.1. Der primäre Prozeß setzt (und besteht aus) vikariatsmäßiges Handeln von bestimmten Gruppen für andere Gruppen.

2.2. Der sekundäre Prozeß ist generell offen für die Mitarbeit aller möglichen Gruppen und einzelner. Es ist hier sorgfältig zu unterscheiden zwischen juristischen Selektions- und Begründungsvorgängen, allgemeinen Emotionen der Öffentlichkeit, der Arbeit von Experten, politischer Agitation, dem Beitrag religiöser Gruppen, etc. All dies ist aber Teil der geschichtlichen Entwicklung anthropologischer Zielvorstellungen (und hier sind zum Sortieren und zur Findung tragfähiger Konzepte Theorien nötig).

2.3. Die Notwendigkeit des vikariatsmäßigen sozio-politisch artikulierten Protestes ist heute leichter einsichtig als die Notwendigkeit detaillierter theoretischer Arbeit in den obengenannten Sekundärprozessen. Tatsächlich ist die Mißachtung der Menschenrechte des größten Teils der Weltbevölkerung heute von solch katastrophalen Ausmaßen, daß dem vikariatsmäßigen Protest allerhöchste Dringlichkeit zukommt.

2.4. Es stellt sich hier die Frage, ob der primäre Prozeß des Protestes aussichtsreicher würde, wenn er seinerseits durch eine anthropologische Theorie geprägt wäre, nicht nur durch emotionale Hinweise auf »die Notwendigkeit des Überlebens«, das Mitleid mit Entrechteten, etc. Dies ist in der Tat zu bejahen, obgleich die Wirklichkeit zeigt, daß anstelle der Theorie leicht Ideologien treten, die ihrerseits wieder im Vollzug ihrer Verwirklichung Menschenrechte verletzen (so z.B. schon in der französischen, dann in der russischen Oktoberrevolution).

3. Ein Problem ersten Ranges ist dadurch gegeben, daß die heutige Welt durch Verkehrs- und Kommunikationsmittel einerseits klein und begrenzt geworden ist, auf der anderen Seite aber die sog. kulturspezifischen Konzepte über den Menschen und seine Rechte in ihren Differenzen um so härter aufeinanderprallen. Ein wichtiger Spezialfall dieses Problems ist mit der Ungleichheit der Machtverhältnisse zwischen den westlichen und den Ländern der Dritten und Vierten Welt gegeben, zumal die Theorien der Men-

schenrechte (sowie die Jurisprudenz) in der westlichen Welt einerseits weiterentwickelt sind als in anderen Kulturen, andererseits von ihr auch eklatanter mißachtet worden sind.

3.1. Die Kirchen partizipieren an diesem Problem, wie alle schon länger bestehenden international vertretenen Gruppen.

3.2. Am wenigsten partizipieren an diesem Problem solche Gruppen oder Gesellschaften, die sich ausschließlich aus bislang Unterdrückten zu rekrutieren meinen (obwohl es in der geschichtlichen Wirklichkeit Gruppen, die an aktiver Unterdrückung in keiner Weise beteiligt sind, nur in begrenztem Ausmaß gibt).

3.3. Die UN-Organisationen nehmen in Beziehung auf dieses Problem eine selbstgewählte Sonderstellung ein, weil sie sich mit keinen geschichtlich gewachsenen Kulturen und Gruppen identifizieren, sondern sich hypothetisch in die Lage der jeweils Unterdrückten versetzen, als hätten sie selbst keinen Anteil an der Ambivalenz. Diese Organisationen haben bisher den Sekundärprozeß der juristischen Artikulierung der Menschenrechte durch ein der Aufklärung und dem Liberalismus verpflichtetes primäres Protestdenken gesteuert. Daher erklärt sich auch der Anspruch der ethischen Neutralität.

4. »Wir entdecken die Menschenrechte, wenn wir sehen, wie sie mit Füßen getreten werden.« Dieser Satz soll sagen, daß die Findung und Begründung von Menschenrechten nicht einlinig durch Ableitung von einem vorgegebenen Konzept geschieht; sie geschieht, im Primär- wie im Sekundärprozeß, aus vielen Gründen gleichzeitig.

5. Definition: Menschenrechte sind in Hoffnung antizipierte Definitionen der Minimalbedingungen der gesellschaftlichen Strukturen menschlichen Zusammenlebens im Kleid juristischer Sätze. Sie sind also einerseits Fluchtpunkte sozio-politischen und anthropologischen Denkens und Handelns, andererseits sind sie Versprechen an jetzt noch Entrechtete.

Was wird mit solchen Thesen gewonnen? Mindestens die Einsicht wird nahegelegt, daß sich Menschenrechte weder aus einem Geschichtsbild, noch aus einer ökonomischen Theorie, noch aus biologischen Feststellungen noch auch aus der Theologie allein ableiten lassen. Alle diese Sichtweisen wirken zusammen, auch wenn dies nur in der Rückschau deutlich wird. Bei allen aber sind credo-hafte, ethische Maximen von allem Anfang mit am Werk. Ausschließlich wissenschaftliche Methoden zur Gewinnung von Menschenrechten kann es nicht geben. Außerdem bieten die Thesen Anlaß zur Selbstkritik für den, der bemerken sollte, daß er sich bisher hauptsächlich am Primärprozeß des Protestes beteiligt hat, der durch proklamatorische und plakative Sprache gekennzeichnet ist. So wichtig dieser Primärprozeß ist, so unumgänglich ist aber auch die Aufarbeitung der Visionen und des Protestmaterials in der mühsamen Arbeit der Sekundärprozesse. (Hierbei ist der Beitrag der Kirchen zu den Menschenrechtsfragen vom Beitrag der Theologie zu unterscheiden wie der Primärprozeß vom Sekundärprozeß).

4. Wenn also das »Rohmaterial« für die Findung von Menschenrechten sich aus allen möglichen Quellen – griechische Philosophie, Kirche, Aufklärung, Biologie, Marxismus, Geschichtsphilosophie – nährt, wie steht es mit den Kriterien der Ethik? Es steht dort in der Tat ähnlich. Wenn Ethik die Reflexion über Handlungskriterien ist, so stellt sich im Hinblick auf »christliche Ethik« die Frage, was das Christliche an ihr sei, die Reflexion oder die Kriterien oder etwas Drittes? Dazu kommt die allgemein bekannte Tatsache, daß die christliche Kirche in den Jahrhunderten ihrer Geschichte und in den verschiedenen Kulturen, in denen sie existiert, keinerlei Einheitlichkeit in den Fragen der Ethik erzielt hat.

Es ist kein Spielen mit Worten, wenn man sagt, strikt genommen gäbe es darum keine »christliche Ethik« sondern die »Ethiken von Christen«. Damit soll nicht gesagt sein, die bestimmte Ethik von Christen sei nur für eine bestimmte Gruppe gültig; bestimmte Ethiken haben zwar in bestimmten Gruppen ihre Basis, ihr »Heimatrecht« sozusagen, sie können aber weit über diese Gruppen hinaus Geltung und Einfluß haben, zum Teil auf dem Weg über Mißverständnisse und Modifizierungen des Inhaltes bei gleichbleibenden Formulierungen der Normen. All dies ist bekannt: Christen in Leningrad mögen über Eigentum anders denken als Christen in Kamerun; der Tod wurde im Mittelalter anders verstanden als heute von einem New Yorker, die Geburt eines Kindes anders im Altertum als heute in Rom – und doch mögen die wirksamen Kriterien in ihrer verbalen Ausformung ähnlich oder gleich sein. Christen mögen in einer Situation die gleichen Kriterien wie Nichtchristen verwenden, aber andere als Christen anderswo, usw.

Diese Vielfalt irritiert nur den, der sich unter Ethik ein festes Gefüge von Regeln vorstellt. Die Tendenz zu dieser Vorstellung ist weit verbreitet, besonders unter einseitig naturwissenschaftlich und technologisch orientierten Menschen, zu denen u.a. viele Ärzte gehören. Ein anderer Nährboden für diese Erwartung ist die Nachbarschaft ethischer Fragen zu juristischen Sichtweisen: wer in einer beruflichen Situation steht, in der es Regeln und Gesetze besonders genau einzuhalten gilt – etwa zum Schutz des Lebens anderer, des guten Rufes von Kollegen, etc. – wird auch von ethischen Reflexionen, die sich nicht in feste Regeln einfangen lassen, nicht viel halten.

Die Spannungen und vielfältigen Beziehungen zwischen juristischen Sichtweisen und der Ethik können hier nicht diskutiert werden. Es genügt der Hinweis auf die verschiedenen Sichtweisen oder Perspektiven, ohne deren Differenzierung wir die Komplexität des menschlichen Lebens und Zusammenlebens gar nicht verstehen könnten, rsp. in unverantwortlicher Einfalt und Prinzipienreiterei mißverstehen würden. Ich kann hier nur skizzieren, was ich anderswo genauer ausgeführt habe[6], daß sich nämlich zur wirklichkeitsnahen Erfassung unserer ethischen Dilemmas und Aufgaben die Begriffspaare »dringlich / weniger dringlich« besser eignen als die herkömmlichen griechischen Begriffe »gut/böse«, »wahr/falsch«, etc. Die »Dringlichkeitsgrade« erkennen, heißt die ethischen Dimensionen der Wirklichkeit erkennen. Die Wahrnehmung menschlicher Verantwortung vollzieht sich innerhalb eines komplexen Gitters verschiedener Dringlichkeitsgrade, die ihrerseits erst sichtbar werden, wenn die möglichen verschiedenen Sichtweisen eines Problems wahrgenommen worden sind.

»Sichtweisen« oder Perspektiven sind z.B. der weltgeschichtliche Horizont, die Ebene meiner Familie, das im Land geltente Recht, die finanziellen Belastungen, die pädagogischen Aspekte ... die in bezug auf *ein und dasselbe Problem* geltend gemacht werden können. Diese differenzierte Sicht verlangt nach der Unterscheidung zwischen »Bleibend Wichtigem« und »Jetzt Notwendigem«. Über das »Bleibend Wichtige« läßt sich leichter reden und Konsens erreichen als über das »Jetzt Dringliche« oder Notwendige. Ethische *Normen* können nur in Beziehung zu »Bleibend Wichtigem« erstellt werden. – Wenn im Neuen Testament von der »Gabe der Unterscheidung« die Rede ist, so geht es dabei wohl um die von mir hier benannte Differenzierung.

Wenn dies richtig ist, so folgt, daß im allgemeinen Bereich täglicher Aufgaben die vielgenannten ethischen »Entscheidungen« relativ selten sind. Selten stellt sich uns die Wirklichkeit so dar, daß wir klar und eindeutig zwischen »gut« und »böse«, »richtig« und »falsch« unterscheiden können. Viel eher haben meine ethischen Probleme zu tun mit Fragen wie z.B.: Wieviel Zeit kann ich mit meinen Kindern verbringen, wieviel mit den Studenten, wieviel mit Musik?, oder: Wo sollen wir Geld und Zeit investieren, im Kampf gegen Pornographie, gegen Antisemitismus, gegen Atomrüstung?, oder: Welche Freiheiten soll ich meinen Kindern im Gebrauch von Drogen, Alkohol und dergl. erlauben? Viele, ja vielleicht die meisten Anwendungsbereiche der Ethik – »meiner« Ethik, »unserer« Ethik – haben es mit Selektionen zu tun, mit dem Abwägen von Prioritäten, mit der Unterscheidung von Sichtweisen. Die erhofften Ergebnisse sind der Horizont meiner ethischen Orientierung. Der Inhalt der Hoffnung also, viel mehr als eine Reflexion über »gut« und »böse«, erlaubt Leitsätze zur Orientierung ethischen Handelns.

6 Memory and Hope, New York 1967, Kap. V.

Damit soll nicht bestritten werden, daß sich manche Reflexionen über Prioritäten formal auf das Begriffspaar »gut/böse« reduzieren lassen. Zudem muß hier gesagt sein, daß die These, in der Hoffnung lägen die eigentlichen Kriterien der Ethik, hier nur aufgestellt und erläutert, nicht aber wirklich begründet wurde.

5. Das eigentlich Erregende an der sogenannten »medizinischen Ethik« scheint mir dies zu sein, daß der Ausnahmefall der »Entscheidung« hier nun zum Normalfall wird. Es mag sein, daß die medizinische Ethik diese Eigenschaft mit anderen, eng aufgabenbezogenen Ethiken, etwa der »militärischen Ethik« – wenn es so etwas gibt – teilt. Typisch für sie ist auch die offensichtlich gegebene Nachbarschaft zu juristisch definierbaren Prinzipien, wiewohl die Bedeutung dieser Beziehung oft überschätzt wird.

Man hat oft diskutiert, ob der Ausdruck »medizinische Ethik« glücklich sei, sofern man darunter mehr verstehen will, als die allgemein zu respektierenden Regeln über das Verhalten gegenüber Arztkollegen, die Schweigepflicht, die Weise der Honorarberechnung, und dergleichen mehr. Die Unterscheidung zwischen dieser »Berufsethik« des medizinischen Personals und der eigentlichen Thematik der medizinischen Ethik ist ohne Zweifel wichtig, will man unverantwortliche Simplifizierungen und folgenschwere Verwechslungen zwischen verschiedenen Trägern von ethischer Verantwortung vermeiden. Die Frage, ob der Ausdruck »medizinische Ethik« glücklich sei, ist eigentlich unwichtig, soweit Klarheit darüber besteht, daß es sich dabei nicht einfach um eine Erweiterung der üblichen Standards der »Berufsethik« handelt[7]. Das aber dürfte spätestens in der jüngsten Vergangenheit klar geworden sein, als die riesigen Problemkomplexe der Präventivmedizin

---

7 Aus der großen Zahl von Büchern zur medizinischen Ethik nenne ich hier einige englische Titel, die den Lesern nicht ohne weiteres bekannt sein dürften, die aber einen gewissen Vorsprung der englischsprachigen Literatur markieren, z.B. die klassischen Bücher von *J. Fletcher*, Morals and Medicine, 1954; von *E. F. Healy, S.J.*, Medical Ethics, 1960; von *E. Jakobovits*, Jewish Medical Ethics, 1959; sowie die neueren Bücher von *S. Gorovitz*, Teaching Medical Ethics: A Report on One Approach, 1973; von *R. M. Veatch*, mit *W. Gaylin* und *Morgan* u.a., The Teaching of Medical Ethics, Hastings, N.Y. 1973; von *K. L. Vaux*, Biomedical Ethics, New York 1974. Ferner sind die ÖRK-Publikationen im Zusammenhang mit den Humanum-Studien der letzten Jahre zu nennen, besonders die Arbeiten von *D. Jenkins*; vgl. auch die Publikationen des National Center for Bioethics, Leonia, N.J., besonders von *B. Hilton*.

im weltweiten Horizont und die bisher ungeahnten Möglichkeiten in der Humangenetik für die Menschheit der Zukunft sich als »jetzt Dringliches« anmeldeten. Im Verlauf eben dieser Jahre hat die World Medical Association (WMA) nicht weniger als fünf Erklärungen zu medizinisch-ethischen Fragen abgegeben, worunter die Helsinki-Declaration von 1964 und die Sydney-Declaration von 1968 über die Definition des Todes die bekanntesten sind. Die Organisation CIOMS hat verschiedene Konferenzergebnisse über Probleme der Bioethik veröffentlicht, u.a. über Menschenrechte und Amniozentese, 1973. Die mit jedem Jahr näherrückenden Möglichkeiten der Ova-Transplantation, des »cloning«, der erfolgreichen Behandlung rezessiv vererblich bleibender Krankheiten (Augenkrebs), (also die durch therapeutische Bemühungen eventuell eintretende Verschlechterung des »Genpools« zukünftiger Generationen), neue Begründungen und Rechtfertigungen der Abtreibung, allgemeine Auswirkungen des ungeheuren Drogen- und Medikamentenkonsums in den Industrieländern (aber nicht nur dort), all dies hat zu neuen Einsichten in die Verknüpfung von medizinisch-technischem Fortschritt und menschlichen Grundrechten geführt. Der Leitsatz der Diskussionen der letzten Jahre wurde öfter so formuliert: »Der Mensch hat ein fundamentales Recht auf Gesundheit.« Damit sind freilich alle oben genannten Probleme der Menschenrechte auf einmal berührt. In der Tat sind bereits Einzelfälle berichtet worden, daß schwer behinderte, gengeschädigte Kinder mit dem Alter der Mündigkeit ihre Eltern verklagt haben, überhaupt in ein menschenunwürdiges Leben hinein entlassen worden zu sein! Mögen dies auch Einzelfälle bleiben, so ist hier doch ein Problem signalisiert. Es ist einfach nicht mehr nötig, daß es noch Familien gibt, in denen zwei, drei und mehr Kinder mit Down Syndrom (Mongolismus) geboren werden, die die Eltern schwer belasten und dem Staat finanzielle Möglichkeiten entziehen, die anderen zugute kommen könnten. Ja, es ist in vieler Hinsicht und in vielen Fällen nicht mehr »nötig«, daß auch nur ein solches Kind geboren wird. Die großen Programme zur Feststellung der Träger von Sichelzellanämie in Gegenden der USA, die vorwiegend von Schwarzen bewohnt sind, haben alte Fragen neu dramatisiert: was heißt eigentlich »normal«, wenn ein Träger dieser Krankheit offensichtlich gesund ist, zwei Träger aber Eltern kranker Kinder werden? Versicherungsgesellschaften haben bereits Personen, deren Trägerschaft identifiziert war, gar nicht oder schlechter versichert als andere. Was heißt in diesem Zusammenhang »Grundrecht auf Gesundheit«?

Aus theologischen, wenn nicht auch aus anderen Gründen kann man kritische Gegenfragen zum Konzept des »Rechts auf Gesundheit« stellen. Mit welcher Begründung wird die Garantie auf physisch und psychisch gesunde Existenz eigentlich abgegeben? Eine biologische kann es nicht sein, denn in der lebenden Natur läuft bekanntlich nicht alles ohne »Unfälle« und ohne Verschwendung ab. (Neueste Ergebnisse in der Humangenetik legen sogar die Vermutung nahe, daß nur 20–30 % aller geschehenen Empfängnisse zur endgültigen Bildung eines menschlichen Embryos führen, die anderen führen durch spontanen Abort in den ersten Wochen der beginnenden Schwangerschaft eben nicht zu dieser Entwicklung – aus welchen Gründen auch immer. Wenn diese Vermutung endgültig bestätigt werden sollte, erschienen auch unsere Diskussionen über Abtreibung in einem neuen Licht. Es muß hier auch daran erinnert werden, daß vermutet worden ist, die sog. Contergan-Kinder und andere Geschädigte seien nicht durch diese Medikamente »geschädigt« worden, sondern daß durch sie der spontane Abort eines gengeschädigten Fötus verhindert wurde.) Ist denn nur die »gesunde« Existenz wahre menschliche Existenz? In welchem Ausmaß gehört Krankheit, auch bleibende genetische Störungen, zur Menschlichkeit? Die Griechen freilich haben den Normalmenschen als einen geistig und körperlich wohl balancierten und leistungsfähigen, formschönen Menschen verstehen wollen. Auch in der alten Kirche lebte dieses Ideal noch weiter: einige griechische Kirchenväter betonten, Jesus sei nicht an einer Krankheit gestorben, hätte auch im Grunde keine ansteckende Krankheit sich zuziehen können; und im Westen beschreibt Augustin seine Vision des Zustandes der auferweckten Menschen nach ihrem Tode ebenfalls in griechischer Weise, alle Verstorbenen – gleichgültig, welches Alter sie erreicht hatten – erscheinen bei ihm im Himmel als gesunde Männer und Frauen im Alter von etwa 30 Jahren! Man wird kaum sagen wollen, dies sei eine Widerspiegelung biblischer Konzepte vom Menschen, denn dort wird angedeutet, daß die wahre Menschlichkeit der Menschen oft erst in ihrer Niederlage *und* Krankheit manifestiert ist – eine riskante Vision, in deren Mitte die Passion und Kreuzigung von Jesus steht –, die auch ihrerseits zu gefährlichen, einseitigen Interpretationen in der Kirche geführt hat.

Soll »Gesundheit« auch das »Grundrecht auf ein langes Leben« einschließen? Das tönt zunächst absurd, wird sich als Konsequenz aber letztlich nicht ausschließen lassen. Das aber kann heute konkret bedeuten: dürfen Eltern, deren in der Entstehung begriffenes Kind durch Fötaldiagnose als ein früher Todeskandidat erkannt wird (Tod nach Monaten bei der Tay-Sachs-Krankheit; nach 15 oder 20 Jahren bei zystischer Fibrose; nach 40 oder mehr Jahren bei Huntington Chorea), den Fötus nicht bis zur Geburt gelangen lassen? Kann nicht durch ein einjähriges Baby, durch eine mit 18 Jahren verstorbene Tochter oder durch einen in den mittleren Jahren zugrunde gegangenen Mann unendlich viel Glück, Reichtum und Menschlichkeit in das Leben von vielen gekommen sein? Oder wiegt das Leiden dieser Menschen selbst diese Bereicherung auf? Man wird diese Fragen sicher nicht einheitlich oder sogar ein für allemal beantworten können. Jeder Fall ist ein Einzelfall, der neu zur Entscheidung ruft.

Schwieriger ist der Verweis auf die Einzigartigkeit des Einzelfalls, wenn von Staats wegen Gesetze zur Verhinderung der Vermehrung von Erbkrankheiten erlassen werden. Hier gibt es das breite Spektrum von äußerst liberaler Handhabung bis hin zu drakonischen und wahrhaft erschreckenden Listen von Erbkrankheiten im japanischen Gesetz von 1948. Wo liegt die Grenze des Privaten und wieweit darf sich der Staat durch Registrierung, Zwangsbehandlung oder Sterilisierung in das Leben seiner Bürger einmischen? Diese Fragen sind im Zusammenhang der Aufarbeitung der Unmenschlichkeiten während der Jahre 1933-1945 zwar viel diskutiert worden, es darf aber nicht übersehen werden, daß sie sich heute sehr anders darstellen, als noch vor 30 oder 20 Jahren. Einmal sind etliche Krankheiten, die von den Medizinern mit dem Pathos der wissenschaftlichen Erkenntnis als Erbkrankheiten bezeichnet wurden, heute anders definiert, und zum andern sind ungeahnte neue Möglichkeiten zur Frühdiagnose neuer Erbkrankheiten entstanden.

Ähnlich schwierig wie die Reduktion der juristischen Problematik auf die Einzigartigkeit der Einzelfälle ist die Beantwortung der großen ethischen Probleme im Zusammenhang mit der Präventivmedizin. Es genügt hier der Hinweis auf den Zusammenhang zwischen Präventivmedizin, Lebensmittel- und Rohstoffknappheit und Bevölkerungsvermehrung. Man weiß von manch einem Gebiet, ja von ganzen Ländern in der Dritten Welt, daß auf eine eilige Ausrottung der Malaria, der ein großer Teil der Kinder zum Opfer fällt, verzichtet wurde, obwohl die technischen Möglichkeiten dafür vorhanden waren. Hier wurde abgewogen zwischen der Stabilisierung der Versorgungslage und dem »Recht auf Leben« bereits geborener Menschen. Diese Beispiele ließen sich vermehren, sie haben wahrhaft apokalyptische Dimensionen.

Alle erwähnten Dilemmas haben, so scheint es, etwas gemeinsam. In allen steht eine quantitative Überlegung zur Diskussion: wie lang muß die »story« eines menschlichen Lebens gewesen sein, um eine echte Lebensstory zu sein? Wie teuer dürfen Kinder mit genetischen Anomalien sein, bevor die Eltern sich der Öffentlichkeit gegenüber schuldig machen? Wie groß muß die Wahrscheinlichkeit der erbbedingten Schädigung sein, um einen Abbruch der Schwangerschaft zu rechtfertigen? In welchem Ausmaß darf und soll der Staat in das private Leben eingreifen? Wie groß muß die Hungersnot sein, um absichtlich nicht die Malaria auszurotten? Diese Fragen sind alle quantitativ in ihrer Art und können darum nicht angemessen mit den qualitativen Kriterien »gut/böse«, »richtig/falsch« beantwortet werden. Hier zeigt sich die Notwendigkeit, mit »Dringlichkeitsgraden«, wie ich sie nannte, zu operieren.

Aber wer trifft die Entscheidung hinsichtlich der Dringlichkeitsgrade?

Diese Frage hat nicht nur im Hinblick auf die genannten Fragen ihren Sinn, sondern – wenn ich es richtig sehe – im ganzen Bereich der medizinischen Ethik. Wohin man auch blickt, entdeckt man Dilemmas, die durch Quantitäten gekennzeichnet sind: wie alt darf ein Fötus beim selektiven Abort höchstens sein? Wie groß muß die soziale Not sein, um die »soziale Indikation« als gegeben zu erklären? Wie lange soll man einen Patienten an der Maschinerie belassen, die die letzte Phase des Sterbens verhindert? Wie hoch darf die Dosis eines Medikaments sein, bis die Lebensgefahr größer wird als die erwünschte Erleichterung...? Keine dieser Fragen kann wirklich durch den Hinweis auf Menschenrechte »gelöst« werden; die Menschenrechte können nur den Problemhorizont abstecken und Leitsätze zur ethischen Orientierung sein; sie können auch als Warnungen und Verbote negativ funktionieren. Lösungen quantitativer Probleme können nicht durch ihre direkte Anwendung erreicht werden.

6. Die Frage, wer die Entscheidungen zu treffen hat, hängt zum Teil von der Logik der Entscheidung ab. Welchen Anteil spielt medizinisches Fachwissen bei einer medizinisch-ethischen Entscheidung? Wenn über den Abbruch einer Schwangerschaft letztlich die Eltern zu befinden haben und nicht der Staat oder ein Arzt, wenn über präventivmedizinische Maßnahmen in einem seuchenbedrohten Land die Regierung entscheiden soll, wie verhält sich dann die ethische Entscheidung zur wissenschaftlich begründbaren Information? Zur Klärung dieser Frage könnten die folgenden Thesen dienen.

1. Entscheidungen beruhen auf Wahrnehmungen.
1.1. Der Gegenstand der Wahrnehmung ist entweder die Gruppe der eine Alternative konstituierenden Faktoren oder das Endergebnis einer Entwicklung. (Eine dritte Möglichkeit scheint es nicht zu geben.)
1.2. Beide Arten der Wahrnehmung können teilweise von Kenntnis abhängen, die nur einem Experten zur Verfügung steht; wenn sie ganz von solcher Kenntnis abhängen, verlangen sie nicht mehr nach einer ethischen Entscheidung, sondern einfach nach der Anwendung von Wissen.

2.1. Wenn der Gegenstand der Wahrnehmung von Komponenten abhängt, die Expertenwissen darstellen, sowie aus Komponenten, die ethische Entscheidungen darstellen, erhebt sich die Frage, ob die ethische Entscheidung auch von Experten gefällt werden muß. Dies ist nicht der Fall, weil Alternativen nicht identisch sind mit den Faktoren, die sie konstituieren, noch Endergebnisse mit der Entwicklung, aus der sie produziert werden.
2.2. Ethische Entscheidungen in bezug auf Wahrnehmungen, die von beiden genannten Komponenten abhängen, können nur dann echt gefällt werden, wenn die Expertenwissenskomponente nicht verwechselt wird mit der ethischen Entscheidung selbst. In anderen Worten: ethische Entscheidungen mögen abhängen von Experten-Wissen in bezug auf die Wahrnehmung (der Alternative oder der Entwicklung), aber sie sind nicht Entscheidungen über diese Wissenskomponenten (wären sie das, so wären sie keine ethischen Entscheidungen, sondern Entscheidungen über wissenschaftliche Möglichkeiten, Hypothesen, etc., die bekanntlich für die Forschung und für den Fortschritt in der Technik typisch sind).
2.3. Eine ethische Entscheidung (die teilweise von Komponenten des Expertenwissens abhängen mag) hat es mit Alternativen oder mit dem Akzeptieren von Endergebnissen menschlicher Situationen zu tun. Das bedeutet, daß die ethische Entscheidung selbst von Nicht-Experten gefällt werden kann, d.h. daß sie verantwortlichen Menschen offensteht.
3. Echte Alternativ-Entscheidungen sind auch in der medizinischen Ethik relativ selten; viele Entscheidungen über das Akzeptieren von End-Ergebnissen stellen sich als Alternativen dar, sind es letztlich aber nicht.
4. Die meisten medizinisch-ethischen Entscheidungen haben es mit der Zukunft von Menschen zu tun.

Mit Ausnahme der dritten und vierten These, die hier nur der Vollständigkeit halber mit aufgeführt sind, aber nicht diskutiert werden können, kann man diese Thesen zur Beantwortung der Frage verwenden, *wer* eigentlich eine medizinisch-ethische Entscheidung zu fällen in der Lage ist. Die Antwort ist offensichtlich: ein wohlinformierter, verantwortungsbewußter Mensch. In der Wahrnehmung ethischer Verantwortung gibt es kein Expertentum, nur Erfahrung und Verantwortung. Krasser ausgedrückt heißt das: in Fragen ethischer Entscheidung sind alle Menschen Laien.

Nun steht außer Frage, daß Ärzte und anderes medizinisches Personal von der Öffentlichkeit seit jeher arg im Stich gelassen und mit viel zu schweren Entscheidungen belastet worden sind. Das kann z.T. durch technische Sachzwänge erklärt werden (Zeitdruck, Abwesenheit von Angehörigen zur Zeit einer Entscheidung, Auswirkung einer Anwendung medizinischen Wissens in Form einer nach weiteren Entscheidungen rufenden Entwicklung, usw.), liegt aber auch weitgeend am Denkfehler, Entscheidungen in diesem Gebiet könnten nur von Fachleuten gefällt werden sowie auch an der verständlichen Tendenz, folgenschwere Entscheidungen auf andere abzuwälzen.

Mir scheint, daß amerikanische Ärzte die Öffentlichkeit, einschließlich ihrer Patienten, offener zur eigenen Entscheidung aufrufen als hiesige Ärzte. Die Medizinstudenten in den USA – man soll zwar die Situation nicht idealisieren – werden schon in der Ausbildung angehalten, sich über mögliche Dilemmas und Entscheidungen zu orientieren, sie aber tunlichst nicht selbst zu fällen. Ärzte in den USA nehmen auch ihre Kollegen aus den Humanwissenschaften, Psychologen und Soziologen, vor allem auch Theologen, viel unbefangener in ihre Gespräche hinein, als man dies in Europa kennt. Mit anderen Worten: die isolierte Rolle der Ärzte, über die mit Recht geklagt wird und die bei der schnellen Entwicklung neuer Möglichkeiten heute die Ärzte unzumutbar ethisch überfordert, ist z.T. durch das Rollenverhalten der Ärzte selbst entstanden.

Ein Kriterium für die Benennung der hauptsächlichen Entscheidungsbefugten in einem medizinisch-ethischen Dilemma kann in eindeutiger Weise kaum gegeben werden. In einigen Kulturen ist die Rolle der Familienangehörigen so genau festgelegt, daß die Frage kaum entstehen kann, in anderen wiederum fehlen solche kulturspezifischen Stützen fast völlig. Man wird aber wohl ohne Scheu urteilen dürfen, daß es eine Abstufung der Entscheidungskompetenz mit dem Gefälle von der Selbstentscheidung über das eigene Leben und Wohlbefinden über die nächsten Partner bis zu den fernerstehenden Mitmenschen bis hin zur anonymen Öffentlichkeit objektiv einfach gibt. Damit sind freilich die Probleme nicht gelöst, die bei Interessenkonflikten unvermeidlich entstehen. Diese Schwierigkeit besteht ja in gleicher Weise bei der Wahrnehmung individueller Grundrechte, die mit den Rechten anderer eventuell in Spannung stehen könnten.

Das oben genannte Konzept der »story« könnte sich auch hier bewähren. Wer mit mir in einem »Strom« der Tradition und der Erwartungen lebt, teilt mit mir auch meine Entscheidungen und ich wiederum fälle sie im Hinblick auf diese Partnerschaften. Wer in meine Lebensstory gehört, kann auch mitentscheiden. Oder umgekehrt gesehen: wenn mein zu erwartendes Kind nach aller Wahrscheinlichkeit für eine »story« mit mir oder mit anderen ganz unfähig ist, wenn nie eine »story« entstehen kann, dann beeinflußt diese Einsicht mit Recht die Entscheidung über einen Schwangerschaftsabbruch. Aber weiter: sollte ein Partner meiner »story«, etwa einer meiner Eltern, partnerlos und kommunikationsunfähig in Senilität dahinsiechen, so würde ich ihn wegen der gemeinsamen »story« weiterhin zu ehren und zu pflegen haben.

Das Besondere der Menschen gegenüber den Tieren ist – in der von mir hier verwendeten Ausdrucksweise – das Wissen um unsere »stories« mit anderen. In Erinnerung und Vorausschau bewährt sich unsere Menschlichkeit. Ja, es ist sogar möglich, daß ein Mensch die »story« des anderen weitgehend übernimmt, sie fertiglebt oder sie dem anderen abnimmt. So müßte man menschliche Solidarität, Vergebung und gegenseitiges Füreinander-Eintreten beschreiben (vgl. die »story« von Jesus).

Es kann hier freilich nur angedeutet werden, welche Geheimnisse menschlicher Existenz hier mit zu bedenken und zu respektieren wären: es kann ja die »story« eines Menschen schon vorüber sein, auch wenn der biologische Tod noch lange nicht eingetreten ist (wenn der Mensch noch »gesund« aber völlig inhaltsleer und partnerlos dahinlebt, oder auch im Koma an Maschinen angeschlossen – was ist der Unterschied?). Und umgekehrt: es kann die »story« eines Menschen anheben, bevor er geboren ist, in Erwartung und Vorfreude, und sie kann nach seinem Tod weitergehen.

Man müßte die Brauchbarkeit dieses Gedankens, sowie der oben erklärten Begriffe »Dringlichkeitsgrade«, »Normalität«, »Gesundheit«, »Menschenrechte« (in ihrer vielstöckigen Begründung), nun im einzelnen an den Aufgaben der individuellen Beratung, am Verständnis des Leidens und des Todes, im Bereich der Entwicklungshilfe und weltweiten Präventivmedizin und im Kampf um die Verwirklichung der Minimalrechte der Entrechteten überprüfen. Einen einfacheren Weg zur Lösung der uns bedrängenden Probleme sehe ich nicht, denn weder aus Natur und Biologie noch aus der Jurisprudenz und auch nicht aus der Theologie kann man die Einsichten einfach ableiten, die wir unbedingt haben müssen.

Gesundheit: Gnade oder Rechtsanspruch?

Woher kommt Gesundheit? Beim Wort Gesundheit fällt mir, als in der Psychotherapie Tätigem, nicht nur die physische Kraft ein, den Tageslauf zu bestehen, mit überschüssiger Kraft Sport zu treiben oder gesund ein hohes Alter zu erreichen, sondern ich denke sogleich auch an psychische Gesundheit. Mir kommt der beladene und problematische Begriff der Normalität sogleich in den Sinn. Und was ist das? Ist sie einfach der Ausdruck des statistischen Durchschnitts? Ist also Gesundheit an Leib und Seele, ist Normalität biologisch-statistisch feststellbarer Durchschnitt? Und wenn das so wäre, so fiele es sehr schwer, diese Vorstellung von Gesundheit oder Normalität mit dem Gedanken an einen Rechtsanspruch zu verbinden. Wie könnte man auch einen Rechtsanspruch auf einen biologisch definierbaren Durchschnitt geltend machen und wem gegenüber eigentlich? Schwierig wäre es auch, den Durchschnitt als den Ausdruck göttlicher Gnade zu verstehen, es sei denn, wir errichteten ein kompliziertes Gedankengebäude, das den ganzen Prozeß der Evolution mit grundsätzlichen theologischen Gedanken verknüpft. Man könnte ja probeweise einmal denken, die Menschheit hätte sich durch göttliche Gnade in ihren »Öko-Nischen« so einrichten können, daß ihr bei allen klimatischen und anderen Widrigkeiten das Überleben möglich geworden und geblieben ist. Man könnte auf diesem Umweg dann das geordnete, durchschnittliche Mittelmaß biologischen und psychischen Lebens doch auch mit dem Gedanken an wirkliche Gnade und Bewahrung verbinden. Vielleicht lohnt es sich, diesen Gedanken nachher noch einmal zu erwägen. Zunächst ist es aber gewiß, daß die Verknüpfung von Gesundheit mit den Vorstellungen eines Rechtsanspruches sowie auch mit unseren Gedanken über göttliche Gnade große Schwierigkeiten bereitet.

1. Menschenrechte und das »Recht auf Gesundheit«

Die Menschenrechte sind heute in aller Mund, und dies sehr zu recht. Wir erkennen ihre Wichtigkeit und Dringlichkeit um so mehr, als sie in vielen Ländern der Erde mit Füßen getreten und mißachtet werden. Die Menschenrechte in ihren modernen, universalen Formulierungen sind wirklich eine große Errungenschaft der Menschheit. Im Denken der stoischen Philosophen kam man schon einmal sehr nahe an den wunderbaren Gedanken heran, alle Menschen, auch die Sklaven, hätten eine unantastbare Würde. Im Verbund mit biblischen Gedanken hat diese Vorstellung dann eine lange, komplizierte und im Grunde traurige Geschichte gehabt. Immer wieder wurden die Rechte der Menschen mißachtet, und die Bemühungen der Christen um ein universales Verständnis der Menschenrechte sind meist recht bruchstückhaft geblieben; oft hat die Kirche in der Mißachtung der Rechte einzelner Menschen und Minderheitsgruppen ein schlechtes Vorbild gegeben. Auch die mittelalterlichen Freiheitsrechte waren Rechte der oberen Stände gegenüber dem König, und die Erweiterung auf alle Bürger in der französischen, und kurz vorher schon in der amerikanischen Revolution war gewiß auch noch nicht radikal genug. Es ist schon aufregend, heute in einer Zeit zu leben, in der die 1948 in der UN-Charta formulierten Menschenrechte von nahezu allen Nationen wenigstens im Prinzip als universal gültig anerkannt werden. Die verschiedenen Menschenrechtskonventionen und -pakte der letzten Jahrzehnte, bis hin zur KSZE-Deklaration von Helsinki und den Nachfolgekonferenzen sind eine eindrucksvolle Bemühung um die Konkretisierung der Menschenrechts-Charta. Dabei sind aber zwei ganz erhebliche Schwierigkeiten sichtbar geworden. Einmal werden die Menschenrechte in den marxistischen Ländern anders interpretiert als im Westen und zum andern ist es überall auf der Erde besonders schwierig, die Menschenrechte in das positive Recht der einzelnen Länder eingehen zu lassen.

Wenn sie aber nicht zum positiven Recht geworden sind, bleiben sie im Bereich der Ideale und ethischen Zielvorstellungen hängen und sind nicht einklagbar. Zum Glück haben aber schon viele Nationen mit der Inkorporierung der Menschenrechte in ihre Verfassungen als positives Recht begonnen. Der Prozeß geht also dahin, daß die Grundrechte auf Leben, Behausung, Nahrung, Arbeit und wohl auch auf Freiheitsrechte verschiedener Art mehr und mehr zu wirklich verbürgten Rechten werden. Seit einigen Jahren gehört zu dieser Liste auch das »Recht auf Gesundheit«.

Welche »Gesundheit« ist hier gemeint? Es kann ja von der menschlichen Gesellschaft bzw. von einem Staat nur etwas garantiert werden, das Staat und Gesellschaft auch gewähren können. Um die biologisch-statistische Durchschnittsgesundheit kann es sich hier unmöglich handeln, denn die kann die

Gesellschaft nicht gewähren. Wohl aber können Staat und Gesellschaft eine so verstandene Gesundheit bewahren und erhalten helfen durch die Gewährung optimaler Bedingungen und angemessener Pflege. Im Grunde müßte man das Schlagwort »Menschenrecht auf Gesundheit« umformulieren in den Satz »Menschenrecht auf eine Gesellschaftsform, die ein optimales Gesundheitswesen anstrebt und innerhalb davon dem einzelnen angemessene Therapie und Pflege ermöglicht«. Daß aber immer wieder leichtfertig der oberflächliche Ausdruck »Recht auf Gesundheit« verwendet wird, ist vielleicht typisch für eine Zeit, in der man alles für machbar hält.

2. Medizinische Ethik

In der »Arbeitsgemeinschaft für medizinische Ethik«, die wir vor einigen Jahren in der Bundesrepublik aus einem Kreis von Medizinern und Theologen gebildet haben, so wie auch in ähnlichen Kreisen in den USA, zu denen ich gehöre, habe ich immer deutlicher verstehen gelernt, daß man medizinische Ethik nicht auf »ärztliche Ethik« reduzieren darf. Die »ärztliche Ethik« ist nur ein Teil, wenn auch ein wichtiger, der medizinischen oder besser noch der Gesundheitsethik. In ihr geht es um die ethische Reflexion über die Bedingungen zur Optimierung und Erhaltung von Gesundheit ganz allgemein, einschließlich der noch nicht geborenen Menschen. Wenn die Weltgesundheitsorganisation in ihrer oft zitierten Definition von Gesundheit von einem maximalen Wohlbefinden in physischer, psychischer und sozialer Hinsicht spricht, dann ist eine so umfassende und vielleicht optimistische Definition natürlich leicht kritisierbar, besonders vom Gesichtswinkel eines einzelnen Arztes, Therapeuten oder Seelsorgers her, der jeweils einen einzelnen Menschen mit seinem komplizierten Schicksal vor sich sieht. Aber vom Blickpunkt der umfassenden Gesundheitsplanung in der konkreten Verwirklichung vor-staatlicher Menschenrechte, wie dies die Aufgabe der Weltgesundheitsorganisation ist, ist die bekannte Definition schon eher verständlich und gibt ein breites Aufgabenfeld an. Zu ihm gehört nicht nur die fachgerechte Diagnose und verantwortliche Therapie von physischen oder psychischen Erkrankungen oder Störungen, vielmehr gehört der riesige Bereich verantwortlicher Gesundheitspolitik, Erziehung, Vorsorge, Präventivmedizin, Rehabilitation und der Strukturierung der Arbeitsmöglichkeiten, der Altersversorgung etc. dazu.

In dieser Sicht der großen Aufgaben der UN-Organisationen, der einzelnen Nationen, Länder- und Kommunalverwaltungen, gibt es tatsächlich ein »Recht auf ein optimales Gesundheitssystem«, das dem Bürger sowie dem Gastarbeiter und auch dem Touristen aus höher geordneten Menschenrechtsgründen, die ins positive Recht eingegangen sind, zusteht. Das mißverständliche Kürzel »Recht auf Gesundheit« sollte man dafür aber nicht verwenden, schon aus Rücksicht auf die zahllosen körperlich und geistig Behinderten, die durch dieses Kürzel im Grunde beleidigt werden.

3. Gesundheit als Gnade

In der Verknüpfung eines Gesundheitsbegriffs mit unserem christlichen Verständnis von Gnade liegen größere Probleme, als man auf den ersten Blick hin sieht. Sie betreffen nicht nur die eingangs erwähnte Schwierigkeit, daß man einen durchschnittlichen Zustand nur auf Umwegen sinnvoll als Gnade bezeichnen kann. Sie haben auch damit zu tun, daß vom Gesichtspunkt des Arztes oder des Psychotherapeuten die Erlangung oder die Wiedererlangung von Gesundheit ganz entscheidend mit der Mobilisierung von Kräften und Reserven in einem Individuum zu tun haben. Das ist ja der Sinn und das Ziel einer Therapie, daß der Mensch so weit es irgend möglich ist, aus eigenen Kräften und auch mit eigenem Wollen und Streben das Beste und das Stärkste in sich selbst aktiviert, um gesund zu werden und zu bleiben. Am krassesten ist dies in den ausgesprochenen oder auch unreflektierten Therapiezielen der Psychotherapie deutlich: Der Mensch soll sich maximal selbst verwirklichen und zugleich auch optimal an seine Lebenssituation anpassen, dann hat er Ich-Stärke, psychisches Gleichgewicht und also Gesundheit erreicht. Diese Vorstellung, der wir natürlich alle bis zu einem gewissen Grad anhängen, schon in der Erziehung unserer Kinder und in unserer Hoffnung auf ihre Entwicklung, hat ihr großes und bleibendes Symbol im alten Athen. Die Griechen sahen *den* Menschen als gesund an, der sowohl in der Akademie wie auch auf dem Sportplatz Hohes leistet und beides in schöner Balance kann. Oft haben auch die Christen dieses Ideal der Griechen akzeptiert und idealisiert, wenigstens in ihren Hoffnungen auf das ewige Leben. Augustin stellte sich die erlösten Menschen im Himmel als körperlich wohlgestaltete und gesunde, etwa dreißig Jahre alte Männer und Frauen vor, ganz gleich, ob sie in ihrem irdischen Leben als Kinder oder als Greise starben. Das ist ein in eschatologische Zukunft hinein projiziertes Athen. Es ist weit enfernt von der leidens-nahen und konkreten Menschensicht der biblischen Bücher. Dort ist auch der kaputte Mensch ein wahrer Mensch. Der sich seiner Begrenzungen und seiner Geschöpflichkeit bewußte Mensch erlebt das wirkliche »Humanum«. Und in der Mitte all dieser biblischen Einladungen zu einer mutigen Sicht auf das Gebrochene und Leidende steht der gekreuzigte Jesus. Vielleicht läßt sich das Symbol »Athen« mit dem Symbol »Jerusalem« nur durch oberflächliche Synthesen verbinden. In Wahrheit bleiben wohl diese beiden Vorstellungen von Menschlichkeit und vom Menschlichen letztlich unversöhnt. So liegt also für den Christen eine große Spannung im Begriff der Gesundheit. Auch er will ja nicht bestreiten, daß er für sich und seine Mitmenschen echte Selbstverwirklichung und ein ehrliches Anpassen an die Gegebenheiten erstrebt, aber zugleich weiß er, daß Prometheus, der sich selbst befreit und verwirklicht, ein anderer ist als Jesus, ein Märtyrer oder ein Leidender, der auch dies alles als Gnade Gottes akzeptiert. Die Frage der Therapieziele ist darum eine tiefe und echte medizinisch-ethische Frage. In wieweit geht es bei der Therapie jeglicher Art um die Erlangung eines Idealzustandes oder die Wiedererlangung der früheren Gesundheit, um Reparatur, um »Restitutio ad integrum« oder um die Vorbereitung auf das Schwächerwerden und Älterwerden und auf den Tod? Nirgends haben die Bücher der Bibel und hat Jesus uns ein leidens- und krankheitsfreies Leben versprochen. Und die Heilungen, die Jesus vorgenommen hat, waren nicht der Beginn eines neuen Gesundheitssystems. Am krassesten wird das deutlich im Bericht von der Heilung des Kranken am Teich von Bethesda, wo Jesus die zahlreichen anderen Kranken in ihrem Siechtum zurückließ. Seine Heilungen waren Signale für etwas anderes und nicht der Beginn eines neuen therapeutischen Systems, wenn er auch in späteren Liturgien als der »Arzt« gefeiert wurde, was er in einem übertragenen Sinn auch ist. Und natürlich machen seine Heilungen nicht unsere verantwortlichen Bemühungen um ein Gesundheitssystem unmöglich, im Gegenteil, das Andere, worauf seine Heilungen hinzielen, lädt uns besonders zu dieser Bemühung und Planung ein. Die Signale, die er setzte, weisen auf die Auferweckung, auf einen neuen Himmel und eine neue Erde hin, von denen das Alte und das Neue Testament in Bildersprache viel zu sagen wissen. Insofern kann man auch sagen, daß jeder, der heute als verantwortlicher Gesundheitspolitiker, als Pfleger oder Arzt, als Seelsorger oder Berater an der Therapie von Kranken teil hat, ein Zeichen setzt für die Hoffnung auf das Neue. Das gilt auch für die erfolgreiche Operation nach einem Skiunfall und ebenso für eine hilfreiche Psychotherapie, auch ungeachtet der Frage, ob Arzt und Therapeut vom Evangelium wissen und von ihm ihre Lebenskraft beziehen. Insofern ist auch die »wiederhergestellte Gesundheit« und auch die sinnvolle Rehabilitation ebenso wie die verantwortliche Begleitung eines Sterbenden ein Zeichen des neuen Himmels und der neuen Erde und damit eine Gnade.

Aber ist dann nicht auch die durchschnittliche Gesundheit, die ohne Hilfe der Gesellschaft und ohne Therapie einfach vorhanden ist, eine Gnade? Wir kehren hier zur eingangs erwähnten komplizierten Verknüpfung von »Durchschnitts-Norm« und Gnade zurück. Wir haben – besonders im Protestantismus – in den letzten Generationen das theologische Gespür für das ganze Phänomen der Natur weitgehend verloren. Aus guten Gründen sind wir auch gegenüber »natürlicher Theologie« sehr skeptisch. Diese Skepsis ist aber zur Barriere geworden im Verständnis der Beziehung zwischen Gott und Mensch und Natur. Wir haben das Denken in diesem Dreieck oft reduziert auf die Polarität Gott und Mensch. Es wäre wohl möglich, wieder neu verstehen zu lernen, daß auch das Normale, das Tägliche, ja das Durchschnittliche, Gaben Gottes sind. Dieser Gedanke kann um so lebendiger werden, je mehr wir uns in die Vorstellung vertiefen, daß eigentlich das Chaos und die Unordnung das Übliche, das Normale sind und daß die geordnete Gesundheit, die »Normalität« unserer Beziehungen zueinander, unserer Liebe und Geborgenheit, im Grunde genommen der Ausnahmezustand innerhalb einer großen Unordnung sind. Mir ist dieser Gedanke in den letzten Jahren immer wichtiger geworden. Es mag wohl so scheinen, als sei Gesundheit letztlich statistisch als Durchschnitt definierbar; und von der Evolution und der ökologischen Bedingtheit her gesehen ist das auch eine sinnvolle Sicht, aber aufs Ganze gesehen ist doch die Geburt eines gesunden Kindes, das Erwachsenwerden eines psychisch normalen Menschen, die glückliche Beziehung zu den Mitmenschen, eine erfüllte Ehe, ein gelassenes Älterwerden und ein seliges Sterben ein großes Wunder, eine Ausnahme, eine Gnade. In diesem letzten und umfassenden Sinn ist dann auch Gesundheit, sosehr sie mit Recht biologisch-statistisch als Durchschnitt verstanden werden muß, eine Gnade.

Notes on Mental Health and Mental Illness*

The following remarks are an attempt at claryfying some basic philosophical problems concerning the understanding of mental health and mental illness. I will describe these problems within the context of philosophical dilemmas arising from neurophysiological research. The interest in this description, however, is a theological one. This will soon be noticeable since part of the description of the philosophical problem consists of theological components, at least as far as the history of the problem is concerned. I will conclude my deliberations with theological and therapeutic proposals.

What is the problem, the »philosophical« problem? It is the quest for the »I«, the Ego, in its proper or improper function – the proper function being a metaphor for mental health, the improper function the metaphor for mental illness.

In the following I will not refer to mental health care, nor will I mention mentally retarded patients. I will omit references to the collaboration between the psychiatric profession and church workers, in fact, I will leave out all practical aspects of the question concerning mental health and illness.

1. The Church's and Theology's Helplesness regarding Mental Illness

A proper historical assessment of the history of the understanding of mental illness would have to pay attention not only to philosophical analyses of the Greeks but especially to the various statements of the Biblical authors to what seems to us today to have been mental illness or abnormality. The former would be somewhat simpler, since Greek philosophy at all stages of its development focussed on the question of the appropriateness of apprehension and the relation between statements and »reality«. This was manifestly not the interest of the Biblical authors. They shared the view of their contemporaries that mentally abnormal people are obviously possessed by demons.

* Vortrag im Symposion über Psychiatrie bei der Jahreskonferenz von »Project X« in Chicago am 5. 3. 1983.

Perhaps one should not exaggerate the difference between Greek philosophy and the Bible at this point, since the Greeks too were quite open to the idea of demonic possession. But it is clear nevertheless that the various Biblical books operate with a »pre-scientific« and non-reflected understanding of psychic abnormality. One of the reasons for this lies in the fact that the Biblical authors had no interest in developing a concept of the »I«, the Ego. But it is only *with* such a concept that the phenomenon of psychic abnormality can be meaningfully analyzed.

Suffice it to say that the writings of the early church fathers touch upon mental illness only in connection with christological discussions concerning the psychic normality of the suffering of Jesus. Athanasius, for instance, insits that Jesus could not have contracted an infectious disease nor that his willingness to suffer and die was the result of a psychic disorder or readiness for suicide. However, to him and to the other influential church fathers, there was no doubt that mentally suspicous behavior and abnormal conduct among ordinary people was the result of the evil work of demons and spirits. With these remarks I am in no way suggesting that the early fathers were incompetent in dealing with people in distress or that they were desinterested in counselling and in therapeutic activities. The practical work of the great Cappadocians and also of John Chrysostom would serve as impressive counter-exemples. But this is not what I am discussing here.

The Latin fathers came closer to an investigation of the »I«, the Ego, than did the Greeks. Augustine deserves to be mentioned above other names. His concept of the Ego, however, was so strongly shaped by his general voluntaristic outlook (concerning human beings as well as God) that he was unable in the last analysis to comprehend mental illness.

It is all the more surprising that the medieval church's admirable hospitals and asylums would at times have accepted mentally ill people. We must not romanticize this, however, since the general and popular approach to serious mental illness remained rather inhumane during all the centuries of Western Christian history until the early Enlightenment.

Our modern interest in the human Ego and its functions was not the concern of the Biblical authors and of classical theology. At the center of their investigations regarding the human condition was the concept of the soul and, at best, of consciousness. The explicit interpretations of the evil influence of »concupiscence« on the human soul and salvation make this more than clear.

Let me reiterate once more that with these theses I do not want to refer to what Christians have actually and practically *done* to the mentally ill, I am asking here merely what they were *thinking*.

2. Medicine's Helplessness regarding Mental Illness

It is of great significance, in my estimation, that the early theoreticians of mental illness, some English and German scholars of the 17th century, were cognizant of the deep and inner relation between mental disorder and language. Thomas Sydenham (1624-89), for instance, emphacized the importance of what is experienced and *said* in the patient's family (in his *Epistolary Dissertation on the Hysterical Affections*). William Harvey, in his *De Motu Cordis* of 1628 wanted his patients to *talk*. So did Georg Ernst Stahl in his *Theoria medica vera* of 1737.

It is almost as though these insights were lost in later generations of physicians, or as though S. Freud had had some forerunners in the 17th and 18th centuries. But unfortunately, the influence of Descartes on the anthropological and philosophical-theoretical presuppositions of medicine was all too overwhelming. Modern scientific medicine felt compelled to look for physiological explanations of mental illness (as did indeed S. Freud practically all along his life). Jean Henry Charcot, for example, spoke of a »hereditary degeneration of the brain« with reference to hysterical patients. The impressive advances in brain research (e.g. Broca's early research in the localisation of certain brain functions in 1861, Wernicke's results in the search for specific centers, etc.) supported the theory that mental illness or psychic disorder could eventually be explained by exclusive reference to physiological and chemical processes in the brain. S. Freud's practical departure from this theory (in 1897) in the development of Ego-psychology was superimposed upon his earlier idea that neuroses are all explainable as quantifiable motions and changes in brain physiology. He never really dropped the hope that eventually his Ego-psychology could be shown to be rooted in physiology. Nevertheless, his Trauma-theory was the beginning of a new era in the understanding of mental disorder although putting it way does in no way mean that his concept was not surpassed or substantially changed in later decades. The basic discovery, however, was made: the human *Ego can be ill!* This discovery cannot easily be harmonized with the basic presupposition of modern somatic medicine, namely that diseases must be manifest physiologically or histologically. And here resides the modern problem, or rather, the ancient problem in the dress of modern philosophy and theory of medicine.

Twentieth-century psychiatry has offered admirable concepts with which to get at the phenomenon of mental illness. Max Scheler's phenomenological approach in combination with Karl Jaspers' impressive *Psychopathology* have dominated the scene for many decades and have at the same time provided a critical balance to a solely psycho-analytical approach. But what seemed to be almost a consensus in the theory of psychiatry about twenty years ago has been challenged and attacked from at least two sides. One is an intra-psychiatric critique of Jaspers' phenomenology and method of understanding (e.g. by J. Glatzel) which I will not explain here. The other is the emergence of a philosophical dilemma stemming from insights into more recent results in neuro-physiology. Combined with results in the research in psycho-linguistics (and language philosophy in general) and a critical reassessment of the theory of (Freudian) psychotherapy, the forces against Jaspers and his followers seem to be quite strong.

If we consider the lamentable lack of interest and competence in psychiatry and psychotherapy among the masses of medical specialists and general practitioners, the crisis in modern psychiatry and its implicit anthropology appears to be all the more discouraging. The theoreticians of psychiatry – the philosophers in fact – have no clear message for the medical profession, let alone the counsellors in the church, the social workers and the politicians when questions of abnormal human behavior are at stake. The obvious helplessness in the various discussions on reforms of penal law serves as an obvious example.

3. The Story behind the classical Controversy over Brain and Mind

If philosophy is the analysis of the conditions of reality-perception (and this is, I believe, a helpful definition), then philosophy has two sources: thinking and experience. Emphasizing the first approach leads to rationalism, stressing the importance of the second gives birth to empiricism. This is a simple classification. Obviously more complex are the necessary differentiations concerning the ways in which thinking functions, e.g. in »stronger« and »weaker« systems of logic (depending on the strength of the negation-principle applied). Thus »rationalism« occurs in rather different forms. Empiricism, too, depends in its form on the application of different concepts of perception, of interpretation, and of our access to reality.

The duality of »rationalism« and »empiricism« reappears in modern psycholinguistics. Whereas the classical approach of Wilhelm von Humboldt (continuing G. W. Leibniz' conceptions) is today represented by those scholars who search for »inborn« »Language Acquisition Devices« (LAD), for structural levels beneath the surface of the actual use of language, the empiricist tradition is continued by modern advocates of behaviorism. Thus the two basic philosophical positions, rationalism and empiricism, reappear in today's psycholinguistic schools of research. Noam Chomsky, for instance, would belong to the former group, and also – as we will soon discuss – Karl Popper and John Eccles. The »empiricists«, on the other side, are B. F. Skinner, J. Piaget and the Soviet school of psycholinguistics, represented, e.g., by L. S. Wygotski, continuing Pavlov's signal system concept.

What do we gain by classifications of this kind? Until recently, it appeared that we profit little from slicing the schools of research in psycholinguistics along philosophical lines. It was only with H. Feigl's (*The »Mental« and the »Physical«*, Minneapolis 1967) and D. M. Armstrong's (*A Materialist Theory of the Mind*, London 1968) and O. Creutzfeldt's publications, with the Ciba-Foundation Symposion 69 *Brain and Mind* and, of course, with Popper's and Eccles' *The Self and its Brain* (Berlin/Heidelberg 1977) that earlier philosophical controversies concerning the human Self were re-opened. Is there something above the human brain, above and apart from its physiological functions? And if that were a possible proposition, would it give a clue to the question of how the »I« (or the Self) can be ill?

Let me briefly continue with my sketch of the controcersy over brain and mind. The two positions that dominate the current controversy are called »Interactionism« (Eccles, also R. Pucetti, R. W. Dykes, already L. Busse in 1903) and »Physical Identity Theories«. The former unashamedly operates with the idea of a relative independence of the »I«, the Ego, over against the brain. This »I« could even be thought of as preexistent and immortal – even in the eyes of a rationalist such as Karl Popper! The question of its origin, however, remains unanswered since it is absolutely clear that neurophysiological or phylogenetic categories cannot provide an answer. A »dualistic« concept is at stake and it follows from this that a reduction to one level could not possibly provide an answer to the origin of the other. Sir John Eccles, consequently, is quite willing to let the riddle be a riddle. He maintains, however, that the »interactionist« model is much to be preferred over the physicalist or materialist concept because the latter presents insurmountable difficulties when it comes to the task of explaining mental experiences of a »whole«, such as: »I see a house«, »I am afraid«, or »what I like best about you is . . .« Such grasping of a whole, of a totality, is based upon a selection of some very few out of thousands of perceived impressions and – so Eccles as well as Popper – this can only be explained by supposing a Self that operates upon the brain like an independent agent that makes use of a complicated machine. The Self (the »I«) »tests«, as it were, the modules or groups of neurons in the brain in search for »what it wants to find«. Such language is, of course, metaphorical, but it is better to pay that price (and let the riddle of the origin of the Self remain a riddle) than to accept the limitations of the »Identity-Theory-Model« or one of its variations. In short: the cortex of the brain does not furnish the human mind with information concerning the *significance,* the *meaning* and the *totality* or wholeness of what is perceived; the Self is in constant »interaction« with the brain – if that were not assumed, it would be impossible to explain how humans actually function. We can forgo at this point a disussion on the differences between Eccles and Popper over the question whether perhaps the Self is after all a product of the evolution from lower levels of human development (so Popper who thereby provokes a new problem: how can something emerge from something and then be an independent agent in relation to it, if the categories of explanation are strictly those of evolution?). This question is not of significance in our present argument.

The other schools of thought, physicalism with its various theories of the identity of brain and mind (Feigl, Armstrong and others, related to Gilbert Ryle's *The Concept of Mind,* London 1949), including the concept of the so-called »epiphenomenalism«, conceive of human consciousness and the Self at best as a by-product of the physical and chemical operations of the body, the brain in particular. The philosopher Popper claims that he has disproved their position by having analysed the inability of physicalism and the identity-theory to produce explanations for non-material entities, laws and experiences. Aesthetic experiences and laws as well as the laws of pure mathematics are substantially different from the laws of physics and chemistry, he maintains. Popper, therefore, speaks of two, even of three »worlds«: (1) the world of physics, (2) the world of conscious experiences, and (3) the world of the »I« in which is guaranteed, for instance, personal identity and continuity, also human memory. The »third world« is also the world of numbers, of fine arts, of myths and of language.

I will not make any attempt at solving the problem I have described. Nor do I want to suggest that theology would appreciate if it could be shown that Sir John and Sir Karl are right and the others wrong! I am not that certain. At this stage of the argument (and of dealing with the problem in my own research) I am still far away from theological conclusions or from insights into what might be desirable from the point of view of Christian theology. My inquiry is located at a simpler level: I want to find out what sense it makes to say that the »I«, the Ego, can be ill. Illness could more easily be defined if it were clear how normal (sane) perception functions and how it is translated into the experience of a »whole«, an experienced totality. This, I am certain, has to do with language and with what precedes language.

4. Symbols and Implicit Axioms

S. Freud thought that symbols are the result of suppression. Had he been right, we would have to think of symbols as of substitutes for some more rational way of expressing a thought or a feeling. Today we know that Freud's concept is wanting in several respects. The phenomenological work of Mircea Eliade as well as theoretical considerations by Paul Ricoeur have shown that symbols are the mature expression of the human mind, articulating a reality which cannot be grasped or captured by concepts. A. Lorenzer and others have shown that it is meaningful to distinguish between symbol and cliché, the latter being a transformation of a (living) symbol into a routinely used and no-longer-reflected-upon entity. The Freudian concept of suppression appears in a new light when it becomes clear that neurotic patients require, and, therefore, create, a »dramatic stage« or »scene« in order to operate with suppressed symbols in the form of clichés. The urge for such scenic environment is called »scenic agitation«. While symbols are freely used, enjoyed, respected and also communicated to others, clichés at best vaguely resemble the symbols from which they stem. They destroy genuine communication and also misrepresent reality to the person who has become their victim. Therapy consists of helpful re-symbolization, not, as Freud thought, of transforming symbols (and clichés) into rational statements. (Theology, using clichés abundantly, is also in need of therapy.)

The use of symbols as well as the functioning of rational language is steered by what I call »implicit axioms«. Rationalist psycho-linguistic theories explain the existence as well as the operation of implicit axioms (or any form of regulative sentences) in relation to pre-linguistic levels and to articullated sentences within the mind of a child or an adult. The behaviorists, on the other side, explain the existence and the operation of such axioms in relation to a person's actions along the lines of the »stimulus-response« model. Whatever our preference, it is the »implicit axioms« which tell me whether the knife on the table is something good for cutting or whether it gives me guilt-feelings and suggests aggression or suicide; whether money is conceived as something for earning and spending rather than something that causes a stomach ulcer. Implicit axioms provide the steering of our perception even on the most simple levels of every-day human experience but also on the levels of more complex experience such as difficult political, ethical and theological analyses and statements. This can be illustrated in the case of what seems to be simple sense-perception. Everything we see we see in the mode of »seeing-as«, that is to say, we always see things from a certain perspective. And we always see »more« than we see (and hear »more« and read »more« than we hear and read). I call this »more« the »halo« of perception. It is a »halo« around a nucleus. I do not necessarily want to suggest that the nucleus is identical with what »is really there«. (The discussion about this is as old as is philosophy.) But I do want to say that the nucleus will have to have something in common with what other people also see when they look into the same direction. Seeing, for instance, starving children or destroyed houses, is a »nucleus« which cannot and must not mean (in its »halo«) for some people suffering and for others merely certain color arrangements or a certain disorder of stones, provided we are referring to »normal people« who perceive one and the same »object«. Psychic normality must mean that people looking into the same direction (as I have called it) see the same »nucleus« although they may differ in the »halos« which they – in their respective perspectives – automatically see *with* it. But even those differences concerning the »halo« around what is perceived can be talked about among »normal people«. Conversely, psychic abnormality is manifest in the absence of communication or the lack of overlapping in the »halos« in the act of perception, or, to go a step behind perception, in the function of implicit axioms. The absence of normality is thus constituted by what we may call »privatized« language, be it the language of clichés or of »halos« which are invisible to others who perceive the same nucleus.

5. Some Conclusions

If we connect these observations with the well-known concept of mental representations (developed by D. Beres, E. Joseph, H. Hartmann, A. Lorenzer), representations of objects, of the body and of the Self in the development of al little baby, we come closer to an answer to our question. Mental illness presents itself now as privatisation of language, or, to put it differently, as a non-communicative use of implicit axioms by which a »halo« appears around the things perceived which »halo« pushes the person into isolation. One might also say in the case of such persons »wrong metaphors« are used in their attempt at coming to grips with their lives.

We do not, however, by these observations gain a convincing redefinition of psychopathology and of its classifications. Nor do we gain any insight into a solution to the controversy between rationalists and empiricists among psycholinguists. The position of the rationalists offers itself as somewhat more helpful, this much I could admit. But this does not provide an answer to the theoretical question as such. It is possible, however, that we do not need a substantive alternative to traditional psychopathological categories nor a definitive answer to the philosophical dilemma concerning brain and mind. It may be sufficient for us (at this time) to conduct further inquiries into the function of implicit axioms. If we had more detailed knowledge about the function of these axioms, we would be able to apply it not only to the analysis of sense perception and normal *versus* abnormal »halos«, we could also use it with regard to ethics and Christian beliefs. »What is it that ultimately guides our perception, our thoughts and our actions?« – that would be the cardinal question which – surprisingly – would be the central question in psychotherapy as well as in theology (not to mention other fields). On the level of sense-perception and the »representation« of objects, body and the Self, the implicit axioms would reside within the human mind (be it in Pavlov's or Skinner's or in Chomsky's, Eccles' and Popper's understanding), and on the level of Biblically grounded creeds, the implicit axioms would perhaps ultimately reside within God. Psychotherapy would then consist in the de-privatization of language (or in re-symbolization), theology in re-examination of the church's and the invididual believers' implicit axioms concerning their perception (of the world they live in as well as of the Bible and tradition), their thoughts (creeds) and actions (ethics).

I do not pretend, of course, to have answered the question whether the illness of the »I«, the Ego, is necessarily to be seen as rooted in physiology. I am suggesting, however, that it makes sense to see as the seat of mental illness the implicit axioms which direct our basic sense-perception as well as our more complex thoughts, beliefs and actions. The medical-ethical lesson we can derive from this sounds almost too simple: whether we are dealing with mentally ill (or psychically disturbed) people or with fellow Christians in need of support, counsel and sound teaching, we are facing in any case a »therapeutic« task: the challenge of dealing with implicit axioms the function of which must serve communication. However, while psychotherapy can be content with the goal of enhancing and guarding communication, theology will also concern itself with the question to what extent and in what way the implicit axioms are true.

Nachdenken über das Sterben

Zur ethischen Frage der Sterbebegleitung

Zu diesem Thema ist schon ungemein viel gesagt und geschrieben worden.[1] Gerade in den vergangenen zehn Jahren ist die Aufgabe der Sterbebegleitung, das Neuerlernen der ars moriendi, vermehrt ins Zentrum der Aufmerksamkeit gerückt, was immer auch die Gründe für das Neuerwachen dieses Interesses sein mögen. Das Thema des Sterbens ist eine der großen Fragen des Lebens. Zum gelungenen Leben gehört auch das erfüllte Sterben; oder – so sagt man im umgekehrten Sinn –, wem die Kunst des Lebens mißlungen ist, der kann auch die ars moriendi nicht in seinen letzten Stunden noch zu erlernen hoffen. Wer also vom Sterben spricht und gar von der Kunst des Sterbens oder der Begleitung der Sterbenden, der spricht vom Leben. Aber wer vom Leben sprechen will, muß auch das ins Auge fassen, was sein Gelingen immer wieder zerstören will: die Ängste. Und damit wären schon alle Grundelemente unseres Themas benannt, die im folgenden analysiert werden sollen. Zunächst ist aber eine Vorüberlegung über das gesamte Gegenstandsfeld der medizinischen Ethik[2] nötig, weil man über das Thema nicht abgelöst vom Feld medizinischer Berufe nachdenken kann.

---

[1] Aus einer engen Auswahl könnte genannt werden: *E. Ansohn*, Die Wahrheit am Krankenbett. Grundfragen einer ärztlichen Sterbehilfe, Hamburg ³1975. *F. Böckle*, Menschenwürdig sterben. Theol. Meditationen 52, Köln 1979. *V. Eid / R. Frey (Hg.)*, Sterbehilfe oder wie weit reicht die ärztliche Behandlungspflicht? Mainz 1978. *E. Jüngel*, Tod, Stuttgart ³1973. *R. Leuenberger*, Der Tod. Schicksal und Aufgabe, Zürich ²1973. *P. Sporken*, Umgang mit Sterbenden, Düsseldorf 1973. Vgl. auch die »Richtlinien für die Sterbehilfe« hg. Schweiz. Akademie der mediz. Wissenschaften, Basel 1976.
Zur speziellen Euthanasieproblematik vgl. *H.-D. Hiersche (Hg.)*, Euthanasie, Probleme der Sterbehilfe, Eine interdisziplinäre Stellungnahme, München 1975 sowie *H. Piechowiak*, »Die Euthanasieproblematik, Von der Schwierigkeit logisch exakter und zugleich ethisch relevanter Unterscheidungen«, in: Therapiewoche 33, 11 (1983), 1462–1480.
[2] Vgl. die bislang erschienenen drei Bände der umfassenden Bibliographie von *L. Walters (Hg.)*, Bibliography of Bioethics, Detroit 1975–77 sowie die Zeitschriften Journal of Medical Ethics (GB), The Journal of Medicine and Philosophy (USA), International Journal of Health Services (USA), Medizin, Mensch, Gesellschaft (BRD) u.a. – Kürzlich erschien: *J. v. Troschke* u. *H. Schmidt (Hg.)*, Ärztliche Entscheidungskonflikte, Falldiskussionen aus rechtlicher, ethischer und medizinischer Sicht, Stuttgart 1983.

Mit der Übernahme von Christa Wolfs Formulierung »Nachdenken über ...« in den Titel des Beitrages soll angezeigt sein, daß im folgenden das Gewicht nicht auf der Weitergabe von Information, sondern eben auf dem Nachdenken, der Reflexion liegen soll. Auf Diskussionen mit heutigen Autoren zur Frage der Sterbebegleitung wird verzichtet und die ethischen und rechtlichen Aspekte der Euthanasie – einem heutzutage bis zum Überdruß diskutierten Thema – werden gar nicht erwähnt. Die folgenden Ausführungen beziehen sich auf eigene Erfahrungen in Theologie und Kirche sowie in der analytischen Psychotherapie.

1. Medizinische Ethik als Gesamtrahmen des Themas

Das Sterben und unsere Einstellung zum Sterben ist das älteste medizinisch-ethische Problem überhaupt. In ihm treffen sich die großen Fragenkomplexe Gesundheit/Normalität, Krankheit/Tod, Ordnung/Chaos, Eingriff/natürlicher Ablauf. Aber was sollen wir unter »medizinischer Ethik« verstehen? Wer legt die Kriterien fest, die es in einer jeden Ethik geben muß? Und sind diese Kriterien universalisierbar oder kulturell und konfessionell spezifisch geprägt oder gar ganz privatisierbar? Und wer sind die Träger der Entscheidungen, wenn es überhaupt medizinische Ethik gibt?

Diese großen Fragen können hier natürlich nicht befriedigend behandelt werden. Es soll nur ihr Gesamtrahmen abgesteckt werden, um nicht in den alten und sozusagen bequemen Fehler zu verfallen, medizinische Ethik mit ärztlicher Ethik gleichzusetzen.

Das Gesamtgebiet der medizinischen Ethik läßt sich in drei Felder aufteilen:[3]
- im ersten finden sich die Probleme der direkten Arzt-Patient-Beziehung, der Pflege, auch der auf Patienten bezogenen Forschung,
- im zweiten liegen die Probleme der Gesundheitspolitik, der Struktur und Finanzierung der Krankenhäuser und der medizinischen und psychothe-

---

[3] In Anlehnung an Diskussionsergebnisse der »Arbeitsgemeinschaft für medizinische Ethik des Leiterkreises der Ev. Akademien in Deutschland«, die aus ca. 30 Theologen, Ärzten, Psychotherapeuten besteht. Die ersten Arbeitsergebnisse finden sich im Themenheft »Medizinische Ethik«, in: EvTh 41, 6/1981, 481–606.

rapeutischen Versorgung überhaupt, schließlich auch die Beziehung zwischen medizinischer Versorgung und Technologie in der industrialisierten Welt und den Ländern der Dritten Welt,
- im dritten Feld werden Fragen der kulturspezifischen Gesundheitserwartungen behandelt, d.h. die individuellen und kollektiven Gefühle, Befürchtungen und Hoffnungen der Menschen in einem bestimmten Land oder einer Kultur im Hinblick auf ihre Gesundheit, ihren Körper, ihre Krankheiten und auch ihren Tod.

Die drei Felder überlappen sich freilich. Die Einwirkung des dritten Feldes auf das zweite und das erste – vielleicht entgegen der ersten Vermutung – scheint größer zu sein als die Einwirkung in der umgekehrten Richtung. Etwas provokativ könnte man darum in Abwandlung des bekannten Diktums über die Regierungsformen sagen: Jedes Land hat die Krankenhäuser, das Gesundheitssystem und die Ärzte, die es verdient.

In jedem dieser drei Felder ruhen ethische Probleme, die man wegen ihrer direkten Verbindung mit den medizinischen Komponenten in diesen Problemen mit Recht medizinisch-ethische Probleme nennt, in Analogie etwa zur politischen Ethik. Nun ist es freilich so, daß medizinisches Fachwissen nicht zur medizinisch-ethischen Entscheidung qualifiziert, ebensowenig wie wir den Berufspolitikern die ethischen Entscheidungen in der Politik überlassen würden. Bei allen ethischen Problemen, seien sie im Gebiet der Medizin oder des Militärs angesiedelt, handelt es sich um ethische und eben nicht um medizinische, politische, ökonomische oder militärische Probleme. In der Ethik selbst aber gibt es kein spezifisches Fachwissen, dem Wissen des medizinischen oder ökonomischen Experten vergleichbar. In gewissem Sinn sind wir in der Ethik alle in gleicher Weise Dilettanten, oder positiv gesagt: Im Ethischen sind wir alle gleichermaßen als Menschen gefordert. Bei der Frage, ob eine 80jährige Patientin noch hospitalisiert werden und Chemotherapie erhalten soll, ob eine große Herzoperation bei einem Down-Syndrom-Baby durchgeführt werden soll, ob ein schwer depressiver Lehrer frühpensioniert werden darf, ob überschüssige Produkte der Pharmaindustrie nach Tansania billig abgegeben werden sollten – bei diesen Problemen ist sowohl der Medizin- wie der Ethikprofessor anderen verantwortlichen Menschen gegenüber in keiner Weise überlegen. Jeder Beteiligte ist als Mensch gefordert. Man wird von denen, die man im Entscheidungsprozeß ernst nimmt, freilich erwarten, daß sie sich sachlich orientieren. Wer diagnostische Fakten und prognostische Wahrscheinlichkeiten gar nicht zur Kenntnis nimmt, kann freilich nicht verlangen, in einer medizinisch-ethischen Entscheidung ernsthaft mitgehört zu werden. Ebensowenig würden wir einen Gesprächspartner in einer Diskussion über die Probleme des Nahen Ostens ernstnehmen, der weder die historischen, noch die sozialen, religiösen und politischen Faktoren dieses komplexen Problems kennt. Aber die ethische Entscheidung als solche ist nicht auf Fachwissen gegründet.

Das Gewahrwerden der nicht an Fachwissen gebundenen ethischen Dimension kann man die »Isolierung des Ethischen« nennen. Freilich existiert das Ethische nur in Verbindung mit all den anderen Komponenten, die das Problem ausmachen. Aber eine Entscheidung ist nur nach einer hypothetischen Isolierung der ethischen Dimension möglich. Im Hinblick auf das Sterben und die Begleitung Sterbender ist das hier Gesagte im Grunde von vornherein einsichtig. Weder ein professioneller Mediziner noch ein akademischer Ethiker wissen »mehr« über den Tod, über die Angst vor dem Loslassen, über die Fragen der Schuld und das Gefühl des Versäumnisses als irgendwelche anderen, ethisch reifen und verantwortlichen Menschen.[4]

Das Thema des Sterbens, das Problem seiner Bewältigung und ebenso die Aufgabe der Sterbebegleitung sind in allen drei »Feldern« der medizinischen Ethik zuhause: in der individuellen Dualbeziehung von Arzt oder Pfleger und Patient, im Krankenhaus und Gesundheitswesen mit ihren Planungen, Strukturen und gesetzlichen Regelungen, und letztlich – vielleicht sogar anfänglich und erstlich – in den kulturell bedingten Gesundheitserwartungen und Einstellungen der Menschen zu Krankheit und Tod. Aus dieser Beobachtung folgt – wüßten wir es nicht schon aus anderen Gründen –, daß die Frage der Sterbebegleitung unmöglich allein auf die Ärzte abgewälzt werden kann. Nur ein kleiner Teil der medizinisch-ethischen Probleme gehört überhaupt allein in das Verantwortungsfeld der Ärzte, und gewiß zählt das Verstehen und Akzeptieren des Sterbens nicht zu den ethischen Aufgaben, die man allein den Ärzten überlassen dürfte. Darüber sollte es eigentlich keine Zweifel und keine Differenzen geben. Nicht nur sollten die Ärzte vor der in den letzten Generationen entstandenen Anmaßung gewarnt werden, sie allein seien für medizinisch-ethische Fragen zuständig, sondern sie sollten vor

---

4 Vgl. im genannten Themenheft (Anm. 3) die systematische Erörterung dieser Frage 496–500.

allem auch vor der furchtbaren Last und Überforderung geschützt werden, die ihnen durch die Gesellschaft aufgebürdet wurde, weil es einfacher ist, ethische Verantwortung auf einen Berufsstand abzuschieben als sie zu teilen. Die Fragen, die mit dem Sterben zu tun haben, gehören am allerwenigsten in den Kompetenzbereich eines einzelnen Berufsstandes. Konkret bedeutet dies, daß weder die Entscheidung über lebensverlängernde Maßnahmen allein den Ärzten noch die Sterbebegleitung allein den Pfarrern überlassen werden darf. In den verschiedenen Diktaturen unseres Jahrhunderts ist uns diese üble Kompetenzaufteilung nur allzu oft aufgedrängt worden. Wir können sie uns nicht freiwillig wünschen.

Noch eine letzte, allgemeine Bemerkung über medizinische Ethik und das Thema des Sterbens. Die Presse und andere Massenmedien tendieren dazu, ein Bild moderner Medizin und ihrer ethischen Probleme zu bieten, über das man nicht glücklich sein kann. Die modernen Errungenschaften medizinischer Technologie werden so sensationell und spannungsreich dargestellt, als seien durch sie eine Fülle völlig neuer ethischer Probleme entstanden. Man kann aber berechtigte Zweifel an dieser Meinung haben. Die meisten der heute so brennenden Fragen bestanden in ihrer Grundstruktur auch schon in früheren Jahrzehnten oder gar Jahrhunderten. Neu sind gewiß die Probleme im Zusammenhang mit der Gesundheitsversorgung der Länder der Dritten Welt oder mit der Präventivmedizin; neu sind ebenfalls die ethischen Probleme der Humangenetik, und schließlich ist es wohl auch berechtigt, von neuen ethischen Problemen im Hinblick auf die Möglichkeiten der modernen Intensivstation zu sprechen. Gerade im Hinbick auf die Probleme des Sterbens wäre es aber nicht richtig, die dramatischen Ausnahmesituationen allein ins Auge zu fassen. Das Sterben ist etwas »Alltägliches«, und Grenzsituationen können höchstens als hilfreiche Illustrationen dienen, nicht aber als Quelle für normative Kriterien. Wenn wir über das Sterben nachdenken, so stehen wir also nicht einem durch moderne medizinische Technologie geschaffenen neuen Problem gegenüber. Wir denken über ein altes, ja über das älteste Problem des Lebens überhaupt nach. Wir können das unmöglich tun, ohne unseren eigenen Tod dabei mitzubedenken.

Über das Sterben haben Philosophen, Theologen, Ärzte und Naturwissenschaftler über die Jahrhunderte hin nachgedacht, die Gedanken ihrer Zeitgenossen aufgenommen und wiederum neu stimuliert. Immer spielt bei diesem Nachdenken die Perspektive eine entscheidende Rolle. So wie ein

Förster und ein Dichter ganz verschieden über den Wald sprechen, so können auch wir uns ganz unterschiedlich über den Tod äußern, je nach unserer Position und Perspektive. Einmal erscheint der Tod als »normal«, dann wieder als tragisch, als vermeidbar, als schuldhaft verursacht. Einmal leiden wir unter dem Sterben eines Menschen, ein Stück wird von uns weggerissen, aber in einem andern Fall können wir nahezu unberührt und objektiv den Tod feststellen und scheinbar objektiv über ihn sprechen. Auch ein und derselbe Mensch kann am selben Tag ganz unterschiedliche Perspektiven wirken lassen. Man bedenke nur, welche Spannungen in einem Menschen entstehen, der in seiner Arbeit in der Klinik professionell mit Krankheit und Tod zu tun hat und zugleich in seiner Familie das Sterben seines Kindes oder geliebten Partners erlebt. Diese Frage der »Perspektiven«[5] bringt uns zur ersten, eigentlichen These in der Behandlung unseres Themas.

2. Die Ängste im Hinblick auf das Sterben

Im Nachdenken über das Sterben – auch über das Sterben eines uns fremden Menschen – haben wir es direkt oder indirekt mit Angst zu tun. Wenn wir hilfreiche Gedanken zur Sterbehilfe entdecken wollen und sie auch in die Praxis umsetzen möchten, dann müssen wir lernen, die Ängste der Sterbenden mit unseren eigenen Ängsten in einen sinnvollen und ehrlichen Zusammenhang zu bringen. Niemand kann einem anderen in einer Situation beistehen, die er für sich selbst aus seinem Bewußtsein verdrängt hat.

Bei den folgenden zwei Kategorisierungen oder Typisierungen von Ängsten sollte man darum bewußt nicht nur den Sterbenden, sondern auch die Menschen im Auge behalten, die als Ärzte, Pflegende oder Angehörige mit dem Sterbenden zu tun haben. Die Erfahrungen der Balint-Gruppen zeigen ganz deutlich, daß es eine Verkoppelung, Parallelisierung und auch eine gegenseitige Verstärkung von den Ängsten der Sterbenden und denen der an-

---

5 Die Funktion des perspektivischen Sehens und Verstehens ist eine Zentralfrage moderner analytischer Philosophie, die bislang im englischen Sprachgebiet, jetzt aber auch bei uns in ihren breiten Anwendungen untersucht wird, vgl. die Habilitationsschrift meines 1985 verstorbenen Mitarbeiters *H. Jones,* Die Logik theologischer Perspektiven, Eine sprachanalytische Untersuchung, Göttingen 1985.

deren, die Sterbenden begleitenden Personen gibt. Aus dieser gegenseitigen Bedingtheit kann sich vielleicht nur der herausschleichen, der zu seinen Mitmenschen bzw. zu seinen Patienten in völliger Beziehungslosigkeit verharren will. Diese Haltung ist aber nur für eine schizoide Persönlichkeit möglich, die ihrerseits mit den eigenen Isolationsängsten nicht fertig wird.

M.E. kann man von drei Typen von Angst sprechen: von Realangst, Entwicklungsangst und existentieller Angst. Diese drei Ängste gehören zum normalen Leben. Wer sie nicht kennt oder sie nie erfahren hat, hat am Leben vorbeigelebt. Aber jede von ihnen kann pathologisch übersteigert werden. Hier gilt es kritisch zu sein, auch in bezug auf die von uns selbst erlebten Ängste. Wie reagieren wir auf die Ängste anderer? Wir sollten lernen, die Ängste, die zum normalen Kind, zum Jugendlichen, Erwachsenen, Kranken, zum alten Menschen gehören, von pathologisch übersteigerten Ängsten zu unterscheiden. Bis zu einem gewissen Grad müssen wir die Ängste nicht nur altersspezifisch, sondern auch nach den drei genannten Typen klassifizieren. Zum Verstehen von Mitmenschen, besonders aber, um anderen helfen zu können, müssen wir den ständig revisionsbedürftigen Versuch einer solchen Systematisierung machen. Wir leben an den wirklichen menschlichen Ängsten vorbei, wenn wir die Angst einer Mutter um ihr krankes Kind, die Angst vor dem Atomkrieg, die Angst eines erwachsenen Menschen vor Spinnen oder vor engen Treppen, unser aller Angst vor dem Tod usw. in einen Topf werfen. Von der Psychopathologie aus sozusagen rückwärts argumentierend, hat man vier andere Typen von Angst versucht zu definieren. Fritz Riemann hat in seinem klassischen Buch »Grundformen der Angst«[6] eine sehr überzeugende Darstellung dieser Einteilung gegeben, die sich in der Psychotherapie bewährt hat. Es sind die Ängste normaler Menschen, die man an ihrer pathologischen Übersteigerung am klarsten erkennen kann. Oder anders gesagt: Wenn wir psychisch krank würden, dann wäre eine dieser Ängste für uns bestimmend. Mit allen gebührlichen Warnungen, unsere Mitmenschen nicht voreilig nach diesen Gruppen zu »klassifizieren« oder dilettantisch zu etikettieren, nenne ich die vier Grundformen der Angst:
1. Die Angst vor der Selbsthingabe, vor Ich-Verlust, vor engem Kontakt, vor Abhängigkeit (in der schizoiden Persönlichkeit).

---

6 *F. Riemann*, Grundformen der Angst, Eine tiefenpsychologische Studie, München/Basel [14]1979. Vgl. auch *K. König*, Angst und Persönlichkeit, Göttingen 1981.

2. Die Angst vor der Selbstwerdung, vor Isolation, Ungeborgenheit, Trennung (in der depressiven Persönlichkeit).
3. Die Angst vor der Wandlung, vor Vergänglichkeit und Unsicherheit; alles soll seine (alte) Ordnung behalten (in der zwanghaften Persönlichkeit).
4. Die Angst vor der Notwendigkeit, vor Endgültigkeit und Unfreiheit; immer Neues soll erlebt werden, keine Maßstäbe anderer können endgültig akzeptiert werden (in der hysterischen Persönlichkeit).

Unsere je persönliche Angsthaltung dem Tod gegenüber ist wahrscheinlich in der Nähe zu jeweils einer dieser Grundhaltungen. Bei vielen von uns werden die Ängste dem Tod gegenüber als Trennungsängste erlebt und verdrängt. Wenn uns ein Mensch durch den Tod verlassen hat, reißt in uns wieder all' das auf, was wir an Trennungen schon erlebt und nicht verarbeitet haben. Dadurch kann es auch zu einer Wut kommen, sogar über den Tod geliebter Menschen. Die Kraft zu dieser Wut kann man auch verdrängend überspielen und sich besonders rauh, »männlich« oder gelassen dem Tod gegenüber äußern. Dies ist eine Haltung, die bei Ärzten nicht selten anzutreffen ist. Manchmal führt das Verdrängen der Ängste sogar zur Konversion in Aggressionen. Ich denke an den 16jährigen Sohn eines meiner Kollegen, der gewiß eine mehr pazifistische als militärische Grundhaltung in seiner Familie pflegt. Der Sohn beneidete im Frühjahr 1983 die jungen Briten auf den Falkland-Inseln. Er selbst wäre zu gerne mitgefahren, um dort kämpfen zu können! Nicht anders stand es in allen Jahrtausenden mit dem »Todesmut« der jungen Männer in ihrer Nachpubertätszeit, mit dem sie dem Feind entgegenstürmten und ihren eigenen Tod mißachteten.

Eigentlich müßten wir über unsere eigenen Ängste und über die Mechanismen, mit denen wir immer schon versuchen, sie zu bewältigen, genau Bescheid wissen, wollten wir wirklich anderen Menschen in ihren Todesängsten beistehen. Denkt man daran, daß heute mehr als 50% der Menschen im Krankenhaus sterben, so fällt auf die dort arbeitenden Menschen eine sehr große Verantwortung. Sie können sie nur wahrnehmen, wenn sie in ihrem eigenen Leben Freiheit und Hoffnung erlebt haben und an andere weitergeben können.

Es war vor 10 oder 15 Jahren doch sehr eindrücklich, als einige »revisionistische« Philosophen in marxistischen Ländern, wie etwa Milan Machovec, Adam Schaff und andere, in ihrer Kritik an der Ideologie des offiziellen Marxismus gerade das große Vermissen äußerten: Alles sei durch die Ideologie erklärbar außer den vier Grunderfahrungen des menschlichen Lebens, der Liebe, des Schmerzes, der Geburt eines Kindes und des Todes. Unsere Freiheit uns selbst gegenüber und unsere Hoffnung auf die Zukunft der Menschen und auf unsere eigene Zukunft sind unverzichtbare Voraussetzungen für unseren Umgang mit diesen Grunderfahrungen und den Ängsten, die dazugehören. Man kann die Ärzte unserer Gesellschaft nicht einfach beschimpfen, wenn sie weiterhin in großer Regelmäßigkeit am Kranken- und Sterbebett der Patienten lügen[7]. Viel eher sollten wir sie nach ihrer Freiheit und ihrer Hoffnung fragen. Dort nämlich liegt das Problem, und nicht etwa im Abwägen der Frage, wieviel Wahrheit ein Patient ertragen kann und wie stark man seine Kräfte durch voreilige Wahrheitsmitteilung reduziert. Echte Wahrheit besteht nicht einfach aus Informationen. Im übrigen hat die sogenannte Problematik der »Wahrheit am Krankenbett« in den anderen Ländern der Erde keineswegs dasselbe Gewicht wie bei uns, und es wäre sicher lohnenswert, einmal die Soziologie der Ehrlichkeit und Offenheit gegenüber der Wirklichkeit kulturspezifisch zu untersuchen.

3. Die geschichtlichen Überlieferungen

Mit welchen Bildern vom Tod leben wir eigentlich? Niemand kann aus dem Strom der Tradition heraus, in die hinein er geboren und in der er erzogen worden ist. Bei uns lassen sich mindestens drei ganz verschiedene Traditionen im Hinblick auf das Verständnis des Sterbens feststellen:

---

[7] »Es ist unbestritten, daß viele (alle?) Ärzte im Umgang mit Tumorpatienten mehr oder weniger intensive Angstgefühle erleben... Warum sträuben sich dennoch immer noch zahlreiche Ärzte gegen die Mitteilung der Wahrheit...? Höchstwahrscheinlich unterscheidet sich hierbei der Arzt nur unwesentlich von der nicht-ärztlichen Person. Sein Widerstand widerspiegelt meistens eigene Angstgefühle gegenüber der Krebsproblematik, da diese bewußt und/oder unbewußt als ungelöste eigene Todesangst erlebt wird... Der Widerstand gegen die ›Wahrheit am Krankenbett‹ entspricht weitgehend der gleichen, unverarbeiteten Todesproblematik, die im Falle vieler Patienten diese zu einem irrationalen Pendeln zwischen den verschiedenen paramedizinischen Behandlungen führt«, sagte *F. Cavalli*, der Präsident der Krebsforschungsgesellschaft der Schweiz beim 11. Internat. Balint-Kongreß in Ascona, März 1983 (vervielfältg. Fassung des Vortrags »Der Tumorpatient und die Angst des Arztes«).

1. *Die griechische Tradition.* In ihr spielen bekanntlich die Ideen, die aller Wirklichkeit auf der Welt vorausgehen, eine entscheidende Rolle. Darum ist auch die Beziehung zwischen Seele und Körper in der Weise gedacht, daß die Seele den leblosen Körper beseelt und ihn wohl auch nach seinem Ableben wieder verlassen kann. Es gibt in dieser Tradition einen ganzen Fächer von Möglichkeiten, sich dem Tod zu stellen, von der schwermütigen, depressiven Trennungsangst bis hin zum stoischen Selbstmord des alten, weisen Philosophen, von der hedonistischen Hochschätzung des Lebens bis zur wegwerfenden Einschätzung des Körpers in der leichtfertigen Hoffnung auf das Glück der unsterblichen Seele.

2. *Die biblische Tradition.* Hier spielt der Gedanke einer Unsterblichkeit der Seele im Grunde keine Rolle, gewiß nicht im Alten und nur in verdeckter Weise im Neuen Testament. Vielmehr wird von »Auferweckung« gesprochen, womit eine Neuwerdung des Menschen gemeint ist, die schon in seinem jetzigen Leben ihren Anfang nehmen kann oder mindestens doch ihre Schatten – oder wäre es besser von Licht zu sprechen? – vorauswirft. Den biblischen Schriften ist die Vorstellung fremd, daß beim physischen Tod eines Menschen die Seele weiterlebt und sich irgendwo aufhält. Allerdings sind in der 2000jährigen Geschichte der Kirche die griechischen Vorstellungen sehr wirksam gewesen und haben zu einer Verschmelzung mit den biblischen geführt.

3. *Die aufklärerisch-griechische Tradition.* Dies ist kein offizieller Begriff, aber er erscheint zur Bezeichnung des folgenden Sachverhaltes geeignet. Aus der Kritik am traditionellen Christentum oder an abergläubischen Vorstellungen vom Leben der Seelen nach dem Tod, von Strafen und Belohnungen, ist in der Aufklärung im Rückgriff auf griechisch-philosophische Vorstellungen eine neue Einstellung zum Sterben und zum Tod entstanden. Man hofft nun, nach seinem Tod in der Erinnerung wichtiger Bezugspersonen oder gar der ganzen Gesellschaft weiter zu leben. Das wäre ja auch ein »Weiterleben« nach dem Tode, wenn man von wichtigen oder gar von allen Menschen lebhaft und lebendig in Erinnerung behalten würde. Vielleicht gibt es sogar eine christliche Version dieser Vorstellung, in der man letztlich denken kann, daß nicht nur die Gesellschaft, sondern auch Gott ein Gedächtnis hat, in dem die Verstorbenen bewahrt werden.

Von manchen Kritikern ist gesagt worden, daß wir in der heutigen westlichen Gesellschaft eine Art von Hedonismus finden, der mit einer gewissen zynischen Depressivität die Fragen um Hoffnung und Freiheit klein schreibt und letztlich nur noch momentane Freuden und vergänglichen Lustgewinn hochhalten möchte. Es mag sein, daß diese Charakteristik unserer Zeit eine pessimistische Übertreibung ist, aber es stimmt gewiß, daß alte Kulturen in Krisenzeiten immer eine Neigung zum Hedonismus gehabt haben, oder anders gesagt: zu einer Pauschalverdrängung. Wenn unsere Bemühungen um gesunde und kranke Menschen etwas Sinnvolles darstellen sollen, so müssen wir uns gegen diese Tendenz – sollte sie bestehen – abgrenzen. Besonders traurig ist es, daß die Christen in zentralen Fragen des Lebens und Sterbens oft so hilflos erscheinen. Das ist vielleicht zum Teil auch verständlich, da sie die abstrakten und einfältig-formelhaften Antworten der herkömmlichen Theologie nicht mehr übernehmen können und wiederholen möchten. Für alle, die sich der Tradition der Christen, also der ganzen »Story« von Abraham über Jesus bis heute, verpflichtet wissen, besteht hier eine wichtige Zukunftsaufgabe. Der gesamte Fragenkomplex von Lebens- und Todesängsten, Entwicklungs- und Realängsten, Sterben und Tod muß neu bedacht werden, um Gedanken zu formulieren, die anderen Menschen konkret helfen können.

Diese Zuwendung zum Gesamtproblem des Sterbens und unserer eigenen Ängste ist nur dann möglich, wenn wir die Bilder von Tod und Sterben, also die Früchte der Tradition und unserer eigenen Lebensgeschichte, genau kennen und kritisch analysieren. Solange erwachsene Menschen – seien es Ärzte, Pfleger oder Angehörige von Sterbenden – in ihren Berufen zwar hohe Kompetenz und einen verläßlichen Informationsstand erreicht haben, aber aus verdrängten Ängsten heraus eine unreife, kindliche Einstellung zu den Fragen von Tod und Sterben sowie zu ihrer eigenen Glaubenstradition haben, solange wird es in der Ärzteschaft und der Bevölkerung im ganzen um die »ars moriendi« schlecht bestellt sein.

4. Unterschiedliche Gruppen der Beteiligten

Im Hinblick auf das Nachdenken über das Sterben und die Sterbehilfe gibt es drei beteiligte Gruppen:

1. Den Sterbenden selbst, 2. die Angehörigen und 3. die helfende, pflegende, ärztliche Seite. Für jeden Angehörigen der drei Gruppen stellt sich

der Tod anders dar. Dabei spielt für alle Gruppen das Verständnis der »Erfüllung« des Lebens eine ganz entscheidende Rolle. Wer kann den Grad der Erfülltheit bzw. der Unerfülltheit eines Menschenlebens aber ermessen? Ist es nicht vermessen, einen Menschen bei seinem Tod in dieser Weise zu etikettieren? Und doch ist man geneigt, den Tod eines Kindes schrecklicher zu finden als den eines alten Menschen. Dabei denkt man an die unausgeschöpften Möglichkeiten des Lebens. Vielleicht gibt es »Abschnitte« im Leben, die es erlauben, von Erfüllung oder Unerfülltheit zu sprechen. Ein Kind in der Latenzperiode hat einen anderen Abschluß erreicht als ein Jugendlicher in der Pubertät, eine Mutter mit erwachsenen Kindern eine andere Erfüllung als eine junge Frau in ihren Zwanzigern, ein alter Mann eine andere Abrundung seines Wollens und Wirkens erfahren, als einer, der mitten im Berufsleben und im Aufbau seiner Familie steht. Es ist aber nicht unproblematisch, von solchen »Abschnitten« im Leben zu sprechen, da man daraus nur zu leicht eine unterschiedliche Einstufung der Menschenrechte auf Pflege und Fürsorge ableiten könnte. Höchstens an deutlich erkennbaren Grenzfällen könnte man aus diesen Überlegungen medizin-ethische Folgerungen ziehen: so wird man einen über 80jährigen Karzinompatienten in der Regel weniger intensiv behandeln als einen jüngeren Menschen, der für andere sorgen muß – auch wenn letztlich der Tod jedes Menschen immer schrecklich und unfaßlich ist, weil er Hoffnung zerstört oder das Ende einer gemeinsamen Lebensgeschichte bedeutet.

Die Mitglieder jeder der drei genannten Gruppen können nicht umhin, die Frage nach der Erfüllung des zu Ende gehenden Lebens zu stellen. Damit verbindet sich auch die Frage nach dem Verständnis der Zeit. Fast alle Menschen – von den ganz kleinen Kindern und den uralten Menschen abgesehen – empfinden sich immer als »in der Mitte ihrer Zeit«. Es liegt immer noch gleich viel vor ihnen wie hinter ihnen. Diese Erlebens-Symmetrie, die man auch noch bei Menschen dicht vor der Pensionierung findet (»ich werde dann für alles Versäumte und Geplante Zeit haben«), hat vielleicht mit der menschlichen Raum-Wahrnehmung zu tun, die auf eine unsichtbare Mittelachse zentriert ist.

In unserer durch die oberflächliche Philosophie der Technologie bestimmten Zeit denkt man über die Zeit schlechthin linear. Man sieht sie an einem Punkt beginnen und zum nächsten und übernächsten Punkt hineilen. Und doch stellt sich die Frage, ob wir im alltäglichen Leben die Zeit nicht doch viel eher wie einen Kreis erleben. Wir stehen morgens vom Bett auf und kehren abends in dieselbe Wohnung, in dasselbe Zimmer zurück. Wir reisen in die Ferien und kommen wieder in dasselbe Haus zurück. Wir verlassen für kurze oder für längere Zeit Menschen, die wir lieben, und wir treffen sie wieder. Wollte man dies in einem kleinen trivialen Bild darstellen, so sähe es vielleicht aus wie eine von Kindern gemalte Blume. Ein Kreis, d.h. unser Leben, beginnt und wendet sich über die Jahrzehnte wieder zum Anfang zurück, aber auf dem Kreis sind viele kleine Kreise, die unseren Tageslauf oder Jahresverlauf darstellen. Wir leben weithin nur in diesen kleinen Kreisen des Zurückkehrens zum Bekannten. Und in der ständigen Wiederholung, wenn auch nicht ohne Veränderungen, bewegt sich erst der große Kreis unseres Lebens immer weiter bis zu seinem Ende hin. Eine wirkliche »Erfüllung« wäre wohl erreicht, wenn unser Leben am Ende wieder an einem dem Anfang nahen Punkt angekommen wäre.

Was ist mit dieser etwas poetischen oder metaphorischen Überlegung gemeint? Sie soll zum Ausdruck bringen, daß das Sterben zum Leben dazu gehört, daß wahre Sterbehilfe auch Lebenshilfe sein müßte, oder umgekehrt: daß die echte Hilfe zum Leben auch eine Hilfe zum Sterben mit einschließt. Das Leben soll gelingen, das wünschen wir einander. Und wenn dies gelingt, dann könnte auch der Tod »gelingen«. Man sagt ja von Franz von Assisi, daß er, dem das Leben auf so eigentümliche Weise gelungen ist, auch den Tod als ein Geschöpf Gottes, als einen »Bruder« begrüßt hat. Dabei denkt man unweigerlich an Erich Fromms Unterscheidung zwischen Haben und Sein[8]. Wer sein Leben auf das Sein hin anlegt und nicht im »Oral-kapitativen«, im Grapschen nach immer neuem Haben lebt, der kann auch den Tod erleben. Ob diese Überlegung freilich für Menschen aller Kulturen und aller Altersstufen gilt, mag offen bleiben. Wenn man bedenkt, daß in der Dritten Welt heute alle zwei Sekunden ein Kind verhungert, dann gelten diese Überlegungen offenbar nicht für den vermeidbaren, d.h. den durch menschliches Versagen und Schuld verursachten Tod. Die Unterscheidung des Todes überhaupt von dem verschuldeten Tod führt uns in die Tiefe der Ambivalenz der biblischen Aussagen über den Tod.

---

8 *E. Fromm,* Haben oder Sein, Die seelischen Grundlagen einer neuen Gesellschaft, Stuttgart 1976.

5. Biblische Aussagen zu Tod und Sterben

Im Alten Testament wird der Tod in einer realistischen Ambivalenz gesehen. Er ist Abbruch, Abschluß des Lebens und doch zugleich auch Erfüllung. Beides schwingt immer mit, die Katastrophe der Unerfülltheit und die Gnade der Erfüllung. Im Grund gibt es keine einheitliche »Lehre« vom Verstehen des Todes im Alten Testament. Im Neuen Testament ist es nicht anders, auch dort bedeutet der Tod den Verlust der Gemeinschaft und auf allen Strecken der neutestamentlichen Bücher hören wir von einer Entzauberung des Todes und gewiß nicht von einer Lebensverneinung. Es gibt dort zwar den »Fluch-Tod«, den »geistlichen Tod«, der irgendwie vom physischen Tod unterschieden ist, aber die Ambivalenz ist durchgehalten. Das kann man klar an den Aussagen über den Tod Jesu erkennen. Sein Tod war weder ein Unfall noch ein Selbstmord, letztlich auch keine Tragik, wohl aber – denkt man an seine letzten Worte am Kreuz – Beziehungslosigkeit. Nichts läßt darauf schließen, daß er aus dieser Beziehungslosigkeit im Moment seines Sterbens herausgetreten sei. Und doch haben die neutestamentlichen Autoren sein Sterben als »sinnvoll« verstanden, sogar als eine Überwindung des Todes.

Die Ambivalenz gegenüber dem Tod durchzieht das ganze Alte und Neue Testament. Die mehr sieghaften Stellen, die mit der Auferweckungsbotschaft zusammenhängen, wären zu naiv interpretiert, wollte man sie so verstehen, als gäbe es nun keinen physischen Tod mehr, kein Sterben unserer geliebten Mitmenschen und keinen ernstzunehmenden Tod unserer Patienten, oder als bliebe das Morden in Auschwitz, Dresden, Hiroshima und in der Sahelzone nicht wirkliches, leidvolles menschliches Sterben.

6. Heutige Ars moriendi

Wenn es wahr ist, daß der Tod der Verlust von Gemeinschaft ist, dann lassen wir viele Sterbende schon vor ihrem Tod sterben. Weil wir unsere eigenen Trennungsängste nicht verarbeitet haben, neigen wir alle dazu, keineswegs nur die Ärzte, die Sterbenden schon vor dem Eintreten ihres Todes aus der Gemeinschaft mit uns zu verdrängen. Sie erleben darum ihren Tod schon bevor er eintritt. Unsere Fehlhaltung hat auch damit zu tun, daß wir dazu neigen, Hoffnungen und Wünsche zu verwechseln oder zu identifizieren. Hoffnung könnte ja die Illusionen der Wünsche aufheben und wirklich Echtes an ihre Stelle treten lassen. Fundamentale Hoffnungen können die Wunschbilder der Illusionen zerstören. Bemerkungen wie »Es wird schon besser werden« würden durch die Freiheit echter Hoffnung unnötig werden. Sehr zutreffend schrieb eine Studentin einmal in einer Arbeit über den Tod: »Man muß unterscheiden zwischen der fundamentalen Hoffnung und der Aufrechterhaltung von Illusionen. Das bedeutet positiv, daß auch im Scheitern von Wunschbildern Hoffnung möglich ist und der Kranke weiterhin auf Zukunft aus sein kann. Das bedeutet negativ, daß durch falsche Identifikation der Zusammenbruch der Wunschbilder auch die fundamentale Hoffnung zerbrechen kann. Die Vollendung des Lebens ist im Angesicht des Todes Gegenstand der Hoffnung. Hoffnung geht damit der gegenwärtigen Situation um einen Schritt voraus. Sie denkt von der Zukunft her, um die Gegenwart zu bewältigen. Darum muß alles vermieden werden, was dem Kranken den Eindruck einer gnadenlos verschlossenen Zukunft androhen könnte... Die Seelsorge an Sterbenden zielt darauf, den Todkranken zur Annahme seines Leidens und seines bevorstehenden Endes zu führen. Der Kranke muß sein Kreuz zuerst annehmen, bevor es ihm abgenommen werden kann. Solange er im Protest verharrt, bleibt er gebunden und verkrampft und nimmt die Chance auf Vollendung des Lebens nicht wahr. Neben der Feststellung, daß Menschen im Verlauf einer Krankheit zu verstärktem egozentrischen Verhalten neigen, steht die Beobachtung, daß in Todesnähe ein Strukturwandel der gesamten Persönlichkeit eintreten kann, der den Kranken über sein normales Niveau erhebt. Es handelt sich dabei um nichts objektiv Außerordentliches; außerordentlich ist es nur für den Betroffenen selbst. Bisher verkümmertes Leben kann aufblühen zu reiner Menschlichkeit, zum Verzeihen, zur Aussöhnung und zur Selbsterkenntnis fähig werden. Bisher Begonnenes kann jetzt zum Abschluß gebracht werden«.[9]

Ob solch optimale Sterbebegleitung an Fachleute oder spezielle »Sterbekliniken« (wie in England)[10] »delegiert« werden kann, ist schwer zu sagen.

---

9 *M. Schmalenberg*, Theologische Perspektiven zur Problematik des Todes und des Sterbens, vervielfältg. wiss. Hausarbeit, Darmstadt 1979, 22f.
10 Vgl. *Th. Scheffel / B. Wagner*, Die Versorgung sterbender Patienten in England, in: Ärzteblatt f. Baden-Württemberg 6, 1981, 299. Vgl. auch *U. Eibach*, »Kliniken für unheilbar kranke und sterbende Menschen«, in: Zeitschr. f. Gerontologie 13, 1980, 547–551.

Einerseits erscheint es zu viel verlangt, daß Ärzte und Schwestern immer Zeit und Ruhe, Konzentration und Hoffnung für eine wahre Sterbebegleitung ihrer Patienten aufbringen sollen. Deshalb sollten wir auch in Europa (wie in Amerika) gut ausgebildeten Krankenhauspfarrern und anderen Spezialisten einen größeren Raum in der Therapie, der Sterbebegleitung und darüber hinaus auch in der Rehabilitation und Lebensgestaltung der Kranken einräumen.[11] Andererseits ist es bedrückend, daß Ärzte und berufsmäßige Pfleger gerade vor dieser zentralen Aufgabe versagen, ihre Patienten auf das hin anzusprechen, was ihr Leben und ihr Sterben wirklich ausmacht: das Gelingen des Lebens und das Akzeptieren des Todes.

Unser »Nachdenken über das Sterben« hat weit mehr Probleme aufgegriffen, als es lösen konnte. Das ist vielleicht gut so.

Für mein eigenes Denken ist das Konzept der »Story« der Geschichte Israels und der christlichen Kirche bedeutsam geworden – und ebenso das Konzept der »Einzel-Story« eines jeden Menschen. Jeder ist ja nur, was er von sich oder was andere von ihm erzählen können. Jeder ist, »jeder bewohnt« seine eigene Story. Es ist die Aufgabe aller, die in therapeutischen Berufen tätig sind, die Story eines anderen Menschen zutiefst ernst zu nehmen. Jede Therapie, jedes Gespräch mit einem Patienten ist ein Eingriff in dessen »Story«, und der gefürchtete und erwartete Tod eines Patienten ist ein Teil seiner Story, die weit über seinen Tod hinausgeht – in der Erinnerung seiner Mitmenschen und in der Erinnerung Gottes. Nicht nur unsere abwägenden Therapieziele bei der Behandlung – seien sie medizinisch oder psychotherapeutisch –, sondern auch unsere Einstellungen zum Tode eines Patienten müssen dadurch bestimmt sein, daß wir den Weitergang seiner Geschichte (seine antizipierte Story) vor unserem geistigen Auge erstehen lassen und uns daran orientieren.[12]

---

11 In den USA bezahlen die größeren Kliniken speziell ausgebildete Klinikpfarrer, deren Stellung im therapeutischen Team in den allermeisten Fällen unbestritten ist. Die Einstellung unseres medizinischen Establishments im deutschen Sprachbereich zur Aufgabe von Pfarrern (nicht selten auch von Psychologen) kann man nur als hoffnungslos veraltet ansehen, obwohl auch bei uns eine beträchtliche Zahl von Klinikpfarrern mit Sonderausbildung bereit steht.
12 Vgl. *D. Ritschl*, »Das ›Story‹-Konzept in der medizinischen Ethik«, in diesem Band S. 201–212.

III. POLITISCHE ETHIK

Der Beitrag des Calvinismus für die Entwicklung des Menschenrechtsgedankens in Europa und Nordamerika*

1. Man könnte sich schon beim Lesen des Titels dieses Aufsatzes verwundert fragen, was denn der Calvinismus mit Menschenrechten zu tun habe. Steht nicht Calvinismus – und gar Calvin selber – im Schatten der von aller Intoleranz und Bevormundung sich ablösenden Aufklärung? Und sehen wir nicht eben die Menschenrechte in einer fast natürlichen, organischen Verbindung mit Toleranz und Verstehen, mit Gewissensfreiheit? Und dem gegenüber – ist das nicht die allgemeine Meinung? – verbinden wir mit Calvin und dem Calvinismus die Vorstellung von Druck, Strenge, unbarmherziger Ordnung, auch Strafe, ja Todesstrafe für theologische Irrlehre. Gerade in Deutschland, vielleicht nicht so sehr im Westen oder in der Nähe der Schweiz, aber doch gewiß in den traditionell lutherischen Gebieten, besteht ja – bei wenig Wissen über Calvin – dieses etwas graue, ja furchterregende Bild von Calvin und dem von ihm ausgehenden Einfluß. Aber ich gebe es zu, auch in Schottland und in den USA, wo ich zwanzig Jahre lang lebte, würde man sich zunächst etwas wundern, wenn jemand den Calvinismus und den Menschenrechtsgedanken in einen engeren Zusammenhang bringen wollte.

Unter den Kennern besteht denn auch keine Einigkeit über die offenkundigen oder auch verborgenen Zusammenhänge. Während der Jurist Georg Jellinek[1] schon 1895 die Wurzeln des Menschenrechtsgedankens in den religiösen, ja reformatorischen Aufbruchsbewegungen des 16. und 17. Jahrhunderts sehen wollte – eine Sicht, die Ernst Troeltsch[2] als eine »wirkliche er-

---

* Vortrag im Rahmen der Reihe »Die Menschenrechte als Gegenstand des Denkens und als Erscheinungsformen des öffentlichen Gewissens« der Funkuniversität von Radio RIAS, Berlin, am 10. 9. 1979.

1 *G. Jellinek*, Die Erklärung der Menschen- und Bürgerrechte, München 1895.
2 *E. Troeltsch*, Die Bedeutung des Protestantismus für die Entstehung der modernen Welt, Hist. Zeitschrift 97, 1906 (zit. bei Bohatec, s. Anm. 4, 13).

leuchtende Entdeckung« lobte und teilte –, bestritt Richard Schmidt[3] 1916 (und nach ihm auch andere) gerade die Möglichkeit des Aufweises einer solchen Verbindung. Dem Theologen, Historiker und Juristen Josef Bohatec[4], einem echten Calvinisten unserer jüngeren Vergangenheit, verdanken wir aber noch differenziertere und eine krasse Alternative wohl überzeugend mildernde Kette von Einsichten. Erst recht die neueren Forschungen schottischer Gelehrter über das der kontinentalen Tradition fast unbekannte Phänomen des »covenant«, des verantwortlichen Bundes, ja der aufgrund einer historisch faßbaren Entscheidung eingegangenen Vermählung des Volkes mit Gott, brachten neues Licht in das Feld dieser umstrittenen, letztlich keineswegs nebensächlichen und zudem sehr spannenden Frage. James Torrance[5] in Aberdeen beschäftigt sich seit langem mit der Frage nach der politischen Bedeutung dieses Phänomens des »covenant«, und die Editoren der großen John Locke-Ausgabe sind auf ähnlichen Spuren. In der Bundesrepublik gilt es, den Juristen Wolfgang Fikentscher[6] in München und wohl auch den kürzlich verstorbenen Kulturhistoriker Ernst Reibstein[7] zu hören.

Bei allem, was wir im folgenden besprechen wollen, sollten wohl zwei extreme, gar zu vereinfachte Ansichten von Anfang an beiseite gelassen werden: 1. die Hypothese, die Menschenrechte kämen einzig und allein aus der Denkweise der Aufklärung, vielleicht unter Rückgriff auf die stoische Philosophie (die dann bei dieser Hypothese so etwas wie die Glorie einer antiken Aufklärung nachträglich verliehen bekommt); und 2. die Meinung, die Menschenrechte hätten ihren Ursprung einzig in Amerika und seien dort in der Kontrasterinnerung an die religiöse und bürgerliche Unfreiheit in der alten und aus der Freude über die errungenen Freiheiten in der neuen Welt her-

---

3 *R. Schmidt,* Die Vorgeschichte der geschriebenen Verfassungen, in: Zwei öffentlichrechtliche Abhandlungen als Festgabe für Otto Mayer, Leipzig 1916.
4 *J. Bohatec,* England und die Geschichte der Menschen- und Bürgerrechte, hg. v. O. Weber, Graz/Köln 1956.
5 *J. B. Torrance,* Covenant or Contract, Scott. Journ. of Theol., Vol. 23, Nr. 1, 1970, 51ff.
6 *W. Fikentscher,* Methoden des Rechts in vergleichender Darstellung. Bd. 1–5, Tübingen 1975–77 (bes. Bd. 2: Anglo-Amerikanischer Rechtskreis).
7 *E. Reibstein,* Volkssouveränität und Freiheitsrechte, hg. v. C. Schott, Bd. I, Texte u. Studien zur politischen Theorie des 14.–18. Jahrhunderts, Freiburg/München 1972. Vgl. auch die kurze Darstellung von *G. Oestreich,* Geschichte der Menschenrechte im Umriß, Berlin 1978², und dort die ausführliche Bibliographie, 130–158.

vorgewachsen, hätten in der Unabhängigkeitserklärung ihren Ausdruck gefunden, seien entscheidend wichtig in ihrem Einfluß auf die französische Revolution gewesen – einen Umweg und einen Irrweg zwar –, hätten aber letztlich in den bürgerlichen Revolutionen von 1848 und erst recht in der Charta der United-Nations-Menschenrechtsdeklaration von 1948 ihre wirkliche Krönung erfahren. – Beiseite lassen wollen wir diese Meinungen, obwohl sie natürlich in ihrer jeweiligen Einseitigkeit doch ein beachtliches Korn Wahrheit enthalten. Aber einseitig sind und bleiben sie, und wir lassen sie also als letztlich ernstzunehmende Partner aus unserer Diskussion aus. Ebenso freilich – es ist fast unnötig es zu sagen – lassen wir als Diskussionspartner nicht zu Worte kommen, wer sagt, der moderne Menschenrechtsgedanke hätte seine Wurzeln einzig in den theologisch begründeten Thesen zur Stellung des Menschen im Kosmos, in der Kirche, im Staat, wie sie von den Reformatoren, besonders von Calvin und seinen Schülern, erstellt worden sind. – So einfach sind die Zusammenhänge leider nicht zu sehen. Alles war viel komplexer, viel verschlungener, ja – wenn es nützt, dies zu sagen – viel unklarer.

Um unserem Thema näher zu kommen empfiehlt sich vielleicht der sonst als etwas pedantisch oder scholastisch anmutende Weg der Prüfung der drei Hauptbegriffe, die unsern Titel ausmachen: der Begriffe »Menschenrechtsgedanke«, »Beitrag« und »Calvinismus«, und zwar in dieser Reihenfolge. So beginne ich mit einer kurzen Überprüfung dessen, was man unter diesen Begriffen zu fassen allgemein bereit sein mag, mit der Frage also, was wir eigentlich meinen, wenn wir diese Ausdrücke brauchen. Erst danach wollen wir die hauptsächlichen Entwicklungsstufen abtasten und einige Kommentare über herausragende Persönlichkeiten riskieren, um doch wenigstens ein Bild von der komplexen und umstrittenen Frage zu erhalten, wenn auch nicht eine klare und endgültige Antwort.

Nun also zur Überprüfung der drei Hauptbegriffe unseres Themas:
»Menschenrechtsgedanke« – was ist denn das? Das Wort »Menschenrechte« ist heute so sehr in aller Munde – mit Recht freilich, wenn man bald täglich daran erinnert wird, wie schrecklich die Menschenrechte mit Füßen getreten werden –, daß die Gefahr besteht, wichtige Unterscheidungen zu übersehen. Unter den verwandten Ausdrücken, die hier in Frage kommen und die es zu unterscheiden gilt, »Menschenrechte«, »Grundrechte«, »Freiheitsrechte«, »Bürgerrechte«, ist der Begriff Menschenrechte der breiteste, der umfassendste, der ethisch am stärksten geladene, der verheißungsvoll-

ste[8]. Gerade darum ist es auch am schwierigsten, ihm Eingang ins positive Recht zu verschaffen, eine Bemühung, die seit 1948 immerhin nicht ohne Erfolge geblieben ist, besonders in den Mitgliedsstaaten des Europarates, auch aber im Bereich der Menschenrechtskonventionen und -pakte, wenngleich darin oft nur spezielle Rechte, etwa der Flüchtlinge, der rassischen Minoritäten usw., abgedeckt werden. Das Entscheidende am Begriff der »Menschenrechte« ist seine Universalität, seine vor-juristische, anthropologisch-ethische, ja theologische Fassung. Die theologische oder auch die naturrechtliche letzte Begründung sollte ja gerade dies leisten: sie sollte die vor-staatliche und wahrhaft universale Geltung der Elementarrechte, der klassischen Trias des Rechts auf Leben, Freiheit und Eigentum und der daraus abzuleitenden Menschenrechte demonstrieren. Nicht nur der Freie, auch der Sklave und der Fremde haben diese Basisrechte, nicht nur der Adel und das Parlament haben ständische Freiheitsrechte – man denke besonders an die englische Geschichte –, sondern eben alle Menschen sollten standes- und funktionsunabhängige Rechte haben; nicht nur die Bürger – man denke an die französische Revolution – sondern alle sollten die neuen Freiheiten als alte Rechte genießen; nicht nur die weißen Einwanderer – man denke an die amerikanische Geschichte – auch die schwarzen Sklaven und ihre Nachkommen sollten die Menschenrechte ohne Abstrich und ohne Vorleistung zuerkannt bekommen. – Was heißt also »Menschenrechtsgedanke«? Es heißt wohl so viel wie der »universalisierbare Grundgedanke« hinter den vielen historisch faßbaren Bestrebungen nach speziellen, nicht oder noch nicht auf alle Menschen ausgedehnten Freiheits- und Grundrechten von der Antike an bis heute. Ein »universalisierbarer, vor-staatlicher, anthropologischer Grundgedanke« also, der allerdings nicht nur als perspektivischer Punkt für Ethik oder als allgemeine Orientierung bei staatsübergreifenden Hilfsaktionen oder als Grenzmarkierung bei der Behandlung von Gefangenen oder Flüchtlingen in

---

8 Vgl. *K. A. Bettermann / F. Neumann / H. C. Nipperdey / U. Scheuner (Hg.),* Die Grundrechte, Handbuch der Theorie und Praxis der Grundrechte, 5 Bde., Berlin 1954ff., sowie die Beiträge im Evang. Staatslexikon, Stuttgart/Berlin 1966: Grundgesetz von *R. Herzog,* 711ff., Grundrechte von *A. Voigt,* 717ff. und *R. Zippelius,* 721–40. S. auch *E. Ranft,* Grundrechte und Naturrecht (ThExh NF Nr. 125), München 1965. Zum Überblick empfiehlt sich das Taschenbuch von *O. Kimminich,* Menschenrechte, München/Wien 1973 und als Textsammlung Rechtsstaatlichkeit und Menschenrechte, hg. Internat. Juristen-Kommission, Genf 1967.

Erscheinung tritt, sondern der eben in sich die Tendenz zu seiner praktischen Verwirklichung im positiven Recht der Staaten trägt. So oder ähnlich würde wohl eine Definition lauten, mit der die Völkerrechtler, Rechtsphilosphen und Politologen unserer Zeit einig sein könnten. Und unsere heutige Frage geht um den möglichen Beitrag des Calvinismus zur Entwicklung dieses alten und zugleich neuen Menschenrechtsgedankens. Auch wenn es zur Zeit von Calvin und dem späteren Calvinismus noch keine Menschenrechtskonzepte im heutigen Sinn gegeben hat, sondern vor allem Freiheitsrechte für einzelne und Gruppen besonderer Funktion oder Konfession sowie ständische Rechte, so heißt das natürlich noch lange nicht, daß Calvin und der Calvinismus nicht einen Beitrag zu dem dahinterliegenden »universalisierbaren, vorstaatlichen, anthropologischen Grundgedanken« – wie ich ihn vorhin nannte – hätten liefern können.

Was aber bedeutet es, einen »Beitrag zu einer Entwicklung« zu liefern? Es wäre günstig, sich über diesen zweiten Begriff noch kurz zu einigen. Eltern liefern Beiträge zur Entwicklung ihrer Kinder, Hegel zur Entwicklung des Marxismus, Italien zur Entwicklung Goethes, Aristoteles zur Entwicklung der Scholastik, die Technologie zur Entwicklung des Verkehrs, der Medizin, ja der ganzen Menschheit. »Beitrag« bedeutet gewiß nicht in jedem Fall dasselbe. Vielleicht hat man sich in den historisch bestimmten Geisteswissenschaften oft eine zu mechanistische, fast möchte man sagen: aus der Hydraulik entliehene Vorstellung von »Beitrag« oder »Einfluß« eines Menschen oder seiner Denkweise auf spätere Menschen oder Gruppen gemacht. Freilich gibt es diese Art von Einfluß, die man mit dem Weiterfließen eines verzweigten Gewässers – sichtbar oder auch unterirdisch – vergleichen könnte. Ein Teil der gleichen Substanz, sozusagen, zeigt sich zu späterer Zeit an anderem Ort. Aber das ist nicht die einzige Art, sich einen Beitrag, eine Beeinflussung vorzustellen. Nicht alle historisch, geistig und politisch entscheidenden Beiträge und Einflüsse erfolgen durch den Weitertransport eines Teils einer unveränderten gedanklichen Substanz oder durch die kritische Ablehnung bzw. dialektische Komplementierung ihres Inhaltes. Es gibt auch das Phänomen des Beitrages zu einer Entwicklung, den man mit der Schaffung eines Klimas oder mit dem Ausblenden gewisser Probleme oder mit der Befreiung zu neuen Perspektiven vergleichen könnte. Und drittens – dieses zweite Modell noch überbietend – kann man sich einen »Beitrag« in der Form der Erstellung der Bedingungen neuer Möglichkeiten vorstellen, der

Verwendung alter und neuer Elemente in der Gestaltung neuer Theorien. Wenn man nach dem Beitrag des Calvinismus auf die Entwicklung des Menschenrechtsgedankens fragt, wird man sich am ehesten an diesem zweiten und dritten Verständnis von »Beitrag« orientieren wollen. Das erste, das mechanistisch-hydraulische Verständnis ist, so einfach und überzeugend es zunächst aussieht, ohnehin wirklichkeitsfern (wenn man nicht die direkte Beeinflussung eines Schülers durch seinen Lehrer beschreiben will) und ist zudem ethisch nicht selten problematisch, man denke nur an die Leichtfertigkeit, mit der Luther für Auschwitz verantwortlich gemacht worden ist.

Und was heißt nun Beitrag des »Calvinismus«? Vielleicht kann man sich relativ schnell über diesen dritten, noch zur Klärung anstehenden Begriff einigen. Die Benennung ganzer, sich über Jahrhunderte erstreckender Bewegungen nach dem Namen einer einzelnen Person – Platonismus, Augustinismus, Thomismus, Marxismus – birgt zwar in sich selbst Probleme, aber die Bezeichnung »Calvinismus« ist trotzdem nicht ohne innere Einheitlichkeit und Sinn. Interessant ist, daß die reformierten Kirchen selbst, calvinisch lehrend und sich auch im Handeln an Calvins Lehre orientierend, sich weder damals noch heute »calvinisch« genannt haben. Jedenfalls war diese Benennung die Ausnahme, so daß wohl kaum jemand seine Konfession auf einem Personalbogen als »calvinisch« bezeichnen würde, ganz im Unterschied zur Verwendung der Bezeichnung »lutherisch« bei den Angehörigen der lutherischen Kirchen. Der Begriff »Calvinismus« umschließt anderes, vielleicht auch mehr als das Lehren und Handeln an Calvin orientierter Kirchen. Es ist ja auch auffällig, daß er in der Bezeichnung »Luthertum« nur eine sehr uneigentliche Parallele hat. Er umschließt offenbar auch gesellschaftliche und politische Dimenisionen, wohl auch eine generelle Sicht der Welt und der Dinge in ihr. (Wir lassen hier Max Webers[9] Intuition, der »Geist des Kapitalismus« sei der protestantischen, der calvinistischen Ethik entsprungen, beiseite; sie ist als historisch verifizierbare These nicht haltbar oder ist zumindest in der gelehrten Literatur durch eine so große Zahl von Qualifikationen ein-

---

9 *M. Weber*, Die protestantische Ethik und der Geist des Kapitalismus (1905), in: Die protestantische Ethik, hg. v. J. Winckelmann (Siebenstern-Taschenbuch 53/54), München/Hamburg 1965; s. dazu *Winckelmanns* Sammelband: Kritiken und Antikritiken. Zu Bd. II von *M. Weber*, Die Protestantische Ethik (Siebenstern Nr. 119/120), München/Hamburg 1968.

geschränkt worden, daß sie den »death by a thousand qualifications« gestorben ist, den Tod durch 1000 einschränkende Qualifikationen, um ein in der britischen Philosophie häufig benütztes Diktum von Anthony Flew zu verwenden.) Und weiter wird man sagen können, daß er, außer in den ungarischen reformierten Kirchen, fast ausschließlich im Westen Europas in- und außerhalb der Kirchen anzutreffen ist, einschließlich freilich der durch Auswanderer aus Westeuropa entstandenen Neugründungen in Übersee. Und man wird auch ohne viele Gegengründe eine Einteilung in historische Abschnitte, wie sie etwa Ernst Troeltsch[10] verwendet, gutheißen können. Er unterscheidet von Calvin selbst den »primitiven Calvinismus« und dann den »Neucalvinismus«, den er in den sogenannten Freikirchen verwirklicht sieht. Wir müßten dann noch den heutigen Calvinismus, jedenfalls den der letzten einhundert Jahre, hinzufügen. Viel gewinnt man nicht mit solchen Einteilungen, und die Frage der Grenzziehung zwischen eigentlichem Calvinismus und dem kulturell doch gewaltig einflußreichen Anglikanismus einerseits und den großen Volkskirchen der Methodisten und der Baptisten in Amerika andererseits – in allen finden sich ja calvinische Elemente – ist mit der Benennung solcher Abschnitte leider auch nicht geklärt. Gerade hier ist aber ein Teil unseres Interesses am Beitrag des Calvinismus festzumachen, wie nun im zweiten Teil unserer Diskussion deutlich werden soll.

2. Die Historiker der Menschenrechte weisen darauf hin, daß man sich beim Rückgriff auf die Geschichte oft allzu eilig an bestimmten, angeblich entscheidenden Kreuzungen oder Fixpunkten festgehakt hat. So wird etwa oft die Magna Charta von 1215 genannt, obwohl es dort in Wahrheit nur um die Wiederherstellung der Rechte der Barone gegenüber dem König ging – eine Rechtssicherung, die allerdings später, gerade von Calvinisten, wie etwa Sir Edward Coke, im Zusammenhang mit der Petition of Rights, als ein jedem Engländer zustehendes Rechtsgut interpretiert wurde[11]. (Im Puritanismus ist also, so könnte man sagen, der Magna Charta post festum eine ähnliche Würde verliehen worden wie Wilhelm Tell und dem Schwur der Eidgenossen in späterer Interpretation.) In Wahrheit aber gab es zu dieser Zeit und

---

10 *E. Troeltsch*, Die Soziallehren der christlichen Kirchen und Gruppen, Tübingen 1912, 605ff.
11 Vgl. *Bohatec*, 15ff.

sogar schon früher, ähnliche Forderungen nach Freiheitsrechten. Man nennt die Garantien, die Alfonso IX. im Jahre 1188 von den Cortes von León abgerungen worden waren, übrigens recht detaillierte Freiheitsrechte. Man weist auch auf spätere spanische Rechte hin[12] und natürlich auf die breite Literatur der spanischen Spätscholastiker, wo sich bereits Kritik an Sklaverei und an den Methoden der Konquistadoren findet; auch deutsche, ungarische, polnische und schwedische Privilegien wären aufzuführen, die allesamt eine Rechtssicherung im personalen Lehnsstaat bzw. die Vorbereitung für einen Ständestaat mit garantierten Freiheiten markieren. Die berühmte Magna Charta Libertatum steht also durchaus nicht über, sondern neben ähnlichen Garantien korporativer Freiheiten. Aber wie es eben mit alten Texten geht, ihre nachträgliche Interpretation und Appropriation verschafft ihnen einen »sensus plenior«, der ihnen ursprünglich gar nicht innewohnte. Und doch wird man nicht bestreiten wollen, daß eben gerade die calvinistischen Briten der Revolutionszeit mit ihren hervorragend durchdachten Forderungen und Begründungen bürgerlicher Freiheiten mit größerem Recht die Tradition der Magna Charta beschwören als etwa die Spanier des 17. Jahrhunderts ihre Garantien von 1188!

Calvin selbst steht nun zeitlich zwischen der spätmittelalterlichen Entwicklung zum ständisch geordneten Rechtsstaat und den ausgereifteren Theorien und politischen Praktiken der Freiheits-, ja man könnte schon fast sagen, der universalen Menschenrechte, wie sie sich im 17. Jahrhundert, besonders in England, herauszubilden begannen. Man sollte die moderneren Konzepte, und gar unsere heutigen Bewertungen der Menschenrechtsproblematik, nicht in Calvin hineinzulesen versuchen. Diese Warnung spricht schon unüberhörbar Josef Bohatec in seinen Calvin-Arbeiten und in seinen gelehrten Studien zu den Freiheitsrechten in England aus. Über Calvin ist ohnehin schon viel Unverantwortliches geschrieben worden, man denke nur an Ernst Blochs ebenso anmaßende wie unkundige Beurteilung Calvins in seinem Buch über Thomas Münzer. Der im letzten Winter verstorbene Basler Kirchenhistoriker Max Geiger schreibt darum mit vollem Recht: »Über Calvin selbst zu einem sachkundigen, eigenen Urteil zu kommen, stellt sehr hohe Anforderungen an Aufwand und Einfühlungsvermögen. Die Gefahr, vorschnell zu ermüden und sich mit einem schon geprägten Bild zufrieden zu

---

12 Z.B. *Oestreich*, 25ff.

geben, ist groß.«[13] Worum geht es denn vornehmlich bei der Interpretation Calvins in dieser Frage? Ich glaube, es geht um dreierlei. Einmal müßte die leidige Frage gelöst werden, wie denn Calvin zum Naturrecht stand: denn das Naturrecht war es natürlich, das eine Begründung der vorstaatlichen Grundrechte am ehesten ermöglichte. Das war in der Stoa so und ist über das Mittelalter über die Reformation bis hin zu Johannes Althusius, Hugo Grotius und Thomas Hobbes – bei den Lutheranern zu Pufendorf – so geblieben. Zweitens müßte eindeutig geklärt werden, wie Calvin zur Frage der Volkssouveränität stand; er hatte ja gewiß nicht jedem Bürger, aber doch den magistrats inférieurs, den mittleren Instanzen oder Beamten, das Widerstandsrecht voll eingeräumt und die Begründung letztlich doch darin gesehen, daß die Souveränität zwar bei Gott und nicht beim Fürsten oder König, aber zum Teil doch auch beim Volk ruhte. Und drittens müßte eben dieser theologische Gedanke befriedigend interpretiert werden: der Gedanke, daß Regierung und Untertanen in einem Verhältnis zueinander stehen, das seine Entsprechung oder sein Urbild in der Beziehung zwischen Gott und seinem Volk hat. Und daß diese Beziehungen, und darum auch ihre Entsprechung, durch das Konzept der mutua obligatio gekennzeichnet sein sollte, darüber läßt Calvin keinen Zweifel. Trotzdem ist nicht völlig eindeutig, welche politischen Konsequenzen Calvin sich aus dem theologischen Konzept erwachsend vorstellen wollte. Denn das unterliegt auch keinem Zweifel: Calvin hat zwar über den Staat – wie wir dies heute nennen – nachgedacht und gelehrt, aber eine eigentliche Staatslehre hat er natürlich nicht geboten. Unter dem Eindruck der Komplexität dieser dreifachen, schwierigen Aufgabe der Calvin-Interpretation erscheint ein Satz von E. Reibstein als hilfreich und zugleich als schöne Illustration dessen, was wir oben über »Beeinflussung« erwogen haben. Er schreibt: »Wenn es trotzdem einen politischen Calvinismus gibt, der im Zeichen der Volkssouveränität eine geistige Weltmacht geworden ist, so liegt das nicht nur an Calvins größerer Aufgeschlossenheit für rationales Denken im Sinne der traditionellen Naturrechtslehre, sondern entscheidend daran, daß diese Naturrechtslehre von anderer Seite für aufgeschlossene Calvinisten assimilierbar gemacht worden ist und politische Er-

---

13 *M. Geiger*, Calvin, Calvinismus, Kapitalismus, in: Gottesreich und Menschenreich, E. Staehelin zum 80. Geburtstag, Basel 1969, 281.

eignisse eintraten, die diese Assimilierung begünstigten.«[14] Gerade die theologische sowie die juristische Verwendung der verschiedenen Typen von Naturrechtslehren – worüber man nicht oft genug in dem klassischen Buch »Naturrecht und materiale Gerechtigkeit« von Hans Welzel nachlesen kann[15] – ist ganz eindeutig der Schlüssel zum Verständnis dessen, was von der Reformation an bis zur amerikanischen Unabhängigkeitserklärung, ja bis zur Menschenrechtsdeklaration von 1948, geschehen ist. Die protestantische, oft fast doktrinäre Skepsis gegenüber Naturrecht in Ehren – der Jurist Welzel teilt sie auch weitgehend –, muß man doch sagen, daß sowohl Luther wie Calvin von naturgegebenen Grundrechten der Menschen durchaus etwas hören wollten, ja gehört hatten! Freilich – das muß man sogleich zugeben – ist die juristische Anwendung dieser Einsicht bei den Reformatoren eindeutiger als die theologische Integration dieses Konzeptes in das Ganze der Theologie. Das ist auch völlig verständlich. Es ist aber doch eigentümlich, daß sich im Hinblick auf Calvin zwei recht unterschiedliche Gesamtinterpretationen im Verlauf unseres Jahrhunderts herausgebildet haben: die deutschsprachige Theologie, gar nicht nur (aber gewiß auch) unter dem Einfluß Karl Barths, will dem Genfer Reformator den Geschmack am Naturrecht und gar an »natürlicher Theologie« ganz und gar absprechen[16], während die Angelsachsen recht unbehelligt ihre eigene Vorliebe für das Naturrecht als ein die Völker auf einen ethischen und gar juristischen Nenner zu bringendes Gemeinsames durchaus in Calvin hineinlesen. Das ist nicht einfach fromme Volksmeinung, nein, die Gelehrten tun dies ganz bewußt. Wir können von dieser Diskrepanz der Calvin-Interpretation mindestens dies lernen, daß Calvin selbst offenbar hier etliches offen gelassen hat. Und wir sollten uns sogleich auch klar machen, daß die an Menschenrechten interessierten Calvinisten späterer Generationen Calvin durchaus naturrechtlich interpretiert haben.

Nun müssen wir aber doch, bevor wir zum Calvinismus zurückkehren, noch eine entscheidende Frage an Calvin selbst richten. Er partizipierte ja nicht nur an stoischen und mittelalterlichen Naturrechtsgedanken, reflek-

---

14 *Reibstein*, 100f.
15 *H. Welzel*, Naturrecht und materiale Gerechtigkeit, Göttingen 1951ff. S. auch *W. Maihofer (Hg.)*, Naturrecht oder Rechtspositivismus (Wege der Forschung Bd. XVI, Wissenschaftl. Buchgesellschaft), Darmstadt 1966.
16 S. dazu *G. J. Postema*, »Calvin's Alleged Rejection of Natural Theology«, Scott. Journ. of Theol., Vol. 24, Nr. 4, 1971, 423ff.

tierte nicht nur über Volkssouveränität im Zusammenhang mit ständestaatlichen Institutionen, parallelisierte nicht nur bundestheologische Gedanken mit möglichen staatstheoretischen Konzepten, sondern er war doch vor allem ein Theologe, der ständig am Zentrum theologischer Thematik bleiben wollte. Wenn es bei Freiheits-, Bürger- und Menschenrechten um den Menschen geht, was hat denn Calvin theologisch über den Menschen gelehrt, über seine mögliche Autonomie oder eventuelle Abhängigkeit? Das muß doch unbedingt noch in unser Blickfeld geraten, bevor wir weitergehen[17].

Calvin hat dem individuellen Menschen, auch dem Gewissen des Einzelmenschen, ein großes Gewicht beigelegt. Die Begründung dafür sieht er in der imago-Dei-Konzeption der Alten Kirche, die er übernimmt und modifiziert. Er bietet zwar durchaus kein theologisches Begründungsgefüge für eine Demokratie, gewiß aber auch keine Rechtfertigung des sich im 16. und 17. Jahrhundert herausbildenden dynastischen Absolutismus. Manche mögen sich darüber wundern, daß Calvin im III. Buch der Institutio eine währschafte, ganz an Luther erinnernde Zwei-Reiche-Lehre vertritt, sogar mit den steilen Sätzen: »... daß zweierlei Regiment in dem Menschen sei, das eine ist geistlich ... das andere ist bürgerlich ... im Menschen gewissermaßen zwei Welten, welche auch durch verschiedene Könige und verschiedene Gesetze regiert werden können.«[18] Aber diese Lehre deckt nicht alles ab, was Calvin zu sagen hat. Er verbindet ja auf eine so konsequente – und ich möchte urteilen: auf eine theologisch so überzeugende Weise Lehraussagen mit Handlungsanweisungen, daß es letztlich bei ihm kein Auseinanderklaffen zwischen Glauben und Handeln geben kann. Wenn es einen Schlüsselbegriff oder Generalnenner für Calvins Theologie gibt, so ist es sicher nicht eine kühle Betonung der Souveränität Gottes oder gar der Prädestinationslehre – wie man früher oft meinte und noch heute nicht selten hört –, sondern es ist etwas ganz Funktionales: die Heiligung, das praktische Funktionieren christlicher Existenz und wahren Gottesdienstes. Die dabei beteiligten Menschen sind sehr wichtig genommen. Die späteren Calvinisten haben hier mit Recht die theologische Grundlegung ihrer geforderten Religionsfreiheit gesehen, und zwar schon mit Calvins ausdrücklicher Ermutigung in Frankreich und

---

17 S. immer noch *T. F. Torrance*, Calvin's Doctrine of Man, London 1949 (deutsch Zollikon 1951).
18 *Calvin*, Institutio III, 19,15, vgl. IV, 20.

den Niederlanden, und gewiß in Calvins Sinn im späteren England. Dabei spielt die Entscheidungsfreiheit des Menschen, seine Autonomie, eine große Rolle, wenn sie auch von Calvin ganz als im Dienst des Gehorsams gegenüber Gottes Wille gesehen wird. Man darf sich jedenfalls den von Calvin theologisch-anthropologisch anvisierten Menschen nicht als Marionette vorstellen. Allerdings müssen wir ihn uns als Christen vorstellen. Calvin konnte – und das teilt er natürlich mit Luther und den andern seines Jahrhunderts – sich kaum einen Bürger oder gar einen Regenten oder das Mitglied eines Magistrats vorstellen, der nicht christlich ist – mit einer bedeutenden Ausnahme: er hatte – nun im Unterschied zu Luther – ein weit offenes Auge für die theologische und menschliche Existenz der Juden. Immerhin, wir dürfen uns nach keinerlei »säkularen« Vorstellungen eines autonomen Menschen bei Calvin umsehen – das trennt ihn freilich sehr von den Deisten und Aufklärern der späteren Generationen, die den Menschenrechtsgedanken so eifrig gefördert und sich manchmal ihrerseits als mehr oder weniger mit dem Calvinismus verbunden verstanden haben. Man denke nur an den großen Amerikaner Thomas Jefferson und die anderen, von Hause aus protestantischen Architekten der Gesellschaft in der neuen Welt.

Die Entwicklung der Menschenrechtskonzepte im weiteren Rahmen des calvinistisch orientierten oder auch irritierten Westeuropa kann man sich vielleicht an drei Gedankensträngen oder gar Berufsgruppen klarmachen, die freilich ineinander kompliziert verwoben sind: ich meine die Äußerungen der Theologen, die Theorien der Juristen und die Reflexionen der Philosophen. Es wird sich aber auch empfehlen, die drei nicht zu vermischen. Und alle drei miteinander verbundenen Denkbemühungen fanden ja in der frühen Zeit in Frankreich, in den Niederlanden, in Schottland, dann in England sowie in Schottland in einer wirklich schrecklichen Zeit statt. Folterungen, Hinrichtungen, Demütigungen, Verfolgungen machten den Alltag aus. Von der Bartholomäusnacht bis zu Cromwells entsetzlich an Lidice und Oradour gemahnende Verbrennung von Menschen in eingeschlossenen Kirchen; vom Erzbischof von Canterbury, der seinen Feinden die Ohren abschneiden ließ, bis zur Niedermetzelung der feindlichen Gefangenen und ihrer katholischen Dirnen durch die calvinistischen Ironsides Cromwells; von der Rache der »Glorious Revolution« bis zu den nicht aufhören wollenden Greueltaten in dem schönen Schottland – hat die Geschichte der Religionskriege im vom Calvinismus beeinflußten Teil Europas wirklich ihr grauenvolles Gegenstück zum Dreißigjährigen Krieg in den lutherischen und katholischen Territorien. Und auch die gewaltsame Intoleranz in Teilen der Siedlerkolonien der neuen Welt – von Flüchtlingen aus den Schreckensgebieten Westeuropas gegründet – darf nicht verniedlicht werden. (Vielleicht ist ja überhaupt das 17. Jahrhundert eines der scheußlichsten der europäischen Geschichte!) Und doch ist das vielleicht ein Zerrbild, wenn man nicht sieht, was innerhalb dieses Hexenkessels an konstruktiven und wahrlich humanen Gedanken gedacht und zum Teil sogar in die Wirklichkeit umgesetzt worden ist, ganz gewiß nicht ohne Einfluß oder Beitrag des Calvinismus.

Die theologisch-kirchlichen, die juristischen und die philosophischen Denkbewegungen sind zunächst von der durch die Monarchomachen zugespitzten, alten, schon den spanischen Kritikern Philipps des II. vertrauten Frage nach der Volkssouveränität geprägt. Der Beitrag der calvinisch bestimmten Kirchen ist in drei Bereichen sichtbar: in der Forderung nach Religionsfreiheit (oft im Existenzkampf um die eigene Kirche), in der vehementen Betonung des Bundesgedankens und schließlich – wenn auch mehr in Schottland als in England – im presbyterial-synodalen System, das zweifellos einen Einfluß auf die Begründung und die Struktur der modernen Demokratie gehabt hat. Der Bundesgedanke ist von diesen dreien vielleicht am wichtigsten, was man heute klarer sieht als früher (noch Troeltsch hatte die irrige Meinung, es sei im covenant-Konzept nichts ursprünglich calvinisches[19]). Die beiden inneren Aspekte des covenant, der Herrschafts- und der Gesellschaftsvertrag, finden sich dann später bekanntlich in den Staatstheorien von Locke über Rousseau bis in die neuere Zeit. Aber auch einfach der Schrei nach Religionsfreiheit ist ein wesentlicher Beitrag für die Gestaltung der späteren Menschenrechte. Schon Theodore Beza ging hierin unter dem Eindruck der entsetzlichen Verfolgungen der Reformierten in Frankreich weit über Calvin hinaus. Wir sehen hier wieder, wie komplex die Modifikationen der Rezeption von Tradition in neuen Situationen sein kann. Erst recht gilt dies für die spätere Verknüpfung von conscience und covenant, von persönlichem Gewissen und Bundeskonzept bei den Puritanern, bei dem feinsinnigen John Milton (der seinen Reichtum zum Teil aus der Antike schöpfte), sowie bei dem innig-einfachen John Bunyan oder auch dem wirren und kranken George Fox. Bei ihnen allen wird auf dem Boden englischen

---

19 *Troeltsch*, 740.

Geistes weitergeführt, was die jungen Amerikaner in pragmatischerer Weise zwei oder drei Generationen später zur säkulareren Forderung nach Menschenrechten führen wird.

Die Juristen aber nehmen in der dreifachen Denkbewegung wohl den wichtigsten und dennoch den am wenigsten beachteten Platz ein. Sir Edward Coke hat in seinen großen »Institutes of the Laws of England« und mit der Begründung der Petition of Right von 1628/29 sehr wichtige Bausteine gelegt. Bohatec meint, es sei erwiesen, daß er, und nicht erst John Locke, die gedankliche Arbeit zur Ausweitung der alten libertates auf alle Engländer geleistet habe. Sein Einfluß auf Milton, auf Locke selbst, auf Roger Williams, den Gründer von Rhode Island, und auf John Otis, den »Theoretiker der amerikanischen Revolution«, sei nicht zu unterschätzen[20]. Ähnlich – und in manchem ähnlich konservativ – hat Henry Ireton, der Schwiegersohn Cromwells, nicht ohne Beeinflussung durch Hugo Grotius, an der theoretischen Begründung der Deduktionen aus der alten Grundrechts-Trias – Leben, Freiheit, Eigentum – gearbeitet und dabei auch die Grenzen naturrechtlicher Begründung durchaus erkannt. Die damalige Diskussion der Fachleute war sehr konkret angestachelt durch die idealistischen Forderungen der sog. »Levellers«, deren Gleichmacherei-Konzepte als inakzeptabel erschienen. Vor allem spielte der Begriff des Eigentums bei den Kritikern der Levellers eine interessante Rolle. Würde man auf die Bindung des Wahlrechts ans Eigentum verzichten – so lautete das Argument – so wäre Anarchie die Folge. Ich habe selbst in der Civil Rights Movement in den USA in den fünfziger und sechziger Jahren gegen die Spätfolgen dieser Theorie in der damals diskriminierenden Wahlgesetzgebung gekämpft, würde aber zugeben, daß für ihre Zeit die englischen Juristen gegen die Levellers recht hatten.

Nun müßten noch die Philosophen genannt werden, unter ihnen zunächst der vornehme Hugo Grotius; dann der trockene Thomas Hobbes, der aber mehr unter den Schrecken seiner Zeit litt, als die Lehrbücher es aufzeigen, und der darum von Selbstsucht, Sünde und Krieg aller gegen alle den praktischen Ausgang für seine Theorie suchte, der erfreulich nominalistisch und voluntaristisch dachte und doch eine sehr ungeschickte, ja unwirklich-häßliche Lehre vom Gewissen des Bürgers und der Stellung zu seiner Regierung entwickelte. Wichtiger aber noch wäre John Locke in unserem Zusammen-

---

20 *Bohatec*, 14f., 26.

hang, schon weil sein Einfluß wirklich erheblich war, nicht zuletzt auf das junge Amerika. Er hat von Edward Coke und auch von Pufendorfs »De jure naturae et gentium« gelernt und seine »Two Treatises of Government« haben viel zur theoretischen Definition der Individualrechte beigetragen. Auch er, so sagt sein Biograph Maurice Cranston[21], ist aus einer calvinistisch geprägten Umgebung und Denkweise her zu verstehen.

Statt einer Zusammenfassung dieser vielen einzelnen Nachrichten und Überlegungen möchte ich zum Abschluß noch einmal das Problem, die Aufgabe und das Interessante an unserem Thema zu benennen versuchen: Calvin bemühte sich nicht um Menschenrechte in dem Sinne, in dem wir heute um sie kämpfen und zugleich klagen. Er hatte - wie schon Autoren der Spätscholastik - Interesse an ständestaatlichen Freiheiten und aristokratisch-demokratischen Sicherungen. Aber seine Gedanken zu Gesetz und Dekalog, sinnvollem Leben und Gottesdienst, Verwirklichung des Bundes mit Gott, Naturrecht und göttlichem Recht, haben in den schlimmen Zeiten der um ihre Existenz kämpfenden calvinistischen Kirchen in Westeuropa zum Teil ganz neue Perspektiven eröffnet. Volkssouveränität, Bundesgedanke, Religionsfreiheit und wohl auch presbyterial-synodales System sind genuin calvinistische Interessen, die zweifellos durch Kirchenmänner, Juristen und Philosophen Englands, Schottlands und des jungen Amerika Bausteine für die modernen Menschenrechtsgedanken geliefert haben. Ob dabei auch Ungutes angefacht worden ist, haben wir hier nicht diskutiert. Immerhin ist die individualistische Tendenz auf die Autonomie des Einzelmenschen hin, wie man sie bei Thomas Hobbes und viel später bei Karl Marx findet, auch ein typisch westeuropäisches und sicher nicht unproblematisches Erbe. Und die sehr verzerrt definierten Menschenrechte im heutigen Südafrika gehen vielleicht zum Teil auch auf mißverstandenes, calvinistisches Erbe zurück. Aber im ganzen wäre das Urteil wohl nicht verfehlt, daß der Calvinismus - im Vergleich mit anderen kirchlich-theologischen Strömungen in der neueren Geschichte - einen konstruktiven und befreienden Beitrag zum modernen Menschenrechtsgedanken geliefert hat.

---

21 *M. Cranston,* John Locke, A Biography, London 1957. Vgl. auch *M. S. Johnson,* Lokke on Freedom, Austin 1977 (Diss. Basel 1973).

Martin Luther King, Jr.

Er wurde 39 Jahre alt, wie Dietrich Bonhoeffer. Er war klein von Statur, stark und muskulös. Er bewegte sich ruhig und sprach langsam, mit tiefer Stimme. Er schenkte dem Gesprächspartner seine volle Aufmerksamkeit, wirkte aber distanziert und doch zugleich gütig. Er schien fernere Ziele hinter den Aufgaben der Gegenwart zu sehen. Die ovalen Augen blickten kritisch. Er hatte eine große Ausstrahlung des Willens. Aber seine Anhänger sollten ihre Stuben und Büros nicht mit seinem Bild schmücken, denn er wollte gehört werden. Er war ein Mann des Wortes, wenngleich ausgestattet mit einem instinktiven Sinn für symbolische Handlungen.

Martin Luther King, Jr. – als er sechs Jahre alt war, nahm sein Vater aus Bewunderung für den Reformator den Mittelnamen Luther an – war ein amerikanischer Intellektueller und zugleich ein frommer Sohn der schwarzen Baptistenkirche in den Südstaaten. Er kam aus dem wohlhabenden Mittelstand der Schwarzen in Atlanta, hatte einen patriarchalischen Pfarrer als Vater und eine studierte Mutter. Seine Frau, sein Bruder und seine Schwester, der Großvater – alle ungemein fleißige und gescheite Menschen mit besten Qualifikationen aus College und Universität; sie waren Erfolgsmenschen. Und doch wußte er, was in den Herzen der Armen vorgeht und er kannte ihre Sprache. Ausgestattet mit den Reichtümern der Bildung als erfolgreicher Absolvent akademischer Institutionen der Nordstaaten, blieb er doch immer ein Südstaatler. Letztlich verstand er sich mit dem problematischen Lyndon B. Johnson besser als mit seinem wahren Freund und Protektor John F. Kennedy.

King wurde wider Erwarten Anführer des größten gewaltfreien Protests und Boykotts Amerikas. Er nahm Gandhis Ideen auf und besuchte deswegen 1959 Indien. Er hatte eine breite geschichtliche Bildung und wußte sie rhetorisch geschickt anzuwenden. Er konnte profunde psychologische und soziologische Zusammenhänge erkennen und nutzen. Aber all dies wurde weit überschattet durch die Tiefe der Einsichten in die Geschichten und die Prophetie des Alten und in das Liebesgebot des Neuen Testaments. Hier war die Quelle seiner Orientierung und der Grund seiner Hoffnung. Einzig könnte man daneben noch – an zweiter Stelle – seine nahezu religiöse Bewunderung der Grunddogmen der amerikanischen Unabhängigkeitserklärung nennen, die er ungezählte Male voller Respekt und in der Erwartung ihrer Erfüllung zitierte. Die weltberühmte Rede vom »Traum«, die er 1963 in Washington auf den Stufen des Lincoln Memorial vor 250 000 Menschen hielt, ist eine einzige Synthese von biblischer Verheißung und amerikanischer Urhoffnung. King war ein überzeugter, demütiger Christ und zugleich ein leidenschaftlicher Amerikaner. An der Schande beider, seiner Kirche und seines Landes, trug er schwer. Die europäischen Kommentatoren, die ihn in den siebziger Jahren nicht selten zum Revolutionär modernen Stils oder zum marxistisch orientierten Analytiker seiner Gesellschaft umstilisieren wollten, verfehlten ihn ganz und gar.

Im folgenden soll diese kurze Skizze etwas breiter ausgeführt werden.

1. Der Intellektuelle

Man darf nie übersehen, daß King, der in wenigen Jahren der moralische Führer des »anderen Amerika« wurde, der – entgegen der Prognose der gängigen Theologien in Amerika und Europa – eine ganz schlichte Frömmigkeit der Nachfolge Jesu in die Herzen von Millionen von Menschen der westlichen Welt pflanzte, ein ungewöhnlich begabter und besessener Intellektueller war. Er umgab sich mit Büchern, ehe er lesen konnte. Schon als Kind arbeitete er unermüdlich mit Gedanken. Den Geschwistern und dem autoritären Vater bot er in Situationen der Krise heftigen Widerstand mit Argumenten und Zielstrebigkeit. In der Schule überspringt er zweimal eine Klasse und beginnt als Fünfzehnjähriger mit dem College-Studium, drei Jahre jünger als die anderen. Beim Abschluß als Neunzehnjähriger schreibt er in einem Aufsatz über Bildungsziele, über »education«, noble Ziele, nicht Mittel zu Zielen, seien die eigentliche Aufgabe. »Oft frage ich mich, ob ›education‹ ihr Ziel wirklich erfüllt. Die Mehrzahl der sogenannten Gebildeten denkt weder logisch noch wissenschaftlich. Auch die Presse, die Lehrer, die öffentlichen Redner und wohl auch die Prediger vermitteln uns keine objektiven und unparteiischen Wahrheiten. Ein Hauptziel von ›education‹ ist nach meiner Ansicht die Befreiung der Menschen aus dem Morast der Propaganda. ›Education‹ muß uns fähig machen zur Sichtung des Gegebenen, zur Unterscheidung von Wahrem und Falschem, Wirklichem und Unwirklichem, Fakten und Fiktionen ... sie muß uns befähigen zum intensiven und kritischen Denken. Aber . . . Intelligenz allein ist nicht genug. Intelligenz plus Charakter – das ist das Ziel wahrer ›education‹. Vollständige ›education‹ vermittelt nicht nur Konzentrationskraft, sondern würdige Ziele solcher Konzentration. Darum wird eine breite ›education‹ nicht nur auf akkumuliertes Wissen der Menschheit abzielen, sondern vor allem auf die gesammelte Erfahrung sozialen Lebens« (Bennett, 29).

Als College-Student wollte er zunächst Advokat oder Arzt werden. Der Pfarrerberuf lockte ihn wenig, weil er gegenüber den emotionalen Gottesdiensten der schwarzen Baptisten eine Ablehnung empfand. Ihn störte das »amen-ing«, die ständigen Zwischenrufe während der Predigt, ihn, der später ein Meister im rhythmischen Hervorlocken von Zwischenrufen wurde! Auch der Fundamentalismus im Umgang mit der Bibel, bei schwarzen sowie weißen Baptisten der Südstaaten ungebrochen, befremdete ihn. Aber schon als Achtzehnjähriger änderte er die Ziele. Nach einer Probepredigt in der großen Ebenezer-Kirche in Atlanta, der Gemeinde seines Vaters, wird er zum Prediger ordiniert und als »Assistant Pastor« eingestellt.

Seine Gesuche um Zulassung bei mehreren großen theologischen Fakultäten des Nordens werden positiv beantwortet. Er entscheidet sich für das Crozer Seminary in Pennsylvania. Nun steht er im Wettbewerb mit weißen Studenten. Die Geborgenheit des traditionsreichen Neger-Colleges in Atlanta, Morehouse College, wird Vergangenheit. Er bewährt sich glänzend, besucht neben den theologischen Kursen in Crozer auch philosophische Seminare an der nahen University of Pennsylvania, liest Sartre, Heidegger und Jaspers, entwickelt eine Kritik an Hegels Phänomenologie, kommt unter den Einfluß der Bücher Walter Rauschenbuschs und Reinhold Niebuhrs. Gastvorträge des Pazifisten A. J. Muste und auch des Rektors der schwarzen Howard Universität, Mordecai Johnson, über Gandhi und die mögliche Nutzung seiner Ideen und Taktiken in Amerika, begeistern ihn und lassen ihn in die Stadt eilen »und ein halbes Dutzend Bücher über Gandhis Leben und Werk kaufen«.

Im Juni 1951 graduiert er zum »B.D.« und erhält als bester Student einen Preis für weiteres Studium zur Promotion. Alle Türen stehen ihm offen, Yale und die anderen großen »graduate schools«. Er wählt die Universität von Boston wegen der beiden Vertreter der Philosophie des Personalismus, Edgar S. Brightman und L. Harold DeWolf, und wegen der geographischen Nähe zu Harvard und den dortigen Möglichkeiten in der Philosophie. DeWolf wird sein Doktorvater. Bis zum Ende seines Lebens bleibt King dem Personalismus treu. Er neigt dazu, auch strukturelle Probleme in der Gesellschaft personalistisch anzugehen. Das mußte später zu Kollisionen mit dem radikaleren Flügel der »black power«-Bewegung führen. Aber King versucht in allen Krisen mit Hilfe der Niebuhrschen Unterscheidung zwischen »moral man« und »immoral society« die Angriffe abzuwehren und bei all seiner beißenden Kritik an Strukturen und Institutionen den Mitmenschen nicht zu versachlichen und zum Feind werden zu lassen.

In der Dissertation ging es um die Gotteskonzepte bei Tillich und bei Henry Nelson Wieman, einem der Vorväter der heute so weit diskutierten Prozeßtheologie. Die Arbeit hielt ihn bis 1955 in Atem, als er zum Ph.D. in systematischer Theologie promoviert wurde. Er klärte hier sein eigenes Verständnis vom personalen Wesen Gottes. Die Arbeit war mehr als eine akademische Übung: Wie manche amerikanische Theologen, so kannte auch er keine Gründe für eine Trennung zwischen wissenschaftlichem Erkennen und persönlichem Glauben. Diese Einheit hat für uns Europäer etwas Naives und zugleich etwas Beschämendes an sich. Coretta Scott, die graduierte Studentin der Musik am Konservatorium Neuenglands, mit der er sich in diesen Jahren verlobte, kann darum in ihrer Biographie ganz überzeugend sagen, sie sei mit Martins Erkenntnissen über Gott ganz und gar einig, auch sie glaube, daß wir, die wir unser Leben Gott anheimgestellt haben, Instrumente in seinem Kampf – seinem »glorious struggle« – gegen die Kräfte des Bösen in der Welt seien (Coretta King, 92). In langen Nächten tippte sie seine Dissertation, als King schon eine Pfarrstelle an der Dexter Avenue Kirche in Montgomery angenommen hatte, die er an Wochenenden von Boston aus versorgte. Er hatte Coretta gegen die anfängliche Skepsis des autoritären Vaters geheiratet, der andere Frauen für den Sohn auserkoren hatte. King war von schwarzen und auch von weißen Mädchen umschwärmt gewesen, aber er erklärte Coretta schon beim ersten Treffen, sie passe genau in sein »Bild einer Ehefrau«. Beglückt sagte er beim ersten Gespräch: »Du kannst ja denken!«, als er sinnvolle Reaktionen auf seine historischen und politischen Äußerungen erhielt. Coretta wurde bald ein beliebtes Mitglied der Großfamilie und ließ sich – zunächst zaudernd – von Vater King durch Untertauchen aufs neue taufen. Sie sollte eine echt baptistische Pfarrfrau an der Prestigegemeinde in der alten Hauptstadt der Konförderation der Südstaaten, Montgomery in Alabama, werden.

Er war ein amerikanischer Intellektueller. Er zitierte spontan Aristoteles, Augustin und Thomas oder Victor Hugo und Max Weber, aber als er in der Peterskirche in Rom war, kniete er nieder und betete. Er analysierte kühl und scheinbar emotionslos eine Krisensituation, aber er rief den aufgebrachten Massen unter Lebensgefahr und unter der Kritik der Anhänger zu: »Liebe soll unser regulatives Ideal sein, ›liebet eure Feinde, segnet, die euch verfluchen!‹ ... wenn wir darin versagen, wird unser Protest als sinnloses Drama auf der Bühne der Geschichte enden ... trotz der Mißhandlungen, die wir erfahren haben, wollen wir nicht bitter werden und unsere weißen Brüder hassen ... Wie Booker T. Washington sagte: ›Laß keinen Menschen dich so hinunterreißen, daß du anfängst ihn zu hassen!‹ ... Wenn Ihr mutig protestiert, aber mit Würde und christlicher Liebe, dann werden die Historiker, wenn in zukünftigen Generationen die Geschichtsbücher geschrieben werden, innehalten und sagen: ›Da lebte ein großes Volk – ein schwarzes Volk – das neuen Sinn und neue Würde in den Adern der Zivilisation einfließen ließ.‹ Das ist unser Test, das ist unsere überragende Verantwortung« (Bennett, 66).

2. Der Pfarrer des »Black Puritanism«

King war ein guter Tänzer, als Student und auch noch als Doktorand in Boston. Aber als Baptistenpfarrer tanzt man nicht mehr öffentlich – er tat es nur noch einmal bei einem Empfang nach der Verleihung des Friedensnobelpreises. Er trank keinen Alkohol. Er lebte in den Geschichten der Bibel. Seine Sprache war getränkt mit Anspielungen auf Gestalten und Sätze der Bibel. Darin war er wie die anderen schwarzen Prediger. Aber er drängte anderen die Bibel nicht auf, er setzte sie sozusagen bei allen Mitmenschen voraus. Er konnte ganze Reden oder gar Predigten halten ohne direkten Bezug auf Bibelstellen. Er konnte auch – wie es sonst nur die klassischen »Liberalen« taten – Jesus, George Washington, Abraham Lincoln und Dr. Mays, seinen Präsidenten vom Morehouse College, zusammen und sozusagen auf gleicher Ebene »zitieren«. Er konnte das darum, weil seine Autorität nicht aus dem direkten Bezug auf Schriften – und seien es biblische Schriften – stammte, sondern aus dem Geist, in dem er sprach. Nicht nur bei sich selbst, auch bei Gruppen und Arbeits-Teams hatte er ein Gespür für die Anwesenheit oder das Fehlen des Geistes. In seiner letzten Lebenswoche, in der tiefen Depression über das Scheitern des gewaltfreien Protestes in Memphis, verließ er die Mitarbeitersitzung, weil der Entscheid, ob er ein zweites Mal nach Memphis fahren sollte, nicht zustande kam. »Du kannst wieder hereinkommen, der Heilige Geist ist im Raum«, rief ihn einer der Freunde. Und nach dem letzten Interview seines Lebens, als neues Feuer der Depression Herr geworden war, fragte der Reporter: »Weshalb sind Sie so verändert seit gestern abend? Haben Sie mit jemand gesprochen?« »Nein, ich habe mit niemand gesprochen. Ich habe mit Gott geredet« (Bennett, 238; Coretta King, 311).

Das Gespür für das Fehlen und für die Gegenwart des Geistes, bei sich und unter seinen Freunden, das ist ein echtes Merkmal schwarzer – und man muß hinzufügen: puritanischer – Frömmigkeit. »Black Puritanism« ist vielleicht eine befremdliche Wortverbindung. Sie ist aber in vollem Ernst und sicher mit gutem Grund gebraucht worden. Nicht der Buchstabe, nicht eine Leitidee oder ein Dogma ordnen die Gedanken und Emotionen, sondern Gottes Geist selber. Daraus fließen erst in zweiter Instanz Prinzipien und Lebenshaltungen: Abstinenz von Alkohol, absolute Ehrlichkeit auch im Kleinen, Konzentration auf Familienleben und Kinder, Demut im Urteil über Mitmenschen und ständige Bereitschaft zum Gebet.

Keine persönliche Anschuldigung hat King so tief gekränkt wie die üble Kampagne im Februar 1959, als ihm Steuerhinterziehung für die Jahre 1956 und 1958 vorgeworfen, ja, als er deswegen sogar verhaftet wurde. Er war zutiefst getroffen: »Wer wird mir jetzt noch glauben?« Er hätte sich niemals für moralisch perfekt gehalten, aber eine Tugend hätte er: Ehrlichkeit. Es war keine geringe Sensation, als er Ende Mai von einer ganz aus Weißen bestehenden Jury freigesprochen wurde.

King war immer makellos gekleidet, zumeist dunkel. Nur zu Hause soll er sportliche Kleider getragen haben, als er mit den Kindern spielte oder am Flügel sich an Beethoven versuchte, wie seine Frau das nannte. Er kam mit ungewöhnlich wenig Schlaf aus, las vor dem Frühstück eine Stunde in philosophischen und theologischen Büchern. Für die Vorbereitung einer normalen Sonntagspredigt brauchte er »mindestens 15 Stunden«. Meist predigte er nicht über, sondern anhand eines Bibeltextes. (Exegetisch streng einem Text folgende Predigten sind in amerikanischen Kirchen selten, auch in den konservativen Kirchen der schwarzen Kultur.) Die großen öffentlichen Reden hielt er oft nach kurzer Vorbereitung. Es finden sich in ihnen ungezählte Wiederholungen und die Wiederaufnahme ganzer Passagen aus alten Ansprachen. Die Tradition, Reden oder auch Predigten mehrmals oder nur wenig verändert vorzutragen, ist in Amerika weit verbreitet. Auch John Wesley sei sein Leben lang mit wenig über 40 Predigten ausgekommen, wird oft zur Erklärung gesagt. Die alten Worte müssen neu mit Geist erfüllt werden, darum geht es! Es ist interessant, daß King von sich selber sagt, er habe auch beim Wechsel von schwarzen zu mehrheitlich weißen Auditorien seine Reden kaum verändert. Anhand der Texte läßt sich aber nachweisen, daß sich doch Unterschiede finden. Inhaltlich bietet fast jede Rede Mahnungen und Analysen zu vier zentralen Themen: Gewaltfreiheit – Änderung der Sozialstrukturen – persönliche und kollektive Verantwortung – Preis für das Erringen der Freiheit. Dieser cantus firmus durchzieht auch die späten Reden Kings über das Armutsprogramm und gegen den Vietnam-Krieg. Er bestimmt auch die kirchlichen Predigten, soweit wir dies aus mündlichen Berichten schließen können.

In den Jahren, als King Pfarrer an der Dexter Avenue Kirche in Montgomery war, ging er fleißig den Alltagsaufgaben in der Seelsorge, dem Unterricht und den Krankenbesuchen sowie den Beerdigungen nach. Das wurde mit den anwachsenden Verpflichtungen zu Vortrags- und Kommissionsarbeiten, meist außerhalb der Stadt, immer schwieriger. In diese Zeit fallen Jahre mit über 200 auswärtigen Vorträgen, eine Reise nach Ghana, der Besuch bei Nehru in Indien, Verhaftungen und Gefängnisstrafen, Besuche beim Vizepräsidenten im Weißen Haus und bei Dwight Eisenhower, der Mordversuch durch eine schwarze, geistesgestörte Frau in Harlem ... Nach fünfeinhalb Jahren nimmt King unter Tränen Abschied von der Dexter Gemeinde und zieht mit der Familie nach Atlanta, wo er in der Ebenezer-Kirche von Martin Luther King, Jr. Co-Pastor mit dem Vater wird. Er war entlastet, aber die tägliche Gemeindearbeit begann ihm zu fehlen.

Die Ironie seiner persönlichen Situation in den Vereinigten Staaten ist augenfällig (wenngleich von Europäern oft mißverstanden): Der schwarze Puritaner, Intellektuelle und zugleich emotionale Baptistenpastor, genießt den Schutz, ja die persönliche Freundschaft der Präsidenten, besonders Kennedys und Lyndon Johnsons, die nationale Presse steht auf seiner Seite, die Gewerkschaftsführer; die National Guard wird zu seinem Schutz aufgeboten, ja, städtische Polizeiwagen schützen ihn auf den Wegen von den Flugplätzen zu den Vortragshallen und -stadien; er erhält ungezählte Ehrungen, Ehrendoktorate und Einladungen, das Fernsehen kooperiert bei den Reportagen über die Protestmärsche, seine Bücher finden reißenden Absatz – doch zugleich wird er in den Städten des heimatlichen Südens an Leib und Leben bedroht und geschändet, wird verhaftet und geschlagen, seine Freunde mit Knüppeln und scharfen Hunden angegriffen. Etliche fanden den Tod. Bombenanschläge wurden die Regel, Gerichtsurteile spotteten jeder Rechtsauffassung, Verleumdungen waren an der Tagesordnung. Einerseits schickte John F. Kennedy die FBI, ihn zu beschützen, andererseits höhnte der mächtige FBI-Direktor J. Edgar Hoover, Dr. King sei »der größte Heuchler und Lügner im Land« und beauftragte seine Agenten, ihn zu beschatten. King sei nicht nur von kommunistischen Kräften beeinflußt und gesteuert, er sei auch sexueller Promiskuität überführt. Als im Herbst 1983 der Kongreß nach langen Diskussionen beschloß, jeden dritten Montag des Jahres zum Nationalfeiertag im Gedenken an Martin Luther King, Jr. zu erklären, hatten zuvor einige Ultrakonservative die verleumderischen Akten Edgar Hoovers hervorgeholt. Sie wurden ihnen von einem Senator als ein »Haufen Schmutz« vor die Füße geworfen. Beherrscht nun Kings Geist den Kongreß, nicht mehr die gespenstische Macht Hoovers?

Oft verstehen Europäer nur schwer die Ambivalenz der amerikanischen Situation, die tiefen Spannungen zwischen einzelstaatlicher Autonomie und Bundesregierung, zwischen progressiven, mehr oder minder intellektuell gebildeten Amerikanern und der retardierenden Kraft der Millionen von konservativen Bürgern des unteren Mittelstandes einschließlich dem, was man in Europa Arbeiterschaft nennt. Denn es gilt: Je niedriger der soziale Hintergrund und je provinzieller die Ausrichtung, um so stärker der Widerstand gegen die Rassenintegration.

3. Der Führer der gewaltfreien Aktion

Von der sprichwörtlichen Demut und Ergebenheit der Kinder und Enkel der Negersklaven in Amerika, vom Hinhalten des Nackens unter Schlägen und Demütigungen, vom unterwürfigen Weggeben der letzten Persönlichkeitsrechte bis hin zu einem gewaltsamen Aufstand, dem Zurückschlagen aus Haß und dem Töten der Unterdrücker aus Rache, ist gewiß ein weiter Weg. Noch weiter aber ist der Abstand zwischen der traditionellen und passiven Ergebenheitshaltung und dem Mut zum gewaltfreien Widerstand, den Martin Luther King vom denkwürdigen Bus-Streik in Montgomery bis zum Ende seines Lebens ohne Beirrung predigte und vorlebte. Nicht nur Weiße mißverstehen diese Distanz und verkennen den gewaltigen Unterschied zwischen Passivität und gewaltfreiem Widerstand, auch viele Schwarze haben damals und heute Kings Predigt und Kings Leben mißdeutet als eine von indischen Gedanken verführte Neuauflage der alten Demutsideale der Schwarzen. Ja, mehr noch, die Weißen lernten zumeist Kings Bewegung der »nonviolence« entweder fürchten oder bewundern, je nach ihrer Grundhaltung in der Rassenfrage überhaupt. Die Schwarzen aber bildeten für King und seine schwarzen und weißen Mitstreiter zwei gefährliche Fronten der kritischen Ablehnung: Die alte Generation der Schwarzen neigte noch mehrheitlich dem Lebensstil des gütigen Schlafwagenschaffners, des väterlichen Kellners, der von den weißen Kindern geliebten Mummy oder dem langsamen und liebenswerten Landarbeiter zu; die junge Generation protestiert gegen diese Tradition mit derselben Wucht, mit der sie die Fesseln der Segregation ablegen will, sie will Rache nehmen, ist bereit, Sachwerte und wohl auch Menschenleben zu zerstören. Kings Bewegung stand die ganzen Jahre über zwischen mehreren Fronten. Für den gedanklichen und ethischen Inhalt der Bewegung waren die Angriffe der Schwarzen weit gefährlicher als die der Weißen.

Aber auch Martin und Coretta King kannten die Erfahrung der Wut. Furchtbar sind die Berichte ihrer Ängste und kindlichen Wut, als ihre Väter gedemütigt wurden. Aus Konkurrenzangst und Rassenhaß wurde Corettas Vater Obie (Obadiah) Scott um seinen Verdienst betrogen, seine Sägemühle von Weißen abgebrannt, ein Onkel gelyncht und am Baum als Zielscheibe für Schießübungen aufgehängt. Der Vater wollte wohl auch einmal zum Gewehr greifen und die Mutter schlug einen Weißen mit dem Stock. Aber, als ein weißer Freund zu Obie Scott ins Haus zum Essen kam, wagte der Vater doch nicht, mit ihm an einem Tisch zu sitzen: »›No‹, my father said, ›No, I wouldn't feel right doing it‹« (Coretta King, 35). Gütig und bibelkundig waren diese Vertreter der alten Generation. Schärfer reagierte Kings Vater, Daddy King, der neben seiner großen Gemeinde noch allerhand geschickte Finanzinteressen verfolgte und auch anderen zu ihrem Recht zu verhelfen wußte. Er widersprach dem Polizisten, der ihn mit »boy« und Mrs. King mit »girl« anredete.

Diese Eltern hatten ihre Kinder zwar gelehrt, die Rassentrennung sei böse und gegen Gottes Willen, und jeder Mensch, schwarz oder weiß, sei so gut wie sein Charakter. »Do right«, »folge Deinem Gewissen, Du bist ebenso viel wert wie jeder andere Mensch!« Immer wieder werden Ermahnungen und Tröstungen dieser Art berichtet. Aber diese Grundhaltung ist kein Ferment für eine Veränderung der Gesellschaft, sie bietet keinen Explosivstoff für die Überwindung des Rassismus. Diese negative Einsicht war die erste Lektion, die in der Bewegung des gewaltfreien Widerstandes gelernt werden mußte.

Gandhis Lehre vom gewaltfreien Widerstand hatte King auf dem Weg über Bücher erreicht. Er war tief beeindruckt, zweifelte aber, ob die Methode auf die Verhältnisse in den USA angewendet werden könnte. »Als ich tiefer in die Philosophie Gandhis eindrang, nahmen meine Zweifel an der Macht der Liebe allmählich ab, und ich erkannte zum erstenmal, was sie auf dem Gebiet der Sozialreform ausrichten konnte. Ehe ich Gandhi gelesen hatte, glaubte ich, daß die Sittenlehre Jesu nur für das persönliche Verhältnis zwischen einzelnen Menschen gelte. Das »dem biete die andere Backe dar«, »liebe deine Feinde« galt meiner Meinung nach nur dann, wenn ein Mensch mit einem anderen in Konflikt geriet. Gandhi war wahrscheinlich der erste Mensch in der Geschichte, der Jesu Ethik von der Liebe über eine bloße Wechselwirkung zwischen einzelnen Menschen hinaus zu einer wirksamen sozialen Macht in großem Maßstab erhob« (King, 1964, 74). Aus diesen Sätzen ist ersichtlich, wie King die Liebe Gottes in Jesus als Inhalt der Methode der Gewaltlosigkeit Gandhis versteht, und darum kann er auch öfter sagen, der Gehalt seiner non violence Bewegung käme von Christus, die Methode von Gandhi. Es ist freilich fraglich, ob Gandhis Methode von der satyagraha tatsächlich in gerader Linie vom Neuen Testament her zu verstehen ist. Gandhi war stark beeinflußt nicht nur von alter indischer Weisheit, sondern auch von dem bekannten Buch von Henry D. Thoreau, das 1849 unter dem Titel »Widerstand gegen zivile Regierung« und später unter dem Titel »Die Pflicht des zivilen Ungehorsams« (»The Duty of Civil Disobedicence«) erschien. Es ist zudem auch strittig, ob nicht ein Unterschied gemacht werden muß zwischen »gewaltfreier« und »gewaltloser« Aktion. Gewaltfrei ist eine Aktion oder ein Protest, wenn niemals, auch nicht als ultima ratio, die Anwendung von Gewalt in Betracht gezogen wird. Gewaltlos ist ein Protest, wenn vorerst keine Gewalt eingesetzt werden soll. Manche Äußerungen Kings und seiner Anhänger gehen dahin zu vermuten, daß Gandhi eher die

Methode der Gewaltlosigkeit als die Idee der totalen Gewaltfreiheit vertreten habe.

Während des bedeutenden Bus-Streiks in Montgomery, der im Dezember 1955 begann und fast ein Jahr dauerte, war die Idee der Gewaltfreiheit Gandhis noch nicht wirklich einflußreich. Sie nahm aber in dieser Zeit immer größeren Platz im Denken Kings ein. Er schreibt darüber ausführlich. Eine seiner systematischen Charakterisierungen zählt folgende grundlegende Bestandteile der Lehre vom gewaltfreien Widerstand auf:

- Gewaltfreier Widerstand ist keine Methode für Feiglinge, keine Methode träger Passivität. Der Ausdruck »passiver Widerstand« erweckt oft den falschen Eindruck des Nichtstuns. Die Methode ist körperlich passiv, aber geistig stark aktiv. Es wird ständig versucht, den Gegner zu überzeugen, daß er im Unrecht ist.
- Der Gegner soll nicht vernichtet oder gedemütigt werden, sondern es soll seine Freundschaft und sein Verständnis gewonnen werden, die Frucht ist »eine neue innige Gemeinschaft, während die Folge der Gewalttätigkeit tragische Verbitterung ist«.
- Die Methode ist gegen die Mächte des Bösen gerichtet, nicht gegen Personen, die das Böse tun. Das Böse soll vernichtet werden, nicht die Menschen, die dem Bösen verfallen sind.
- Wer nach der Lehre des gewaltfreien Widerstandes lebt, ist bereit, Demütigungen zu erdulden, ohne sich zu rächen, Schläge hinzunehmen, ohne zurückzuschlagen. »Vielleicht müssen Ströme von Blut fließen, ehe wir unsere Freiheit gewinnen, aber es muß unser Blut sein«, sagt Gandhi seinen Landsleuten. King hat diesen Ausspruch oft wiederholt (King 1964, 79).

Im Laufe der Jahre wird diese Lehre von King mit immer tieferen biblischen Inhalten gefüllt. Das Wort »Freiheit«, »Freedom now«, wird zum zentralen Hoffnungsinhalt der ganzen Bewegung, King selber wird ihr Symbol. Er und die Seinen erleben schon im Kampf und in den Niederlagen den Beginn dieser Freiheit.

Ohne eine Organisation hätte die Anwendung der gewaltfreien Methode nur sporadisch und charismatisch hier oder dort eingesetzt werden können. Aber im Januar 1957 wird die SCLC, die Vereinigung der Christlichen Führer in den Südstaaten gegründet, und King wird als Leiter der Organisation gewählt. Von ihr gingen nun alle Aktionen der nächsten Jahre bis zu Kings Tod aus. Mit einiger Vorsicht lassen sie sich in zwei Gruppen aufteilen, die zeitlich durch einen Neuanfang im Jahr 1965 voneinander unterschieden werden können. Von 1957 bis 1965 beherrschte der »Kreuzzug für Bürgerrechte« mit der breiten Anwendung der Methode der »sit-ins« in Restaurants sowie die »Freedom-rides« durch gemischte Gruppen von Schwarzen und Weißen in öffentlichen Verkehrsmitteln das Feld. Ein Teil dieser Aktion war auch die große Demonstration in Albany/Georgia im Dezember 1961, die aber fehlschlug, weil es zu brutalen Ausschreitungen der Polizei kam, die von vielen Anhängern der Bewegung mit Gegengewalt beantwortet wurden. King proklamierte einen »Tag der Reue«. Die Aktionen wurden daraufhin auf »Gebetswachen« beschränkt. Die dienten der Meditation und der Aufklärung der Jugendlichen und anderer Schwarzer über Sinn und Ziel der gewaltfreien Aktionen. Von zentraler Wichtigkeit war die große Aktion zur Registrierung von Schwarzen bei den politischen Wahlen. Alte Gesetze sahen gewisse Minimalvoraussetzungen vor, etwa die Fähigkeit des Lesens und Schreibens, um am demokratischen Wahlprozeß teilnehmen zu können. Die Mehrheit der Schwarzen ist unter entstellter Verwendung dieser Vorschriften über Jahrzehnte von der Teilnahme an den Wahlen abgehalten worden. Nun wurden Tausende von schwarzen und weißen Helfern in die ländlichen Gebiete und auch die Städte des Südens entsandt, um den Schwarzen beim Registrieren zur Hand zu gehen. In Zahlen ausgedrückt ist der Erfolg dieser Aktion nicht sehr groß gewesen, aber die psychologische Wirkung war ungeheuer. Die Aktionen dieser Jahre kulminierten in dem großartigen »Marsch auf Washington« im August 1963, als die ganze Nation wahrnehmen konnte, mit welcher Disziplin und innerer Begeisterung eine viertel Million Anhänger der Lehre vom gewaltlosen Widerstand Massenveranstaltungen durchzuführen wußten. Hier hielt King seine berühmte Rede »I Have a Dream«, deren Vision offenbar von ihm frei formuliert worden ist:

». . . Ich weiß wohl, daß manche unter Euch hierhergekommen sind aus großer Bedrängnis und Trübsal. Einige von Euch sind direkt aus engen Gefängniszellen gekommen . . . Ihr seid die Veteranen schöpferischen Leidens. Macht weiter und vertraut darauf, daß unverdientes Leiden erlösende Qualität hat. Geht zurück nach Mississippi, geht zurück nach Georgia, geht zurück nach Louisiana, geht zurück in die Slums und Ghettos der Großstädte im Norden in dem Wissen, daß die jetzige Situation geändert werden kann und wird. Laßt uns nicht Gefallen finden am Tal der Verzweiflung. Heute sage ich Euch, meine Freunde, trotz der Schwierigkeiten von heute und morgen habe ich einen Traum. Es ist ein Traum, der tief verwurzelt ist im amerikanischen Traum. Ich habe einen Traum, daß eines Tages diese Nation sich erheben wird und der wahren Bedeutung ihres Credos gemäß leben: ›Wir halten diese Wahrheit für selbstverständlich: daß alle Menschen gleich erschaffen sind.‹ Ich habe einen Traum, daß eines Tages auf den roten Hügeln von Georgia diese Söhne früherer Sklaven und die Söhne früherer Sklavenhalter miteinander am Tisch der Brüderlichkeit sitzen können. Ich habe einen Traum, daß sich eines Tages selbst der Staat Mississippi, ein Staat, der in der Hitze der Ungerechtigkeit und Unterdrückung verschmachtet, in eine Oase der Freiheit und Gerechtigkeit verwandelt. Ich habe einen Traum, daß meine vier kleinen Kinder eines Tages in einer Nation leben werden, in der man sie nicht nach ihrer Hautfarbe, sondern nach ihrem Charakter beurteilen wird. . . . Ich habe einen Traum, daß eines Tages in Alabama . . . kleine schwarze Jungen und Mädchen die Hände schütteln mit kleinen weißen Jungen und Mädchen als Brüder und Schwestern. Ich habe einen Traum, daß eines Tages jedes Tal erhöht und jeder Hügel und Berg erniedrigt wird. Die rauhen Orte werden geglättet und unebene Orte begradigt werden. Und die Herrlichkeit des Herrn wird offenbar werden, und alles Fleisch wird es sehen. Das ist unsere Hoffnung. Mit diesem Glauben kehre ich in den Süden zurück. Mit diesem Glauben werde ich fähig sein, aus dem Berg der Verzweiflung einen Stein der Hoffnung zu hauen. Mit diesem Glauben werden wir fähig sein, die schrillen Mißklänge in unserer Nation in eine wunderbare Symphonie der Brüderlichkeit zu verwandeln. Mit diesem Glauben werden wir fähig sein, zusammen zu arbeiten, zusammen zu beten, zusammen zu kämpfen, zusammen ins Gefängnis zu gehen, zusammen für die Freiheit aufzustehen, in dem Wissen, daß wir eines Tages frei sein werden. Das wird der Tag sein, an dem alle Kinder Gottes diesem Lied eine neue Bedeutung geben können: ›Mein Land, von dir, du Land der Freiheit, singe ich. Land, wo meine Väter starben, Stolz der Pilger, von allen Bergen laßt die Freiheit erschallen.‹ Soll Amerika eine große Nation werden, dann muß dies wahr werden. So laßt die Freiheit erschallen von den gewaltigen Gipfeln New Hampshires. Laßt die Freiheit erschallen von den mächtigen Bergen New Yorks, laßt die Freiheit erschallen von den hohen Alleghenies in Pennsylvania. Laßt die Freiheit erschallen von den schneebedeckten Rocky Mountains in Colorado. Laßt die Freiheit erschallen von den geschwungenen Hängen Californiens... Wenn wir die Freiheit erschallen lassen – wenn wir sie erschallen lassen von jeder Stadt und jedem Weiler, von jedem Staat und jeder Großstadt, dann werden wir den Tag beschleunigen können, an dem alle Kinder Gottes – schwarze und weiße Menschen, Juden und Heiden, Protestanten und Katholiken – sich die Hände reichen und die Worte des alten Negro Spiritual singen können: ›Endlich frei! Endlich frei! Großer allmächtiger Gott, wird sind endlich frei!‹«

Das Jahr 1963 war entscheidend gewesen. King hatte aus dem Gefängnis in Birmingham seinen großen Antwortbrief an acht Kirchenmänner geschrieben, die ihn zwar nicht lieblos, aber ohne Verständnis kritisiert hatten. Die Integration der Universität von Alabama war durch Präsident Kennedy erzwungen worden, Medgar Evers, ein wichtiger Führer in Mississippi, war ermordet worden; am 22. November geschah der Mord an Präsident Kennedy. Als die Nachricht kam, sagte King: »This is what is going to happen to me also. I keep telling you, this is a sick society« (Coretta King, 244). Im Sommer 1964 ist King im Weißen Haus anwesend beim Inkraftsetzen des civil rights act, durch den ein wichtiger Neuanfang erreicht worden war, gewiß nicht ohne den starken Einfluß und Druck der Bewegung des gewaltfreien Widerstandes. Von nun an beginnt sich Kings Aufmerksamkeit mehr und mehr den Nordstaaten und den erschreckenden Verhältnissen in den Slums der Großstädte zuzuwenden. Er verbindet das Problem der Rassentrennung zunehmend mit seinen Einsichten in die ökonomischen Spannungen und großen Ungerechtigkeiten der amerikanischen Gesellschaft. Seine Ziele und seine Methode haben sich nicht geändert. Sein Thema aber hat sich verbreitet.

4. Der Prophet und Märtyrer

Die zweite Hälfte der 60er Jahre brachte zwei entscheidende Neuerungen. Die Vereinigten Staaten boten das erschreckende Bild wachsender Armut und Verelendung in den Großstädten, verfallener Schulsysteme auf dem Land, korrupter Politik in den Einzelstaaten, aber auch opferbereiter Intellektueller und Politiker auf der »überstaatlichen« Ebene. Amerika verlor Respekt unter den Verbündeten im Westen. Straßenschlachten, Brutalitäten der Polizei, Überfälle und Aufstände beherrschten das Bild. Die Großbrände in Watts, Newark und Detroit waren Signale der Zerstörungswut der

Schwarzen in ihren Ghettos. Sie hatten genug von der Rede von »Integration« und »schwarz-weißen Komitees«. Die Gerichtshöfe hatten gesprochen und hatten wirklich Neues eingeleitet, aber man wollte keine Worte sehen, sondern Taten. Die Eingliederung in die Welt der Weißen, die so schrecklich versagt hatten, konnte nicht mehr das Ziel sein. Die Sehnsucht nach Integration wich einem neuen Kampf um die Identität des Schwarzen (Ritschl, 1969, 131 ff.). Jetzt soll der amerikanische Schwarze Selbstrespekt, Stolz und echte Würde lernen. Er soll nicht nur vollen Anteil an der ökonomischen und politischen Macht Amerikas haben, er soll selbst eine eigene Machtgruppe darstellen. Ganz wesentliche Anteile der Geschichte der Schwarzen in den USA werden kritisch betrachtet oder verneint. Dabei werden auch die starken christlichen Komponenten scharf kritisiert. Die »black-power-Bewegung« entsteht. Auf ihrem radikalen Flügel siedeln sich Führer der Schwarzen an, die eine mythologische Geschichte der schwarzen Rasse konstruieren, um den heute Leidenden neue Identität und echten Stolz einzuflößen. Es entsteht auch die Gruppe der »Black-Muslims«, die eine in wenigen Jahren sich entfaltende Ideologie islamischer Rechtsvorstellungen und -werte in eine legendäre Geschichte der Schwarzen hineinprojiziert. Dies war die eine Neuerung in den Jahren seit 1965.

Das andere Ereignis war der immer brutaler und sinnloser werdende Krieg in Vietnam. Die Schwarzen unter den Soldaten waren überproportional repräsentiert und wußten noch weniger als ihre Kameraden, wofür sie kämpfen und sterben sollten. Der Krieg wurde immer teurer und – entgegen marxistischer Interpretation – wurde diese Entwicklung Anlaß zu starker Kritik am Krieg überhaupt und an den Kürzungen in den sozialen Bereichen im Bundeshaushalt.

King setzte sich mit beiden Entwicklungen intensiv auseinander. Er hielt zahlreiche Reden in kritischer Auseinandersetzung mit der »black-power-Bewegung«. Aber nie, ohne eine letzte Solidarität und ein tiefes Mitleiden mit allen Schwarzen auszudrücken. Zahlreiche Aufsätze spiegeln die Auseinandersetzung wider (z.B. King 1969, 1974). Wie hätte er die Suche nach Identität ablehnen können, da sie doch von Anfang an ein großes Ziel seiner Lehre des gewaltfreien Widerstandes war? Er distanzierte sich auch nicht vom Ziel, den Schwarzen Anteil an der »Macht« Amerikas zu gewähren. Aber er wollte »Macht« unter keinen Bedingungen mit »Gewalt« verwechselt sehen. »Black-power« darf nicht bedeuten, daß die Schwarzen in ihrer

Suche nach neuer und fester Identität sich nun doch zu Gewaltakten hinreißen lassen. Aber die Gewalt war schon ausgebrochen in den Aufständen und Zerstörungen in den Großstädten. King erkannte, daß die Probleme in den Städten des Nordens von den traditionellen Rassenproblemen der Südstaaten verschieden waren. Er bemerkte auch zusehends die ökonomischen Faktoren in der Entstehung des Elends und Hasses. Die steigende Arbeitslosigkeit fand immer stärker seine Aufmerksamkeit. Gegen Ende seines Lebens hatte er mit Unterstützung der Bundesregierung sein riesiges Programm für die Armen Amerikas geplant und ins Rollen gebracht. Die Wochenzeitschrift »Look« brachte nach seiner Ermordung das eben von ihm formulierte Memorandum zur Erklärung und Rechtfertigung dieser gewaltigen Kampagne. Noch entscheidender aber war Kings berühmte Rede vor dem Gebäude der Vereinten Nationen am 4. April 1967, genau ein Jahr vor seinem Tod. Hier machte er die Mitarbeit in der Bürgerrechtsbewegung ethisch abhängig von der Teilnahme an Protesten gegen den Vietnam-Krieg. Damit brachte er viele der Liberalen in eine ernsthafte Krise. Theologische Gründe hatten ihn zu dieser Verknüpfung gezwungen. Die »Liberalen« (freilich ein schillerndes Sammelwort) waren nun genötigt, sich zu entscheiden: Wollten sie weiterhin in Verfolgung alter amerikanischer Ideale, gestützt durch den höchsten Gerichtshof und die Bundesregierung, ihren Kampf gegen die rassistischen Regierungen der Einzelstaaten weiterführen und zu Vietnam schweigen? Oder waren sie bereit einzusehen, daß beide Probleme unlösbar miteinander verbunden sind als zentrale Manifestationen der ganzen Menschenrechtsproblematik? Mußte bisher ein Anhänger der Bürgerrechtsbewegung des gewaltfreien Widerstandes bereit sein, Schläge, Schande und Gefängnis auf sich zu nehmen, weil er die Gesetze und Bestimmungen des Einzelstaates oder die Stadtverordnungen im Namen höherer Rechtsprechung übertreten hatte, so mußte er nun auch die höhere Rechtsprechung und die Entscheidungen der Bundesregierung kritisieren und ihnen gegenüber Ungehorsam erweisen. Damit war Kings alter Gedanke, den er unter Hinweis auf Augustin schon seit Jahren bedacht hatte, aufs neue relevant geworden: Ein verantwortlicher Mensch muß den Gesetzen und der Regierung nur so lange gehorchen, als er die Gesetze und die Regierung als gut erkennen kann. Daß damit freilich eine ganze zentrale Frage der Ethik und der politischen Philosophie radikal aufgeworfen war, wußte King von allem Anfang an. Nun war also die Einsicht, auch die Bestimmungen der Bundesregierung seien durch eine höhere Gerechtigkeit der Kritik unterworfen, offen ausgesprochen und zur Entscheidungsfrage geworden. Die einzigartig biblische Grundhaltung gegenüber Unterdrückern und Ausbeutern, die Kings Bürgerrechtsbewegung kennzeichnete, wurde nun auch auf die politischen und militärischen Feinde angewendet. Niemals kann es letztlich um die Vernichtung von Feinden gehen. Sozialer und militärischer Friede müssen unbedingt und ohne Abstriche als Integration verschiedener Kräfte, als Komplementarität sich widersprechender Meinungen, aber als Manifestation zwischenmenschlicher Solidarität verstanden werden. King war das Symbol der Bürgerrechtsbewegung geworden, wenn auch von seiner Monopolstellung zu Beginn der 60er Jahre viel abgebröckelt war. Aber er wurde nun zusätzlich das Symbol der Friedensbewegung in Amerika. Im Grunde ist er das bis heute geblieben.

Martin Luther King, Jr. hat sich nie so verstanden, als legitimiere er seine Forderungen, Tröstungen und Voraussagen durch die Stärke seiner eigenen Analysen und Einsichten. Er wußte sich gedrängt und geführt, das zu sagen, was er aussprach und lebte. So haben ihn auch seine näheren und ferneren Anhänger verstanden. Die Wucht seiner Aussagen hatte etwas Prophetisches, daran zweifelten auch die nicht, die nur teilweise mit ihm einig waren. Es gibt bewegende Zeugnisse von versuchten und auch mißglückten Versöhnungsgesprächen zwischen den Führern der »black-power« und King. Niemals ist von diesen Männern in Zweifel gezogen worden, daß sie mit jemand im Gespräch waren, der sich nicht selbst und auch nicht durch die Massen legitimierte. Sein Tod am 4. April 1968 besiegelte diese Berufung.

Quellen

Martin Luther King, Jr.: Stride Toward Freedom, New York 1958 (dt.: Freiheit. Der Aufbruch der Neger Nordamerikas, Kassel 1964).
Martin Luther King, Jr.: Why We Can't Wait, New York 1964 (dt.: Warum wir nicht warten können, Frankfurt 1965).
Martin Luther King, Jr.: Where Do We Go from Here: Chaos or Community? New York 1967 (dt.: Wohin führt unser Weg? Chaos oder Gemeinschaft, Frankfurt 1968).

Martin Luther King, Jr.: The Trumpet of Conscience, New York 1967 (2. Aufl. 1968, mit einem Vorwort von Coretta King; dt.: Aufruf zum zivilen Ungehorsam, Düsseldorf/ Wien 1969).
Martin Luther King, Jr.: Testament der Hoffnung. Letzte Reden, Aufsätze und Predigten. Eingeleitet und übersetzt von H. W. Grosse, Gütersloh 1974.

Darstellungen

Beckmann, K.-M. (Hg.): Rasse, Entwicklung und Revolution. Der Notting-Hill-Report und zugehörige Dokumente, Stuttgart 1970.
Bennett, L., Jr.: What Manner of Man. A Biography of Martin Luther King, Jr. 3. Aufl. Chicago 1968.
Berger, P. L. / Neuhaus, R. J.: Protestbewegung und Revolution, oder Die Verantwortung der Radikalen. Radikalismus in Amerika (Engl. Garden City, N.Y. 1970), Frankfurt 1971.
Garrow, D. J.: Protest at Selma. Martin Luther King, Jr. and the Voting Rights Act of 1965, Yale 1979.
Grosse, H.: Die Macht der Armen. Martin Luther King und der Kampf um soziale Gerechtigkeit, Hamburg 1971.
Italiaander, R.: Martin Luther King, Berlin 1968.
Lewis, D.: King – A Critical Biography, New York 1970.
Oates, S. B.: Martin Luther King, Kämpfer für Gewaltlosigkeit, . . . 1984.
Presler, G.: Martin Luther King, Hamburg 1984 (ro-ro-ro bildmonographien).
Raines, H.: My Soul is Rested. Movement Days in the Deep South Remembered, New York 1977.
Ritschl, D.: Zur Negerfrage in den amerikanischen Südstaaten, Berlin 1962.
Ritschl, D.: Kampf um Identität statt Sehnsucht nach Integration. Eine neue Phase im nordamerikanischen Rassenproblem. In: Rasse, Kirche und Humanum. Hg. v. K.-M. Beckmann, Gütersloh 1969, 131–149.
Schulke, F.: Martin Luther King. Jr. A Documentary, Montgomery to Memphis, New York 1976.
Scott King, C.: My Life with Martin Luther King, Jr., New York/Chicago/San Francisco 1968 (dt.: Mein Leben mit Martin Luther King, Stuttgart 1970).
Steffani, W.: Martin Luther King: Theorie und Praxis gewaltfreier Aktion. In: Macht von unten. Hg. v. Th. Ebert / H.-J. Benedict, Hamburg 1968, 9–35.

Zur Logik der Friedenssicherung

Eine theologische Position*

Das Wort »Friedenssicherung« ist ungünstig und auch belastet. Es könnte Anlaß zur Vorstellung geben, wir hätten jetzt Frieden und müßten nur versuchen, ihn zu erhalten, zu sichern. Es könnte die Einsicht verdrängen, daß Frieden eine permanente Aufgabe, ein Prozeß ist, daß »Schalom« die Begegnung zwischen Menschen, ja zwischen Feinden ist, die etwas Neues schafft und wiederum Neues erhofft. Friede wäre dann nur Nicht-Krieg, und die Gerechtigkeit und Wahrung der Menschenrechte der Völker, die seit einigen Jahrzehnten unausweichlich mit uns allen verbunden sind, die Völker der Dritten und Vierten Welt, wären dann als Friedensinhalt ausgeblendet.

Zudem ist der Ausdruck belastet. Eine Gruppe von respektablen Politikern, Theologen und Militärs haben sich unter der Bezeichnung »Arbeitskreis Sicherung des Friedens« zusammengefunden und haben in den vergangenen Jahren regelmäßig Informationsbriefe und auch Aufsatzsammlungen herausgegeben. Ich sage bewußt »respektabel«, denn die dort Argumentierenden – etwa Graf Baudissin, Herwig Pickert und Eberhard Stammler – sind sachkundig und wollen den Frieden, sie sind bewußte Christen. Es wäre unklug und hochnäsig, sie nicht ernst zu nehmen. Aber ihre Positionen kann ich nur im Detail, nicht im zentralen Anliegen übernehmen. In gewissem Sinn sind sie meine Gesprächspartner in den jetzt folgenden Analysen und Thesen.

Trotzdem benütze ich das Wort »Friedenssicherung«, denn es ist nicht nichts, daß wir keinen Krieg zwischen den Supermächten haben. Und die Angst, die unter uns umgeht, betrifft vor allem die Möglichkeit eines solchen Krieges. Wir müssen uns nur darüber im klaren sein, daß der so definierte Friede bloß einen Teilaspekt dessen ausmacht, was wir mit Fug und Recht

---

* Vortrag bei Studium Generale der Universität Mainz am 24. 1. 1984 sowie – in ähnlicher Form – in der Ringvorlesung über Friede in der Universität Heidelberg am 22. 5. 1984.

Friede nennen und als Friede erhoffen können. Aber es ist ein wichtiger Teilaspekt.

Die folgenden Analysen und Thesen sind komplex und werden wegen ihrer absichtlich analytischen Nüchternheit vielleicht auch enttäuschen. Ich habe die Sprache der Aufrufe gründlich satt, weil sie meist nur Gesinnungsethik widerspiegeln, mit der uns bei diesem Makroproblem nicht geholfen ist und weil sie zumeist die Argumente andersdenkender, aber auch verantwortlicher Menschen überhört, vernachlässigt oder gar verhöhnt. Um es noch stärker – und persönlicher – zu sagen: ich ertappe mich immer wieder dabei, daß politische – und auch theologische – Diskussionen unter Deutschen bei mir auf den Verdacht der Befangenheit in Ideologien stoßen. Man meint ja hier, daß man nur engagiert denken und reden kann, wenn man parteiisch denkt und redet, und es ist sogar zur Ideologie geworden, daß dies so sein muß, ja sogar, daß dies besonders für Christen gilt und gelten müsse. Wer mich in meinen dreizehn Jahren an der Universität in Mainz gehört hat, weiß, daß ich damit zutiefst uneinig bin, und wer mich in diesen Jahren kennengelernt hat, weiß, daß ich trotzdem stark engagiert bin. Ideologisch verzerrte Darstellung geschichtlicher und politischer Wahrheit – und sei es im Namen und Interesse von Schwachen und Armen und also im Namen Christi – und gar die Behauptung, es gäbe keine wirkliche, sondern nur parteiische Erkenntnis geschichtlicher Ereignisse und der Politik, sind mir zutiefst suspekt und fatal. Sie widersprechen dem Verständnis meiner eigenen christlichen Existenz und zudem auch meiner Ausbildung in der Psychotherapie.

Die folgenden Analysen und Thesen operieren unter dem Dach von vier Obersätzen oder Axiomen, ohne die ich unser Thema nicht behandeln kann. Ob und weshalb sie strittig sein können und wie sie begründbar wären, kann ich im folgenden nur andeutungsweise diskutieren. Meine Argumentation im folgenden setzt sie voraus.

1. Vier Axiome als Prämissen

Auf folgende in kurzen Sätzen zusammengefaßte Einsichten gründen sich die Überlegungen zur Logik der Friedenssicherung:
1. Politische sowie militärpolitische Ziele und Entscheidungen sind nicht ethisch neutral.

2. Es gibt keinen ethischen (oder biblischen) Wahrheitskomplex in der Gestalt, daß von ihm Detailantworten auf politische Fragen direkt deduziert werden könnten.
3. Die Konkretisierung bzw. Anwendung der biblischen Vision bzw. Verheißung von Friede und Gerechtigkeit auf heutige politische Entscheidungen ist identisch mit der Frage, wie erhoffte Zukunft in die Gegenwart hineinragt.
4. Viele der uns heute bedrückenden Differenzen zwischen Vertretern, Kritikern oder Opponenten der konventionellen und atomaren Rüstung sind auf quantifizierbare Probleme reduzierbar.

Zu Nr. 4 erlauben Sie mir eine Anmerkung. Ich habe in langjähriger Arbeit im Gebiet der medizinischen Ethik gemeint zu entdecken, daß eine Fülle von wirklich gravierenden Problemen quantifizierbar ist. Für die Behandlung solcher Probleme haben wir aus der platonischen Tradition unserer ethischen Überlegungen kaum eine nützliche Handhabe. Wir sind gewohnt, in den Kategorien von gut/böse, richtig/falsch, sittlich/verwerflich zu denken – also in qualitativen Kategorien. Viel näher an der Wirklichkeit ethischer Dilemmas und an den Qualen der Entscheidung stehen aber oft quantitative Fragen der Dringlichkeit, der Einschätzung, der Prognose, der Abwägung von Gütern – und wir werden im folgenden sehen, daß dies auch in den Fragen der Rüstung und der Friedenssicherung so ist.

2. Historisches zu Krieg und Frieden

Wollte man sich wirklich an die historische Analyse der ethischen Reflexion über Krieg und Frieden in unserer westlichen und christlichen Tradition machen – was jetzt nicht unsere Aufgabe ist – so müßten deprimierende Fakten besprochen werden. Die öfter gehörte Behauptung unter denen, die es so haben wollen, die frühen Christen seien mindestens bis zur sog. konstantinischen Wende de facto Kriegsdienstverweigerer gewesen, glaube ich nur mit halbem Herzen. Es mag ja wohl sein, daß die frühen Christen den Militärdienst im römischen Heer gemieden haben, aber eine einschlägige Reflexion oder Diskussion über Krieg und Frieden findet man nun in der Alten Kirche wirklich nicht. Was Augustin dann unter Rückgriff auf Cicero – ausgerechnet Cicero – über den »gerechten Krieg« *(iustum bellum)* lehrte, hat aber in der

Folgezeit eine unerhörte Wirkung gehabt. Die Lehre des Thomas, die bis zu Papst Pius XII. hochgehalten wurde, der 1956 – im Unterschied zu Johannes XXIII. in Pacem in terris und Paul VI. in Populorum progressio – die atomare Rüstung guthieß, mag man heute gerechter beurteilen, als es Geschichtsunkundige tun. Man könnte sagen, daß es ihm – und in seiner Folge übrigens auch Zwingli und Luther – um eine beachtlich enge Festlegung der Konditionen eines »gerechten Krieges« ging. Denkt man an die unglaublich willkürlichen und chaotischen Kriegs- und Mord/Raubzüge des eigentlichen und des späten Mittelalters, so kann man die theologischen Bemühungen um die Definition eines *iustum bellum* sogar als eine echte theologische Tat würdigen, soll doch ein Krieg, wenn er nicht gegen Gottes Willen, also »gerecht« ist, 1. von einer *auctoritas principis* so angeordnet sein, daß Willkür ausgeschlossen ist, und 2. eine *causa iusta* haben, die man vor vernünftigen Leuten rechtfertigen kann, und 3. durch eine *intentio recta* veranlaßt und gesteuert sein, die eigensüchtige und habgierige Motive gewiß ausgeschlossen sein ließ, und schließlich 4. mit *iustis mediis* in der Kriegsführung so vorgehen, daß das, was wir in späterer Rechtssprechung »Verhältnismäßigkeit« nannten, gewahrt bliebe. Gewiß, dies waren beachtliche ethische Überlegungen im bewußten Gegensatz zu menschen- und völkerunwürdigem Gemetzel und zu Raubzügen von Autokraten. Aber eine Absage an den Krieg als »Akt der Gewalt, um den Gegner zur Erfüllung unseres politischen Willens zu zwingen ... nichts anderes als eine Fortsetzung des politischen Verkehrs mit Einmischung anderer Mittel« – wie die bekannte Formel von Clausewitz lautet – war dies nun wahrhaftig nicht. Wahrhaftig nicht bei Thomas, nicht bei Luther, nicht beim erschreckend kriegsfreudigen Zwingli, und nicht bei Dutzenden von Päpsten und Millionen von Christen seither! Diese geschichtliche Bilanz ist nicht schön, darüber läßt sich nicht streiten.

Interessant ist aber, daß mit dem Entstehen des religionsneutralen, souveränen Staates, das man bekanntlich spätestens in der Romantik datieren muß, die traditionelle Verbindung von Friede und Gerechtigkeit – und damit auch von Krieg und Gerechtigkeit – relativiert wird und in den Hintergrund tritt. Jean Bodin hatte schon 1577 in »De la république« leider – zwar in toleranter Absicht – den Begriff der Souveränität genauer definiert. Damit begann die Regionalisierung und Nationalisierung der Ethik. Während Thomas Hobbes den Krieg noch als quasi unvermeidlichen Naturzustand ansah und zu zügeln trachtete, hatte aber Hugo Grotius schon 1625 in *De iure belli ac pacis* konstruktive Gedanken zur Funktion des Völkerrechts – wie wir es später nannten – mit dem Ziel der geregelten Friedenssicherung. Daß Kant 1795 über den »ewigen Frieden« sich ähnlich äußerte, ist bekannt und es ist sinnvoll, sich daran zu erinnern. Aber offenbar ist irgendwann nach dem Wiener Kongreß die Ablösung der Ethik von der Politik erfolgt, wenigstens im Hinblick auf Kriegsführung. Der Gedanke des »Gleichgewichts der Kräfte« – schon im 18. Jahrhundert ein Begriff – wiegt nun schwerer als ethisch-moralische Konzepte. Das Völkerrecht, unter allen Rechtsdisziplinen nach meiner Kenntnis die am wenigsten entwickelte, feierte im 19. Jahrhundert zwar einige Blüten und überhaupt eine Art von Existenz und Respektabilität, war aber hinsichtlich des Krieges mehr oder minder wertneutral. Anders könnte man sich den namenlosen Kitsch und die ethische Egozentrizität des nationalistischen Militarismus bei unsern deutschen, britischen und französischen – wohl auch russischen – Vorfahren in der wilhelminisch-viktorianischen Zeit Europas ja wirklich nicht erklären! Krieg wurde eine Sache der Ehre – und nicht der Ethik – des partikularen Vaterlandes; Friede war die wünschenswerte Abwesenheit von Krieg, eventuell aber unehrenhaft und dann natürlich zu vermeiden. Der Krieg sollte völkerrechtlich doch wenigstens humanisiert werden, das waren auch noch die Ziele des Völkerbundes. Zu einer eigentlichen Ächtung des Krieges kam es erst – viel zu wenig beachtet in unserer historischen Erinnerung – 1928 im Brian-Kellogg-Pakt, und dann freilich – sieht man vom reinen Defensivkrieg ab – im Art. 51 der Satzung der Vereinten Nationen. Diese zwei zuletzt genannten Entscheidungen sind immerhin von beachtlichem Gewicht. Im Grunde sind sämtliche Forderungen nach Gewalts-, Angriffs- und Erstschlagsverzichten heute nur Forderungen nach der Bekräftigung der Unterzeichnung der UN-Satzung mit ihrem Art. 51. Deprimierend ist freilich, daß die UN-Konzepte von Frieden – und »den Weltfrieden und die internationale Sicherheit zu wahren« ist ja das erste Ziel der Charta – der Politik alles und dem internationalen Recht so gar nichts zuzutrauen scheinen. Die hohlen Ideen der Souveränität können bei der UN so herzlich wenig mit dem aus rechtlichem Denken stammenden Begriff der »Gleichheit aller Mitglieder« in Einklang gebracht werden. Letztlich denkt man bei der UN leider doch in Macht- statt in Rechtskategorien.

Die Christen haben an dieser Entwicklung natürlich auch ihren Anteil. Sie haben die von der Ethik losgelösten Rechtfertigungen der Kriege – man denke nur an das katholische Frankreich mit seinen entsetzlichen Verwüstungskriegen unter Ludwig XIV. oder später an Preußen unter Friedrich II., von den Nationalkriegen des 19. Jahrhunderts nicht zu reden – akzeptiert; sie haben aber auch – man denke an Söderblom und an den Anfang der ökumenischen Bewegung – die Ächtung des Krieges in den zwanziger Jahren – sehr stark übrigens in den USA – und dann auch die Entstehung der UN, begrüßt und gefördert. Eine wirklich hervorragende Position in dieser zentralen Frage der Menschheit haben sie – grosso modo – aber nicht laut werden lassen. Das hat sich erst nach dem Zweiten Weltkrieg ergeben, besonders im Hinblick auf Massenvernichtungswaffen. Nun endlich scheint die vielleicht zuerst von Machiavelli propagierte Loslösung der Politik von der Ethik, d.h. ihre Gebundenheit an die Staatsraison des Einzelstaates, problematisiert zu werden im Horizont eines weiteren Begründungszusammenhangs einer vielleicht einmal universalisierbaren Ethik der Menschenrechte aller Menschen. Aber bis heute sind die Christen kaum bereit, dem aus dem Absolutismus und allerspätestens der Romantik stammenden Gedanken von der absoluten Souveränität der Einzelstaaten eine Alternative gegenüberzusetzen: dem Geschrei der Sowjetunion, die gerade dieses alte Prinzip am meisten mit Füßen tritt, man müsse die Selbstbestimmung der Völker achten und ihre Souveränität respektieren, stimmen sie naiv bei, die christlichen Amerikaner am allermeisten.

So sehe ich – ganz kurz summiert – die historische Dimension der uns heute beschäftigenden Frage nach dem Frieden und dem Beitrag der Christen zu seiner Sicherung.

3. Neuere weltgeschichtliche Probleme

Bevor ich auf Rüstung, Nachrüstung, vertrauensbildende Maßnahmen und Abrüstung zu sprechen komme, muß ich neuere weltgeschichtliche Probleme erwähnen. Bevor wir davon sprechen, ob die Botschaft der Bibel uns direkte ethische Anweisungen für politisches Handeln nicht doch bieten kann, muß eine weit zentralere These ausgesprochen und illustriert werden: Das Evangelium befreit uns, die wir unser Leben durch es bestimmen lassen wollen, zur schonungslosen, aber nicht besserwisserischen oder rachsüchtigen Betrachtung der geschichtlich-politischen Wirklichkeit. Das ist so, weil durch die biblische Botschaft die Vergangenheit unter die Vergebung und die Zukunft unter die Hoffnung zu stehen kommen. Das ist eine einzigartige Befreiung zur Wahrheit und zur direkten Menschlichkeit. Die ermöglicht es den Gläubigen, die Schuld in ihrer eigenen Geschichte ehrlich ins Auge zu fassen und eine jenseits von Pessimismus und Optimismus liegende Hoffnung als gestaltende Kraft für die Zukunft der Menschheit wirksam werden zu lassen.

Im Wagnis dieser Offenheit möchte ich gerne folgendes zur Thematik der Rüstung der Supermächte sagen:

Die UdSSR. Ihr Beginn in der Oktoberrevolution und die darauffolgende Errichtung einer Diktatur wurde bei uns im Westen keineswegs nur kritisch bewertet. Gerade die Deutschen, die sich selbst nie eine Revolution leisten wollten – sie fand im Konzertsaal statt, Sie kennen dieses Wort – haben besonders unter ihren Intellektuellen permanent die Tendenz, auswärtige Revolutionen zu bewundern oder zu bagatellisieren. Das war nach 1789 so, von der Romantisierung Napoleons in sehr breiten Kreisen des deutschen Bürgertums ganz zu schweigen, sowie 1848 und dann wieder 1917. Bis heute ist unter Menschen, die neuerdings die alten Lehren vom »gerechten Krieg« verspotten und verachten, die Tendenz zum Gutheißen der »gerechten Revolution« unverkennbar, sei sie in Kuba oder in Nicaragua. (Um Mißdeutungen vorzubeugen: auch ich war in Sympathie mit der Revolution in Nicaragua und bedaure tief das Versagen der westlichen Mächte im Hinblick auf ihre Entwicklung, eine Entwicklung, die ich nun aber nur bedauern kann.) Das geht so weit, daß auch Ströme vergossenen Blutes bei unsern westlich-humanistisch-deutschen Köpfen nur allzuoft in Vergessenheit geraten sind: wenn man selbst viel Blut vergossen hat, ist es auch begreiflich, wenn man die Aber-Millionen, die in der UdSSR ermordet worden sind, klein schreibt oder nur Stalin und Beria anlastet, ein Vorgehen, das man in paralleler Weise in der Individualisierung auf Hitler und Himmler mit Recht nicht gelten lassen will. Aber man ist bereit, die Millionen Ermordeter in Rußland einzuklammern – es sind ja, wiewohl es unmenschlich ist, diesen Vergleich auszusprechen – viel mehr als in Auschwitz und den andern Todesfabriken gewesen. Auch die Ermordeten Castros in Kuba sind vergessen. Aber es waren nicht nur die Deutschen, die so vergeßlich wurden. Im Hinblick auf die UdSSR haben die Vereinigten Staaten schon vorher im Bündnis mit der Sowjetunion das Ethische suspendiert – um Kierkegaards Ausdruck zu verwenden. Um so größer die Enttäuschung und Bitterkeit, als die damals am Boden liegende UdSSR, die nur mit amerikanischer Hilfe den Krieg gegen Nazi-Deutschland endlich gewinnen konnte, die Beschlüsse der Konferenzen von Teheran (28. 11.-2. 12. 43) und Jalta (4.-11. 2. 45) wirklich ernst nahm und das angebotene Geschenk Osteuropas und der östlichen Hälfte Deutschlands tatsächlich annahm und dort ein Imperium aufzubauen begann, das die russische Politik des 19. Jahrhunderts würdig fortsetzte. Und als in den Konferenzen von London und Moskau 1947 vollends klar wurde, daß die UdSSR in Osteuropa einen Machtblock gegen den Westen aufzubauen begann, war es zu spät. Nun folgte die Rüstungsspirale ihren eigenen Gesetzen. Nur, wohlgemerkt: damals, als sich NATO und Warschauer Pakt gründeten, konnte man noch von der »Shield and Sword Theory« sprechen, weil Verteidigungs- und Angriffswaffen im Prinzip immer noch unterscheidbar waren. So war es auch das Ziel der NATO, die Angriffswaffen, das »Sword«, immer weniger, die Defensiv-Waffen, das »Shield«, immer mehr zu stärken. Heute freilich ist diese waffentechnische Unterscheidung fast völlig gegenstandslos geworden.

Aber über die Sowjetunion müßte natürlich noch viel mehr gesagt werden, als daß sie bis zum heutigen Tag im Inneren diktatorisch-autoritär und im Äußeren expansionistisch und imperialistisch ist – ich sage bewußt: bis zum heutigen Tag, wobei ich freilich den 20. und 22. Parteitag der KPdSU und die Neuerungen seit dem Sturz Chruschtschows nicht übersehe. Nein, es müßte auch gesagt werden, daß dieses wunderbare Land und Volk unsäglich viel gelitten hat, keineswegs nur und primär unter ihren eigenen Tyrannen von Iwan dem Schrecklichen bis heute, sondern durch die hirnwütigen und verbrecherischen Angriffskriege aus dem Westen. Wer von uns in Rußland gewesen ist und mit Menschen aller Schichten in- und außerhalb der Kirche gesprochen hat, der weiß unvergeßlich, wie tief dieses Trauma das ganze Volk betrifft und sogar über ideologische Differenzen hin im Inneren verbindet. Ich glaube, daß die Amerikaner das überhaupt nicht begriffen haben. Die Russen glauben wirklich und aus tiefer Verwundung heraus, den Westen könnte letztlich im Krisenfall nichts hindern, ihr heiliges Vaterland anzugreifen – ganz gleich, welches Regime im Westen mehrheitlich am Ruder ist. Sie haben es mit Napoleon, dann im Ersten und Zweiten Weltkrieg erfahren. Es verging kein Tag bei meinen verschiedenen Reisen in der Sowjetunion, an dem nicht von den furchtbaren Kriegen gesprochen wurde. Die Gläubigen in der großen russisch-orthodoxen Kirche haben ein gutes Gedächtnis, sie erinnern die bestialischen Dreißigerjahre, als Millionen von Christen, Kommunisten und unschuldigen Bürgern hingeschlachtet wurden, sie erinnern auch die vielen Zwangslager und individuellen Bedrückungen seither, aber im Zentrum steht zweifellos die Erinnerung an den großen vaterländischen Krieg, wie sie ihn nennen.

Und die USA auf der anderen Seite. Der Weltwirtschaftskrise folgte der isolationistische New Deal. Die Pazifisten pflanzten Tausende von Bäumen und hielten Zehntausende von Veranstaltungen ab. Viele schämten sich ihres wütenden Deutschenhasses während des Ersten Weltkrieges, mit dem allein die Teilnahme am Krieg emotional gerechtfertigt werden konnte. Ja, man schämte sich auch der unbeholfenen imperialistischen Heldentaten, als vor dem Ersten Krieg die United Fruit Company in Mittelamerika in ihrer Gewinnsucht US-Soldaten als Hilfe erhalten hatte. Und es bedurfte eines gewaltigen Sprunges über den eigenen Schatten, als Roosevelts Regierung die Amerikaner zur Unterstützung Großbritanniens in den Krieg gegen das Hitler-Deutschland und Italien bewegen konnte. Wäre Pearl Harbour nicht gewesen – vielleicht wäre das nicht gelungen. Wie beurteilten die Pazifisten und die Christen in Amerika nun diesen Krieg? Und wie beurteilen wir die Teilnahme der USA an ihm? Wahrscheinlich mit der ethischen Überlegung, es gäbe innerhalb des absoluten Unrechts des Krieges doch ein relatives Recht der Kriegsführung. Mit eben diesem Argument wird auch heute bei uns die Rüstung und die Atomrüstung sozusagen relativ gerechtfertigt.

Aber auch über die USA müßte noch mehr gesagt werden. Es fehlt ihr – ironisch genug – seit der Zeit von John Foster Dulles Politik des Kalten Krieges in der Außenpolitik überhaupt an einem Konzept. Ich habe seither alle Außenminister in den USA sozusagen von Innen erlebt, aber keiner meiner Freunde in den USA hat das Konzept erkannt, nach dem sie operieren. Soll man Batista gegen Castro unterstützen, oder Castro gegen den alten Tyrannen? Soll man die von den USA total abhängigen Südkoreaner zu einer menschenwürdigen Demokratie zwingen, was man leicht könnte, oder hält man sich an die alte – und wie ich meine: fatale – Doktrin der Selbstbestimmung auch kleiner Diktaturen? Soll man Diem in Vietnam stützen oder stürzen? Soll man den über drei Generationen schon tätigen Verbrecher Haile Selassie gewähren lassen, und den Schah von Persien? Soll man die Kubaner hindern, ihr finsteres Spiel im Auftrag der Sowjetunion in Westafrika zu treiben? Läßt man die griechischen Obristen und nachher die türkischen Generäle gewähren und die Israelis im Libanon einmarschieren? Hilft man der

»Solidarität« in Polen oder verhängt man Boykotte? Wie handelt man in den Konferenzen über internationales Seerecht, über die ASEAN-Pakt-Staaten, über Namibia, wie geht man mit Gadhaffi um? Und soll man heute weiterhin vom Meer aus in die Berge des Libanon schießen oder soll man Präsident Gemayel dem wilden Dschumblatt ans Messer liefern und die Soldaten nach Hause fahren lassen?

Die Amerikaner wissen es nicht. Letztlich wollen sie es auch nicht wissen, allerletztlich interessiert es sie nicht. Das ersieht man schon aus den beträchtlichen Schwankungen in außerpolitischen Präferenzen und Feindbildern, sie sind weitgehend emotional bestimmt. Und Tonnen von gutem Willen sind dabei – das zu sehen und auch wirklich zu erkennen, kommt der Einsicht in eine echte Tragik gleich. Kein Volk, das mir aus der neueren Geschichte bekannt ist, übt so viel echte Selbstkritik, wie die Amerikaner, und keines ist außenpolitisch so unbedarft und so verwundbar, immer wieder neue, entscheidende Fehler zu machen. Sie mögen sagen, eines sei aber bei den Amerikanern immer klar und einlinig: sie wollten verdienen. Ich glaube aber, daß das nur zum Teil richtig ist und nur einen Teil der jüngsten Geschichte richtig deuten hilft. Mit der vereinfachten Rede vom Dollar-Imperialismus kann man vieles, aber gewiß nicht alles erklären, was die USA seit 1945 in der Welt getan haben, und wahrscheinlich nicht das Wichtigste. Aber ich weiß, ich bin bei der jüngeren Generation in der Bundesrepublik auf der Seite der Verlierer, wenn ich so argumentieren möchte. Immerhin habe ich im Unterschied zu ihr einen großen Teil meines Lebens in den USA verbracht, und zwar nicht etwa beim Establishment, das mich hätte blind werden lassen können, sondern bei der Opposition, die in der Kirche und Universität sehr stark ist.

Folgendes Fazit im Hinblick auf die nukleare und konventionelle Rüstung ziehe ich aus diesen und verwandten Überlegungen:

1. Die Sowjetunion – wenigstens in ihrer Partei – spricht sich frei von historischer Schuld und wahrt im ganzen die Kontinuität der Revolution Lenins und ihrer ersten Ausführung unter Stalin bis zur Nachkriegszeit. Sie ist aber zu einem konservativen, bürokratischen Riesenkoloß erstarrt, dem man niemals die Kraft zur Weltregierung zusprechen könnte. Die Angst vor Feinden von Innen und vor Angriffen von Außen dominiert und generiert ständig neuen Haß.

2. Die Ausführung der klassischen Doktrin von der kommunistischen Welteroberung und -beherrschung ist auf propagandistische und danach mi-

litärische Kontrolle von Ländern der Dritten Welt konzentriert. Hier schreitet die UdSSR, von den USA weitgehend ungehindert, von einem Erfolg zum andern.

3. Ein Einmarsch der Russen über die Elbe oder die thüringische Grenze nach Nord- und Westdeutschland hin bis zum Atlantik lag nie im Interesse der UdSSR und würde ihre Möglichkeiten um ein Mehrfaches übersteigen. Sie wird schon nur zur Not mit der ČSSR und Polen fertig, wieviel weniger mit einer Drittelmilliarde Westeuropäer in einem komplexen Netz hoher Industrialisierung mit gewaltigem Außenhandelsanteil und -abhängigkeit!

4. Die UdSSR bekennt sich ungehemmt zur Lehre vom »gerechten Krieg«, führte solche Kriege in Ungarn und Afghanistan und unterstützt sie in Afrika und Asien. Daraus folgt nicht, daß sie einen großen Krieg gegen den Westen führen will. Ihre Hochrüstung – zuletzt durch mehr als 350 SS-20-Raketen mit über 1000 Sprengköpfen – wird im Westen gewiß mit Recht als Ausdruck der Angst und übersteigerter Sicherheitsbedürfnisse gedeutet, wiewohl diese Waffen als Angriffswaffen geeignet sind und daher die im November 1979 beschlossene Nachrüstung der NATO provoziert haben. Die Richtigkeit dieses Schlusses hängt allerdings an der Abschätzung der sowjetischen Einschätzung der französischen und britischen Nuklearwaffen – hier ist Waffentechnisches und Politisches kaum unterscheidbar.

5. Die USA – auf der anderen Seite – haben nach der sowjetischen Konstruktion von Interkontinentalraketen sowie von nuklear bewaffneten U-Booten ihre zunächst eindeutige Überlegenheit im Nuklearpotential eingebüßt. Spätestens zu dieser Zeit war – wenn ich richtig unterrichtet bin – die Unterscheidung zwischen Defensiv- und Offensiv-Waffen weltweit im nuklearen Bereich hinfällig geworden. Darum ist jede Nachrüstung der USA auch als Aufrüstung für Offensiven interpretierbar, und vice versa, im Hinblick auf die UdSSR.

6. Es steht für mich außer Zweifel, daß die USA kein Interesse an einem globalen Krieg, einem Angriffskrieg oder einer militärischen Vernichtung der UdSSR haben. Anders lautende Meinungen in Europa halte ich – ich will niemanden kränken – für naiv und für eine willkommene Blüte sowjetischer Propaganda. Ich schließe aber nicht aus, daß die USA auch in Zukunft wieder furchtbares Unrecht, wie damals in der Eskalation des Vietnamkrieges, begehen können.

7. Die Behauptung, die Supermächte seien aus ökonomischen Gründen

an der weiteren Hochrüstung interessiert, halte ich für äußerst fraglich. Für die UdSSR trifft sie nicht zu und für den marktwirtschaftlichen Westen höchstens in ganz begrenztem Rahmen bei bestimmten Einzelentscheidungen. Es gibt Beispiele aus dem Westen, die den ökonomischen Nachteil der Rüstung belegen; und Japans Ökonomie blüht auch ohne Rüstung. Der widerliche Waffenhandel allerdings ist ökonomisch für alle Exportländer sehr interessant, allen voran die UdSSR, die USA, Frankreich, die Bundesrepublik und die Schweiz.

8. Zugleich muß ich bekennen, daß ich äußerst geringes Vertrauen in die konstruktive, politische Denkkraft der amerikanischen Außenpolitiker habe. Noch geringer ist meine Einschätzung der analytischen und militär-politischen Intelligenz der Berufsmilitärs in den meisten der heutigen Staaten des Westens sowie des Ostens (man denke nur an General Westmorelands absurde Analysen der Situation in Vietnam; an die Fehlkalkulation der sowjetischen Militärs in Afghanistan; an den amerikanischen Versuch der Geiselbefreiung in Teheran; an die Fehler im Falklandkrieg auf beiden Seiten etc.). Es ist zutiefst beunruhigend, daß unser und unserer Nachkommen Schicksal zum Teil in den Händen solcher Zeitgenossen liegt. Die Versicherung, keiner von ihnen könnte das Inferno losbrechen lassen, letztlich hätte der Präsident der USA zu entscheiden, tröstet mich nicht. – Ich halte die Gefahr eines Einsatzes von Atomwaffen durch die Supermächte aber für gering. Viel eher fürchte ich, die Bombe könnte im Mittleren Osten oder in Asien explodieren. – Soweit mein Fazit aus dem Beobachteten.

4. Wie urteilen wir als Christen?

Und was sagen wir nun, wir, die wir angeblich vom Alten und Neuen Testament her kommen, von der Bergpredigt und anderen zentralen Texten? Wie paßt all dies zu unserer jüdischen und christlichen Story, die von Abraham bis heute reicht? Oder wie passen wir mit unserer Geschichte in diese Situation?

Meine eine These habe ich schon aufgestellt: wir können das alles offen und ehrlich sehen! Wir müssen nichts beschönigen. Aber wir können nicht so sprechen, als seien wir nicht beteiligt, als stünden wir auf einer Beobachter-Terrasse. Wir sind mitschuldig an der Angst der Russen vor dem Westen, mitschuldig an der Naivität der Amerikaner: ihre Entscheidung, Osteuropa der Sowjetunion zu schenken und die nachher überspielte Reue in Form von Kommunisten- und Hexenjagd in der McCarthy-Zeit und danach – das ist auch alles unsere Geschichte geworden. Und die Deutschen zumal: wer zweimal innerhalb einer Generation tief nach Rußland eingefallen ist, der wird wohl Angst haben, daß »die Russen kommen« und uns strafen. All das können wir offen sehen und zugeben. Und wenn wir über Schuld reden, dann wissen wir, daß wir nicht Schuld gegen Schuld aufrechnen können, Auschwitz gegen Dresden, den Archipel Gulag gegen Hiroshima. Das ist wirklich status confessionis, so können Christen niemals reden. Deine Verbrechen mildern nicht die meinigen.

Aber über die Freiheit zur schuldbewußten Historiographie hinaus können wir noch mehr sagen, wenn wir vom biblischen Glauben her urteilen. Wir können auch Normatives denken und es mit der Freiheit zur offenen, schuldbewußten Geschichtsanalyse kombinieren. Dann wären wir als Kirche ein unsern Mitmenschen nützliches Frühwarnsystem, wenn man das so ausdrücken will.

Aber wie können wir Normatives denken, wenn es um politische Entscheidungen geht?

Diese Frage ist besonders unter deutschen Theologen und Kirchenleuten – auch solchen, die nichts davon verstehen und doch darüber reden – aufs Schwerste belastet durch die unglückliche Diskussion um die sog. Zwei-Reiche-Lehre oder die Lehre von den zwei Regimentern. Sie ist eine wahre Geisel des deutschen – z.T. auch des schweizerischen – Protestantismus. Sie werden nicht erwarten, daß ich Ihnen jetzt diese Lehre im einzelnen darlege. Ich will nur so viel sagen, daß auch ich, der ich kein Lutheraner bin, natürlich zugebe, daß es so etwas wie eine Unterscheidung vom erhofften Recht und Frieden Gottes und der heutigen Rechtssprechung und Weltordnung gibt, immer gegeben hat und wenigstens in der nahen Zukunft weiterhin geben wird. So hat auch Calvin eine Lehre von den zwei Regimentern skizziert (Institutio III,19 und IV,20). Es hieße Eulen nach Athen tragen – oder theologische Selbstverständlichkeiten zu Leuten, die sich lange mit diesen Fragen geplagt haben – wollte man betonen, man könne keinen Staat mit den Regeln der Bibel oder etwa mit der Bergpredigt regieren. »Sorget nicht für den andern Tag« – das kann man einem Finanzminister nicht als Motto mitgeben, und »die andere Backe hinhalten«, das kann man den Millionen Kriegsflüchtlingen unseres Jahrhunderts nicht so einfach zurufen.

Aber geht es wirklich um zwei »Bereiche«, etwa einen geistlichen und einen weltlichen? Wer hat denn schon den geistlichen parat, vorzeigbar, so daß von ihm andere Weisheiten deduziert werden könnten? Ist nicht vielmehr die Weise, in der ich die Dinge sehe, eventuell eine geistliche, eine von der Bibel inspirierte Perspektive? Und wäre es nur eine Klage, oder ein Bekenntnis meiner Ohnmacht oder meiner Mitschuld! Viel lieber als von Regimentern oder Reichen möchte ich von der Zukunft und der heutigen Gegenwart sprechen. Darum sagte ich am Anfang in meinem 3. Axiom, die Konkretisierung der biblischen Vision von Friede und Gerechtigkeit sei eine Frage, wie die Zukunft in die Gegenwart hineinragen könne.

Ich meine das so, und ich bitte Sie, jetzt zum Schluß die folgenden vier Stufen theologisch-ethischer Argumentation mit mir zu gehen, wiewohl ich niemandem mein christliches Credo aufdrängen will:

1. Es steht außer Zweifel, daß uns durch die biblische Botschaft ein weiterer Begründungszusammenhang ethischer Entscheidungen dargeboten ist, innerhalb dessen vernichtende Kriege und erst recht Kriege mit Massenvernichtungswaffen schlechterdings nicht gerechtfertigt werden können. Ich lasse offen, ob früher eine relative Rechtfertigung von Kriegen, die als solche absolut ungerechtfertigt sind, möglich gewesen sein mag, ja, ich lasse sogar offen, ob nicht eine kriegerische Polizeiaktion gegen Idi Amins Terrorregime in Uganda eine ethische Möglichkeit gewesen wäre. Das ist aber nicht unsere weltgeschichtliche Situation.

2. Das Problem bricht erst auf, wenn wir feststellen, daß die von mir eingangs Genannten, etwa Günter Brakelmann oder Graf Baudissin, ihrerseits als Christen genauso urteilen, zugleich aber die nukleare Nachrüstung gutheißen, und damit auch den NATO-Doppelbeschluß vom November 1979. (Ich sehe hier allerdings ab von der Modifizierung von Wolf Baudissins Stellung zum Doppelbeschluß, vgl. Weltwoche vom 24. 8. 83, und erwähne als interessante Information, daß sein Stellvertreter im Hamburger Institut für Friedensforschung, Dieter Lutz, die Nachrüstung ganz ablehnte.) Die Differenz liegt nicht in einem ethischen Obersatz über Vernichtungs- und Atomkrieg, sondern in der Beurteilung der Abschreckung. »Kriegsverhütung durch Abschreckung« kann ich darum nicht als Programm akzeptieren, weil durch sie de facto die Eskalation der Rüstung gefordert wird. Das ist darum der Fall, weil wirkliche Abschreckung nur durch immer erneut entwickelte

Systeme zur Perfektion des Zweitschlages möglich ist, anders wäre sie ja keine Abschreckung. Das andere Gegenargument ist der mit Recht immer wieder erhobene Einwand, Abschreckung sei nur wirklich, wenn die angedrohten Mittel auch angewendet werden könnten im Fall dessen, wovor sie abschrecken sollen. Weniger zentral erscheint mir das Argument, mit Gottes Schöpfung könne und dürfe man nicht so zerstörerisch umgehen, daß durch nukleare Waffen große Teile vernichtet würden. Das ist ein quantitativ befestigtes Argument, wo aber liegt die Grenze? Im Bombardieren von Dresden nicht, von Hiroshima doch? So kann man nicht argumentieren.

3. Die Abschreckung ist also:
a) wegen ihres Zwangs zur Eskalation der Rüstung militär-politisch problematisch,
b) wegen der angedrohten Massenvernichtung im Fall ihrer Ausführung außerhalb einer möglichen Rechtfertigung im weiteren Begründungszusammenhang christlicher Ethik, und
c) wegen der Androhung der Rache: »Du sollst genauso untergehen wie ich«, christlich verwerflich und keine echte sittliche Denkalternative.

Das erste dieser Argumente ist das effektivste, weil es auch von Nichtchristen geteilt werden muß. Es ist aber quantitativer Art. Auch im zweiten stecken quantitative Komponenten. Das dritte ist nur Christen verständlich und könnte von ihnen nur dann außer acht gelassen werden, wenn sie meinen, die Androhung des Zweitschlages würde nie in die Wirklichkeit umgesetzt werden, was gewiß naiv ist, etwa nach der Logik einer Mutter, die dem Kind sagt: »Wenn du dies und das tust, schlage ich dir den Kopf ab«, was sie aber nie tun würde.

Mit diesen Überlegungen will ich nicht sagen, daß es falsch wäre zu behaupten, die Abschreckung durch die Hochrüstung der Schweiz zwischen 1939 und 1945 sei nicht erfolgreich gewesen, jedenfalls läßt sich das Gegenteil nicht beweisen. Ähnlich könnte man argumentieren, die Abschreckung durch das sog. nukleare Gleichgewicht seit den Fünfzigerjahren (C. F. v. Weizsäcker: »Mit der Bombe leben«) sei für die Erhaltung des Friedens (qua Nicht-Krieg) zwischen den Supermächten verantwortlich. Diese (nicht falsifizierbare) These soll als solche nicht bestritten werden. Interessant ist aber, daß Weizsäcker seinerseits vor kurzem seine Gleichgewichtstheorie zugunsten einer Ablehnung der Ausführung des Doppelbeschlusses der NATO modifiziert hat. Seine Begründung deckt sich an diesem Punkt weitgehend mit der hier vertretenen, wenn ich es richtig sehe.

4. Die Differenz zu unsern christlichen Opponenten zeigt sich auch in der Einschätzung von sog. taktischen Atomwaffen. Es ist ja richtig, daß nicht jeder Einsatz von Nuklearwaffen das Ende der ganzen Menschheit oder doch eines großen Teils bedeutet. Diese Aussicht besteht vor allem bei einem Schlagabtausch mit Interkontinentalraketen, und gerade wegen der Abschreckungsdoktrin zögert man im Westen auch, eine Verzichtserklärung für einen Erstschlag abzugeben – eine in sich logische Position. Aber im Hinblick auf limitiert wirkende Sprengkörper wird weiterhin mit klassisch-militärischen Kategorien argumentiert. Und hierher gehören auch die Pershing II und – jedenfalls im Grenzbereich dieser Argumentation – auch die Cruise Missiles. Es sollen »politische Waffen« sein, mit denen die »Sicherheit« erhöht garantiert werden kann. Hier kommt der verfängliche Begriff von Sicherheit oder »Friedenssicherung« zum Tragen. Das »Gleichgewicht« soll erhalten bleiben. Hier ist auch der logische Ort für das Zählen von Divisionen, Panzern, Schiffen und letztlich natürlich von Raketen. Die erste Zählung mag man noch verstehen, die zweite scheint mir angesichts des mehrfachen over-kill-Potentials der mehr als 50 000 Nuklearsprengköpfe wirklich nur noch ein politisches, nicht mehr ein militärisches Argument zu sein. Das quantitative Problem reduziert sich militär-technisch dann gewiß nur auf die Frage der Schnelligkeit, mit der unabgewehrte Flugkörper bei einem Zweitschlag die feindlichen Zentren auslöschen könnten. Die Erhaltung dieser Sicherheit fordert aber wiederum eine ständige Eskalation der Rüstung.

5. Ich kann zu keinem anderen Schluß kommen, als daß die Sicherheit des einen Partners auch die des andern ist, und daß einseitige Sicherung nur Verunsicherung des Friedens qua Nicht-Krieg sein kann. Folglich gibt es außer der sog. gradualistischen Lösung der stufenweisen Abrüstung durch Politik auf der Basis von »vertrauensbildenden Maßnahmen« – Confidence Building Measures – höchstens noch als unterstützende Maßnahme die Schaffung von atomwaffenfreien Zonen, etwa nach dem Palme-Plan. Die Argumente gegen den »Gradualismus« höre ich wohl, ich sehe aber keine andere Lösung. Wer das bezweifelt, soll sich nochmals klar machen, welche Möglichkeit damals im sog. »Waldspaziergang« geboten, wenn auch von den USA ausgeschlagen war: für den Verzicht auf 108 Pershing II und die Re-

duktion der Cruise Missiles von 464 auf 300 hätte die UdSSR die SS-20 auf 75 reduziert. Freilich wäre damit die Frage der Kontrolle wieder aufgebrochen. Aber hier lagen mögliche, sinnvolle Chancen, graduelle Chancen. Die sog. Nachrüstung hätte unterbleiben können und sollen.

5. Eine abschließende These

Vielleicht wundern Sie sich, daß ich nicht so massiv theologisch und christologisch argumentiert habe, wie dies in den verschiedenen kirchlichen Verlautbarungen geschieht. Von diesen sind nach meiner Meinung die ganz frühen Thesen der kirchlichen Bruderschaften aus den Fünfzigerjahren ohnehin bis heute theologisch unüberboten. Manches seither – sieht man von der Erklärung der katholischen Bischöfe in den USA als einem Novum in der katholischen Sozialethik ab – ist nicht überzeugend. Es reflektiert eher dogmatisch überladene Gesinnungsethik, nicht selten verbunden mit der Verurteilung anders denkender Christen. Unsere Appelle ändern die schreckliche Rüstungssituation nicht. Argumente tun es vielleicht.

Ich habe keinerlei Schwierigkeiten mit der Einmischung eines Christen in die Politik. Ich halte mich für genauso gescheit wie die andern, und mindestens ebenso gut informiert, und ich mache von der Freiheit Gebrauch, unserer Schuld bewußt, die fernere und die neueste Geschichte zu analysieren. Ein theologisches Problem ist allerdings, wie die einen Christen stellvertretend für die andern sprechen können. Aber das war heute nicht mein Thema. Vielmehr war die These: ja, es gibt einen weiteren Begründungszusammenhang für die Ethik durch die biblische Botschaft, die einen Vernichtungskrieg unter allen Umständen verboten sein läßt. Unter dieses Verdikt fällt auch die Androhung einer solchen Vernichtung, also die Doktrin der Abschreckung. Wenn aber unsere Appelle die Hochrüstung zur Abschreckung heute noch nicht mindern und abschaffen helfen, so müssen wir die historisch bedingte Schuld dieser unethischen Wirklichkeit akzeptieren und zugleich mit voller Kraft und mit den besten Argumenten unseren Beitrag zu »vertrauensbildenden Maßnahmen«, d.h. zur intellektuellen Bewältigung des Konflikts zwischen den beiden Welthälften, leisten und die gradualistische Abrüstung als einzig realistische Alternative anstreben, also mit gradualistischen Vorgaben unilateraler Schritte der Reduktion nuklearen Potentials. Dazu zwingt uns der weitere Begründungszusammenhang der biblischen Botschaft. Im Einzelargument, das wir von dort nicht per Deduktion beziehen können, müssen wir klug sein wie die Schlangen, um einen maximal sinnvollen Beitrag zum Gesamtprozeß des »Schalom« für die Menschheit zu machen.

Namenregister

Adam, K., 176
Albert, H., 173
Albright, W. F., 113
Alcuin, 20
Aldenhoven, H., 73
Alexander, F., 157
Alfonso IX., König, 308
Algermissen, K., 42
Allchin, A. M., 79
Altaner, B., 18
Althaus, P., 40
Althusius, J., 309
Ambrosius, 18, 26, 31, 32, 85
Amelung, E., 235, 237
Amin, I., 347
Anselm v. Canterbury, 16, 36, 37
Ansohn, E., 282
Anthimos, Patriarch, 16, 24
Antonius, 70
Anz, W., 170, 172
Apel, K.-O., 152, 164
Apollinaris v. Laodicea, 27
Areopagita, Pseudo-Dionysius, 31
Aristoteles, 141, 170, 305, 320
Armstrong, D. M., 155, 276, 277
Arnold, J., 41
Athanasius, 26, 27, 28, 32, 77, 91, 104, 273
Augustinus, 16, 18, 26, 31, 32, 34, 36, 38, 76, 85, 94, 104, 241, 269, 273, 330, 331, 336

Balthasar, H. U. v., 176
Bantle, F. X., 80
Barr, J., 111, 112, 114, 115, 117, 121, 122, 125, 127
Barth, K., 28, 37, 38, 40, 72, 74, 76, 77, 78, 79, 80, 113, 168, 170, 174, 176, 310
Basdekis, A., 41, 48, 50, 52

Basilius v. Caesarea, 29, 30, 88, 90, 91
Basler, H.-D., 203
Batista, F. E., 342
Baudissin, Graf W., 334, 347
Beckmann, K.-M., 333
Benedikt VIII., Papst, 22, 23
Benedikt XIV., Papst, 24
Bennett, L., 318, 320, 321, 333
Berdjajew, N. A., 80
Beres, D., 149, 280
Berger, P. L., 333
Beria, L. P., 340
Berry, D. L., 38
Betz, O., 112
Beza, Th., 313
Bloch, E., 308
Bobrinskoy, B., 73
Böckle, F., 227, 282
Bodin, J., 337
Bohatec, J., 301, 302, 307, 308, 314
Bolotov, V., 25
Bonhoeffer, D., 67, 68, 70, 113, 168, 316
Bornkamm, G., 40
Bottke, W., 211
Brakelmann, G., 347
Brandenburg, A., 40
Bright, J., 113
Brightman, S., 318
Broca, P.-P., 274
Brown, R., 115
Brunner, E., 40, 113
Brunner, P., 40, 168
Bultmann, R., 104, 168, 193
Bunyan, J., 313
Buren, P. van, 123
Burleigh, J., 26
Busse, L., 276

Calvin, J., 147, 174, 301, 303, 305, 306,

307, 308, 309, 310, 311, 312, 313, 315, 346
Campenhausen, Chr. v., 150
Campenhausen, H. v., 40, 150
Campbell, Th. C., 26
Camus, A., 105
Carlyle, Th., 167
Cassirer, E., 152
Castro, F., 340, 342
Cavalli, F., 290
Charcot, J. H., 274
Childs, B., 111, 115, 122, 123, 125, 126
Chomsky, N., 152, 153, 276, 281
Chruschtschow, N., 341
Chrysostomos, J., 85, 273
Cicero, 336
Clément, O., 35
Coke, Sir Ed., 307, 314, 315
Coleridge, S. T., 139
Collingwood, R. G., 140
Cortes, H., 308
Cranston, M., 315
Creutzfeldt, O., 154, 276
Cromwell, O., 312, 314
Cullmann, O., 104, 113

Damaskinos Papandreou, Metropolit, 84
Damasus, Papst, 84, 88
Daniélou, J., 32, 104
Danto, C., 209
Degenhardt, K.-H., 211
Delay, J., 150
Delius, W., 40
Deppe, H.-U., 202
Descartes, R., 155, 157, 274
Deutsch, E., 205, 234
deWolf, L.-H., 318
Didymus der Blinde, 26
Diem, N. D., 342
Dillenberger, J., 174
Diodor v. Tarsus, 85
Dinsen, F., 93

Dschumblatt, V., 343
Düfel, H., 43
Dulles, A., 25
Dulles, J. F., 342
Duns, Scotus, 55
Dvornik, F., 16, 18, 21
Dykes, R. W., 276

Ebeling, G., 40, 118, 173
Eccles, Sir J., 154, 155, 156, 157, 158, 276, 277, 281
Edwards, J., 135
Eibach, U., 220, 229, 234, 296
Eichrodt, W., 113
Eisenhower, D., President, 322
Eliade, M., 278
Ephraem der Syrer, 25
Evagrius, 26
Evers, M., 329

Farantos, M., 84
Farles, Ed., 140
Fasholé, E. W., 190
Feigl, H., 155, 276, 277
Feiner, J., 40, 50
Ferber, Chr. v., 202, 214
Fikentscher, W., 302
Fletcher, J., 214, 258
Flew, A., 307
Florenskij, P., 172
Florovsky, G., 24
Fox, G., 313
Franz v. Assisi, 70, 294
Frei, H., 112
Freud, S., 159, 274, 278, 279
Friedrich II., König, 339
Fries, H., 175
Fromm, E., 294

Gabler, J. Ph., 111, 112, 116
Gadhaffi, M., 343
Gandhi, M., 316, 318, 325, 326
Garrigues, J.-M., 73

Garrow, D. J., 333
Geiger, M., 308, 309
Gemayel, A., 343
George, S., 167
Gese, H., 111, 116, 122, 123, 124, 125, 127
Glatzel, J., 149, 159, 207, 275
Goethe, J. W., 305
Gollwitzer, H., 168
Gorovitz, S., 258
Gratian, Kaiser, 85
Gregor Palamas, 27, 35
Gregor v. Nazianz, 29, 30, 78, 88, 91
Gregor v. Nyssa, 29, 30, 31, 91, 93
Gregor der Zypriote, 35
Grillmeier, A., 93
Gropius, W., 168
Groß, R., 157
Grosse, H., 333
Grotius, H., 309, 314, 337
Gunneweg, A. H. J., 120
Gustafson, J. M., 224, 227

Habermas, J., 95
Hahn, A., 19
Hahn, F., 80
Haile Selassie, 342
Halkes, C. J. M., 41
Halleux, A. de, 73
Hamann, J. G., 172
Harbour, P., 342
Häring, D., 214
Harnack, A. v., 27, 31, 32, 62, 63, 76, 89
Hart, R. L., 139, 140
Hartmann, H., 149, 280
Harvey, W., 274
Hasenhüttle, G., 80
Hauerwas, S., 224
Hauschild, W.-D., 90
Healy, E. F., 258
Hegel, G. W. F., 77, 305, 318
Heidegger, M., 168, 318
Heinrich II., Kaiser, 22

Held, H.-J., 41, 70
Hendry, G., 38
Henry, P., 38
Herms, E., 173
Heron, A. I. C., 36, 37, 73
Herzog, R., 304
Heschel, A., 80
Hilarius v. Poitiers, 32
Hilton, B., 258
Himmler, H., 340
Hippolyt v. Rom, 51, 76
Hitler, A., 168, 340
Hobbes, Th., 309, 314, 315, 337
Holl, K., 26, 29
Holland, D. L., 89, 91
Holmer, P. L., 151
Homer, 137
Hoover, J. E., 232
Hörmann, H., 152
Hort, F. J. A., 89
Hübner, J., 174, 211, 220, 227, 229, 232, 235
Hübner, R., 93
Hugo, V., 320
Humboldt, W. v., 153, 276
Hume, D., 136
Husserl, E., 164

Ignatius, Patriarch, 20, 21
Ignatius v. Antiochia, 104
Irenäus, 47, 50
Ireton, H., 314
Italiaander, R., 333
Iwand, H.-J., 168

Jacob, W., 157, 161
Jakobovits, E., 214, 258
James, W., 150
Jaspers, K., 149, 159, 168, 170, 275, 318
Jaynes, J., 137, 138, 145
Jefferson, Th., 312
Jellinek, G., 301
Jenkins, D., 258

Jetter, W., 152
Joachim v. Fiore, 76, 77
Johannes XXIII., Papst, 337
Johannes Paul II., Papst, 68
Johannes v. Damaskus, 16, 18
Johnson, L. B., President, 316
Johnson, M. S., 315, 318
Jones, H. O., 11, 125, 128, 139, 150, 164, 207, 224, 245, 249, 287
Joseph, E., 149, 280
Josephus, 102
Julian v. Eklanum, 55
Jüngel, E., 282
Jurgie, M., 16
Justin Martyr, 47, 50
Justinian, Kaiser, 84

Kabongo-Mbaya, B., 190, 191
Kafka, F., 105
Kähler, M., 80
Kaiser, H., 227
Kämpfer, H., 152
Kant, I., 139, 338
Karl der Große, Kaiser, 18, 20
Karlstadt (Andreas Bodenstein), 36
Karmiris, J. N., 37
Kasper, W., 25
Kattenbusch, F., 21
Kelly, J. N. D., 19, 89
Kennedy, J. F., President, 316, 323, 329
Kepler, J., 164
Kierkegaard, S., 172
Kimminich, O., 252, 304
King, C. (geb. Scott), 319, 321, 324, 329, 333
King, M. L. jr., 316, 317, 318, 319, 320, 321, 322, 323, 324, 325, 326, 327, 328, 329, 330, 331, 332, 333
Klein, G., 210
Knight, G. A. F., 114
Kolbe, M., 68
König, K., 288
Koyama, K., 190

Kraus, H.-J., 112, 119
Kretschmar, G., 62, 69, 70
Kuiper, P. C., 209, 225
Küry, U., 35
Kyrill von Alexandrien, 25, 85
Kyrill von Jerusalem, 32, 85
Kyrill Lukaris, 23

Lehmann, P., 82, 168
Leibniz, G. W., 276
Lell, J., 41
Lenin, W. I., 343
Leo III., Papst, 20
Leo VI., Papst, 21
Leo XIII., Papst, 16, 24
Lessing, E., 196, 245
Leuba, J.-L., 58, 60
Leuenberger, R., 282
Lewis, D., 333
Lietzmann, A., 89
Lilienfeld, F. v., 84
Lincoln, A., President, 320
Lindbeck, G. A., 148
Link, Chr., 211, 227, 232
Locher, G. W., 54, 147
Locke, J., 136, 152, 302, 313, 314, 315
Lorenzer, A., 149, 152, 159, 278, 280
Lossky, V., 31, 35, 36
Ludwig XIV., König, 339
Luther, M., 36, 46, 52, 54, 56, 104, 147, 169, 170, 171, 306, 310, 311, 312, 316, 337
Lutz, D., 347

Machovec, M., 289
Macciavelli, N., 339
Macquarrie, J., 40
Mannheim, K., 138
Marcellus von Ancyra, 32
Markus von Ephesus, 22
Martensen, H., 80
Marx, K., 315
Maximus Confessor, 23

Mays, B. E., 320
Mbiti, J., 190
McKenzie, J. L., 115
Mead, G. H., 136
Meletius, 88
Merk, O., 112
Meyer, H., 196
Michael III., Kaiser, 20
Michael VIII., Kaiser, 22
Milton, J., 313, 314
Mogily, Petrus, 23
Moltmann, J., 72, 73, 74, 75, 76, 77, 78, 79, 80, 81, 82, 94
Mott, J., 176
Mühlenberg, E., 27
Müller, A., 41
Müntzer, Th., 36, 308
Muste, A. J., 318

Nacpil, E., 190
Napoleon, Kaiser, 141, 341
Neale, J. M., 37
Nehru, J., 322
Nelson, J. R., 196
Nestorius, 53, 85
Neuhaus, R. J., 333
Newton, I., 164
Niebuhr, R., 318
Nielsen, K., 175
Nikolaus I., Papst, 20
Nissiotis, N. A., 37
Novatian, 18

Oates, S. B., 333
Oberman, H., 40, 61
Oestreich, G., 302, 308
Origenes, 30, 77
Orphanos, M. A., 73
Osipv, A. I., 62, 63, 69
Otis, J., 314
Ott, L., 45, 65, 66, 67

Pannenberg, W., 40, 84, 96, 191

Paul VI., Papst, 337
Paulinus v. Aquileia, 19
Pavlov, I., 276, 281
Pearson, J., 36
Peirce, Ch. S., 95
Pelikan, J., 32
Petrus v. Alexandrien, 84, 88
Pflanz, M., 238
Philipp II., König, 313
Photius, Patriarch, 20, 21, 22, 23, 35
Piaget, J., 138, 276
Picasso, P., 168
Pichot, P., 150
Pickert, H., 334
Piechowiak, H., 218, 227, 232, 282
Presler, G., 333
Pius IX., Papst, 55
Pius XII., Papst, 46, 337
Plato, 136
Plotin, 26, 136
Polanyi, M., 164, 165
Pollard, T. E., 32
Pompey, H., 235
Popper, Sir K., 154, 155, 156, 157, 158, 276, 277, 278, 281
Postema, G. J., 310
Pottmeyer, H., 84
Praxeas, 33
Pucetti, R., 276
Pufendorf, S. v., 309, 315

Quasten, J., 85

Rad, G. v., 113, 114, 115
Rahner, K., 79, 80
Raines, H., 333
Ramsey, P., 214
Ranft, E., 304
Raspe, H. H., 220
Rauschenbusch, W., 318
Reibstein, E., 302, 309, 310
Reick, Th., 42
Rendtorff, T., 180, 227

Reventlow, H. Graf, 119
Richardson, A., 114
Ricoeur, P., 152, 278
Riemann, F., 288
Ritter, A. M., 88, 89, 91
Roosevelt, F., 342
Rosenzweig, F., 123
Rössler, A., 41, 53
Rousseau, J.-J., 313
Ruch, F. L., 156
Ruether, R. R., 41
Rufinus, 32
Ryle, G., 81, 154, 155, 277

Sartre, J. P., 318
Sauter, G., 154, 162
Schaff, A., 289
Scharfenberg, J., 152
Scheele, P.-W., 41, 45
Scheffczyk, L., 41
Scheffel, Th., 296
Scheler, M., 159, 275
Schimmelpfennig, R., 40
Schindler, A., 32
Schleiermacher, F., 79, 80, 135
Schlink, E., 40, 167, 168, 169, 170, 171, 172, 173, 174, 175, 176, 177
Schmalenberg, M., 296
Schmid, H. H., 115
Schmidt, R., 302
Schmidt, W. H., 120
Schmidt-Matthiesen, H., 233
Schneider, K., 149
Schönberg, A., 168
Schulke, F., 333
Schwartz, Ed., 89
Schwarz, J., 223, 235, 237, 241
Scott, C., s. King
Scott, O., 324
Seebass, H., 112, 119
Semler, J. S., 111, 116
Serafim v. Sarov, 64
Serapion, 91

Sergius IV., Papst, 21
Sergius, Patriarch, 21
Sherlock, W., 36, 37
Siebeck, R., 170, 172, 174, 176
Siegrist, H. E., 214
Skinner, B. F., 152, 276, 281
Smart, J. D., 115
Smend, R., 111, 115, 120
Snaith, N. H., 114
Söderblom, N., 339
Solowjew, V., 172
Song, Ch.-S., 180, 191, 192, 193
Speckmann, E.-J., 156
Sporken, P., 214, 282
Staats, R., 90
Stahl, G. E., 274
Stalder, K., 73
Stalin, J., 168, 340, 342
Stammler, E., 334
Staniloae, D., 73
Steffani, W., 333
Stendahl, K., 112
Stillingfleet, E., 36
Stuhlmacher, P., 111, 116, 121, 123, 124, 125, 127
Svetlov, P., 25
Swete, H. B., 16
Sydenham, Th., 274

Tappolet, W., 43
Terrien, S., 119
Tertullian, 18, 26, 33
Theissen, G., 165
Theodulf v. Orléans, 20
Theodor v. Mopsuestia, 85
Theodosius I., Kaiser, 84, 85, 88
Theophylakt v. Achrida (Ochrid), 35
Thomas v. Aquin, 16, 36, 79, 104, 337
Thoreau, H. D., 325
Thurian, M., 40
Tillich, P., 46, 79, 168, 170
Tödt, H. E., 227
Torrance, T. F., 26, 27, 80, 164, 165,

168, 169, 174, 302, 311
Track, J., 82
Trillhaas, W., 40
Troeltsch, E., 180, 181, 301, 307, 313

Uexküll, Th. v., 157
Unamuno, M. de, 80

Valens, Kaiser, 85
Valentian II., Kaiser, 84
Vaux, K. L., 214, 258
Veitch, J. A., 190
Vigilantibus, 67
Vischer, L., 40, 49, 50, 73, 196
Voigt, A., 304
Völker, W., 41

Wagner, B., 205, 296
Wagner, H.-J., 234
Wainwright, G., 40
Washington, B. T., 320
Washington, G., President, 320
Weber, M., 306, 320
Weber, O., 40

Weizsäcker, C. F. v., 157, 164, 221, 348
Weizsäcker, V. v., 157
Welzel, H., 310
Wernicke, K., 274
Wesley, John, 322
Westermann, C., 116, 117
Westmoreland, W. C., General, 345
Whitehead, A. N., 80
Wiemann, H. N., 319
Williams, R., 314
Wille, W., 184
Winckelmann, J., 306
Wolf, Chr., 283
Wolf, E., 168
Wright, G. E., 113, 114
Wurz, E., 41
Wygotski, L. S., 276

Zernov, N., 24
Zimbardo, P. G., 156
Zimmerli, W., 112, 115, 116, 120, 121, 122
Zippelius, R., 304
Zwingli, H., 64, 337

DIETRICH RITSCHL

Zur Logik der Theologie

Kurze Darstellung der Zusammenhänge theologischer Grundgedanken.
1984. 368 Seiten. Geb. mit Schutzumschlag. ISBN 3-459-01541-1

»Dietrich Ritschl geht in dem vorliegenden Buch der Frage nach, welche impliziten logischen Regulative und Axiome hinter der expliziten theoligsch-konfessionellen Sprache der Gläubigen stehen. Ritschl ist es darum zu tun, eine allgemeine, in sich kohärente und stringente *Grammatik* zu entdecken bzw. empirisch-analytisch nachzuzeichnen, die, wenn sie nachzuweisen wäre, eine grundlegende Voraussetzung für *Konsensaussagen* der pluralen, religiös-christlichen Denominationen darstellen würde. Um es gleich festzuhalten: Dem Autor gelingt es durchaus, im Kontext der exemplarischen theologischen Rede über Ekklesiologie, Trinitätslehre, Christologie und theologische Anthropologie sprachliche und denkerische Grundstrukturen zu erheben, die im Blick auf jüdische, katholische und protestantische Theologie kompatibel sind, und somit ein auch die jüdische Religion umfassendes, ökumenisches Gespräch als sinnvoll und möglich erscheinen lassen.
Um es noch einmal zu betonen: Ritschl geht es nicht primär um eine methodisch an der analytischen Philosophie ausgerichteten Phänomenologie einer durchgehenden Logik christlicher Reflexion, sondern darum, ebendiese wissenschaftlich zu eruierende Logik als letzte Bedingung der Möglichkeit eines konstruktiven Dialogs zwischen den Konfessionen zu explizieren. Damit verbunden vertritt Ritschl die seine Arbeit prägende These, daß Wahrheit, und so auch christliche Wahrheit, nicht einfachhin auf *eine* konfessionelle Ausdifferenzierung bezogen ist. Vielmehr bringt es die Geschichtlichkeit sowie der komplexe Prozeß der Wahrheitsfindung mit sich, daß endgültige christliche Identität nicht das Ergebnis konfessioneller Intoleranz, sondern allenfalls das »Resultat« einer interkonfessionell gestalteten und praktizierten Auseinandersetzung ist. Das Verdienst der von Ritschl erstellten Studie, die eine enorme Bandbreite amerikanischer und europäischer theologischer Ansätze einbezieht, besteht insbesondere darin, einen rigiden und engführenden Konfessionalismus im Horizont eines heute dringend erforderlichen *globalen* Gesprächs zwischen den unterschiedlichen christlichen Entwürfen und Glaubenshaltungen ein für allemal verabschiedet zu haben.

Friedemann Greiner

CHR. KAISER VERLAG · MÜNCHEN